臺灣史研究名家論集

（三編）

尹章義　林滿紅　林翠鳳

武之璋　孟祥瀚　洪健榮

張崑振　張勝彥　戚嘉林

許世融　連心豪　葉乃齊

趙祐志　賴志彰　闞正宗

蘭臺出版社

作者簡介（依姓氏筆劃排序）

尹章義　社團法人臺灣史研究會理事長、財團法人福祿基金會董事、財團法人兩岸關係文教基金會執行長。中國文化大學民國 106 年退休教授，輔仁大學民國 94 年退休教授，東吳、臺大兼課。出版專書 42 種（含地方志 16 種）論文 358 篇（含英文 54 篇），屢獲佳評凡四百餘則。

赫哲人，世居武昌小東門外營盤（駐防），六歲隨父母自海南島轉進來臺，住臺中水湳，空小肄業，四民國校、省二中、市一中畢業，輔仁大學學士，臺灣大學碩士，住臺北新店。

林滿紅　專攻歷史學，國立臺灣大學歷史學系學士與碩士、國立臺灣師範大學歷史研究所博士、美國哈佛大學歷史與東亞語文研究所博士；1990 年之後擔任中央研究院近代史研究所研究員與國立臺灣師範大學歷史學系教授，2008-2010 年間曾任中華民國國史館館長，2015 年迄今擔任中央研究院與陽明醫學大學合開人文講座課程兼任教授，2021 年轉任中央研究院近代史研究所兼任研究員；研究課題包括：近代中國或臺灣的口岸貿易與腹地變遷、晚清的鴉片觀與國內供應、十九世紀中國與世界的白銀牽繫、亞太商貿網絡與臺灣商人（1860—1961）、亞太歷史與條約：臺海，東海與南海等。

林翠鳳　臺灣彰化人。國立中山大學中文研究所博士，國立臺中科技大學應用中文系教授。曾任國立臺中科技大學應用中文系主任。主要研究方向：臺灣文學、民俗信仰等。著作：《陳肇興及其陶村詩稿之研究》《黃金川集》《鄭坤五及其文學研究》《施梅樵及其漢詩研究》等專書。主編《臺灣旅遊文學論文集》《宗教皈依科儀彙編》等十餘種。擔任《田中鎮志》《大里市史》《媽祖文化志》《登瀛書院簡史》等史志單元編纂。已發表期刊論文數百篇。

武之璋　河南孟縣（現孟州市）人，1942 年生，1949 年七歲隨父母赴台，淡江大學外文系畢業，曾經營紡織、營造業多年，從商期間自修經濟學，常發表財經論文，為當局重視，曾擔任台北市界貿易中心常務董事、行政院經濟改革委員會務顧問，多次參與台灣財經政策討論，後從商場退休，專心治學，範圍遍及中國近代史、台灣史及儒家學說，曾經出版《二二八真相解密》、《策馬入林》、《中庸研究》、《解剖民進黨》、《台灣光復日產接收研究》、《二二八真相與謊言》、《原來李敖騙了你》、《武之璋論史》、《外省人的故事》等書，近年

致力兩岸和平統一，強力反對民進黨文化台獨，並組織「藍天行動聯盟」，從文化、思想各方面與民進黨展激烈戰鬥。

孟祥瀚　國立中興大學歷史學系兼任副教授，國立臺灣師範大學歷史系博士，曾任臺灣古文書學會理事長。研究領域為臺灣區域史、臺灣原住民史、台灣方志學與台灣古文書研究等。主要關注議題在於清代與日治時期國家力量對於地方與族群發展的影響，如清末至日治初期，國家政策對於東台灣發展的形塑，清代封山禁令下番界政策對於中台灣東側番界開發的影響等。方志與古文書的研究，則是企圖透過在地生活的豐富紀錄，以思考與探討台灣基層社會運作的實際面貌。本書所收各篇，大致回應了上述的學思歷程。

洪健榮　臺灣臺南市人，籍貫澎湖縣。省立臺南一中畢業，輔仁大學歷史學系學士、清華大學歷史碩士、臺灣師範大學歷史博士。曾任僑生大學先修班、臺師大歷史學系、明志科大通識教育中心、中央大學歷史研究所、臺北科大通識教育中心、輔大歷史學系兼任教師、國立故宮博物院圖書文獻處助理研究員，現職國立臺北大學歷史學系教授兼海山學研究中心主任。主要研究領域為臺灣社會文化史、臺灣方志學、臺灣區域史、臺灣族群史，著有《龍渡滄海：清代臺灣社會的風水習俗》、《西學與儒學的交融：晚明士紳熊人霖《地緯》中的世界地理書寫》，發表相關學術論文五十餘篇，另曾主編《五股志》、《延平鄉志》、《新屋鄉志》、《續修五股鄉志》、《續修新竹縣志卷九‧人物志》。

張崑振　1970 年生於台北木柵，成大建築系畢業，成大建築博士，現任北科大建築系副教授，兼文化部、台北市及地方政府文資委員。曾擔任北科大創意設計學士班創班主任 2005-2008、北科大建築系主任 2016-2019。專長為建築史與理論、傳統建築與風土、遺產與都市保存，二十多年來一直從事台灣文化資產的保存、修復研究工作，主持六十餘件古蹟、聚落、文化景觀、產業遺產、遺址等類型文化資產調查研究計畫，近年也擔任古蹟修復設計及再利用策展工作。近年著有 2020《再尋冷戰軌跡-臺糖南北平行預備線文化資產價值研究》、2016《找尋曾經艱困的時代輪廓》、2015《傳家—新埔宗祠的故事》、2015《關渡宮—宮廟與文化景觀》等書。

張勝彥　臺灣大學歷史學學士、碩士，日本京都大學博士。先後任東海大學歷史系教授、日本京都大學文學部外國人招聘教授、中央大學歷史研究所教授兼所長、日本私立關西大學經濟學部外國人招聘教授、臺北大學歷史系教授兼民俗藝術研究所所長、及人文學院院長等教職。此外曾任臺灣歷史學會會長、內政部古蹟評鑑小組委員、臺中

縣志總編纂、續修臺中縣志總編纂、續修臺北縣志總編纂等職。現為臺北大學兼任教授、續修新竹縣志總編纂。已出版之學術著作有《南投開拓史》、《清代臺灣廳縣制度之研究》、《認識臺灣（歷史篇）》、《臺灣開發史》、《台中市史》、《臺灣史》等著作。

戚嘉林 Dr. Chi Chia-lin，中國統一聯盟前主席，1951 年生於台灣（原籍湖北沔陽/仙桃），輔仁大學商學士、中國文化大學經濟研究所碩士、南非首都比勒陀利亞大學（University of Pretoria）國際關係學博士。台灣外事人員特考及格，任職駐外單位、退休后曾任中國統一聯盟主席、並在世新大學授課。現為《祖國》雜誌發行人兼社長，社團法人台灣史研究會理事長，著有《台灣史》《台灣二二八大揭秘》《李登輝兩岸政策十二年》《台灣史問與答》《謝南光-從台灣民眾黨到中國共產黨》，及主編《坎坷復興路》等書。

許世融 雲林縣口湖鄉人，1966 年生，臺灣師範大學歷史學系博士，現任臺中教育大學區域與社會發展學系副教授兼系主任。先後於嘉義農專、國空大、建國科大、清華大學歷史研究所擔任兼任講師、助理教授；陸續進行過科技部諸多專題研究案。2011-2013 年並參與京都大學經濟學部堀和生教授主持的「東アジア高度成長の史的研究—連論から東アジア論へ—」跨國研究計畫。主要學術專長：臺灣經濟史、社會史、族群史等。博士論文〈關稅與兩岸貿易（1895-1945）〉曾獲得彭明敏文教基金會臺灣研究最佳博士論文獎。

連心豪 福建省仙遊縣人，1954 年 3 月生於安溪縣文廟廖厝館，旋移居泉州市區。廈門大學歷史學碩士，歷任廈門大學歷史學系教授，廈門大學中國海關史研究中心主任，福建省連橫文化研究院院長，福建省文史研究館研究館員，中國海關博物館顧問。專攻中國近代海關史，兼治閩臺關係史、閩南民間信仰與譜牒學。著有《近代中國的走私與海關緝私》、《水客走水》、《中國海關與對外貿易》，主編《閩南民間信仰》、《福建連氏志》、《仙遊鳳阿阿頭連氏譜牒》等書。

葉乃齊 1960 年出生於嘉義。1982 年自文化大學建築系畢業，1987-1989 年曾就讀於台灣大學土木研究所交通乙組，1989 年曾於文化大學造園景觀系兼任執教，1990-1993 年服務於行政院文建會，從事古蹟保存業務。1993 年就讀台灣大學建築與城鄉研究所博士班，2002 年 7 月獲台大城鄉所博士學位，曾擔任南亞技術學院建築系專任助理教授及華梵大學建築學系專任助理教授。2005 年 8 月接任華梵大學建築學系主任、所長，於 2008 年 1 月卸任。曾參與王鴻楷教授主持之研究案有《澎湖天后宮之彩繪》等五案。及夏鑄九教授主

　　　　持之研究案有《新竹縣三級古蹟新埔褒忠亭整修計畫》等七案。專
　　　　業研究規劃案有近二十五本著作，個人代表著作有博士論文《台灣
　　　　傳統營造技術的變遷初探--清代至日本殖民時期》，碩論《古蹟保存
　　　　論述之形成—光復後台灣古蹟保存運動》及近百篇論文與著述。

趙佑志　1968 年，臺北人，臺灣師範大學歷史系學士、碩士、博士。現任
　　　　新北高中教師兼任學務主任、清華大學歷史研究所兼任助理教授、
　　　　真理大學人文與資訊學系兼任助理教授、淡江大學師培中心兼任助
　　　　理教授，曾參與《沙鹿鎮志》、《梧棲鎮志》、《桃園市志》、《續修臺
　　　　北縣志》、《高中歷史教科書》的編纂。著有：《日據時期臺灣商工
　　　　會的發展(1895—1937)》、《日人在臺企業菁英的社會網絡(1895—
　　　　1945)》、《續修臺北縣志》卷八文教志、〈躍上國際舞臺—清季中國
　　　　參加萬國博覽會之研究〉等近百篇論文。

賴志彰　臺灣彰化人，逢甲建築系學士，國立臺灣大學建築與城鄉研究所
　　　　碩、博士，長期參與文化資產保存工作，從最早的內政部到目前幾
　　　　個市縣的文化資產諮詢委員，深入研究霧峰林家的歷史與建築，研
　　　　究臺灣地方民居（包括新北、桃園、苗栗、臺中縣、彰化、嘉義市
　　　　等），碩博士論文攢研臺中市的都市歷史，研究過新莊迴龍樂生療
　　　　養院、臺灣古地圖、佳冬蕭宅、彰化縣志的公共藝術與工藝篇等。
　　　　目前服務於國立臺南大學文化與自然資源學系臺灣文化碩士班，担
　　　　任副教授，指導超過 180 篇以上的碩士論文。

闞正宗　1961 年出生於臺灣嘉義，成功大學歷史學博士。1985 年起年從事
　　　　新聞編採工作，進而主持佛教出版社、雜誌社。長年從事佛教寺院
　　　　及文物的田野調查，二十餘年間完成有關佛寺、人物田野調查專
　　　　著、合著十餘冊。1996 年起先後出版《臺灣佛寺導遊》九冊、《臺
　　　　灣佛教一百年》、《臺灣佛寺的信仰與文化》、《重讀臺灣佛教——戰
　　　　後臺灣佛教（正續編）》、《臺灣佛教史論》、《中國佛教會在臺灣—
　　　　—漢傳佛教的延續與開展》、《臺灣日治時期佛教發展與皇民化運動
　　　　——「皇國佛教」的歷史進程（1895-1945）》、《臺灣佛教的殖民與
　　　　後殖民》、《臺灣觀音信仰的「本土」與「外來」》等學術著作。除
　　　　臺灣佛教史研究之外，研究領域尚延伸至臺灣宗教、中、臺、日三
　　　　邊佛教交涉、日本文化等研究領域。曾任法鼓佛教學院、玄奘大學
　　　　宗教研究所兼任助理教授，現任佛光大學佛教學系副教授。

《臺灣史研究名家論集》——總序

　　《臺灣史研究名家論集》即將印行，忝為這套叢刊的主編，依出書慣例不得不說幾句應景話兒。

　　這十幾年我個人習慣於每學期末，打完成績上網登錄後，抱著輕鬆心情前往探訪學長杜潔祥兄，一則敘敘舊，問問半年近況，二則聊聊兩岸出版情況，三則學界動態及學思心得。聊著聊著，不覺日沉西下，興盡而歸，期待半年後再見。大約三年前的見面閒聊，偶然談出了一個新企劃。潔祥兄自從離開佛光大學教職後，「我從江湖來，重回江湖去」（潔祥自況），創辦花木蘭出版社，專門將臺灣近六十年的博碩士論文，有計畫的分類出版，洋洋灑灑已有數十套，近年出書量及速度，幾乎平均一日一本，全年高達三百本以上，煞是驚人。而其選書之嚴謹，校對之仔細，書刊之精美，更是博得學界、業界的稱讚，而海峽對岸也稱許他為「出版家」，而不是「出版商」。這一大套叢刊中有一套《臺灣歷史文化叢刊》，是我當初建議提出的構想，不料獲得彼首肯，出版以來，反應不惡。但是出書者均是時下的年輕一輩博、碩士生，而他們的老師，老一輩的名師呢？是否也該蒐集整理編輯出版？

　　看似偶然的想法，卻也是必然要去做的一件出版大事。臺灣史研究的發展過程，套句許雪姬教授的名言「由鮮學經顯學到險學」，她擔心的理由有三：一、大陸學界有關臺灣史的任務性研究，都有步步進逼本地臺灣史研究的趨勢，加上廈大培養一大批三年即可拿到博士學位的臺灣學生，人數眾多，會導致臺灣本土訓練的學生找工作更加雪上加霜；二、學門上歷史系有被社會科學、文學瓜分，入侵之虞；三、在研究上被跨界研究擠壓下，史家最重要的技藝——史料的考訂，最後受到影響，變成以理代証，被跨學科的專史研究壓迫得難以喘氣。另外，中研院臺史所林玉茹也有同樣憂慮，提出五大問題：一、是臺灣史研究受到統獨思想的影響；二、學術成熟度仍不夠，一批缺乏專業性的人可以跨行教授臺灣史，或是隨時轉戰研究臺灣史；三、是研究人力不足，尤其地方文史工作者，大多學術訓練不足，基礎條件有限，甚至有偽造史料或創

造歷史的情形，他們研究成果未受到學術檢驗，卻廣為流通；四、史料收集整理問題，文獻資料躍居成「市場商品」，竟成天價；五、方法問題，研究者對於田野訪查或口述歷史必須心存警覺和批判性。

　　十數年過去了，這些現象與憂慮仍然存在，臺灣史學界仍然充滿「焦慮與自信」，這些焦慮不是上文引用的表面問題，骨子裡頭真正怕的是生存危機、價值危機、信仰危機，除此外，還有一種「高平庸化」的危機。平心而論，臺灣史的研究，不論就主題、架構、觀點、書寫、理論、方法等等。整體而言，已達國際級高水準，整個研究已是爛熟，不免凝固形成一僵硬範式，很難創新突破而造成「高平庸化」的危機現象。而「高平庸化」的結果又導致格局小、瑣碎化、重複化的現象，君不見近十年博碩士論文題目多半類似，其中固然也有因不同學門有所創見者，也不乏有精闢的論述成果，但遺憾的是多數內容雷同，資料重複，學生作品如此；學者的著述也高明不到哪裡，調研案雖多，題材同，資料同，析論也大同小異。於是乎只有盡量挖掘更多史料，出版更多古文書，做為研究創新之新材料，不過似新實舊，對臺灣史學研究的深入化反而轉成格局小、理論重複、結論重疊，只是堆砌層累的套語陳腔，好友臺師大潘朝陽教授，曾諷喻地說：「早晚會出現一本研究羅斯福路水溝蓋的博士論文」，誠哉斯言，其言雖苛，卻是一句對這現象極佳註腳。至於受統獨意識形態影響下的著作，更不值得一提。這種種現狀，實在令人沮喪、悲觀，此即焦慮之由來。

　　職是之故，面對臺灣史這一「高平庸化」的瓶頸，要如何掙脫困境呢？個人的想法有二：一是嚴守學術規範予以審查評價，不必考慮史學之外的政治立場、意識形態、身分認同等；二是返回原點，重尋典範。於是個人動了念頭，很想將老一輩的著作重新整理，出版成套書，此一構想，獲得潔祥兄的支持，兩人初步商談，訂下幾條原則，一、收入此套叢書者以五十歲（含）以上為主；二、是史家、行家、專家，不必限制為學者，或在大專院校、研究機構者；三、論文集由個人自選代表作，求舊作不排除新作；四、此套書為長期計畫，篩選四、五十位名家代表

作，分成數輯分年出版，每輯以二十位為原則；五、每本書字數以二十萬字為原則，書刊排列起來，也整齊美觀。商談一有結論，我迅即初步擬定名單，一一聯絡邀稿，卻不料潔祥兄卻因某些原因而放棄出版，變成我極尷尬之局面，已向人約稿了，卻不出版了。之後拿著企劃書向兩家出版社商談，均被婉拒，在已絕望之下，幸得蘭臺出版社盧瑞琴女史遞出橄欖枝，願意出版，才解決困局。但又因財力、人力、市場的考慮，只能每輯以十人為主，這下又出現新困擾，已約的二十幾位名家如何交代如何篩選？兩人多次商討之下，盧女史不計盈虧，終於同意擴大為十五位，並不篩選，以來稿先後及編排作業為原則，後來者編入續輯。

　　我個人深信史學畢竟是一門成果和經驗累積的學科，只有不斷累積掌握前賢的著作，溫故知新，才可以引發更新的問題意識，拓展更新的方法、理論，才能使歷史有更寬宏更深入的研究。面對已成書的樣稿，我內心實有感發，充滿欣喜、熟悉、親切、遺憾、失落種種複雜感想。我個人只是斗膽出面邀請同道之師長友朋，共襄盛舉，任憑諸位自行選擇其可傳世、可存者，編輯成書，公諸同好。總之，這套叢書是名家半生著述精華所在，精彩可期，將是臺灣史研究的一座豐功碑及里程碑，可以藏諸名山，垂範後世，開啟門徑，臺灣史的未來新方向即孕育在這套叢書中。展視書稿，披卷流連，略綴數語以說明叢刊的成書經過，及對臺灣史的一些想法、期待與焦慮。

卓克華

2016.2.22 元宵　於三書樓

《臺灣史研究名家論集》——推薦序

《臺灣史研究名家論集》這套書本身就是一種臺灣史研究。其性質與意義，可以我擬編的另一套書來做說明。

相對於大陸，臺灣學界個性勝於群性，好處是彰顯個人興趣、自由精神；缺點是不夠關注該學科的整體發展，很少人去寫年鑑、綜述、概括、該學科的資料彙編或大型學人論著總集。

所以我們很容易掌握大陸各學科的研究發展狀況，對臺灣則不然。比如哲學、文學、社會學、政治學都各有哪些學派、名家、主要著作，研究史又如何等等，個中人也常弄不清楚，僅熟悉自己身邊幾個學校、機構或團體而已。

本來名家最該做這種事，但誰也不願意做綜述、概括這等沒甚創見的勞動；編名家論集嘛，既抬舉了別人，又掛一漏萬得罪人，何必呢？

我在學生書局時，編過一些學科綜述，頗嘗甘苦。到大陸以後，也曾想在人文與社會學科中，每學科選二十位名家，做成論文集，以整體呈現臺灣二十世紀下半葉的學術成果，遷延至今，終於未成。所以我看卓克華兄編成的這套《臺灣史研究名家論集》特有會心、特深感慨。

正如他所說，現在許多學科都面臨大陸同行的參與，事實上也是巨大的壓力。大陸人數眾多，自成脈絡。臺灣如果併入其數量統計中去，當然立刻被淹沒了。他們在許多研究成果綜述中，被視野和資料所限，也常不會特別關注臺灣。因此我們自己的當代學術史梳理就特別重要、格外迫切。

《臺灣史研究名家論集》從這個意義上說，本身就是一種臺灣學術史的建構。所選諸名家、各篇代表作，足以呈現臺灣史這個學科的具體內容與發展軌跡。

這些名家，與我同時代，其文章寫作之因緣和發表時之情境，讀來歷歷在目，尤深感慨。

因為「臺灣史」這個學科在臺灣頗有特殊性。

很多人說戒嚴時期如何如何打壓臺灣史研究，故臺灣史尟有人問津；

後來又如何如何以臺灣史、臺灣文學史為突破口，讓臺灣史研究變成了顯學。克華總序中提到有人說臺灣史從「鮮學變成顯學」，然後又受政治影響，成了險學，就是這個意思。

　　但其實，說早年打壓臺灣史，不是政治觀點影響下的說詞嗎？卷帙浩繁的《臺灣風物月刊》、《臺北文獻季刊》、《臺灣文獻季刊》、臺灣銀行《臺灣文獻叢刊》等等是什麼？《臺灣文獻季刊》底下，十六種縣市文獻，總計就有四億多字，怎麼顯示五十年代到八十年代中期政府打壓了臺灣史的資料與研究？我就讀的淡江大學，就有臺灣史課程，圖書館也有專門臺灣史料室，我們大學生每年參加臺灣史蹟源流會的夏令營，更是十分熱門。我大學以後參與鄉土調查、縣誌編撰、族譜研究，所感受的暖心與熱情，實在不能跟批評戒嚴時期如何如何打壓臺灣史研究的說詞對應起來。

　　反之，對於高談本土性、愛臺灣、反殖民的朋友所揭櫫的臺灣史研究，我卻常看到壓迫和不寬容。所以，他們談臺灣文學時，我發現他們想建立的只是「我們的文學史」。我辦大學時，要申辦任何一個系所都千難萬難，得提前一兩年準備師資課程資料及方向計畫去送審；可是教育部長卻一紙公文下來，大開後門，讓各校趕快開辦臺灣史系所。我們辦客家研討會，客家委員會甚至會直接告訴我某教授觀點與他們不合，不能讓他上臺。同樣，教師在報端發表了他們不喜歡的言論，各機關也常來文關切……。這時，我才知道有一個幽靈，在監看著臺灣史研究群體。

　　說這些，是要提醒本叢刊的讀者：無論臺灣史有沒有被政治化，克華所選的這些名家，大抵都表現了政治泥沼中難得的學術品格，勤懇平實地在做研究。論文中匕鬯不驚，而實際上外邊風雨交加。史學名家之所以是名家，原因正要由此體會。

　　但也由於如此，故其論文多以資料梳理、史實考證見長。從目前的史學潮流來看，這不免有點「古意盎然」。他們這一輩人，對現時臺灣史研究新風氣的不滿或擔憂，例如跨學科、理論壓指史料、臺灣史不盡

為史學系師生所從事之領域等等，其實就由於他們古意了。

　　古意，當然有過時的含義；但在臺灣，此語與老實、實在同意。用於臺灣史研究，更應做後者理解。實證性史學，在很多地方都顯得老舊，理論根基也已動搖，但在臺灣史這個研究典範還有待建立，假史料、亂解讀，政治干擾又無所不在的地方，卻還是基本功或學術底線。老一輩的名家論述，之所以常讀常新，仍值得後進取法，亦由於此，特予鄭重推薦。

龔鵬程

《臺灣史研究名家論集》——推薦序

　　臺灣，在許多大陸人看來是一個地域相對狹小、自然資源有限、物產不夠豐富、人口不夠眾多且孤懸於海外的一個島嶼之地。對於這座寶島的歷史文化、社會風貌、民間風俗以及人文地貌等方面的情況知之甚少。然而，當你靜下心來耐心地閱讀由臺灣蘭臺出版社出版的《臺灣史研究名家論集》(已出版三編)之後，你一定會改變你對臺灣這個神奇島嶼的認知。

　　《臺灣史研究名家論集》到目前為止，已經輯錄了近五十名研究臺灣史的專家近千萬字的有關臺灣史的研究成果。這些研究成果大都以臺灣這塊獨特的地域空間為載體，以發生在這塊神奇土地上的歷史事件、人物故事、社會變遷、宗教信仰、民間習俗、行政建制、地方史志、家族姓氏、外族入侵、殖民統治、風水習俗以及建築歷史等等為研究內容，幾乎囊括了臺灣的自然與社會生活的方方面面。例如，尹章義的《臺灣移民開發史上與客家人相關的幾個謎題》，林滿紅的《清末臺灣與我國大陸之貿易型態比較（1860-1894）》，林翠鳳教授的《臺灣傳統書院的興衰歷程》，武之璋先生的《從純史學的角度重新檢視二二八》，洪健榮的《明鄭治臺前後風水習俗在臺灣社會的傳佈》，張崑振的《清代臺灣地方誌所載官祀建築之時代意義》，張勝彥的《臺灣古名考》，戚嘉林的《荷人據台殖民真相及其本質之探討》，許世融的《日治時期彰化地區的港口變化與商貿網絡》，連心豪的《日本據臺時期對中國的毒品禍害》，葉乃齊的《臺灣古蹟保存技術發展的一個梗概》，趙佑志的《日治時期臺灣的商工會與商業經營手法的革新（1895—1937）》，賴志彰的《台灣客家研究概論—建築篇》，闞正宗的《清代治臺初期的佛教（1685-1717）——以《蓉洲詩文稿選集》、《東寧政事集》為中心……

　　上述各類具體的臺灣史研究，給讀者全面、深刻、細緻、準確地瞭解臺灣、認知臺灣、理解臺灣、並關注臺灣未來的發展，提供了「法國年鑑學派」所說的「全面的歷史」資料和「完整的歷史」座標。這套叢書給世人描摹出一幅幅臺灣社會、文化、經濟、生態以及島民心態變遷

的風俗畫。它們既是臺灣社會的編年史、也是臺灣的時代變遷史，還是臺灣社會風俗與政治文化的演變史。

　　《臺灣史研究名家論集》在史學研究方法上借鑒了法國年鑑學派以及其他現代史學流派的諸多新的研究方法，給讀者提供了新的研究視角，使得史學研究能夠從更加廣闊、更加豐富的空間與視角上獲取歷史對人類的啟示。《臺灣史研究名家論集》的許多研究成果，印證了中國大陸著名歷史學家章開沅先生對史學研究價值的一種「詩意化」的論斷，章開沅先生曾經說過，「**從某種意義上說，史學應當是一個沉思著的作者在追撫今夕、感慨人生時的心靈獨白。史學研究的學術的價值不僅在於它能夠舒緩地展示每一個民族精神的文化源流，還在於它達到一定境界時，能夠闡揚人類生存的終極意義，並超越時代、維繫人類精神與不墮……**」

　　閱讀《臺灣史研究名家論集》，能夠讓讀者深切感受到任何一個有限的物理空間都能夠創造出無限的精神世界，只要這塊空間上的主人永遠懷揣著不斷創造的理想與激情。我記得一位名叫唐諾（謝材俊）的臺灣作家曾經說過，由於中國近代歷史的風雲際會，使得臺灣成為一個十分獨特的歷史位置。「**在很長一段時間裡，臺灣是把一個大國的靈魂藏在臺灣這個小小的身體裡面……**」，的確，近代以來的臺灣，在某種程度上來講成就驚人。它誕生過許多一流的人文學者、一流的史學家、一流的詩人、一流的電影家、一流的科學家。它曾經是「亞洲四小龍」之一。

　　臺灣之所以能夠取得如此驚人的文化成就，離不開諸如《臺灣史研究名家論集》裡的這些史學研究名家和**臺灣蘭臺出版社**這樣的文化機構以及**一大批「睜眼看世界」的仁人志士們**持之以恆的辛勤耕耘和不畏艱辛的探索。是這些勇敢的探尋者**在看得見的地域有限物理空間拓展並創造出了豐富多彩的浩瀚精神宇宙。**

　　為此，我真誠地向廣大讀者推薦《臺灣史研究名家論集》這套叢書。

王國華　2021 年 6 月 7 日於北京

《臺灣史研究名家論集》──編後記

　　我在〈二編後記〉中曾慨嘆道，編此《論集》有三難：邀稿難、交稿難、成書難。在《三編》成書過程中依然如此，甚且更加嚴重，意外狀況頻頻發生，先是新冠肺炎疫情耽誤了近一年，而若干作者交稿、校稿拖拖拉拉，也有作者電腦檔案錯亂的種種問題，也有作者三校不足，而四校，五校，每次校對又增補一些資料，大費周章，一再重新整理，諸如此類狀況，整個編輯作業延誤了近一年，不得已情商《四編》的作者，將其著作提前補入《三編》出版，承蒙這些作者的同意，才解決部分問題。

　　如今面對著《三編》的清樣，心中無限感慨，原計畫在我個人退休前將《臺灣史研究名家論集》四輯編輯出版完成，而我將於今年（2021）七月底退休，才勉強出版了《三編》，看來又要耗費二年歲月才能出版《四編》，前後至少花了十年才能夠完成心願，十年，人生有多少個十年？！也只能自我安慰，至少我為臺灣史學界整理了乙套名家鉅作，留下一套經典。

卓克華　　于三書樓

2021.6.7

洪健榮

臺灣史研究名家論集

蘭臺出版社

目　錄

《臺灣史研究名家論集》自序

　　學術研究是一種知識探索與心靈冒險，從中可以獲得無窮的樂趣；同樣的，學術研究也是一種生活方式，可以讓自己有窮的生命獲得長期的安頓。

　　從輔仁大學歷史學系、國立清華大學歷史研究所碩士班到國立臺灣師範大學歷史學研究博士班的學習階段，個人陸續涉獵過的學術領域，主要包括臺灣方志學、近代西學東漸史、西方科學史與科學哲學、臺灣社會文化史、臺灣區域史、臺灣族群史（原住民、客家）等研究。二十多年來投入史學研究園地的耕耘，在各項專題研究能力的培養上，最要感謝尹章義老師、王爾敏老師、李國祁老師、李恩涵老師、張玉法老師、莊吉發老師、徐光台老師、傅大為老師、黃一農老師、張永堂老師、溫振華老師、蔡淵洯老師、朱鴻老師的耐心教誨，也要感謝吳學明學長、張弘毅學長、陳君愷學長、詹素娟學姐、楊翠學姐、陳宗仁學長、鄭永昌學長的熱心引導，讓筆者能在學術研究的漫漫長路中找到可靠的路標，並確認可以往前邁進的方向。

　　本論集收錄的八篇論文，依序為〈明鄭治臺前後風水習俗在臺灣社會的傳佈〉（原刊登於《臺南文化》新 60 期，2006 年 6 月）、〈風水習俗與清代臺灣區域開發的互動〉（原刊登於《臺灣文獻》57 卷 1 期，2006 年 3 月）、〈清代臺灣文教發展與風水習俗的關聯〉（原刊登於《臺灣風物》55 卷 2-3 期，2005 年 6 月、9 月）、〈當「礦脈」遇上「龍脈」：清季北臺雞籠煤務史上的風水論述〉（原刊登於《臺灣風物》50 卷 3-4 期，2000 年 9 月、2001 年 1 月）、〈十九世紀後期北臺淡水開港後西教傳佈與風水民俗的衝突〉（原刊登於《臺北文獻》直字第 172 期，2010 年 6 月）、〈清代臺灣方志「風俗」門類的理論基礎及論述取向〉（原刊登於《中國歷史學會史學集刊》第 32 期，2000 年 7 月）、〈大臺北地方學研究的回顧與展望——以地方志書與學位論文為中心〉（原刊登於《輔仁歷史學報》第 36 期，2016 年 3 月）、〈洪患對戰後臺北區域發展的影響

（1945-1990s）——以五股鄉為例〉（原刊登於《臺灣文獻》51 卷 1 期，2000 年 3 月），主要集中於臺灣風水文化史、臺灣方志學與大臺北區域研究等專題，每一篇論文都是筆者經年累積的學習經驗與思考心得，在某一個階段具體呈現的結果。

　　我是一個記憶力極差的歷史研究者，先天上近乎「過目即忘」的學習缺陷，從學生時代迄今，造成自己在知識訊息的掌握與外國語文的學習方面，備感辛苦和挫折。過往閱讀《治史經驗談》一書，作者嚴耕望先生提到他自己「記憶力之壞，到了不可想像的程度」，讓我頗有同感；而嚴先生克服這項學習缺陷的方式，「與其花大多工夫去記憶，不如多多閱讀，多多思考。至於材料，縱然記憶力不好，也要抄錄」，此點則令我深獲啟發。為求勤能補拙，於是從研究所碩士班的學習階段開始，即鞭策自我要勤做筆記、努力思考，將閱讀過的學術專書與文獻資料的心得要點，即時記錄並輸入電腦，再編上相關的研究主題檔名，由此逐漸累積成多項專題的寫作資料庫。久而久之，也養成了自己每日整理資料或從事寫作的習慣和興趣。當然，由於記憶力不佳的緣故，往往在論文發表之後，經常忘記自己曾經寫過的內容。本次集結論文集的過程，重新校閱當中的幾篇論文，赫然覺察到有許多的論述與引證，竟然是自己極為「陌生」的！校閱自己舊文的經歷，倒像是享受一種閱讀「別人」的新作並能獲取新知的樂趣。也許，這正是記憶力不好的人，所能夠擁有的一種特殊的幸運！

　　在大學課堂或課餘之際，我經常和同學們分享，歷史學是一門重視思考的知識，也是一門可以結合生活、興趣、娛樂與工作的學問。從人生修養的層面來看，對於一位歷史研究者而言，史學不僅是一種專業能力，也是一種為人處世的道理。我們對於過往人類社會的知識考掘，其中最重要的就是尊重、包容與同情的瞭解。這種對待歷史的意向，同樣可以轉化成一種對待人生與看待世界的態度。從知識追求的層面來看，學無止境，以前人的向學執著為師，不要輕易地自滿於目前的能力與成就。我不斷以此勉勵學生，也不斷以此砥礪自我，不論是教學或是研究，

始終要保持「敬業樂群，勇猛精進」的態度來實踐。

　　本論集的出版，特別要感謝卓克華老師的熱情推薦以及蘭臺出版社編輯團隊的心力付出。從博士班畢業、謀職期間到進入學術單位服務，這十多年來，承蒙卓老師不時的鼓勵、協助和提攜，也讓我有機會能以此書，作為人生即將邁入「知天命」階段的里程碑。

　　從私立輔仁大學、國立清華大學到國立臺灣師範大學，從國立故宮博物院到國立臺北大學歷史學系，「得之於人者太多」，感謝這一路走來，所有曾經協助過我成長的師長、主管、同事、同學、朋友和學生們。父母兄姊、岳父母與親戚們多年來的照顧，始終是我投身史學研究與實現學術理想的最大支持。

　　最後，謹以本書獻給內子呂芯汝女士以及兩位貼心可愛的小寶貝伊璿妹妹、宇潚弟弟，感謝你們這幾年來的一路陪伴，讓我能滿懷溫馨幸福的心情，持續邁向學術探索之路。

　　　　　　—2018 年 9 月 8 日　赴香港前夕於新北市泰山區民權居定稿

明鄭治臺前後風水習俗在臺灣社會的傳佈

一、前言

　　從漢人中心史觀的角度，臺灣擺脫想像的成分、模糊的色彩而進入中國歷史文獻的記載，以及來自閩粵地區的漢族移民較有規模的經營臺灣，皆始於十七世紀後期，特別是鄭氏王國治臺期間（1661-1683）。歷來學界有關這段時期臺灣漢人社會的研究，大多將焦點放在人物專論、行政建制、軍事活動、文教發展、區域開拓、農業墾殖與對外貿易等面向；相形之下，對於宗教社群與神明崇祀之外的民俗文化課題，則鮮有著墨。[1]有鑑於此，本文嘗試根據相關文獻的記載，探討風水習俗在明清之際臺灣本土發揮出規範性作用的歷史現象，考察這段時期的社會組成份子實踐風水習俗的各種行為樣態，以及風水觀念如何內化為時人應對社會關係、判斷外在事物的價值取向，藉以透視這項漢文化傳統民俗與臺灣早期移墾社會的互動關係。

　　「風水」又名堪輿、地理、形法、向法、卜宅、相宅、相墓、相地、青烏、青囊、陰陽之術，這套勘定宅墓佈局位向以趨吉避凶的術數法則，係中國歷史文化醞釀而成的產物，亦是傳統社會民俗活動的成果，其中雜揉了道教方術、佛教義理以及民間宗教、祖先崇拜的信仰內涵，也體現出傳統天人感應、陰陽五行的天地宇宙觀與慎終追遠、事死如生的儒家孝道觀。自古以來，風水學的理論系統及其操作原則經過長時期的演變，迄中國唐宋時期，已逐漸發展出一套對於山川分布與地理形勢的共通預設，當人們擇定適宜的居葬處所，往往著重於得水、藏風、聚氣等有機因素，[2]並講究龍真、穴的、砂秀、水抱、向吉的整體格局。[3]風水

---

[1] 石萬壽，〈明鄭時期研究的回顧與展望〉，《臺灣風物》，39 卷 4 期，1989 年 12 月，頁 71-105。另參見林玉茹、李毓中編著，《戰後臺灣的歷史學研究·臺灣史》（臺北：行政院國家科學委員會，2004 年），頁 39-74。

[2] 郭璞，《葬書》，收於《景印文淵閣四庫全書》第 808 冊（臺北：臺灣商務印書館，1986 年），頁 12-15。

[3] 趙九峰，《地理五訣》（臺北：武陵出版公司，1998 年據清光緒 2 年刊本景印），卷 1，〈地

的組成要件反映在自然環境的象徵意涵上，「龍」指穴後綿延而來的青翠山脈，為大地「生氣」傳達的憑藉；「穴」指龍脈終止前的平地或山坡，係「生氣」凝聚的地點；「砂」指座落在穴前及兩側的小山脈或丘陵地，「水」指穴前與砂間環繞的河川、溪流或湖泊，「向」則指符合八卦宜忌、五行生剋的妥善方位，通常以羅盤作為定向的依據。只要是符合或接近前述的地理分布，即構成理想化的風水格局。[4]

另一方面，基於人們置身於自然天地之間的生死差異，導致風水學在理論與應用上，具有陰宅（亡者墓穴）與陽宅（生人住所）的分別。臺灣民間習慣稱呼陰宅風水為「風水」，稱呼陽宅風水為「地理」，但兩者亦不乏相互混用的情形。[5]本文所使用的「風水」一詞，如未特別註明，概兼指陰、陽宅而言，舉凡有關生人擇居、亡者營葬的行為所衍生而成的社會現象，皆在本文的討論範圍內。

自宋元以降，風水術數逐漸盛行於中國社會，上自皇親官紳，下至庶民百姓，大多篤信不已；不論宮室陵寢的相地營造或是社會大眾的居葬擇地，只要是有錢有力者，幾延請堪輿地師，以尋找風水佳穴。[6]而閩粵兩地社會，更是當時風水習俗廣泛流傳的重鎮。由於西晉末年的「永嘉之禍」以及北宋末年的「靖康之禍」，中國北方先後受到非漢族政權的統治，東晉、南宋王朝的偏安與大量漢人的南渡，促使中國文化重心逐漸轉移到長江以南一帶，漢族的菁英文化與通俗文化透過官紳階層的倡導以及家族勢力的推動，迅速在福建、廣東等地獲得發展，並與當地土著民族的傳統喪葬文化（如洗骨遷葬，或稱二次葬）相互交融。在日常居葬方面，宗族成員或地方紳民亦習於重視陽宅地理位向與陰宅形勢格局，致使閩粵地區成為風水習俗活躍的「佳穴吉壤」。[7]伴隨著明清之

理總論·五常〉，頁 24b-26b。

[4] 渡邊欣雄，《風水思想と東アジア》（京都：人文書院，1990 年），頁 24-31。

[5] 林美容，《鄉土史與村庄史——人類學者看地方》（臺北：臺原出版社，2000 年），頁 246-247。

[6] 卡利，〈明清時期徽州地區堪輿風行及其對社會經濟的影響〉，《安徽大學學報（哲學社會科學版）》，1991 年第 3 期，頁 64-65；艾定增，《風水鉤沉——中國建築人類學發源》（臺北：田園城市文化事業公司，1998 年），頁 71-76。

[7] 陳進國，〈事生事死：風水與福建社會文化變遷〉，廈門：廈門大學博士論文，2002 年 7 月，頁 20-37。筆者感謝王見川、李世偉、范純武先生提供此一資料。另參見陳啟鐘，〈風生水

際福建省泉州、漳州、汀州以及廣東省潮州、惠州、嘉應州等地漢人陸續移墾臺灣，閩粵原鄉卜居擇建與相地營葬的風水行為樣態，也逐一在渡臺移民拓墾這片海外新天地的過程中，重新登上歷史的舞臺。

本文探討風水習俗在明季臺灣社會的傳佈，首先陳述晚明人士對於臺灣風水格局的刻劃，以明瞭來自中國大陸的漢人如何基於傳統術數化的空間觀念，來為臺灣與中國大陸之間的地理關係或是臺灣本土的山川分布，尋求一種「合理化」的定位。其次，考察十七世紀後期中國移民如何在臺灣本土實踐傳統的風水習俗，由於當時臺灣漢人社會的初步成型，與鄭成功（1624-1662）率領大批部眾的渡臺墾殖一事息息相關，因此，筆者根據目前所可掌握的有限資料，針對鄭氏王國治臺期間風水習俗的蔓延概況加以論述，一方面將焦點放在泉州籍鄭氏家族成員的風水觀念及其實踐，以及明宗室官員與其他閩粵籍人士入臺前後造宅葬墳的風水行為，作為風水習俗從中國大陸移植臺灣社會的主要示例；另一方面，透過某些涉及鄭氏王國興亡之風水傳聞的心態分析與背景考察，藉以窺曉風水文化在明清之際渡臺漢人心理層面上的影響。

本文依循前述的論證取向並落實相關文獻的爬梳，期能對於這項漢族傳統趨吉避凶的術數法則、價值觀念與行為模式如何在臺灣早期移墾社會中落地生根，有一初步的理解。

二、明季人士對於臺灣風水格局的刻劃

閩粵地區漢族移民大舉來到臺灣之前，臺灣長時期處於原住民自治的部落社會型態。原住民的生活空間大多為山明水秀的層巒翠谷，這些區域如從傳統堪輿學的角度加以觀照，往往也是得水藏風的風水寶地。某些時候，原住民悠遊其間的山林樂土，卻成了漢移民心目中理想的居

起——論風水對明清時期閩南宗族發展的影響〉，《新史學》，18 卷 3 期，2007 年 9 月，頁 1-43。關於古代華南地區洗骨盛骸的傳統葬俗，參見畢長樸，〈試論洗骨葬文化的起源〉，《臺灣風物》，20 卷 3 期，1970 年 8 月，頁 5-9；畢長樸，〈洗骨葬制的起源與發展〉，《臺北文獻》，直字第 76 期，1986 年 6 月，頁 85-114。

葬地點。在臺灣數百年來不斷承受外力影響的歷史長河中，來自中國大陸的漢族移民開始關注這處海天孤島的風水刻劃，約可追溯到十七世紀後期。

　　在明中葉問世由徐善繼、徐善述昆仲合撰的堪輿鉅著《地理人子須知》中，全書卷一上〈總論中國之山〉徵引歷代堪輿之說，鋪陳自崑崙山發祖而橫亘中國境域的北、中、南三大幹龍趨向及其環節分布，並推論崑崙南幹尾脈乃盡入閩粵地區。而長久以來與福建隔海相望的臺灣島域，仍尚未出現在該書同卷所附「中國三大幹龍總覽之圖」的龍脈體系裡，這或許是臺灣在明代前期和人的心目中「猶屬化外」、「未隸版圖」的一種具體表徵。[8]到了明代後期，漢人歷史文獻中涉及臺灣本土的記載，主要與當時中國傳統天下秩序的離合進退，有著密切的關係。明世宗嘉靖中後期以降，活躍於東亞海域的海盜、倭寇屢以臺地雞籠、淡水或澎湖等地為據點，復經大陸沿海部分居民的勾引嚮導，大肆侵擾江、浙、閩、粵各地，造成中國東南海防的緊張情勢。

　　十五、十六世紀，當歐洲人發現環球新航路之後，葡萄牙、西班牙與荷蘭等國為了從事東方海上通商和傳教事業，各國船舶陸續出現在中國東南海面。他們不時到雞籠、淡水與澎湖等地進行走私貿易，而且圖謀佔領，作為遠洋航道上的補給處所及其對華貿易的商務基地。歐洲列強的居心叵測，不斷引起閩粵地方官紳們的警戒。有識之士基於海防的觀點檢討中國與「外夷」的利害關係，使得當時作為航向指南與商貿據點的北臺雞籠（山）等地，零星出現在明清之際攸關「海氛未靖」的文獻記載中。[9]由於漢人海上活動的日趨頻繁與中外交通的推波助瀾，臺灣與中國大陸之間的地理關係以及臺灣本土的山川形勢，也逐漸被納入

8　徐善繼、徐善述，《地理人子須知》（臺北：武陵出版社，1986 年據萬曆 11 年重刻隆慶 3
　　年本景印），卷 1 上，頁 1a-2b。
9　林繩武，《海濱大事記》（臺北：臺灣銀行，1965 年），頁 2-8；張維華，《明史佛郎機呂
　　宋和蘭意大里亞四傳注釋》（臺北：臺灣學生書局，1985 年景印再版），頁 2-155。關於北
　　臺雞籠在早期東亞海域史上的角色及其功能，參見陳宗仁，《雞籠山與淡水洋：東亞海域
　　與臺灣早期史研究，1400-1700》（臺北：聯經出版公司，2005 年）；周婉窈，〈山在瑤波
　　碧浪中——總論明人的臺灣認識〉，《臺大歷史學報》，第 40 期，2007 年 12 月，頁 93-148。

中國傳統龍脈理論的概念架構之下。

　　明嘉靖三十四年（1555），鄭舜功奉兵部尚書調浙江巡撫楊宜之命，取道嶺南出海探勘，於翌年抵達日本察訪。歸國後，曾將自己的海外親歷見聞編述成《日本一鑑》。該書《桴海圖經》卷一〈萬里長歌〉採詩文夾註的方式，追記他縱遊中國東南海域的針路行程以及各島嶼諸國的地理分佈，其中，在「一自回頭定小東，前望七島白雲峰」的詩文後註云：

　　　　回頭，地名，泉海地方約去金門四十里，下去永寧八十里，會自回頭徑取小東島，島即小琉球，彼云大惠國。按此海島，自泉永寧衛間抽一脈渡海，乃結彭湖等島；再渡諸海，乃結小東之島。自島一脈之渡西南，乃結門雷等島；一脈之渡東北，乃結大琉球、日本等島。夫小東之域，有雞籠之山，山乃石峰，特高於眾，中有淡水出焉。而我取道雞籠等山之上，徑取七島；七島之間，為琉球、日本之界。[10]

　　從鄭舜功所述各島嶼的相對位置加以判斷，小東島、小琉球應即明季中國沿海人士對於臺灣島的通俗稱謂。[11]值得注意的是，行文中指陳小東島（臺灣）的形成，係由發源自福建泉州永寧衛的山脈，橫渡滄海注結而成的島嶼；而聳立於該島上的雞籠山，則為當時舟行至此參校南北針路航向的座標點。鄭舜功書中關於臺地來龍的記載，洋溢著萬方地脈皆歸宗於大明中國的傳統天下意識。[12]如此的說法，似乎也是後來「龍渡滄海」、「雞籠祖山」之類涉及臺灣地理形勢論述的先聲。

　　傳統風水理論強調，堪輿術家刻劃特定區域的風水格局，必須經過尋龍、望氣、察砂、觀水、點穴的過程，而其中首要的步驟，即為確定區域內主幹龍脈的氣勢所在及其曲折起伏的脈絡走向，才有定穴的可

[10] 鄭舜功，《日本一鑑》（臺北：中央研究院歷史語言研究所藏1939年據舊抄本景印本），卷1，頁3b。
[11] 方豪，〈明代中國航海圖籍上所見臺澎諸島嶼與針路〉，收於氏著，《臺灣早期史綱》（臺北：臺灣學生書局，1994年），頁73-83。
[12] 類似的心態，另可見於鄭舜功，《日本一鑑‧窮河話海》，卷1，〈地脈〉，頁5a-b。

能。誠如明中葉劉謙著、謝昌註《地理囊金集註》中宣稱：「凡欲擇地，先辨來龍」、「既已識龍，方可言穴」。[13]在徐善繼、徐善述合撰的《地理人子須知》卷首〈論龍脈穴砂名義〉中也提到：「善地理者，審山之脈，而識其吉凶美惡，此不易之論也。」[14]而這項風水法則的運用，大體奠基在通曉堪輿之學的專業人士對於山川形勢的實地考察。

根據相關文獻的記載，十七世紀初期鄭芝龍（1604-1661）部眾與荷蘭人勢力進據臺灣期間（約於明熹宗天啟年間），曾有一位精通堪輿術數的浙江普陀山僧釋華佑，偕其友蕭客遊覽臺灣，為期年餘，二人克服陌生環境的各種艱難，歷經島內南北多處原住民部落。凡所到之處，悉將山川形勢繪製成圖，並記載其分佈脈絡與佳穴所在。釋華佑離臺之後，於崇禎年間受到泉州府安溪縣籍李光地（1642-1718）家族的禮遇，且曾為其先祖李九濱相擇一處「發科第甚速」的風水吉地。相傳釋華佑一度請洽李光地先人為他刊行這部旅臺聞見圖說，此事未成，即告圓寂。釋華佑的臺灣地理圖說，於是保存於李光地家中。[15]

據學者陳進國的研究，「釋華佑」應即明清之際享譽泉州地區的形法派堪輿家「淮右禪師」，其學大抵傳承自江西派楊筠松（以《撼龍經》、《疑龍經》傳世）與福建派黃妙應（820-898，相傳著有《博山篇》）兩位風水大師，生平曾歷覽閩臺各地山水，留下了多篇察龍審穴的風水圖讖，目前猶有部分抄本收藏於泉州閩臺關係史博物館中。[16]

至於最早保存釋華佑臺灣地理圖說的李光地，字晉卿，康熙九年（1670）進士，為康熙朝著名的程朱派理學家。康熙十九年（1680），授內閣學士，與福建總督姚啟聖（1624-1683）舉薦施琅出任福建水師

---

[13] 劉謙著，謝昌註，《地理囊金集註》（臺北：武陵出版公司，1995 年據明刊本景印），頁 1a，7a。

[14] 徐善繼、徐善述，《地理人子須知》，頁 5b。

[15] 連橫主編，《臺灣詩薈》，第 1 號，1924 年 2 月，〈釋華佑遺書〉；連橫，《雅堂文集》（臺北：臺灣銀行，1964 年），卷 3，〈釋華佑遺書〉，頁 144。

[16] 陳進國，〈事生事死：風水與福建社會文化變遷〉，頁 66-77。關於唐末福建堪輿名家妙應禪師的生平事迹以及《博山篇》中的相地法則，另可參見王炳慶，〈黃妙應與《博山篇》〉，《泉州師範學院學報（社會科學）》，2007 年第 3 期，頁 7-11。文中對於《博山篇》作者為黃妙應的舊說有所質疑。

提督，負責攻打以臺澎為根據地的明鄭勢力，對於當時的臺海局勢多有用心。李光地生平曾校理《御纂朱子全書》、《周易折中》、《性理精義》等理學諸書，並奉敕編修《星曆考原》等術數鉅著，[17]對於陰陽術數之學應有一定程度的素養。另據《榕村續語錄》卷十七〈理氣〉的記載，李光地曾基於審龍觀局的堪輿論點，以其故居泉州作為中國東南沿海地區整體堂局的中心，剖析閩臺兩地的相對形勢反映在風水學上的主從關係云：

> 福建來龍發於岷山，至大庾嶺矗起一大屏，自仙霞嶺迤連城，綿互千五百里。……大屏東西垂帳，上生浙西、延、建，下生廣州、惠州，興、泉、漳三郡居其中，福州、潮州兩傍夾之。……泉居興、漳之中，正當大屏最中之處。臺灣形如月弦，其長竟閩，上接福甯，下接南澳，而泉正望其王城，如弦之射弧，背當出矢處。……故知臺灣，福建之案山也。[18]

通篇以臺灣島係朝拱福建地區明堂的案山作為結語，透過堪輿學的觀點，刻劃出臺地的「陪襯」位置與「附屬」性質，此種風水格局的鋪陳所夾雜的政治化色彩，可說是呼之欲出。

習究陰陽風水之說的李光地，另曾參考堪輿家言為其先父相地營葬；對於父祖伯叔輩的墓塋風水格局及其應驗福禍，亦頗為關切。[19]而在乾隆朝《泉州府志》卷六十三〈國朝藝術〉中，亦曾記載李光地與泉州地區堪輿明師周士長的一段因緣云：「周士長，安溪人，居燕岫傍，涉獵奇書，精堪輿，尤善風鑑。李光地未第時，決為宰輔，後果驗。光地為題贊其像。」[20]

或許是自身奉行堪輿術數的緣故，李光地對於這部釋華佑的臺灣地理圖書珍視為寶。釋華佑圖書秘藏數世後，約至清代中期，為李光地裔

---

[17] 趙爾巽等，《清史稿》（北京：中華書局，1977 年點校本），卷 262，〈李光地傳〉，頁 9895-9900。

[18] 李光地著，陳祖武點校，《榕村續語錄》（北京：中華書局，1995 年），卷 17，頁 796-797。

[19] 李光地著，陳祖武點校，《榕村續語錄》，卷 17，頁 798-800。

[20] 黃任等纂修，《泉州府志》（泉州：泉州志編纂委員會，1984 年據乾隆版補刻本景印），卷 63，頁 11b-12a。

孫某氏所得，而將該書攜至彰化鹿港。某氏辭世後，此書一度散佚。到
了日治時期，彰化關帝廳莊蕭氏保有釋華佑圖書六十餘葉，北斗街人某
亦留存三十餘葉。近代文人連橫（1878-1936）得此書下卷，其中包括
〈臺灣內山總序〉一篇、雜記一則、附圖十三幅。連橫在自己創刊的《臺
灣詩薈》第十三號（1925 年元月十五日發行）中，曾刊登釋華佑旅臺
遊記的部分內容云：

> 余（釋華佑）至臺地，獲睹奧區；而後山一帶望氣蒼鬱，困於攀
> 躋，未愜素懷。蕭客忽得異牛于二贊行溪，龐然巨象，日行三百
> 里；因售以五十金，遂乘以行。過蛤仔嶺，望半線山，平行四十
> 日，糧食已盡，而東南之區獨未遍歷；復與蕭客射鹿為餐，饑食
> 其肉、渴飲其血，凡十數日，始達諸羅之界。於是內山險易之地、
> 水源分合之鄉，了無遁情矣。爰顧蕭客而言曰：「壯哉茲遊！自
> 非果決之氣，孰與于此」！因賴諸梓記，合為壯圖，附諸前山之
> 後；使後人有志於斯道者，但得有稽焉。[21]

根據這段事後的追述並配合其圖說內容，約略可以推斷釋華佑和蕭
客兩人的遊歷範圍，北起今宜蘭平原一帶，往東南至花蓮北端，向西南
行經中部彰化（半線）、嘉義（諸羅），南迄今高屏地區。至於臺灣各地
的堪輿圖說，連橫在前引文中亦將其所得見的十三幅內容加以披露，茲
列表如下所示。[22]

地　名	圖　　說　　內　　容
內山	內山冬仔爛，真形勝之區。萬山回拱，來龍雄峙。東有打鄰之險，西有揀膏之固，南據沉米谷；內則平洋八十里，外則龜、蛇把水口。而倒麥一帶，則肥沃土膏。八東雷一路，難以通行；推鋪木屑，亦可穩步，容二十萬。礁凹藐，亦足為郡縣。方之青齊沃野，未足為多
大武壠山	紅毛大山，龍行最遠；他里霧社，大窩渾沌。聳身干雲，形勢塞塞；大石降脈，穴場深穩。猴悶朝峰，澎湖前案；名將挺生，為國屏翰
山朝山	外山有此地，但惜未應閒；五世膺侯伯，金冠玉帶環。山山皆俯拱，眾水立環灣；好是乾亥脈，養木生燦爛。兩金為少祖，脫土便歡顏

---

21 連橫，《臺灣詩薈》，第 13 號，〈釋華佑遊記〉。

22 連橫，《臺灣詩薈》，第 13 號，〈釋華佑遊記〉。學者陳進國認為，連橫所見圖說，應即
　　淮右（華佑）禪師遊歷臺澎之後所繪《浮游壯圖》的殘本。同前引文，頁 73-75。臺灣堪輿
　　研究者鐘義明近來偶獲釋華佑臺灣地理鈐記原圖，並將其刊錄在《增訂臺灣地理圖記》一
　　書中。參見鐘義明，《增訂臺灣地理圖記》（臺北：武陵出版社，1993 年），頁 199-217。

茄藤	大山多交結，此地為金冠；火土并金作，金勢自然安。真金何畏火，陶冶始改觀。深浮金火數，坎離成局寬。雨水夾龍生，大海煥波瀾
搭樓	臺地無名師，名山多自愛；我被橫風吹，為彼發三昧。墓宅如牛毛，佳城亦安在！亥卯局生成，長錯石間叉。應付已昭然，高碑收遠概
傀儡大山	窮南龍，至臺灣，勢巉巖，傀儡山。龍行度，五氣圓；謝不益，龍右旋。脈三轉，二木間；王兼子，眾沙環。火纏護，四百灣。生才傑，展經綸；終五甲，非等閒
觀音山	龍行南北東復西，二十四山歷位齊。意眩惑，目轉迷；斷兮斷兮高復低，高後低兮縱復提。深窩大突穴既定，大湖巨浸識端倪。鯤身水口大關鎖，大岡、小岡為坐牙
半線山	兔向水中生，鷹睛專奮擊；側閃卯宮藏，坐蔽聳耳目。四尺從金數，生水為洗滌；南社當朝深，堆木為破的
半線內山	內山要地少人行，卻有金精在此生。即加山上土色明，刺眼更盪睛，金田每每無人耕。頃刻登舟望龍情，小突出口少陽成；莫不是山川留過客，故教風雨阻行旌。我圖此地貽後英，百歲之後有知名
吞霄	吞霄吉壤，火鍊金格。宛裡來龍，氣象辟易。三起聳身，峭削危石。崇爻西龍，左龍陽宅；鐘鳴四紀，金氣改革
珍珠女簡	臺地美人無人識，一到瞻徊賞不給。女簡山前連珠樣，土堆鎮火穴星立。兩水夾處失桃花，左右隨龍勢更急；丁財旺後百餘年，科第並登宰華邑
內北投	山家捲簾格最奇，山勢橫空若捲簾。木能疏土支浮氣，培根養木漸生姿；兩土三金友益水，土重埋金水自隨。此是魁元三貴格，祿馬蘆鞭並斯規
礁凹貌	山峰多夕曜，殺氣刺眼穿；籠山為發祖，寅龍布勢綿。獻天金淡起，胎伏穴自然；火曜平脫土，小窩氣脈全。浮葬難消厄，速發體多捐；為深二、三尺，福祉增百年

　　釋華佑的臺灣地理圖說中所指涉的地名，大多譯自原住民語言或部落名稱，有些地名在清代以後依然通行，其中如「觀音山」、「北投」之名更是沿用至今。[23]至於在堪輿解說方面，各篇內容概勾勒出特定區域內來龍去脈、護砂水口與堂局前案的風水形勢，並推斷幾處佳穴吉壤分別具有的人事庇蔭效驗，可見於大武壠山、山朝山、傀儡大山、半線內山、珍珠女簡、內北投、礁凹貌等圖說。諸如此類的敘述手法，基本上

---

23 根據鐘義明的研究並參照其他相關文獻，可將釋華佑臺灣地理圖說中的古今地名約略對照如下：冬仔爛（宜蘭縣蘇澳鎮境），打鄰（宜蘭縣礁溪鄉境），揀膏（宜蘭縣員山鄉境），沉米谷（宜蘭縣壯圍鄉境），倒麥（宜蘭縣礁溪鄉境），八束雷（宜蘭縣礁溪鄉境），大武壠（臺南市玉井區），他里霧（雲林縣斗南鎮境），猴悶（斗南之北），山朝山（臺北瑞芳三貂嶺），茄藤（屏東縣佳冬鄉境），搭樓（屏東縣里港鄉塔樓村），傀儡大山（屏東大武山脈），觀音山（高雄市大社區神農里），半線山（彰化縣社頭鄉境），半線內山（奇萊山以東的花蓮縣境），即加山（竹腳宣、七腳川，今花蓮縣吉安鄉境），吞霄（苗栗縣通霄鎮），宛裡（苗栗縣苑裡鎮），珍珠女簡（宜蘭縣冬山鄉境），內北投（臺北市北投區），礁凹貌（宜蘭市），籠山（基隆山）。鐘義明，《增訂臺灣地理圖記》，頁197-198。另參見廖風德，《清代之噶瑪蘭》（臺北：正中書局，1990年），頁64-76。

呈現出巒頭派的理論特點，但其中亦不乏理氣派的思維色彩。

　　中國傳統風水術數發展至唐宋期間，逐漸醞生出形勢、方位兩大派別，[24]即後世所通稱的巒頭派（形法）與理氣派（向法、宗廟法）。此二宗派的歷史淵源、學說主張與流傳地域互有差異，一般說來，巒頭派肇始自唐宋時期江西籍楊筠松（楊救貧）、曾文辿（854-916）、廖瑀（943-1018，廖金精）及賴文俊（賴布衣）等人，盛行於大江南北各地，或稱為江西派。其學說內涵專注於龍、穴、砂、水的形勢勘察，以尋覓山環水抱、藏風聚氣的風水寶地。理氣派濫觴於閩中，至宋代王伋（1007-1073）而集大成，大致流傳於閩浙廣地區，別稱福建派。其學說內涵主要藉由八卦易理與陰陽五行的生剋關係，來勘驗宅屋墳穴的堂局宜忌與方位吉凶。[25]

　　值得注意的是，長期以來，巒頭、理氣兩派在傳佈的過程中，雖然存在著某些針對堪輿學理之正統詮釋權的競爭，然而彼此並非始終固守「不相通用」的門戶歧見，而是不斷地透過堪輿地師的往返與風水著作的刊行，在理論系統及實踐法則等方面達成某種程度的交流。舉要而言，如明清兩代堪輿學界「巒頭為體，理氣為用」之說的問世，以及「地理五訣（龍、穴、砂、水、向）」之學的融會，具體顯示出原本若即若離的兩派之間，已然衍生出一種「相互為用」的涵化關係。[26]即使是出身於理氣派大本營的釋華佑，在他的臺灣地理圖說中，仍然是以巒頭派（江西派）之尋龍察砂、坐山觀局的「喝形」原則為主體，如山朝山為金繡球形，茄藤為金龜穴形，半線山為蒼鷹搏兔形，半線內山為美女梳粧形，珍珠女簡為連珠格，內北投為捲廉格，礁凹藐為猛虎下山形，以及內山圖說中的龜蛇把水口等等，[27]著重於山川脈絡的形勢刻劃，另夾雜少許理氣派（福建派）所標榜的五行生剋與干支卦向（二十四山）的宜忌觀念，進而對臺灣南北多處地理空間作出一種堪輿式的解讀。連橫

24 丁芮樸，《風水祛惑》（臺北：藝文印書館，1973 年據月河精舍叢抄本景印），頁 13a。

25 王禕，《青巖叢錄》（臺北：藝文印書館，1966 年據金華叢書本景印），頁 24b-25a。

26 劉沛林，《風水——中國人的環境觀》（上海：三聯書店／學林出版社，1995 年），頁 61-87；
　　陳進國，〈事生事死：風水與福建社會文化變遷〉，頁 38-87。

27 鐘義明，《增訂臺灣地理圖記》，頁 199-217。

於前述〈釋華佑遊記〉的跋語中，有如下的一段歷史評價云：

> 釋華佑遊記，臺灣堪輿家談之嘖嘖；師說相承，語多奇異。囊在大墩，洪以倫先生謂余，曾見其書，惜非全帙。……日者，林君孔昭自新竹來，攜以相示；有臺灣內山總序一篇、雜記一則、圖十三幅，各有說，語似繇辭，是為青烏家言。顧以總序觀之，尚有前山一篇，則此亦非全帙。圖中地名皆譯番語，至今尚有襲用。而內山一圖，南自瑯嶠，北至雞籠，山川脈絡，記載尤詳。凡可建邑屯田之地、陸防水戰之區，莫不指示其要，是又經世家言。[28]

從這段引文中，可以看出普陀山僧釋華佑圖說在日治前期臺灣堪輿學界所造成的震撼，並獲得某些地方士紳的注目。再者，如果連橫所錄釋華佑的地理鈐記為真，則不啻繼明朝萬曆三十一年（1604）福建連江人陳第（1541-1617）於〈東番記〉中對於臺灣西部原住民的記載之後，[29]晚明渡臺漢人根據傳統風水觀念解讀臺灣島內地理空間的一項實質成果。在臺灣早期堪輿學史上，堪稱是空谷足音，備顯得難能而可貴。

而釋華佑本人顯然也認識到了這一點，搭樓圖說中「臺地無名師，名山多自愛；我被橫風吹，為彼發三昧」的現身說法，隱約表示出一股「前無古人」般的自豪。而半線內山圖說中「內山要地少人行，卻有金精在此生」的強調，以及珍珠女簡圖說中「臺地美人無人識，一到瞻徊賞不給」的感慨，也映現出釋華佑置身於明末天啟年間漢人鮮至的歷史時空背景下，對於臺灣各原住民活動區域之風水形勢的慧眼獨具。來自漢人社會的釋華佑眼中所流露的堪輿目光，已開始察覺到臺灣這片大好江山的未來開發潛力。

另外值得一提的是，在前引釋華佑的傀儡大山圖說中指出「窮南龍，至臺灣」，又在礁𪲔藔圖說中指出北臺「籠山為發祖，寅龍布勢綿」，

---

[28] 連橫，《臺灣詩薈》，第 13 號，〈釋華佑遊記〉。

[29] 陳第，〈東番記〉，收於沈有容編，《閩海贈言》（臺北：臺灣銀行，1959 年），卷 2，頁 24-27。陳第於萬曆 30 年 12 月（1603）隨福建浯嶼指揮沈有容渡海來臺剿倭，翌年春撰〈東番記〉追述其親歷見聞。學者方豪考證〈東番記〉實明季親臨臺灣本土的中國人士，「日擊本島情形者所遺之最早文獻」。《方豪六十自定稿》（臺北：臺灣學生書局，1969 年），頁 2238。

如其所述,中國三大龍脈之南龍尾脈渡海至臺以及雞籠山為臺地祖山的概念,彷彿已在這段期間中國旅臺人士的著述中現出端倪。而根據目前所能掌握的歷史資料顯示,大約在十七世紀末葉臺灣本土納歸大清帝國版圖的時候,清代官員隨即從風水學的觀點,系統化地建構出全臺祖山──雞籠龍脈格局的相關論述,作為其通觀全臺山川地理形勢的參照主軸。這套風水祖脈說的問世,既表露出時人對於臺地疆域有了更實質的掌握,並且在意識上延伸為大一統帝國統治權力的象徵,藉以達成政治文化上王者無外、同風共俗的理想。[30]前舉鄭舜功、李光地涉及閩臺地理關係的風水論述,亦可作如是觀。

　　被後世推尊為「臺灣文獻初祖」的浙江鄞縣人沈光文,字文開,生於萬曆四十年(1612)九月,曾任明太僕寺少卿。明亡後,從事抗清活動,於清兵陷粵後避居金門。永曆五年(順治八年,1651)七月,沈光文乘船自金門前赴泉州途中,遇颶風飄泊到荷蘭人統治下的臺灣。永曆十五年(順治十八年,1661),獲得驅荷主帥延平郡王鄭成功的禮遇。鄭經嗣位後,沈光文於永曆十七年(康熙二年,1663)作〈臺灣賦〉,其中有「壬寅年成功物故,鄭錦(鄭經)僭王」等語寓諷,幾乎使他遭罹不測,隨即易服為僧,遁隱羅漢門山(今高雄市內門區一帶)等地。永曆二十八年(康熙十三年,1674),至目加溜灣一帶(今臺南市善化區溪美里溪尾社內)開設私塾教授生徒,兼懸壺濟世。康熙二十七年(1688)七月,沈光文辭世後,葬於諸羅縣善化里東保坐駕莊大竹圍(今善化區坐駕里大竹圍)。[31]

　　沈光文居臺多年,曾據其聞見撰著〈臺灣輿地圖考〉一文,以今臺南市鄰近地區為中心,逐次登錄臺灣南北與東部區域多處山嶺、聚落名

---

[30] 洪健榮,《龍渡滄海:清代臺灣社會的風水習俗》(新北:花木蘭文化出版社,2015年),頁105-126。可以說,「雞籠發祖」的論點在清代臺灣志書山川門類中的地位,其實具有一種「典範」(paradigm)式的導引效應與規範作用。有關典範之說的內涵,參見 Thomas S. Kuhn, *The Structure of Scientific Revolutions* (Chicago: The University of Chicago Press, 1970), pp. 10-51.

[31] 王必昌等,《重修臺灣縣志》(臺北:臺灣銀行,1961年),卷11,〈人物志·僑寓〉,頁390;吳新榮,《震瀛採訪記》(臺北:遠景出版公司,1981年),頁291;石萬壽,〈沈光文事蹟新探〉,《臺灣風物》,43卷2期,1993年6月,頁15-36。

稱及其相對距離，對於臺灣全島的地理形勢具有相當程度的認知。該文中的地名，也多為後來清修臺灣志書圖說所沿用。[32]而在那篇令他險遭文字之禍的〈臺灣賦〉中，沈光文秉持「天念民瘼，淪身溟海，地隨氣轉，假手延平，此故天時之將漸移而善也」、「一統之洪圖，故得天露而效順也，民實皇明之赤子」之類的傳統天下意識，鋪陳出明鄭治下臺灣南北各地的名勝奇景與風俗物產。其中，如「諸羅山臺北崇關，似經巨靈之手，直劈半邊；鹿耳門海中要地，如戴高士之巾，微有折角。鳳山蔥鬱層巒，疑丹鳳之形；猴悶（他里霧北五里）岑崟疊嶂，穿獼猴之穴。大岡小岡，嶢屼崔嵬；半崩半屏，嵾嵯岊嶭。七鯤身結萬山之脈，三茅港（恒春沙馬磯頭）匯湍水之宗」的題詠贊辭，涉及今雲嘉南與高屏地區山川分佈的形勢刻劃，似乎也透露出沈光文本人的堪輿見解。[33]大致說來，沈光文〈臺灣賦〉中的這段文字，亦可視為明季渡臺人士形塑臺地風水格局的一種嘗試。再者，沈光文生前的教學處所東望青巒，形勢頗佳，後世學者如吳新榮（1907-1967）認為「沈光文有堪輿的素養，所以擇定在這好地方設教學處，亦理之當然乎」。[34]此段陳述，應該有相當程度的合理性。

在十七世紀後期中國旅臺人士的筆下，臺灣部分區域的風水格局初步獲得刻劃；至於漢文化傳統風水習俗在這片海外新天地的版圖擴張，則有賴於渡臺移民的具體實踐。自中國元、明兩朝以來，已有零星的漢人活動於臺海地區，以臺灣、澎湖作為據點，除了從事季節性的漁撈事業之外，或與日本、南洋及西方諸國進行走私貿易，逐漸形成數批勢力龐大的海上武裝商貿集團。十七世紀初期，福建漳州海澄人顏思齊（1589-1625）與泉州南安人鄭芝龍為了逃避日本當局的剿捕，乃率領徒眾由北港登陸臺灣本島，進駐笨港至諸羅山一帶（今雲林縣北港鎮與嘉義縣新港鄉附近）。此後，鄭芝龍曾招徠漳、泉人士至臺墾耕，以拓展其在中國東南沿海地區的政經實力。明毅宗崇禎元年（1628），鄭芝

[32] 侯中一編，《沈光文斯庵先生專集》（臺北：寧波同鄉月刊社，1977 年），頁 37，103-111。
[33] 侯中一編，《沈光文斯庵先生專集》，頁 91-96。
[34] 吳新榮，《震瀛採訪記》，頁 44-46。

龍與明帝國政府妥協，集團主力成員移往福建地區，其餘漢人仍續留臺
灣本土務農墾殖。在荷蘭人入據臺灣之前，已有為數約五千名的漢人定
居在臺南一帶。荷蘭人佔領臺灣期間（1624-1662），更陸續引進數千名
的福建籍人士，借助他們精耕細作的農業技術開發南部荒地，以增加糧
食生產，獲取實質的經濟利益。[35]隨著農產經濟的發展，逐漸在拓墾地
域形成漢人聚落。聚落的成型既為漢文化的滋長提供根據地，而當漢人
在這塊土地上從事養生送死的日常活動，也意味著傳統風水習俗傳佈的
可能性。緊接而來鄭氏王國的東移，對於風水習俗在十七世紀後期臺灣
社會的擴散，更起了推波助瀾的作用。

三、鄭氏王國治臺時期風水習俗的蔓延

明永曆十三年（清順治十六年，1659），延平郡王鄭成功兵敗金陵
（南京），退守廈門。為了謀取長期的抗清基地，在荷蘭東印度公司臺
灣當局漢人通事何斌（何廷斌）的牽引下，鄭成功率領約二萬五千名以
閩南人士為主的軍民，轉進其父鄭芝龍先前曾經營過的臺灣南部。永曆
十五年（順治十八年，1661）四月，鄭軍攻陷荷蘭臺灣當局的行政中心
普羅民遮城（Provintia，今臺南市赤崁樓前身），旋改赤崁一帶（今臺南
市區）為東都明京，隨即設置天興、萬年二縣。翌年（1662）二月，鄭
成功正式取代荷蘭人成為臺灣西半部地區的統治者，在臺灣本土延續其
仍奉大明正朔的延平王國，堅持反清復明的立場，與清帝國政權勢力相
抗拒。永曆十六年五月，鄭成功病逝，嗣位的鄭經（1642-1681）於當
政期間，經由諮議參軍泉州同安人陳永華（1634-1680）勵精圖治的主
導下，大規模地移植傳統中國的禮俗制度，加速推動漢文化（包括菁英
文化與通俗文化）在這片海外新天地的傳佈，[36]同時也拓展出傳統風水
文化的實踐空間。

---

[35] 黃秀政、張勝彥、吳文星，《臺灣史》（臺北：五南圖書公司，2002 年），頁 33-36，44-47。

[36] 黃秀政、張勝彥、吳文星，《臺灣史》，頁 52-64；黃典權，《鄭成功史事研究》（臺北：
臺灣商務印書館，1996 年 2 版），頁 33-63。

　　探究風水觀念在明鄭治臺期間的實踐情形，我們首先將焦點放在泉州籍鄭成功世系成員在閩、臺兩地的風水行為。根據鄭鵬程抄錄《石井本宗族譜》（一名《延平郡王鄭氏系譜》）的記載，鄭氏先世於北宋末年靖康之禍期間，自光州固始縣南下避居福建侯官（福州），兄弟散居福建漳州、廣東潮州一帶。至始祖五郎公鄭綿遷至泉州武榮，「築室居家、卜地築墳，日事耕稼業」。由於當地農作收成不佳，生計艱難，鄭綿考慮到「海濱利藪，日易以給」，乃移居南安縣楊子山下石井鄉。鄭綿辭世後，與元配林氏合葬於楊子山麓，其生前育有肖隱、隱泉二子。[37]此後子孫繁衍，在泉、漳地區拓墾有成，為了聯繫宗族情誼，乃從事族譜的編纂，並於始祖發蹟地石井修建祠宇。石井祠堂聯文中有云：「廟宇枕鰲山，席地脈千重秀氣。明堂瞻馬島，壯江潮萬壑巨觀」。[38]由此可見，在鄭氏後代子孫的心目中，祠堂所在地背山面海且生氣凝聚，顯然擁有不錯的風水形勢。

　　鄭成功的先祖發跡於泉州地區，至明代中後期，當地風水擇葬的情形已有相當程度的普及性。如萬曆朝《泉州府志》卷三〈風俗〉中指出：「郭璞《葬經》，遞相肆習，苟冀眠牛白鶴之祥，急則牙角交搆，緩則遷延歲月，雖再世不葬，恬然安之，曰：以俟卜吉。此近俗之不古者也」。[39]文中概述泉俗崇信陰宅風水之說的行為樣態之餘，針對民間久停棺柩以待佳穴的社會現象，或者因圖謀吉地而衍生爭葬之類的利益衝突，也稍有微辭。除了陰宅風水之外，陽宅地理的宜忌問題，同樣受到不少閩南地方紳民的重視。[40]而鄭氏親族長期活動於泉州一帶，自難免於此類風俗習慣的影響。

　　鄭成功的父親鄭芝龍，這位曾經縱橫東亞海域的海商集團首領，於隆武二年（順治三年，1646）十一月在福州降清後，被挾持北上，安排

---

37 鄭鵬程抄，《石井本宗族譜》，收於臺灣銀行經濟研究室編，《鄭氏關係文書》（臺北：臺灣銀行，1960 年），頁 49。

38 鄭鵬程抄，《石井本宗族譜》，頁 27。

39 陽思謙總纂，黃鳳翔等編，《泉州府志》（臺北：國家圖書館漢學研究資料暨服務中心藏明萬曆 40 年景刊本），卷 3，頁 56b-57a。

40 謝肇淛，《五雜俎》（臺北：偉文圖書公司，1977 年），卷 6，〈人部二〉，頁 149-150。

在北京城內定居，以利清朝統治者就近監視。鄭芝龍從堂堂一名叱吒風雲的海上霸主，從此淪為區區一位龍困淺灘的降清明將。到了順治九年（1652）八月初，清廷欲將鄭芝龍的故居眷屬一併遣送入京，鄭芝龍顧慮到自家位在泉州原籍的多處祖墳從此乏人照料，特向清朝政府題准，令其母黃氏、五弟鄭芝豹與三子鄭世恩留家看墳，僅將自己的妻妾及五子、六子送至京城。[41]翌年（1653）五月，官職廂黃旗下劉固山同旗正欽尼哈番的鄭芝龍復因居宅風水沖傷、人丁屢遭不幸一事，呈請皇帝另賜曠地，以便補修房舍的風水格局云：

> 職初入京時，蒙朝廷宏恩，撥入正白旗下，賜屋齊化門小街居住。因原屋破壞，職重新起蓋，得以苟安。嗣而次男世忠、四男世廖并職小家眷，先後三次，各帶婢僕入京，今計宅內男女有百貳拾多人。此宅後面有一大坑，衝陷背脊，大傷風水，數年來，職宅中男女損失去共二十六人。堪輿家咸謂：必填此坑，乃可無傷。……合請聖上著工部看驗職宅後，果有大坑并後面大小碎房肆拾八間，……許職買併歸一，拆卸築牆，以便填坑蓋屋，使將來無損傷之災。……聖上或念旗下人役，欲使安身得所，令一部就于本旗撥出空地，職當就地蓋屋，論間對換。蓋職果因人口年年屢傷，風水有礙，十分極苦無奈，不得不實情上告，伏祈鑒諒。[42]

一旦面臨家內禍事頻傳的生死關頭，即使是年少曾經領洗入教、教名尼可拉斯（Nicholas）的天主教徒鄭芝龍，斯人雖已身在遠離泉州故居的北方異鄉，並且遭到「非我族類」的異族統治，卻依然擺脫不了傳統的堪輿吉凶觀念。

在傳統漢文化社會，一般習慣於將後代子孫的成就歸功於祖墳風水的庇蔭，鄭氏父子亦同樣承受這種附會色彩濃厚的世俗評價。然而，誠所謂禍福相倚、得失相隨，由於攸關子孫禍福的風水觀念深入人心，因

---

[41] 北京市天龍長城文化藝術公司編，《清代臺灣檔案史料全編》（北京：學苑出版社，1999年），頁40-41。

[42] 李光濤編，《明清檔案存真選輯》第3集（臺北：中央研究院歷史語言研究所，1975年），頁134。

而在敵對陣營的眼裡，鄭氏祖墳的存在，也給予他們施加致命打擊的憑藉。十七世紀中期，鄭成功領軍抗清的過程中，原屬鄭氏集團的降清將領黃梧（1617-1673），即曾向清廷獻上一道掘毀鄭家祖墳風水的計策，以降禍於鄭成功本人及其子嗣，讓他們元氣受損，甚至不得善終。

　　黃梧，字君宣，漳州府平和縣人。明亡之後，師事鄭成功，以總兵銜鎮守漳州府海澄縣。永曆十年（順治十三年，1656）七月，黃梧因喪師罪受鄭成功的絪責，遂以海澄縣降清，受封為海澄公。翌年（1657）八月，黃梧移牒閩浙總督李率泰（1608-1666），並條呈勦滅鄭氏五策，其中第五項即倡議掘毀鄭成功的祖墳云：「劉賊墳以快眾憤：成功父子殘害生靈，實戾氣所鍾。聞其石井祖墓風水最險，輿論咸謂劉掘以破賊旺氣、且快人心，亦懲惡之一端也」。黃梧隨後與原鄭氏集團另一降清將領泉州府晉江縣人施琅（1622-1697），會同提督馬得功（？-1663）、總兵蘇明，前往晉江縣大覺山、南安縣覆船山、橄欖山、金坑山等地，陸續劉毀鄭芝龍父祖及其先世墳塚五座。永曆十六年（1662）五月，鄭成功反清復明的壯志未酬，即病逝安平鎮，得年三十九歲，卜葬洲仔尾一帶（今臺南市永康區）。斯時，輿論紛傳黃梧的毀墳言行獲得應驗。[43]

　　根據永曆二十九年（康熙十四年，1675）四月鄭經撰勒的〈皇明石井樂齋鄭公暨妣郭氏墓誌銘〉中的記載，永曆十一年（順治十四年，1657）間「醜虜智窮力竭，遂倡發塚之謀。無何而先王賓天，經嗣守東寧，以

---

43 陳壽祺等，《福建通志》（臺北：華文書局，1968 年據清同治 10 年重刊本景印），卷 268，〈雜錄·外紀〉，頁 22a。另參見臺灣銀行經濟研究室編，《福建通志列傳選》（臺北：臺灣銀行，1964 年），頁 92-93。有關黃梧上書掘毀鄭氏祖墳的時間與內容，清代文獻的相關記載別有出入。如據江日昇《臺灣外紀》的說法，順治 18 年（1661），「世祖章皇帝賓天，而今上即位，以明年為康熙元年，大赦天下。諸輔臣以閩疆連年用兵，傾費錢糧，而兩島何其未平？請旨切責總督李率泰與兵部尚書蘇納海。會海澄公黃梧一本，內密陳滅賊五策」，其中第四條提到「成功墳墓現在各處，叛臣賊子誅及九族，況其祖乎？悉一概邊毀，暴露珍滅。俾其命脈斷，則種類不待誅而自滅也」。同年 8 月，「兵部尚書蘇納海至閩，斥棄海島，令黃梧掌諸大商賈，毀鄭氏之祖墳；惟安海『五馬奔江』水葬者，無處尋覓」。江日昇，《臺灣外紀》（臺北：世界書局，1985 年），頁 201-204。劉獻廷《廣陽雜記》卷 3 記載：「海澄公黃梧既據海澄以降，即條陳平海五策：……一言鄭氏祖墳風水甚美，當令人發掘」。劉獻廷，《廣陽雜記》（臺北：臺灣商務印書館，1976 年），卷 3，頁 27b-28a。值得注意的是，縱使這些記載在上書時間或策文內容上稍有差異，而論述中關於清朝官員掘毀鄭氏祖墳的前因後果，則大致雷同。

圖大舉，不得省視者幾二十年」。鄭經於永曆二十八年（康熙十三年，1674）統率「大師底定泉、漳，始知于野公暨深江公四柩已被發去，惟樂齋公暨妣郭氏及悅齋公、三玄伯祖妣王氏柩存焉」。被掘毀的祖墳，包括鄭家卜葬於南安縣康店山的七世祖樂齋公鄭盟伉儷墳穴（風水方位坐巳向亥），以及鄭盟長子悅齋公鄭貢、三子鄭省伉儷、四子于野公鄭榮伉儷（即鄭經六世玄祖）、五子深江公鄭志伉儷等。鄭經深感「為國效忠而使先人骸骨不獲享抔土之安，孫子罪重，終天莫贖！然為朝廷舉義，國爾忘家，大義所關，不得不如是者；想先人亦含笑九泉而無憾也。於是命官剋日就其墳而封之」。[44]

　　鄭經身遭祖墳毀傷之痛，對於罪魁禍首黃梧，後來則以其人之道還治其人之身。永曆二十八年（康熙十三年，1674），鄭經自臺灣出兵閩南，響應清帝國三藩吳三桂（1612-1678）、尚可喜（1604-1676）、耿精忠（1644-1682）起事。翌年（1675）十月六日，鄭經率軍攻入漳州海澄，此時黃梧早已辭世，其子黃芳度見大勢已去，乃投井自盡。鄭經命令部下將黃芳度屍首撈起，並開棺取出黃梧的屍骸，同磔於市，以報當年發塚之仇。[45]

　　祖墳風水成為清朝政府與鄭氏王國兩敵對勢力之間的替罪羔羊，追根究底，不外乎傳統風水思想所標榜的庇蔭特質所致。姑不論風水敗壞的應驗結果是否僅是一種心理上的主觀認定，此種信仰背後所隱藏的價值取向，可說是直接凸顯出風水術數強烈的功利色彩。傳統中國的當權者應付敵對勢力所慣用的毀其祖墳、壞其風水俾斷其氣脈、阻其活動的手法，在歷史上其實不乏其例。

　　明末舉事陝西的「闖王」李自成（1606-1645），其始祖墳塚位於延

---

[44] 福建文史研究社編，《延平二王遺集》（臺北：臺北市閩南同鄉會，1975 年），頁 132-133；臺灣銀行經濟研究室編，《臺灣關係文獻集零》（臺北：臺灣銀行，1972 年），頁 25；廈門鄭成功研究會、廈門鄭成功紀念館編，《鄭成功族譜三種》（福州：福建人民出版社，1986 年），頁 5。

[45] 凌雪，《南天痕》（臺北：臺灣銀行，1960 年），卷 25，〈鎮臣傳〉，頁 427；江日昇，《臺灣外紀》，頁 298。《臺灣外紀》亦記載斯時有部眾建請鄭經發掘黃梧諸祖塋，鄭經認為「罪止其身，與死者何預？」遂不許。另參見佚名撰，《甲寅遺事》，收於宋征興等，《東村紀事外四種》（南投：臺灣省文獻委員會，1993 年），頁 137-138。

安府米脂李家村亂山中，「相傳穴為仙人所定，有鐵燈檠醮火壙中，曰鐵燈不滅，李氏當興」。[46]至崇禎十四年（1641），皇帝曾詔命陝西巡撫汪喬年挖毀李自成的祖墳風水，以挫其聲勢，並作為懲罰。李自成得知祖塚遭到明將掘毀之後，怒而發兵痛擊汪喬年部隊。翌年（1642）二月，汪喬年兵敗殉國。[47]諷刺的是，歷史的後知之明告訴我們，李自成嗣後更率軍進佔北京城，成為大明國祚的終結者，這想必是當初主張掘塚毀骸的崇禎皇帝始料未及的結果。

從明末李自成到清初鄭成功的毀墳遭遇，讓我們了解到風水流俗如何落入權力運作及利益競逐的場域，成為有心人士無所不用其極的政治鬥爭工具，其中無異展現出堪輿術數本身所存在的一種「可操作性」特質。

另一方面，鄭經於永曆二十九年間命令部下戮碟黃梧、黃芳度父子屍身以資洩憤之後，旋於次年（1676）三月卜地浯江山前，將六世祖于野公暨祖妣許氏、叔祖深江公暨祖妣郭氏以及五世祖西庭公譚氏媽、四世祖象庭公暨祖妣徐氏等骸骨合葬於此，以令先人入土為安、含笑九泉，善盡後代子孫慎終追遠的孝思。[48]

永曆三十五年（康熙二十年，1681）正月八日，鄭經病逝，得年三十九歲，遺命由陳永華女婿鄭克塋（1664-1681）繼位。同年，馮錫合劉國軒（1629-1693）等人發動政變，謀害鄭克塋，另立其弟即馮錫範女婿鄭克塽（1670-1717）嗣位。鄭克塽旋將其父鄭經祔葬於洲仔尾鄭成功陵墓。[49]

洲子尾一帶的地理形勢，後世文獻或從堪輿學的角度，認定其中蘊含幾處得水藏風的吉壤佳穴。學者石萬壽曾於 1977 年二月親臨臺南縣永康鄉鹽行村洲仔尾地區，勘考鄭成功三代的墓穴遺址。石萬壽推測鄭成功原葬墓塚的所在地，可能位於距離海岸較遠處的風水寶地「虎穴」（土名虎仔墓）一帶；至於在永曆三十五年政變中遇害的鄭克塋夫婦，則可

[46] 徐鼒，《小腆紀年》（臺北：臺灣銀行，1962 年），卷 1，頁 16-17。

[47] 張廷玉等，《明史》（北京：中華書局，1974 年點校本），卷 262，〈汪喬年傳〉，頁 6780-6783。

[48] 鄭經，〈皇明石井鄭氏祖墳誌銘〉，收於臺灣銀行經濟研究室編，《臺灣關係文獻集零》，頁 26。

[49] 臺灣銀行經濟研究室編，《臺灣關係文獻集零》，頁 27-28。

能葬在洲仔尾的另一處風水寶地「白馬穴」上。[50]

　　永曆三十七年（康熙二十二年，1683）六月，鄭克塽向清帝國投降，福建水師提督施琅率領清軍接收臺灣，宣告明鄭的結束。鄭克塽隨後挈眷上北京，受封為漢軍公。長期身在北京的鄭克塽，因顧念臺灣「遠隔溟海，祭掃維艱，具疏陳請乞遷葬內地」。經康熙皇帝特旨恩准之後，鄭克塽偕弟返臺掘取父祖鄭成功、鄭經骨骸，於康熙三十八年（1699）五月二十二日卯時，祔葬於泉州府南安縣康店鄉鄭氏先祖樂齋公祖塋內。在鄭克塽等人撰勒〈鄭氏祔葬祖父墓誌銘〉中，針對康店鄉鄭氏祖墳的風水坐向及其形勢格局，有一段扼要的敘述云：

> 山坐巽向乾，兼己亥、庚辰、庚戌分金，在南安卅八都，土名康店鄉。銘曰：鴻漸之麓，佳城鬱蒼；山環水繞，回抱崇岡。維予先世，靈魄是藏，迨及父祖，遠葬殊方；卜遷擇吉，歸此故鄉。祖孫共穴，父子同堂；渙而得萃，於禮為常。聯綿遺澤，浩蕩恩光；長依北闕，駿發其祥！後人守之，永世不忘！[51]

文中稱譽祖墳周遭的風水形勢極佳，自可庇護鄭氏子孫鴻圖大展。為此，後代子孫亦當飲水思源，緬懷祖先的蔭佑恩澤，致力維繫家族的倫常關係與發展運勢。

　　除此之外，鄭成功四子鄭睿（號聖之）與十子鄭發（號奮之、省之），二人皆年少早夭，未婚無後，由長兄鄭經為其合葬於今臺南市南區埨子桶盤淺墓地內（舊屬仁和里），墓碑鐫題「皇明聖之省之二鄭公子墓」。墓址附近的地望名稱「墓庵」，相傳因往昔曾設置過看守塚地的墳戶而得名。[52]學者黃典權於 1968 年十一月二十五日前去訪查，並留下了一段關於該墓塚風水格局的記載云：

> 站在墓前眺望，左有岡陵，右穩低阜，平野在中間展佈，一片洋洋氣象，相當可觀。這只是滄桑久經的現況，料想墓葬當年，蒼

---

50 石萬壽，〈洲仔尾鄭墓遺址勘考報告〉，《臺灣文獻》，29 卷 4 期，1978 年 12 月，頁 15-37。
51 臺灣銀行經濟研究室編，《臺灣關係文獻集零》，頁 28-29。
52 黃典權，〈延平王鄭二公子墓考〉，《臺灣風物》，19 卷 1、2 期，1969 年 6 月，頁 41-58。

> 蒼煙靄，翠綠岡陵，佳壤天成，想必是安靈的良穴。墓前百餘步
> 有個長方池塘，土人名之曰「堀仔潭」，正對著鄭墓。

在黃典權的描述中，鄭二公子墳墓周遭，左青龍、右白虎兩砂拱衛，前有凝聚風水生氣的池塘，呈現出砂水兼具、堂局寬暢的形勢，大體符合堪輿學上得水、藏風、聚氣的基本原則。當初的卜穴擇地，想必經過一番週到的風水勘擇：

> 我細察它的位置與鄭墓非常相應，料想當年之造墓地師對它必然
> 下過相當工夫。古人重風水，所謂風，大抵究乎其氣勢的照應；
> 至於水，那就要關注那墓前有否生動的格局，以召財利與靈性，
> 叫做「水勢」。水勢一向最受地師的重視，因而鄭二公子墓前那
> 個「堀仔」，據我私見，應該十分原始。它很可作為風水古俗的
> 一個標本看。[53]

通觀前述的論證，鄭成功家族成員不論是在中國大陸或臺灣本土，依舊維持著傳統的風水擇地行為，且不因前後時空的差異而有所改變。鄭氏父子的實例並非孤證，明朝宗室成員隨鄭氏入臺的寧靖王朱術桂（1617-1683），亦曾在入臺前後實踐傳統的風水習俗。

有明一代，皇帝本人及宗室王公貴胄生前或禮聘堪輿名師，修整陽宅風水格局，並相擇靈地佳穴，作為往生之後永久安眠的處所。風水營葬的行為，可說是明代歷朝帝王卜選陵址之際的常態。[54]南明政權中活動於浙、閩、粵的監國魯王朱以海，於永曆十三年（順治十六年，1659）夏移師金門，力圖整軍經武，北上光復大明江山。然而壯志未酬，即於永曆十六年（康熙元年，1662）十一月十三日因哮疾病發辭世，得年四十五歲。根據同年十二月明宗室寧靖王朱術桂等人所撰〈皇明監國魯王

---

[53] 黃典權，〈延平王鄭二公子墓考〉，頁 41。

[54] 劉毅，〈明代帝王陵墓選址規則研究〉，收於張國剛主編，《中國社會歷史評論》第 3 卷（北京：中華書局，2001 年），頁 378-386。筆者感謝隋皓昀先生提供此一資料。另參見何寶善，〈「陵制與山水相稱」的藝術傑作——吳中規劃設計明長、獻、景三陵〉，收於中國明代研究學會主編，《明人文集與明代研究》（臺北：中國明代研究學會，2001 年），頁 299-316；胡漢生，《明朝帝王陵》（北京：北京燕山出版社，2001 年）。

壙誌〉一文，記載當時他與文武官員對於魯王葬地的相擇考量云：

> 島上風鶴，不敢停櫬；卜地于金城東門外之青山穴，坐西向酉。
> 其地前有巨湖，右有石峰，王屢遊其地，題『漢影雲根』四字于
> 石。卜葬茲地，王顧而樂可知也。以是月廿二日辛酉安厝，僅按
> 《會典》親藩營葬。[55]

　　從這段記載顯示，在朱術桂等人擇地營葬的過程中，明顯帶有風水
形勢的思慮。1959 年八月十九日，金門構工部隊劉占炎中校率部前往
舊金城東從事炸山採石工作。次日，掘獲一深埋地下的墓碑與壙蓋，確
認此係湮沒已久的古墓。據劉占炎所撰〈發現皇明監國魯王墓記〉的追
述，八月二十二日下午，他再度親臨現場視察，「偶立碑前瞻望，見此
墓坐西向卯，前有古崗大湖，右靠梁山；山頂多石，其頂一巨石似係人
工所置，用為記號。左青龍、右白虎，天然形勝。右前大帽山麓倒塌巨
石，刻有魯王手書漢影雲根四字」，才恍然大悟眾人所發掘到的，竟是
南明魯王的墳塚。[56]

　　如將劉占炎的現身說法對照寧靖王朱術桂的碑文敘述，猶可推斷魯
王墳地的建制輪廓，曾受到傳統風水觀念的影響。時隔魯王入土近二百
年後，熟悉風水觀念的人們仍可捕捉到當年的風水布局，著實令我們感
受到風水習俗在漢文化社會古今皆然的延續性與普遍性。

　　在金門綜理魯王營葬事宜的寧靖王朱術桂，隨後於永曆十八年（康
熙三年，1664）二月東渡臺灣，擇建王府於赤崁樓旁（今臺南市中西區
大天后宮前身）。這處王府的所在地，後世傳聞為風水奇佳的活蟹穴。[57]斯
時，王府鄰近地區住有一位鳳山庠生曾明訓，字泗濱，號曰唯，清修臺
灣志書記載其「天分高朗，得異傳；精占驗，為人擇地選課，有奇中」。

---

[55] 何培夫主編，《臺灣地區現存碑碣圖誌 臺北市・桃園縣篇》（臺北：國立中央圖書館臺灣
　　分館，1999 年），頁 3，351。引文中的「巨湖」，即後來的鼓岡湖，參見周凱，〈明監國
　　魯王墓考〉，《內自訟齋文選》（臺北：臺灣銀行，1960 年），頁 15-17。

[56] 原載《中華日報》1959 年 11 月 14 日。引見查繼佐著，臺灣銀行經濟研究室編，《魯春秋》
　　（臺北：臺灣銀行，1961 年），附錄二（新附），頁 101-103。

[57] 黃典權，〈三研「蔣公子」〉，《國立成功大學歷史學報》，第 13 號，1987 年 3 月，頁 84。

相傳朱術桂生前對於這位名聞遐邇的堪輿術家，頗為器重。[58]朱術桂與曾
明訓的一段因緣，可說是明代統治階層禮遇堪輿術士的常態在臺灣本土
的翻版。明鄭治臺期間，堪輿地師對於風水文化的傳播所發揮的實質作
用，於此可見一斑。

　　而當永曆三十七年六月鄭克塽降清之際，朱術桂與妾袁氏、王氏、
侍妃秀姑、荷姐、梅姐五女在王府大廳懸樑殉國，享年六十六歲。從死
五妃後來葬於臺灣縣仁和里魁斗山（今臺南市中西區五妃廟址），朱術
桂則葬於先前為其元妃羅氏卜擇的鳳山縣長治里竹滬（今高雄市湖內
區）。該墓塚前方有一月眉池，[59]原係朱術桂生前所興築，除了具有灌溉
田園的水利效用之外，[60]如以朱術桂及其元妃的墓塚坐向作為參照點，
則月眉池的位置、形制與功能，亦似為一凝聚生氣的「風水池」，[61]這或
許是朱術桂生前依循風水觀念從事規劃的結果。後世更流傳寧靖王墓穴
所在為風水奇佳的「蓮花穴」。[62]

　　寧靖王入臺後的風水行為，在明鄭治臺前後並非絕響。學者黃典權
曾於〈皇明王寅重修故姊吳門徐氏塋墓考證〉一文中，羅列原臺南縣市
暨彰化市、高雄縣、澎湖縣等地現存的明代墳墓共五十五門，總計包括
寧靖王朱術桂、從死五妃在內的明朝王室成員與其他鄭氏王國官眷墳塚
約十餘座，以及明鄭入臺前後東渡來臺人士的墳墓，後者的數量佔居多
數。在下葬的時間上，最早的一座為崇禎十五年（1642）的「皇明澄邑
振暘曾公墓」（位於今臺南市大南門外管事園），最晚的一座為永曆三十
七年（康熙二十二年，1683）的「奉遣命勒石有明自許先生牧洲盧公之

---

58 王必昌等，《重修臺灣縣志》，卷 11，〈人物志・方技〉，頁 391。清末臺北人林景仁於〈詠
　　史三十首〉中詩詠堪輿師曾明訓云：「九卷精傳郭璞書，洛陽青蓋兆如何？坐看霸業收沉
　　鎮，憶向王門感曳裾。吾道名窮惟學易，名流自古善談虛。鳳山頗有承衣缽，甚欲相從問
　　卜居」。臺灣銀行經濟研究室編，《臺灣詩鈔》（臺北：臺灣銀行，1970 年），卷 16，頁
　　272。

59 高拱乾等，《臺灣府志》（臺北：臺灣銀行，1960 年），卷 8，〈人物志・流寓〉，頁 211；
　　卷 9，〈外志・墳墓〉，頁 223；卷 10，〈藝文志〉，頁 254-257。

60 高拱乾等，《臺灣府志》，卷 2，〈規制志・水利〉，頁 44。

61 有關風水池的形制與功能，可參見徐善繼、徐善述，《地理人子須知》，卷 6 上，〈水法・
　　池塘水〉，頁 6a。

62 陳啟銓，《風水采風錄》（臺北：武陵出版公司，1993 年），頁 102-114。

墓」(原葬澎湖太武山)。黃典權特於文中舉出永曆十六年(康熙元年,1663)十二月重修「皇明故妣吳門徐氏塋」(座落於今臺南市關廟區下湖里茄苳湖畔,古屬保大里)的例證,根據「閩南風俗中,先人入土,三年既過每有改葬之舉,泉州一府此俗尤見普遍;或許因為坐向的限制,太歲的不利,三年再延,有時超越兩個三年者有之。其他或許由於始葬的風水不佳,家生災變,或友于運殊,卻(拾)骨(裝金)改葬」的閩南漳泉地區風水葬俗慣例,推斷徐氏墳塋的初修時間應早於永曆十四年(1660),也就是在鄭成功率軍入臺的前一年,可見早在明鄭東移之前的荷據時期,臺南地區已有遷臺漢人履行傳統的喪葬習俗。[63]

學者石萬壽於 1975 年發表的〈記新出土的明墓碑〉一文中,曾公布在臺南市五妃廟前新發現的永曆二十年(1666)「明考明穆許公墓」碑,在臺南市區現存的明代墓碑中,年代僅次於崇禎十五年的曾振暘墓。該文中另登錄歷來學者在臺灣各地陸續發現的明代墓碑計八十一件,當中以臺南市的五十六件居多,臺南縣的十五件居次,此外,高雄縣四件,彰化市八卦山兩件,澎湖縣西嶼等地兩件,南投縣竹山鎮一件,臺北縣淡水鎮一件。數量的多寡,大致與十七世紀渡臺漢人拓墾先後的地域分布相符。而臺南市南郊名垂久遠的風水寶地——桂子山(鬼仔山)與蛇穴,前存十四件明代墓碑,後有七件,所佔總數的比例頗高。[64]

在此之後,蘇峰楠於 2010 年間又於臺南市區南山公墓發現了兩座在臺明墓,一座為「李公墓」,位於公墓內荔枝宅附近,原建年代為永曆三十四年(1680),墓主來自金門,應為明末隨鄭成功軍隊來臺定居者。其墓碑橫額刻有「皇明」二字。另一座為「程次皋夫婦壽域與程異霆夫婦墓」,位於師爺塚附近,墓主來自廈門。壽域碑橫額中央刻有「大明」篆體字,為目前所見在臺明墓的首例。蘇峰楠在田野探勘的過程中察覺到,「此墓環境位居在一座丘陵的半山腰處,遠處則面對竹溪自左

[63] 黃典權,〈皇明壬寅重修故妣吳門徐氏塋墓考證〉,《國立成功大學歷史學報》,第 12 號,1985 年 12 月,頁 155-177。

[64] 石萬壽,〈記新出土的明墓碑〉,《臺灣文獻》,26 卷 1 期,1975 年 3 月,頁 37-47。另參見石萬壽,〈論臺灣的明碑〉,《臺北文獻》,直字第 33 期,1975 年 9 月,頁 39-61;石萬壽,〈記牛稠子新出土的明墓碑〉,《臺灣風物》,28 卷 1 期,1977 年 3 月,頁 6-9。

側拐彎往西的橫向流過，可知當時有其風水環境的擇址考量」。[65]

另外值得一提的是，中國東南漢文化傳統的墳墓形制，概為風水觀念具體而微的顯像，也就是風水格局理想化或標準化的縮影。[66]如吳瀛濤《臺灣民俗》第七章〈喪葬‧墳墓〉中指出傳統漢人墳墓的構造云：

> 墓碑左右石稱墓耳，接於墓手，墓手彎曲處造印頭（方柱）石筆
> （圓柱），而以左右的墓手圍墓庭，……墓碑後面，土盛於棺上
> 成饅頭形處為墓龜，其周邊盛土處係墓山，墓山的界堤稱砂手，
> 面向右方謂龍砂，左方謂虎砂。另稱穴周圍的山，左稱青龍，右
> 稱白虎，均屬風水之說。[67]

返觀前述在臺奉承「皇明」、「明」或「大明」年號的泉漳等籍墳塚墓穴，其存在的本身，也意味著漢文化傳統的「風水」形制在當時臺灣本土的再現。

風水擇葬的行為不僅存在於統治階層，類似的情形，也出現在明鄭治臺前後實際拓墾臺灣的庶民階層。鄭氏王國的重心位於臺南一帶，今嘉南平原延伸至東側山區，也是當時來自中國大陸的漢籍移民從事農業生產的主要地區。[68]遷臺漢人生前辛勤耕稼、繁衍子孫，死後在這塊土地上入土為安；傳統漢俗文化的風水觀念，也往往滲透到後代子孫為先人所進行的營葬事宜中。清代前期，活動於諸羅縣阿里山區的著名通事吳鳳（1699-1769），其祖父吳秉禎在鄭成功率軍入臺之前，即自漳州府平和縣東渡臺灣，卜居南部山區耕作營生。永曆十二年（順治十五年，1658）十二月，吳秉禎別世，吳朝聯、吳元輝（吳鳳）父子將其擇葬於附里蘆麻箬內埔（今嘉義縣竹崎鄉一帶），墳穴的風水方位，坐甲向庚兼卯酉分金外坐卯向酉又兼甲庚分金。[69]

---

65 蘇峰楠，〈記臺南市新發現的兩座明代古墓——兼論其墓碑形制〉，《臺灣文獻》，61 卷 3 期，2010 年 9 月，頁 367-400。

66 渡邊欣雄，《風水思想と東アジア》，頁 68-99。

67 吳瀛濤，《臺灣民俗》（臺北：臺灣時代書局，1975 年），頁 159。

68 陳純瑩，〈明鄭對臺灣的經營（1661-1683）〉，臺北：國立臺灣師範大學歷史研究所碩士論文，1986 年 5 月，頁 107-124。

69 黃典權，〈近代中國歷史初期臺灣實證史料考索〉，收於中央研究院近代史研究所編，《近

　　援用羅盤扞定陰陽宅坐向的作法，在傳統風水學的應用層面上佔有相當重要的地位。如李德鴻《珠神真經》卷下〈立向論〉中指出穴向的關鍵性云：「識龍不識穴，固不免為失；識穴不識向，猶未可以言全得也。蓋一向之差，則萬山皆廢。至於萬山皆廢，雖得穴，或有禍而無福，或有福而不獲全，此非千里之謬，起於毫釐者乎」。[70]姚廷鑾《陽宅集成》卷二〈用羅經法・一百二十分金〉中則提到：「分金者，一山向之中，氣有清濁，不能皆吉，故逐一分之，使美惡自見，如淘沙見金之意」；而在同卷〈向法〉中，亦宣稱分金定向在風水學上的重要性云：「屋之出向，最為關係，而得法與不得法，全在分金，此陰陽二宅所並重也」。[71]前引文字，概要說明了風水學上分金定向的理論意涵。而吳秉禎葬地的羅經指針方位明確載錄於當時的歷史紀錄上，顯示漢文化傳統的風水習俗已然在十七世紀中期的臺灣南部山區，獲得某些福建渡臺人士的實踐。

　　原高雄、臺南交界地帶的二仁溪（二層行溪、二贊行溪、岡山溪）流域，為臺灣南部早期漢人開發的重點區域，涵蓋今臺南市關廟、歸仁、仁德與高雄市內門、田寮、阿蓮、路竹、湖內等區域。學者石萬壽於1980 年代起曾運用口訪、譜系資料並配合方志等文獻的記載，建構出明清之際漢移民墾殖當地的歷史輪廓。[72]

　　此外，1981 年十一月，黃典權師生曾於原臺南縣關廟鄉東勢村抄錄一批方氏祖先史料，在明鄭時期至清代前期為數三十二件的方氏五代神主牌上，皆清楚地記載各祖墳墓穴的羅經坐向。方氏開臺始祖方胤祉，生於萬曆四十一年（1613）五月，原籍漳州府龍溪縣，於明代後期偕子渡臺，寄居南潭社（位在保大西上下里）。永曆二十三年（康熙八年，1669）二月，方胤祉辭世，葬於咬狗溪土庫崙，風水分金坐申向寅

　　　代中國初期歷史研討會論文集》（臺北：中央研究院近代史研究所，1989 年），頁 1007-1009。

[70] 李德鴻，《珠神真經》卷下，收於上海書店出版社編，《叢書集成續編》第 84 冊（上海：上海書店，1994 年），頁 22a。

[71] 姚廷鑾，《陽宅集成》（臺北：武陵出版公司，1999 年），卷 2，頁 134，157。

[72] 石萬壽，〈二層行溪上游流域的開發與系譜〉，收於《第三屆亞洲族譜學術研討會會議紀錄》（臺北：聯合報文化基金會國學文獻館，1987 年），頁 509-543；石萬壽，〈明鄭以前二層行溪中下游流域的漢移民與系譜〉，收於《第五屆亞洲族譜學術研討會會議記錄》（臺北：聯合報文化基金會國學文獻館，1991 年），頁 125-156。

丙申（重刻神主記載坐申向寅兼坤艮丙寅分金）。二世祖方榮晃，生於崇禎九年（1636）三月，卒於永曆十七年（康熙二年，1663）九月，墓葬江山（岡山）後尖山竹腳崎，風水方位坐申向丙甲丙寅分金（重刻神主記載坐申向寅兼坤艮丙申丙寅分金）；二世祖妣郭發，生於崇禎十四年（1641）五月，卒於康熙五十年（1711）五月，墓葬大湖邊崙，風水方位坐乙向辛兼卯酉。三世祖方際亨，生於永曆十七年十二月，卒於雍正十一年（1733）正月，墓葬保大東豬母耳，風水方位坐坤艮兼申寅辛未辛丑分金；三世祖妣戴純，生於永曆二十二年（康熙七年，1668）十月，卒於乾隆元年（1736）十月，墓葬新豐里深坑仔社後山，風水方位坐午向子兼丁癸庚午庚子分金。[73] 乾隆朝以後，方氏四、五兩世祖塋的葬地坐向，茲不贅舉。

　　前述方氏家族歷代祖塋的葬地坐向，為傳統風水習俗於十七、十八世紀移植到臺灣這處海外新天地的具體例證，同時也讓我們瞭解到，漢籍移民面臨政權鼎革之際的滄桑，縱然隨機調整統治者的年號名稱，但在日常生活中，仍舊保持其風水行為的一致性。家族成員的入土為安並從事風水墓塋的相地營葬，通常象徵漢人勢力在鄰近區域的拓墾有成及其落地生根的實際作為。就此層面而言，十七世紀後期漢人開發臺灣各地的過程，也包括傳統風水文化的傳承與落實。

　　明清鼎革之際遷臺定居的中國文人雅士，在他們卜居擇建、相地營葬的生活環節上，往往也有依循傳統風水觀念加以實踐的跡象可尋。浙江鄞縣人沈光文的例證，已如前述，在此另以漳州龍溪人李茂春為例，略加說明。李茂春，字正青，登南明隆武二年（順治三年，1646）丙戌科鄉榜，爾後避跡至臺灣，鄭成功曾延請他教導鄭經。李茂春與陳永華相識投合，性好吟詠，勤於著述，喜讀莊子書，擇居萬年州治之東，構築一禪宇，名曰夢蝶處（園），自號「李菩薩」。平日縱情於山水之間，或與住僧禮誦經文為娛。一生悠遊於世外人間，恍若神仙般的灑脫自如。[74] 李茂春的故居

73 黃典權，〈鄭成功復臺前臺灣開發史事新材──東勢村方氏祖先源流之勘考〉，《史蹟勘考》，第 8 期，1982 年 6 月，頁 39-63。

74 蔣毓英等，《臺灣府志》，卷 9，〈人物‧縉紳流寓〉，收於《臺灣府志三種》（北京：中

夢蝶園，於清代初期經臺灣知府蔣毓英、鳳山知縣宋永清的主導下，改建為法華寺（今臺南市中西區法華寺），位於府城永康里轄境。[75]傳聞寺址所在地為「臥牛穴」。[76]考究此則風水傳聞的由來，或許是李茂春故居一帶先天形勢頗佳，致令後人產生吉壤佳穴的聯想。

　　李茂春晚年卒於臺灣，卜葬南城外新昌里，即今臺南飛機場附近的風水寶地「蛇仔穴」。到了清代前期，李茂春墳塋曾遭到地方豪強侵佔，甚至有人盜葬、偷埋其塚地。[77]李茂春當初的擇葬地點在百餘年後炙手可熱，引起有心人士的覬覦，可能與該處具備不錯的風水格局有所關聯。

　　盧若騰，泉州府同安縣金門人，崇禎十三年（1640）進士，學者稱牧洲先生，另有「盧菩薩」之稱。明清鼎革之際，曾協助南明政權抗清。鄭成功攻臺之後，盧若騰與進士沈佺期（656-714）等人擬渡臺灣，舟至澎湖因病纏身，乃僑寓太武山下。永曆十八年（康熙三年，1664）三月辭世，葬於太武山上，遺命題其墓曰「有明自許先生盧公之墓」。[78]至康熙年間，盧若騰子嗣將其移柩歸葬金門故里，而其原葬澎湖太武山上的遺墓，「倚山面海，形勢頗佳，土人傳為軍門墓」。[79]清代後期，《澎湖廳志》纂修者林豪（1831-1918）所撰〈重陽前二日同澎湖諸生遊太武山謁盧牧洲遺墓〉一詩中，在「我今太武山中訪遺碣，白日黃沙埋馬鬣。兩地精靈颯往還，海若山魈氣皆懾」的詩句之後，註稱澎湖太武山上的盧氏遺墓舊穴，後來遭到外人因貪圖穴吉而盜葬的情形云：「公子既扶柩回籍，仍將舊壙築成虛堆。後人利其吉兆，盜葬之，多不利」。[80]此情

華書局，1985年），頁223；王必昌等，《重修臺灣縣志》，卷15，〈雜紀・古蹟〉，頁541。

[75] 臺灣銀行經濟研究室編，《臺灣南部碑文集成》（臺北：臺灣銀行，1966年），頁33-34。

[76] 黃典權，〈三研「蔣公子」〉，頁84。

[77] 臺灣銀行經濟研究室編，《臺灣南部碑文集成》，頁436-437。

[78] 林焜熿等，《金門志》（臺北：臺灣銀行，1960年），卷10，〈人物列傳二・宦績〉，頁262-264；林豪等，《澎湖廳志》（臺北：臺灣銀行，1963年），卷7，〈人物上・寓賢〉，頁251-253。

[79] 林豪著，林文龍點校，《澎湖廳志稿》（南投：臺灣省文獻委員會，1998年），卷1，〈封域・墳墓〉，頁41；林豪等，《澎湖廳志》，卷1，〈封域・山川〉，頁18。

[80] 林豪，《誦清堂詩集》（臺北：龍文出版社，2006年據1957年菲律濱宿務市大眾印書館刊本景印），卷8，頁153-154；臺灣銀行經濟研究室編，《臺灣詩鈔》，卷5，頁115-116。

此景，與李茂春墳塋的遭遇如出一轍。

　　除了私人的陰宅擇葬或陽宅卜居之外，在明鄭治臺期間所興造的各項硬體建設中，也不乏風水因素的考量。如永曆十九年（康熙四年，1665）八月，諮議參軍陳永華以臺地開闢初成且屯墾有法，乃向鄭經提議應擇地創建聖廟並設置學校，俾為王國培育可用人才。鄭經允其所請。原籍泉州府同安縣的陳永華隨即相擇承天府鬼仔埔一帶，鳩工築基，大興土木，翌年（1666）正月，先師聖廟告竣，成為全臺第一座孔廟（今臺南市中西區全臺首學）。[81]至清領初年（1684），該孔廟改制為臺灣府儒學，在某些治臺官員的認知中，鬼仔埔南面有魁斗山（俗名鬼仔山）朝拱，係凝聚學宮佳氣的案山（一般稱之為文筆峰、文筆砂），[82]就府儒學與魁斗山的相對位置而言，恰好呈現出鮮明的風水色彩。如乾隆十七年（1752）刊王必昌等《重修臺灣縣志》卷二〈山水志〉中記載「城南有魁斗山，狀若三台星，為府文廟拱案」。[83]余文儀等人於乾隆二十九年（1764）刊行的《續修臺灣府志》卷一〈封域・山川〉中，也提到臺灣縣治南方的魁斗山「三峰陡起，狀若三台環拱郡學；形家謂文明之兆」。[84]以此回推陳永華當初的擇地構想，應是帶有風水觀念的成分在內。

　　由於陳永華為明鄭時期主導漢人經營臺灣的首要功臣，某些攸關區域開發及地方建設的風水傳聞，也多與他牽扯上關係。佛教東傳臺灣始於明鄭治臺期間，座落於今臺南市六甲區龍湖里的赤山龍湖巖，主祀觀世音菩薩，相傳為陳永華於永曆十九年率軍眾屯墾赤山保一帶時所創建，堪稱原臺南縣境最古老的佛寺，寺址所在地於清治時期隸屬諸羅縣（嘉義縣）開化里赤山保轄境。[85]首任臺灣知府蔣毓英在《臺灣府志》卷六〈廟宇〉中，曾記載龍湖巖的山水形勝云：「環巖皆山也，前有潭，

---

[81] 江日昇，《臺灣外紀》，頁 235-236。

[82] 有關文筆砂在風水學上的形制、位向與功能，可參見趙九峰，《地理五訣》，卷 4，〈文筆砂〉，頁 10b-11a。

[83] 王必昌等，《重修臺灣縣志》，卷 2，頁 32。

[84] 余文儀等，《續修臺灣府志》（臺北：臺灣銀行，1962 年），卷 1，頁 9。

[85] 顏尚文，〈赤山龍湖巖觀音信仰與嘉義縣赤山保地區的發展（1661-1895）〉，《國立臺灣師範大學歷史學報》，第 29 期，2001 年 6 月，頁 101-102，130。

名龍潭，潭左右列植楊柳、緋桃，亭內則碧蓮浮水，蒼檜摩空；又有青梅數株，眾木榮芬，晚山入畫，真巖居之勝地也」。[86]全寺群山拱衛且前潭聚氣的風水格局，在蔣志的敘述中依稀可見。

而民間故老傳聞，則直指赤山龍湖巖的風水背景。相傳該寺觀位於「龍蝦公穴（湖）」的風水吉地上，當初勘建寺址的陳永華因深愛此處風光，遂在龍湖巖北面的大潭山腳（今臺南市柳營區果毅里）卜擇一處日後長眠之地，墓塚前方湖水俗稱「龍蝦母湖」，據說是六甲、官田鄰近地區的風水佳穴。《臺南縣志稿》主編吳新榮於 1952 年十二月六日曾親臨曾文區採訪，當他目睹赤山龍湖巖與陳永華墓塋的相對形勢之際，不禁有感而發：「風景確實不錯，不但明代的地理師，就連現代的我們一看就知道是一個山明水秀的地點」。[87]吳新榮另於〈赤山巖好佛祖、吳仔墻查媒〉一文中陳述這項風水傳聞云：

> 明鄭時期一位最傑出的人物就是陳永華，他做鄭經的諮議參軍，不但政治軍事方面有很大的建設，就文化教育方面也有很大的貢獻，而且常常下鄉賞玩山水勘察地理。有一天，他由赤山巖前經過，偶然聽到二位和尚誦經而有所領悟，乃決意建立一座佛寺給他們住持。這就是赤山龍湖巖，為臺灣第一古寺，建在穴地『龍蝦公湖』上，和陳永華塋地『龍蝦母湖』相對。[88]

在赤山龍湖巖於戰後時期編撰的〈龍湖巖傳燈簡介〉中，也提到類似的說法云：

> 鄭軍諮議參謀陳永華將軍駐軍於此，觀此山水迴抱，環境清淨，是「龍蝦公出港陽穴佛地」，乃讚歎菩薩靈感，自撰「青龍活穴」，隨為發起捐建，恭名曰「赤山龍湖巖」。[89]

一般說來，山明水秀的風景勝地，往往也是鍾靈毓秀的風水寶地。

---

86 蔣毓英等，《臺灣府志》，卷 6，頁 125-126。
87 吳新榮，《震瀛採訪記》，頁 15，35。
88 吳新榮，《南臺灣采風錄》（臺北：遠景出版公司，1981 年），頁 10-11。
89 轉引自顏尚文，〈赤山龍湖巖觀音信仰與嘉義縣赤山保地區的發展（1661-1895）〉，頁 103。

佛教寺觀如能擇建於此，既可以營造一處超逸凡俗的優雅環境，也足以增添地傑神靈的神聖色彩，在宗教信仰上自能達成相得益彰的效果。如康熙二十八年（1689），來自中國大陸的臨濟宗支僧勝芝、茂義等人抵達臺境，「見龜山之秀麗、形景而有奇；就處搭蓋草亭，登山伐木，烹茗濟渴行人」。此後，更於這處形勝佳地募建開山寺宮（今高雄市左營區新上里興隆寺前身），崇祀釋迦牟尼佛，以護佑地方安寧。[90]佛教寺觀之外，作為民間通俗信仰中心的廟宇選址，同樣也有風水擇建的情形。自明鄭時期以來，今臺南市永康境內（原臺灣縣武定里洲仔尾一帶）流傳有龍穴、虎穴、真珠穴、龜穴、白馬穴等五處風水寶地；至清代前期，地方人士於龍穴上建有保寧宮，真珠穴上建有天后宮，龜穴上建有禹帝廟。[91]宗教信仰與福地吉壤的相輔相成，似乎是臺灣傳統社會渴求神靈護祐且期盼風水庇蔭的芸芸眾生，共同持有的集體意向與一貫理想。

　　十七世紀前夕，臺灣本土仍為以原住民為主體的社會型態。十七世紀中葉，明鄭入主臺灣期間，隨著渡臺漢人勢力範圍的日益擴張，部分原住民的生活領域逐漸受到漢移民的侵擾，以至於引發彼此之間的族群衝突。永曆二十四年（康熙九年，1670）冬，中部沙轆地區（今臺中市沙鹿區、大肚區一帶）的大肚部落原住民，曾群起抵抗外來統治者鄭氏王國。右武衛劉國軒率領軍眾前往征討，迫使大肚部落原住民轉進埔里社一帶。劉國軒部隊遂屯駐於北港溪畔，此後形成內國姓聚落。該聚落距離龜仔頭約八里，四周「群山環繞，中拓平原」。至光緒十八年（1892），兼辦中路墾務的霧峰林朝棟（1851-1904）駐軍內國姓莊，當軍眾墾闢草萊之際，曾發現一座古碑，題為劉國軒所建，碑文內容如下：

> 西望華山貴峻巖，華山何事隔深淵？左倉右庫障屏上，北港南溪匯案前。湖海星辰來拱照，蛟龍關鎖去之玄。三千粉黛同分外，八百煙花列兩邊，可惜生番雄霸據，留將此地待時賢。

90　何培夫主編，《臺灣地區現存碑碣圖誌 高雄市・高雄縣篇》（臺北：國立中央圖書館臺灣分館，1995年），頁177。

91　石萬壽，〈洲仔尾鄭墓遺址勘考報告〉，頁25-26。

　　林朝棟因為這座碑文的重現於世，於是將內國姓莊改名為時賢莊，以紀念前人篳路藍縷、開發聚落的豐功偉業。[92]而前引這段贊揚山川偉麗的碑文內容，反映出原籍汀州府長汀縣的劉國軒，對於北港溪一帶砂環水繞、案堂氣聚的堪輿見解。在他的心目中，如此形勝絕佳的風水寶地，應是漢人從事地域拓墾的美麗新世界；若為「非我族類」的原住民所據有，則未免糟蹋可惜。劉國軒的風水觀念中清楚地夾帶著大漢沙文主義的心態，作為其帶動漢人積極於臺灣中部拓展活動空間的宣言。在王國官員的率眾經營與言行鞭策下，既有助於漢人勢力在臺灣本土的擴張，想必也是傳統風水文化蔓延的一大動力。當然，這類的思維及行徑，其實也是對於原住民生活空間的一種侵略。

　　十七世紀後期的遷臺漢人或蒞臺人士，不僅在這塊海外新天地重新實踐其造宅葬墳的風水行為，也在主觀意識上逐步將臺灣島域納入中國傳統風水理論的空間認知中。我們從這段期間各種關於明鄭興亡的風水傳聞中，也可以發覺這類漢文化傳統民俗信仰與空間意識的展現。

四、關於鄭氏王國興亡的各類風水傳聞

　　神話傳說通常呼應人們的集體心態，往往也反映特定時空的社會背景。從永曆十五年四月率眾驅荷到翌年五月病逝安平，延平郡王鄭成功在臺灣的日子雖僅十三餘月，卻已為在臺漢人解除荷蘭異族的統治枷鎖，緊接其後一府二縣的設置與屯墾事務的推展，奠下了漢人經營臺灣所賴以憑恃的政經基礎。如從漢族中心主義的立場加以考量，鄭成功可說是開創了臺灣史上前無古人的空前壯舉，使得他一躍成為民間普遍推崇的民族英雄，受到廣大民眾的景仰。影響所及，歷來為數不少的神話傳說，更是以鄭成功作為主角，並賦予他神聖化的形象。藉由各種神話傳說的流佈，英年早逝的鄭成功依然存活在人們的心目中。任憑時移世換、人事滄桑，鄭成功的事蹟傳說仍舊流傳於臺灣社會的各個角落，不斷為時人所津津樂

---

[92] 連橫主編，《臺灣詩薈》，第1號，1924年2月，〈劉國軒碑〉；連橫，《雅堂文集》，卷3，〈劉國軒碑〉，頁143。

道。此種集體現象的存在，一方面傳達後世對於這位驅荷英雄的追思情懷，另一方面也呈現出臺灣漢人共同的歷史記憶。[93]

　　在傳統漢文化社會，一位樹立功績德業的英雄偉人，其體貌、出身與家世背景，難免受到後世的刻意渲染或穿鑿附會。這些傳說的背後所隱藏的心態，主要是從神聖信仰的角度，凸顯出這位歷史人物超逸常人的天賦異稟，來解釋他得以開創出不凡事蹟的前因後果。鄭成功在民間傳說中的形象，也具備類似的傳奇色彩。如文獻記載鄭成功年十五歲時，補南安縣學生員，當年曾有一名金陵術士親見鄭成功，驚嘆道：「此奇男子骨相非凡，命世雄才，非科甲中人也」。[94]在這段傳聞中，年少的鄭成功似乎已展現出非比尋常的氣質與經綸世務的才幹。而後世所流傳的幾則關於鄭氏先祖的風水傳聞，其內容除了解說鄭成功本人稟賦超凡的其來有自，同時也透露出漢人社會對於鄭成功父子三代為何能在臺灣本土延續大明國祚的後設詮釋，其中尤以「五馬奔江」、「王侯地」的祖墳地穴之說，最為膾炙人口。

　　根據江日昇所著《臺灣外紀》的記載，明太祖朱元璋於至正二十八年（1368）正月即位金陵（南京），國號大明，建元洪武，旋命江夏侯周德興前赴各地設立衛所，安插有功將士，並儘可能敗壞閩粵地區的風水吉穴，令其無法蔭出任何足以威脅大明政權的人才。相傳周德興在福建泉州謀建永寧衛之際，行經鄭成功先祖發跡的南安縣石井安平地方，「見龍勢飛騰，山環而相顧，水潮而有信，旗鼓顯耀。印劍生成，徘徊瞻玩」。周德興憶起當初奉承朱元璋「斷沿邊孽穴」的密旨，而此地風水形勢既然醞生王氣，自應加以斬斷。於是，他傳令南安知縣楊廷志，集結人手並備妥鍬鍤，計畫於翌日執行洪武皇帝斬草除根以維護朱姓統治地位的旨令。是夜，周德興忽然夢到二人向他跪告：「公奉旨勘踏地脈，斬除孽穴。適觀此處飛騰踊躍，疑惑於懷；欲為開斷，以銷國患。但此地不然，發脈於臨汀，起伏於紫帽，蟠騰隱現，實歸安江；其左輔

93　相關的論述，可參見楊瑟恩〈鄭成功傳說研究〉，臺北：私立輔仁大學中國文學系碩士論文，1997年6月；蔡蕙如《與鄭成功有關的傳說之研究》（臺南：臺南市立文化中心，1998年）。

94　鄭鵬程抄，《石井本宗族譜》，頁39。

右弼，氣象萬千。上帝業命余保護此土，以俟後來之有德者葬其中，應出五代諸侯，為國朝嘆氣。幸勿輕為開斷，以違帝命。謹記！謹記！」周德興一夢驚醒之後，輾轉思量夢中的情境，認定是該處山神奉上帝之命在此守護，希望他不要擅自毀傷這處龍脈，以保持風水的完好，將來必出五代諸侯，為大明政權延續國祚。次晨，周德興親登嶺上，「遙望波濤洶湧，山勢嵯峨，發跡環遶。不但尖圓秀麗，氣概雄壯；及山窮水盡，愈玩愈有意味」。周德興緊接著步向山巔，驀然目睹一塊大石上，鐫有「海上視師」四大字，其旁落款「宋朱熹書」。周德興驚訝道：「先賢業有明鑑！此乃天數，豈可違逆？」隨即徘徊下山，散其夫役，斷絕石井龍脈一事，就此作罷。[95]

前述傳聞中呈現明太祖遣使毀斷全國各地「孽穴」的作法，似乎是傳統中國歷代帝王保障其權位的一貫手段；統治者以鞏固政權為第一無上要務，自不容許下層百姓存有任何推翻當朝政權的企圖。而在閩粵社會，這類的傳說故事也流傳甚廣。如明末諸生廣東番禺人屈大均（1630-1696）於《廣東新語》卷一〈雲〉中提到：「廣州治背山面海，地勢開陽，風雲之所蒸變，日月之所摩盪，往往有雄霸之氣。城北五里馬鞍岡，秦時常有紫雲黃氣之異，占者以為天子氣。始皇遣人衣繡衣，鑿破是岡，其後卒有尉佗稱制之事。故粵謠云：一片紫雲南海起，秦皇頻鑿馬鞍山」。[96]康熙二十二年（1683）六月，鄭氏王國降清之後，閩海的警戒狀態宣告解除，吏部右侍郎杜臻奉詔於十一月啟程巡視閩粵地區。次年四月，行經福建省連江縣，在其巡視紀略中記載當地山嶺的形勢之餘，也曾提及類似的敗風水傳聞云：「荻蘆山，亦名九龍山，七島外列，因以成港，海面約半里。七島者，泥塢塘下，定岐、蓬岐後沙下邊東岸也。相傳秦始皇遍鑿東南諸山之有王氣者，此山根連鼓山，鑿之，使殊得」。[97]另外，在漳州府漳浦縣七都溪東保的一處風水寶地「開山

95 江日昇，《臺灣外紀》，頁 1-2。

96 屈大均，《廣東新語》（北京：中華書局，1985 年點校本），卷 1，頁 18。另參見是書卷19，〈趙佗墓〉，頁 493。

97 杜臻，《粵閩巡視紀略》（臺北：文海出版社，1977 年據清刊本景印），卷 5，頁 41a。

根」，相傳元朝時統治者「以是山有王氣，可出聖人，遣使鑿斷其脈，泉噴出如世，俗名其地為開山根，山下有穴，稱聖人穴」。[98]

　　心態的本身，也是一種歷史現象。如從心態史的角度解析這些主政者敗壞地理傳說的象徵蘊涵，或許隱藏著幾種可能性：就統治者的立場而言，他們散佈出「敗風水」的傳聞甚至是實際的防制行動，其用意主要是訴諸傳統的堪輿信仰，藉以警惕地方民眾不要輕舉妄動及圖謀不軌。另就被統治者的立場而言，此類傳聞可能反映出民間對於最高當局防備政權不保意念的一種揣測；或是用隱喻的方式，表達了下層平民百姓對於上層統治階層的懷疑、不滿和抗議，進而寄望於一些英雄人物（救世主）的降世，來為生民解除暴政的壓迫。

　　對照之下，鄭成功先祖發跡地點的龍脈傳聞，大致為閩粵地區傳統漢人社會集體心態的產物。透過明朝皇帝遣使敗壞龍脈一事，來襯托出鄭氏父子故居深具不同凡響的「王者氣象」；換句話說，正由於他們非比尋常的出身，才得以為大明帝國的末日，延續短暫的夕陽餘暉。[99]

　　又根據前引江日昇書中的記載，南安縣石井龍脈躲過周德興的毀斷之劫後，相傳鄭芝龍的二世祖鄭達德巧遇異人「廖明師」為他指點一穴葬地，並將該處的風水形勢定名為「五馬奔江」，以應驗鄭氏後代子孫將出五代諸侯的事實。[100]在這則風水傳說中，先是透過明初周德興夢受神諭的護脈警言，其次藉由南宋大儒朱熹石刻文字的權威預示，最後再加上後代堪輿大師的專業認證，來強化鄭氏發跡地點的神聖色彩，進而將鄭成功父子延續大明國祚的成就歸因於風水地脈的必然應驗。如此的思維取向，堪稱是一種標準的「風水命定論」或「堪輿應驗說」。[101]

---

[98] 陳汝咸、林登虎纂修，《漳浦縣志》（臺北：成文出版社，1968 年據清康熙 39 年修、民國 17 年翻印本景印），卷 19，〈雜志·古蹟〉，頁 1519。

[99] 連橫曾簡要地點破這則風水傳說的玄機云：「明太祖既得天下，慮人之奪其子孫天下也，命江夏侯周德興往斷宇內天子氣。德興至南安，見石井鄭氏祖墳，有『五馬奔江』之形，欲毀之。夢一耆人告之曰：『留此一脈，為明吐氣』！覺而異之，乃止。其後延平父子效忠明室，保存正朔者三十餘年；而明之天下竟為長白山下之覺羅氏所奪：此則洪武君臣之力之所不為也」。連橫，《雅言》（臺北：臺灣銀行，1963 年），頁 16。

[100] 江日昇，《臺灣外紀》，頁 2。

[101] 相傳清順治後期黃梧建議清廷掘毀鄭氏祖墳之際，這處「五馬奔江」的風水實地曾再度倖

　　曾任鄭氏部將的泉州同安人江日昇，在康熙四十三年（1704）完成的《臺灣外紀》一書中，甚至將前述的風水傳聞引為凡例，其首條即提到：「是編首起明太祖者，因鄭氏祖墓穴地不毀於江夏侯而有神護，推其源也」；第四條亦云：「是編原為鄭氏應出五代諸侯，為故明嘆氣之前讖」。[102]而其書首並有〈鄭氏應讖五代記〉，開列鄭芝龍、鄭成功、鄭經、鄭克塱、鄭克塽五人的事蹟簡介。江日昇在書中作出此種「事後諸葛」式的安排，適可顯示出他個人對於這段風水典故的重視。[103]

　　風水應驗的想法不僅出現於江日昇的論述裡，在道光三年（1823）十一月鄭氏第十二世孫鄭希石所撰〈石井謁祖序〉中，曾提到他拜謁南安縣石井祖廟時，不禁贊歎該處擁有「五馬奔江」的地理形勝，同時也聯想到如此奇佳的風水格局，對於鄭氏歷代子孫的科名功業必能有所庇蔭云：「見夫廟貌端嚴，一鰲獨占；明堂整肅，五馬皆朝。楊山西崎兮，宛巒岫之接天；海濤東注兮，恍江漢之朝宗。宜其三圭錫爵綿世澤，尺土封王守孤忠。猗歟休哉！科甲屢興，炳哉麟乎！」[104]由此可見，「五馬奔江」的風水庇蔭鄭氏數代封侯的說法，業已成為鄭成功後代家族成員的集體記憶。

　　無獨有偶的，在閩南泉州地區，另流傳一則關於鄭成功曾祖母葬於鰲山「王侯地」靈穴的歷史掌故，同樣也反映時人對於鄭成功父子得以受封王侯的風水聯想。這段風水傳聞的大意是說：鄭芝龍之父鄭象庭（紹祖）與其弟鄭春庭（土儔）二人年少嗜賭，因而傾家蕩產，母親過世後竟是無棺可葬。兄弟二人為了處理母親的後事，只好前去向舅父借資千文，然而，卻於歸途中參與聚賭而輸光錢財。二人惟恐舅父明日來訪之際無從交代，一時之間急中生智，乃將母屍納於一米籃中，乘夜搬運至

免劫難。如清道光年間魏源（1794-1857）所撰《聖武記》卷8〈康熙戡定臺灣記〉中提到：「始黃梧之降也，言鄭氏石井山祖墓，形勢昌雄，宜劇之泄其王氣。于是晉江縣之大覺山、南安縣之覆船、橄欖、金坑諸山，五墓皆毀，惟其石井山祖墓，號五馬奔江者，不知所在」。魏源，《聖武記》（臺北：世界書局，1962年重印），頁230。

102　江日昇，《臺灣外紀》，凡例，頁13。

103　江日昇，《臺灣外紀》，〈鄭氏應讖五代記〉，頁13。

104　鄭鵬程抄，《石井本宗族譜》，頁32-33。

鰲山附近，準備草草埋葬了事。不料，中途遇上傾盆大雨，二人迅即丟棄內置亡母屍體的米籃，避雨樹下。雨過天晴後出尋米籃，赫然看到群蟻負土，堆置於米籃所在處，已將形成一小山阜。兄弟二人一見墓葬天成，驚訝之餘，也不加以移動，展拜後即返歸家中。次日，母舅前來墓前焚香祭拜，觀察周遭地勢，勘驗風水龍脈，不禁嘖嘖稱奇，認為此墳穴係「旗鼓掩映，劍印左右，案堂天成」的王侯地，實為一難能可貴的吉壤佳穴，於是向兩甥問及此處「何人指葬？惜用棺木耳？」二人在母舅的逼問之下，勉為其難地答覆實情，卻見母舅喜出望外，欣然稱道：「天成之！天成之！此地福分不少，但你兄弟須改過自新，力務正業，庶得享福」。此後，閩南一帶傳說，鄭氏後代於冥冥之中承受這塊米籃穴、王侯地的靈氣所鍾，造就了後來鄭成功四世祚業的榮顯。[105]

　　這則「王侯地」的風水傳聞，如與前述「五馬奔江」的說法相互比較，除了故事主角和具體的情節發展有所不同之外，兩者之間概以旗鼓互襯、印劍相成的堪輿形勢，來烘托出鄭氏祖墳的王侯氣象。依照傳統風水學的說法，「旗鼓砂」主出文韜武略的將相，風水條件絕佳。如清乾隆後期趙九峰《地理五訣》卷四〈旗鼓砂〉中指出：「旗鼓，兵器也，左有旗，右有鼓，武將兵權，催陣鼓，出陣旗，身領將軍，或龍上、或過峽、或穴場得此者，出武將最利，發科甲最速。更妙者，旗出庚方，鼓現震位，再得丙龍入首，星峰貴秀，主文武全才，出將入相，貴居極品」。[106]前述兩則傳說皆透過旗鼓砂的風水比附，將鄭氏父子的稱雄海外歸因於祖墳風水的庇蔭有成，其背後所隱涵的心態，可說是此呼彼應且其來有自。英雄崇拜是人類滿足自我、抒發理想的方式之一，鄭成功家族的風水傳說，無疑也提供了這樣的想像空間。

　　在風水庇蔭觀念的籠罩下，個人的飛黃騰達或家族的顯赫發展，並不是偶然的，而是與其先祖的墳穴風水聲息相通。同樣的，成也風水，

---

105 鄭喜夫，〈鄭延平之世系與井江鄭氏人物雜述〉，《臺灣文獻》，41 卷 3、4 期，1990 年 12 月，頁 278；婁子匡，〈鄭成功傳說之整理〉，《臺北文獻》，第 1 期，1962 年 6 月，頁 102-103，114。

106 趙九峰，《地理五訣》，卷 4，頁 14a。

敗也風水，小至個人、大至國家的衰落淪亡，似乎也脫離不了風水氣運是否庇蔭得當的聯想。與鄭氏同鄉的泉州府南安縣人伍資遠在《鄭成功傳說》一書中，記載一則關於明鄭興亡的風水傳說，其中根據鄭氏發跡地點「五馬朝江一馬回」的俗諺，來解說明鄭在臺灣的統治權，為何僅延續至鄭克塽即告結束的緣由云：

> 福建省南安縣石井鄉的江口，有五塊巨石兀立在江上，多像馬形。其四昂首作奔向海外狀；其一卻是翹首回望石井鄉。因此當地有「五馬朝江一馬回」的諺語。俗傳：假如五馬齊奔海外，那鄭氏便成帝王大業。可惜地靈所鍾，氣數天定。為了祇有四馬奔海，就感應了鄭氏四代的榮顯；因為一馬回頭，所以鄭氏祚業不能延續到第五代了。[107]

論述中將鄭氏王國的瓦解歸因於風水氣數的命定，此種心態，宛若是一種「泛風水庇蔭觀」的後設詮釋。

明清之際福建地區另流傳一則「草雞」傳聞，其中也涉及明鄭興衰敗亡的關聯性思考。相傳萬曆三十二年（1604）三月十日，廈門當空忽然雲霧四合，雷電閃爍，海渚劈開一石，石中悉為隸篆文體，識者解讀其文曰：「草雞夜鳴，長耳大尾，銜鼠千頭，拍水而起。殺人如麻，血成海水。揚眉於東，傾陷馬耳。生女滅雞，十倍相倚。志在四方，一人也爾。庚小熙皞，太平伊始」。由於通篇論述模稜兩可，時人多不能理解這段讖言的意涵。同月十八日辰時，鄭芝龍誕生於泉州。[108]江日昇《臺灣外紀》中記載這則典故，隱然是將草雞的讖言與鄭成功之父鄭芝龍的誕生，附予前後的因果關聯。

在明季閩籍人士陳衎所著《槎上老舌》一書中，亦曾記載崇禎十三年（1640）間，泉州府同安縣鷺門（廈門）有位僧侶貫一某次夜坐之時，目睹籬牆外坡陀有光芒閃爍，接連持續三晚。未名究竟的貫一在好奇心的驅策之下，於是挖掘此光芒出現的地方，結果挖到一塊古塼，其背印

---

[107] 引見婁子匡，〈鄭成功傳說之整理〉，頁102。

[108] 江日昇，《臺灣外紀》，頁2-3。

突起兩圓花，正面刻有四行古隸，凡四十字：「草雞夜鳴，長耳大尾。干頭銜鼠，拍水而起。殺人如麻，血成海水。起年滅年，六甲更始。庚小熙皥，太平千紀」。[109]與江日昇《臺灣外紀》的記載，幾乎是大同小異。

在此塊古塼出土的四十四年後，即康熙二十二年（1683），鄭克塽率領明鄭部眾降清。後世或根據這段「草雞」的讖語，附會明鄭勢力的瓦解本是天數所定。如清初學者王士禎（1634-1711）於《池北偶談》卷二十二〈廈門塼刻〉中解釋：

> 雞，酉字也，加草頭、大尾、長耳，鄭字也。干頭，甲字；鼠，子字也：謂鄭芝龍以天啟甲子起海中為群盜也。明年甲子，距前甲子六十年矣。庚小熙皥，寓年號也。前年萬正色克復金門、廈門，今年施琅克澎湖，鄭克塽上表乞降，臺灣悉平。六十年海氛，一朝盪滌；此固國家靈長之福，而天數已預定矣。[110]

也就是說，鄭氏父子一生的成與敗，早已為天命所註定。縱使他們苦心孤詣，亟欲重拾大明舊山河，但終究難逃功敗垂成的苦果。除此之外，林義儒於《海濱外史》一書中記載鷺門寺僧掘獲草雞傳聞的帛書之後，緊接著強調此則傳聞與「滅鄭首腦」福建總督姚啟聖的關係云：

> 傳說已久，至是而壬子舉人陳潤字龍季，在軍門效用，獻之。公（姚啟聖）曰：「是賊滅之兆也。本部院姓氏亦在其中。藐然啟聖，其何敢當。」因牌示行文布按及各府縣詳查果否，令其聲傳海上，以為招徠之助。解之者曰：「草頭雞下，大耳長尾者，鄭字也。干頭御鼠，拍水而起者，鄭芝龍於明天啟甲子年作亂海中也。生女滅雞，十億相倚者，言姚當滅鄭也。起年滅年，遇豬而止者，是歲癸亥，來年復為甲子也。庚小熙皥者，康熙字也。太平八紀者，今皇帝當蒞政九十六年也。」或曰廈門水中浮出磚一片，有文云；或曰公所自撰以愚海上，使知天命，有歸而納降之

---

109 王士禎著，勒斯仁點校，《池北偶談》（北京：中華書局，1982 年），頁 537。
110 王士禎著，勒斯仁點校，《池北偶談》，頁 537-538。另參見連橫主編，《臺灣詩薈》，第 2 號，1924 年 2 月，〈臺灣漫錄‧草雞〉。

意也。[111]

在這段充斥著政治化色彩的引文中，作者指稱姚啟聖曾利用此則斷定明鄭將亡的草雞讖言作為宣傳工具，向明鄭治下的閩臺人士進行心戰喊話，曉諭他們明瞭大勢之所趨，儘速投誠大清帝國，不要再作無謂的抵抗與平白的犧牲。通觀草雞讖言的傳世，不僅傳達了一種時人看待鄭氏必敗的前知信仰，同時也為易代之際大清政權將臺灣納入版圖一事，從內在意識上賦予一種事出有因、理所固然的神聖化詮釋。

吾人考察明鄭興亡傳聞的象徵意涵與人事情境，其部分內容雖然不乏附會之嫌，但就傳說本身的意向結構而言，主要是採取一種隱喻、影射的手法，表露出後代閩臺人士的心目中，鄭成功本人鞠躬盡瘁的悲劇英雄形象，徒留「孤臣無力可回天」的遺憾。另一方面，關於鄭氏的風水傳說某些或許是出自後見之明的想像，然而，如就其作為觀念傳播的銜接點與承載體的角色而論，這些傳說故事既是明鄭至清代前期風水習俗在閩臺社會傳習流佈的歷史產物，展現出民間集體意識的投射或是明鄭情結的宣洩，與此同時，也可作為我們透視清代臺灣各種風水傳聞所反映的庶民心態及社會現象的參考座標。伴隨著鄭氏風水傳說的口耳相傳，對於風水觀念在清代臺灣民間社會的散播，相信也起了一定程度的推助功效和強化作用。

五、結論

十七世紀中後期，臺灣漢人移墾社會的組成份子，大多為渡海而來的閩粵移民；這些移民的原居地點，主要包括福建省泉州、漳州、汀州與廣東省潮州、惠州、嘉應州等區域。當移民們進入臺灣本土之後，無疑會將閩粵原鄉的生活方式，重新在這塊海天孤島上加以落實，藉此適應不同環境的現實挑戰，並開發出安身立命的聚落生態。[112]相對於閩粵

---

[111] 引見宋征輿等，《東村紀事外四種》，頁 79-80。

[112] 施添福，《清代在臺漢人祖籍分布和原鄉生活方式》（臺北：國立臺灣師範大學地理學系，1987 年）。

原鄉的風俗民情，臺灣漢人移墾社會的各項民俗活動，概為中國南方文化的延申和發展。而在十七世紀後期的閩粵社會，風水行為係其傳統風俗習慣中顯著的一環；從這些區域渡海來臺的移民，在他們的身上即帶有原鄉風水習俗的「種子」，並隨機播撒在這處海外新天地上。風水文化在臺灣各地的傳習流佈，閩粵移民可說是其中最主要的「載體」；而遷臺漢人在臺灣本土的卜宅營葬，也等於是擴張了中國傳統風水習俗的文化版圖。

　　明清之際臺灣漢人移墾社會的建立，主要在鄭氏王國治臺期間蔚成氣候。針對風水文化在明鄭治臺前後的社會實踐，由於現存文獻的有限，我們祇能透過零星的記載去尋覓一些風水習俗的蛛絲馬跡；再加上明鄭勢力的活動區域主要位於今臺南地區，以致本節陳述這段時期風水文化的傳佈，在地域分佈與階層特性上難免具有相當程度的侷限性。縱使如此，我們不要忘了鄭氏王國係臺灣本土第一個以漢人為主體的政治實體，當初隨鄭氏父子入臺的文武官員與軍民眷屬，也大多是來自風水習俗普遍盛行的閩南地區。順治十八年（永曆十五年，1661），清廷對中國東南沿海地區下遷界令之後，鄭成功亦陸續招徠福建沿海為數不少的流亡漢人，投入臺地的拓墾工作。數年後，漢移民數量已累積近二十萬人，成為中國傳統風俗文化重現於臺灣本土的一股重要力量。[113]此後，在鄭經當政期間，經陳永華的主導下，建孔廟、立學校，有計劃地移植漢人傳統社會的儒學教化內涵，進而拓展漢族文化對於臺灣社會的實質影響。[114]除了儒學禮教的推行之外，表現在民俗活動方面，統治階層對於造宅葬墳的講究以及平民百姓對於居葬擇地的重視，皆促使閩粵原鄉的風水文化伴隨著鄭氏王國的政經勢力同步進入臺灣，並逐漸在南部區域蔓延開來，最終成為漢人移墾社會的行為常態，迥異於先前原住民部落社會的居葬方式。從社會轉型的角度，風水文化的傳佈，也可視

---

[113] 曹永和，〈鄭氏時代之臺灣墾殖〉，收於氏著，《臺灣早期歷史研究》（臺北：聯經出版公司，1979 年），頁 272-277。

[114] 陳純瑩，〈明鄭對臺灣的經營（1661-1683）〉，頁 205-222。

為這段期間臺灣西部各地逐漸趨向「內地化」的一項指標。[115]

　　十七世紀中後期，蒞臺漢人不僅在這塊土地上實踐傳統的風水觀念，某些人士對於臺灣的山川形勢與風水格局亦曾有所點劃。透過堪輿學上「喝形」原則的運用，將原本陌生的自然環境轉化為漢人所熟悉的空間符號，來彌補心理上對於未知區域的不安全感，或賴以吸引渡臺移民從事實際的拓墾事業，讓他們能在福爾摩沙島上用心於追尋人間佳境，以創造出一片海天新樂土。自十七世紀後期以來，臺灣各地逐漸流傳有多處適宜居葬的福地吉壤，這些風水佳穴的傳聞也許不是「空穴來風」，而是與鄰近區域的地理形勢條件與社會文化背景脫離不了關係。此種現象的存在，既傳達了傳統風水文化在臺灣本土社會的傳習日深，也反映出閩粵移民對這塊海外新故土逐漸產生了一種「落地生根」的認同感。

　　隨著臺灣本土外來政權的轉移，新接手的大清帝國除了在治理措施上因勢利導、除舊佈新之外，也為新歸版圖的海天孤島形塑出一套合理化的風水格局，作為一統意識的顯影與統治權力的表徵。整體而言，清代臺灣風水龍脈說的成型，係傳統風水觀念在臺灣本土的移植與再現，也是清廷將臺灣納入帝國版圖的一種具體宣示。中國官紳透過風水學上龍渡滄海、雞籠發祖的詮釋系統，將臺灣這片「原屬化外」的新天地加以「中國化」的處理，從意識形態上聯繫中國大陸與臺灣本土之間「一脈相承」的地理關係，以此作為大清帝國王者無外／一體同風的實質象徵。在心理效益的層面上，這項傳說也得以為渡臺漢人提供一劑令其安居樂業的定心丸。清代前期以降大量湧入臺灣本土的閩粵移民，於是在這個業經統治者貼上風水標籤的島嶼空間中，重新實踐其原鄉傳統的風水習俗。回顧十七世紀後期中國大陸遷臺人士風水實踐的歷史經驗，無疑為風水習俗在後繼清帝國統治時期臺灣社會的版圖擴張，立下了「風生水起」的初步輪廓。

本文原刊登於《臺南文化》，新 60 期，2006 年 6 月，頁 16-52。今據已刊稿修訂而成。

---

[115] 關於「內地化」的觀點，據李國祁，〈清代臺灣社會的轉型〉，收於國立臺灣師範大學歷史學系主編，《認識臺灣歷史論文集》（臺北：國立臺灣師範大學歷史學系，1997 年），頁 111-148。

臺南市中西區鄭氏家廟中的延平郡王鄭成功像

臺南市中西區鄭氏家廟外牆展示鄭成功父子遷葬泉州南安故里陵墓照

臺南市中西區延平郡王祠

臺南市永康區洲仔尾鄭成功墓址紀念碑公園

臺南市六甲區赤山龍湖巖,相傳為明鄭諮議參軍陳永華相擇「龍蝦公湖」的風水吉地而創建

赤山龍湖巖前殿門聯寫陳永華占地脈典故

陳永華墓園（位於今臺南市柳營區果毅後）

陳永華墓前風水池穴「龍蝦母湖」

臺南市中西區大天后宮，原為明寧靖王朱術桂府邸，後世傳聞為活蟹穴

臺南市中西區北極殿正殿保存明寧靖王朱術桂題匾

臺南市中西區法華寺，前身為李茂春的夢蝶園，後世傳聞為臥牛穴

夢蝶園記石碑（現存法華寺內）

臺南市永康區洲仔尾保寧宮，主祀保生大帝，相傳
建於龍穴上

沈光文教學處遺址紀念碑，位於今臺南市善化區善化
國中

臺南市善化區慶安宮沈光文紀念廳

臺南市善化區沈光文先生紀念碑園地

風水習俗與清代臺灣區域開發的互動

一、前言

　　習俗概指社會大眾習以為常的生活方式，透過長時間的累積或過濾之後，產生一種約定俗成的行為法則。這些行為法則於潛移默化之中，逐漸演變為人們的內在價值觀念，並凝聚成一套合乎大眾認同的行為模式。經由特定時空的社會群眾在日常生活中的集體實踐，共同呈現出一種普遍性的社會現象。

　　對於奉行風水觀念的芸芸眾生而言，人的一生從生老病死到各項的事業發展，似乎皆可與「風水」牽扯上關係；深具功利性色彩的風水之學，可說是包辦了現實社會中養生送死的重要環節，並提供人們生樂死安的心靈憑藉。基本上，與閩粵原鄉社會的情形一般，在清代臺灣漢人社會，講究生居吉壤（陽宅）、死葬佳穴（陰宅）的風水擇地之說，不僅是一種民眾習以為常的生活方式，也是一項世人判別吉凶禍福的價值觀念。人們仰賴其指引各項趨吉避凶的行為準據，一旦趨避的對象牽連到公共事務或集體群眾的利害關係，即造就了風水文化與移墾社會的互動空間。

　　有清一代，隨著漢人絡繹不絕地移墾臺灣，原先長期盛行於閩粵地區喪葬習俗中的風水行為，也在一波又一波「移民潮」的帶動下，陸續散佈於臺灣南北各地。除了漢人聚落日常性的擇居營葬之外，風水信仰有時也成為家族移徙或廟宇遷建的指標，甚至是公共建設與地域開發之際考慮的要點之一。下層庶民百姓如此，上層菁英份子也大抵若是。除了實踐的客體與應用的對象略有不同之外，在引藉風水觀念進行陰陽宅布局的行為層面上，呈顯出不論貴庶且無分官民皆一體同行的情形。

　　本文嘗試採取術數社會史的研究取向，依序從地域拓墾過程中的風水考量、漢移民聚落形成的風水背景、地方興衰與風水形勢的聯想等三個面向，探討風水習俗與清代臺灣區域開發與聚落形成的互動關係。筆

者引述的基本資料，除了官書檔案、地方志書、契據碑刻與譜系文獻之外，私家筆記文集以及臺灣各地鄉土史料中所刊載的風水傳說故事，也是重要的論證來源。基本上，傳說故事係清代臺灣風水習俗的一部分，也是傳播風水觀念的主要媒介，其內容反映特定時空人們的集體心態，本身也是一種「真實的」社會現象，而非僅止於一種天馬行空、子虛烏有的平白想像。如能掌握自清代流傳至今的各類風水傳說故事的背景脈絡，也許將有助於我們從深層文化的角度，洞悉風水之說在社會大眾心理層面上的影響。

二、地域拓墾過程中的風水考量

地域拓墾、聚落形成與產業發展皆有賴於群體力量的投入，如從閩粵移民作為拓墾主體的角度來考察清代臺灣各地的開發，其實也正意味著外來漢人勢力對於特定空間的進佔。在漢人披荊斬棘並建立聚落的過程中，由於海天新世界充斥著各種難以預料的危機因素，職是之故，具有彌補人們對於有窮生命的不確定感為主要功能的風水術數，適足以發揮其安定民心及鼓舞士氣的實質作用。

乾隆五年（1740），北臺墾戶首金順興即郭錫瑠（1705-1765）率眾前往大坪林青潭口（今新北市新店區一帶），擬在該處開鑿陂圳以墾成田園，然因地勢險要，其間更不時與附近原住民發生衝突，造成水圳工程的進度延宕多時。十七年（1752），郭錫瑠等人再行動工興築，但終究功敗垂成。翌年（1753），蕭妙興與郭錫瑠相商，承接其所闢青潭坡地，將墾戶名稱改為金合興，稟請官府出示牌照給定圳路，即偕同股夥朱舉、曾鎮、王綸、簡書、陳朝誇、吳德昌、江游龍、林棟材等人深入其境，擇日興工，引青潭溪水鑿圳墾荒。與事者克服外在環境的諸多困擾，至二十五年（1760）前後陸續鑿成各大小圳路。三十八年（1773）初，經官府丈明自青潭坑口起直透至獅山外止的圳岸地界，隨即定汴分水，灌溉大坪林五莊田園，水份計四百六十甲。斯時，蕭妙興曾邀請

位堪輿明師「林濃」，[1]擇日翻修先前的草創寮地，以求「革故鼎新，師美其地」。同年三月，眾人同立公訂水路車路合約字，除了載明彼此必需遵行的權限分際之外，主事者蕭妙興特將林濃先生對於大坪林五莊風水形勢的點劃，擇要附錄於該合約字後云：

> 統覽我庄地勢，山川懷抱，日后富貴收全。獅頭山主從東方發祖，來南方吉地，南屬火，獅頭是火山，天機活潑，貴龍旺象，淡地可推為第一名山。當前則案山重重，兩邊則轉翼對耦。大貢山之峰秀麗，左班供立，錫口山之尖嵬奇；右斑隨峙，外有觀音、大屯，相對守門戶，為外關鍵。遠代高官，內有尖山、拳山對峙，把溪門為內關鍵鎖，尖山鳳嘴把大溪；近代文官，拳山眾管索小溪，邐代武將，遠近次第出仕。溪名乾溪，實半月沉江，庄中萬金不斷；山連七山，即七星墜地，日后二甲聯芳。[2]

根據合約字中所載蕭妙興的現身說法，他「特舉大概以附錄之，以記不忘」的用意，主要是為了「徐以待之可也，我等相勉為善也可」。換句話說，蕭妙興引藉傳統風水之說以撫慰眾人正值排除萬難、拓墾初成之際的成就感，藉以激勵參與者堅持到底的決心，並可號召來者共襄盛舉，積極投入大坪林地區這塊「風水寶地」的拓墾事業，以逐步實現堪輿名家先前之富貴雙全的風水預言。大體而言，蕭妙興巧妙地運用漢人社會普遍性的風水信仰，向拓墾關係者出示一種近乎「望梅止渴」式的未來保證。

清代後期，漢籍移民拓墾竹塹地區大湖口（今新竹縣湖口鄉）之際，其間也曾流傳一段出自某堪輿名師的風水讖語云：「好地生在大湖

---

[1] 疑即乾嘉時期活躍於北臺的著名堪輿師林郎（或作「瑯」）。按閩南語發音，「濃」及「郎」音頗為相近。由於林郎（瑯）的名聲響亮，自清代以來北臺各地故老相傳的多處佳穴吉壤，往往與他的堪輿行蹤發生聯繫；而其神話性的風水事跡，迄今依舊流傳於北臺各村落鄉間。可參見鐘義明《增訂臺灣地理圖記》（臺北：武陵出版社，1993 年）一書中的相關記載。

[2] 臨時臺灣七地調察局，《臺灣舊慣制度調查一斑》（大阪：中村善助，1901 年），頁 147。關於清代大坪林一帶的開發，可參見尹章義，《新店市誌》（臺北：新店市誌編纂委員會，1994 年），第 3 章，頁 106-118；溫振華，《清代新店地區社會經濟之變遷》（臺北：臺北縣政府文化局，2000 年），第 3 章，〈大坪林官莊之形成與發展〉，頁 57-93。

口，有介金獅朝北斗；長崗來作岸，波羅把水口；誰人做得到，金銀萬萬斗」。[3]如這段讖語所云，山環水繞的大湖口擁有令人致富的風水形勢，足可滿足拓墾者趨吉生財的心理需求，自是吸引渡臺漢人進墾此地的一大驅力。後世流傳的一首〈苗栗地理錦囊〉，也傳達出類似的民俗思維云：「苗栗地理結在西山口，鹿仔喞花路上走，扒仔岡做案，新港把水口，誰人做得對，金銀萬萬斗。」[4]

　　拓墾主事者憑藉風水讖言來彌補眾人對於現狀的不確定感，俾獲取在心理上對於未知領域的安全感，甚至於產生一種煽風點火式的催促作用。對於渡遷臺地的閩粵移民而言，根據他們過去生命經驗中所熟悉的風水觀念來選擇一處理想的安居樂土，使原本陌生的地區轉化為似曾相識的環境，以求能在移居區內拓墾有成，並發展家族勢力，無疑也是一項效度頗佳的可行方式。

　　原籍漳州府南靖縣習賢里的陳樵，於乾隆年間偕妻攜子渡海來臺，最初擇居淡水廳和尚洲（今新北市蘆洲區）一帶。數年後，因和尚洲地勢低下易遭水患，乃遷往桃仔園大坵園許厝港附近。不久後，再續向西方移徙，行經雙溪口、下關厝仔直至大崙山。相傳陳樵父子自大崙山眺望四境，以該處與故居塘山（穴屬睡眠地牛穴）的地形相似，地理風水頗佳，適宜開墾耕作，於是決定落腳於此，以作長居久安之計。在陳樵父子及其後代子孫的長期經營下，拓墾田園遍及大崙山上、山下、崙坪、新坡、青埔子、上大堀、下大堀等地。日後子孫繁衍，蔚成今桃園市觀音區大堀里一帶的陳氏家族。[5]

　　道光中期，九芎林庄總理姜秀鑾（1783-1846）奉淡水廳同知李嗣鄴諭令，組織金廣福墾號拓墾竹塹東南山區。相傳姜秀鑾率眾進墾北埔之初，曾延請堪輿師（或云即本身精通堪輿學理的同知李嗣鄴）扦點地理龍穴，擇定慈天宮廟址與天水堂宅地，作為姜家與漢人勢力在地發展

[3] 羅烈師，《大湖口的歷史人類學探討》（新竹：新竹縣文化局，2001 年），頁 38，228。文中的「地理明師」，一說是淡水同知李慎彝，或說為林郎（瑯）。

[4] 臺灣省文獻委員會編，《苗栗縣鄉土史料》（南投：臺灣省文獻委員會，1999 年），頁 33。

[5] 陳柳金編，《陳氏族譜並渡臺史記》（1961 年刊印本，國立故宮博物院藏微縮資料）。

的基礎，護佑大隘墾業順遂昌隆。[6]此後，整個北埔客家聚落實質環境的建構，多經由堪輿先生的指點，深受風水觀念的影響。[7]

　　當漢人新闢活動領域的時候，風水觀念偶亦扮演前導性的角色，推促其拓墾事務的進度。嘉慶初期，漳州府漳浦縣籍吳沙（1731-1798）率領漳、泉與粵籍漢人進墾蛤仔難地區（即噶瑪蘭，今宜蘭平原），自北而南陸續建立起頭圍（今宜蘭縣頭城鎮城東、城西、城南、城北等里）、二圍（今頭城鎮二城里）、三圍（今宜蘭縣礁溪鄉三民村）與四圍（今礁溪鄉詩結村）等聚落，並設置鄉勇以防禦原住民。根據相關文獻的記載，在吳沙及其子光裔、姪吳化等人率眾拓展的過程中，曾經接受過一名堪輿師的導引。如噶瑪蘭教諭謝金鑾（1757-1820）在〈蛤仔難紀略〉中提到：

> 嘉慶三年間，有龍溪蕭竹者，頗能文章、喜吟詠，於堪輿之術自謂得異人傳。從其友遊臺灣，窮涉至蛤仔難。吳沙款之居且切。乃為標其勝處為八景，且益為十六景。今所傳「蘭城拱翠」、「龍潭印月」、「曲徑香泉」、「濁水涵清」之類者皆是也。竹悉為賦詩，或論述其山水脈絡甚詳。時未有五圍、六圍，要其可以建圍之地，竹於圖中皆遞指之；後乃遵建焉。[8]

　　在謝金鑾的這段陳述中，顯示了吳沙曾遵從漳州龍溪籍堪輿師蕭竹的圖說指點，卜擇風水適當的地區新闢五圍（今宜蘭市）、六圍等漢人聚落。我們知道，於嘉慶初期蒞臺的蕭竹流傳有〈甲子蘭記〉一文，根據他的現身說法：「嘉慶三年秋，余與黃友渡臺。越三載庚申，遊極北之甲子蘭。其地沃野三百餘里，可闢良田萬頃，容十萬戶。余細閱勝概，千山競秀、萬水朝宗，內納一大陽基，通眾再造四圍。聊題詩記圖說，

---

[6] 梁宇元，《清末北埔客家聚落之構成》（新竹：新竹縣立文化中心，2000年），頁61，94，107。

[7] 吳聲淼，〈隘墾區伯公研究：以新竹縣北埔地區為例〉，桃園：國立中央大學客家社會文化研究所，2009年，頁110-112。

[8] 柯培元等，《噶瑪蘭志略》（臺北：臺灣銀行，1961年），卷13，頁160-161。另參見唐贊袞，《臺陽見聞錄》（臺北：臺灣銀行，1958年），卷上，〈建置・蛤仔難〉，頁8。

以志不泯」。蕭竹並有詩云：「遨遊臺地已三秋，覓盡山川何處求。步向蘭中尋一吉，羅紋交貴水纏流」；又云：「屏風錦帳列千尋，融結蘭城天地心。萬疊江山遙拱秀，率濱應沐化波深」。[9]從這些涉及噶瑪蘭地理形勢的風水解讀，呈現出地域開發與風水格局的關聯，當中不難看出蕭竹本人的堪輿素養，以及他藉由堪輿論述來號召漢人積極墾闢噶瑪蘭的醉翁之意。

　　對於蕭竹的風水比附，謝金鑾相當不以為然。在前引〈蛤仔難紀略〉一文中，他質疑「蕭竹甚悉於蛤仔難，乃其為圖，則專寫四圍；以其時竹為吳沙卜四圍地，特誇其妙，故為圖坐乾向巽，其言後山之疊脈，水法之迴抱，雖於山川之向背特詳要，皆為四圍言之」。[10]也就是說，謝金鑾認為蕭竹刻意標榜蛤仔難四圍地區擁有奇佳的風水格局，來迎合吳氏族人率眾開闢蛤仔難的意向，連帶獲取其信任，這不外是堪輿地師所慣用的「投其所好」的手法。姑且不論此事的因果關係為何，檢視謝金鑾的說法，畢竟也透露出吳氏率眾拓墾噶瑪蘭前後與堪輿師蕭竹的一段淵源。

　　另外，於道光元年（1821）奉檄權判噶瑪蘭地區的臺灣道姚瑩（1785-1853），在其所著《東槎紀略》卷三〈噶瑪蘭原始〉中，根據自身實地的探訪見聞並徵考案牘文獻，批駁謝金鑾〈蛤仔難紀略〉中涉及蕭竹與吳沙之間關係的記載或有失實之處云：「嘉慶三年，吳沙已死，安有款居蕭竹之事？若謂二年，則是時僅開頭圍，與番爭鬥未息，安得游覽全勢？以余考之：蓋款蕭竹者，吳沙之子光裔與吳化輩也。化等既得二圍與番和，乃延竹進窺其地」。[11]姚瑩的質疑固然有理，然而，並沒有否定堪輿師蕭竹在噶瑪蘭拓墾史上的角色。無論款待蕭竹、聽信其言者究竟是吳沙還是其姪吳化，嘉慶時期宜蘭地區漢人聚落的形成與勢力的擴張曾經受過風水之說的影響，應該是一項可信度頗高的事實。

　　值得注意的是，在姚瑩的想法中，吳化延聘蕭竹的用意，主要是為了借助他對於當地堪輿格局的確認，期能清楚地掌握原屬原住民活動區

[9]　引見連橫，《臺灣詩乘》（臺北：臺灣銀行，1960 年），卷 3，頁 131-132。

[10]　柯培元等，《噶瑪蘭志略》，卷 13，頁 168。

[11]　姚瑩，《東槎紀略》（臺北：臺灣銀行，1957 年），卷 3，頁 71-72。

域的地理形勢，再予以「染指」，進一步擴張以吳氏為首的漢人集團領地。在這個環節上，風水觀念作為地域開拓的前導，同時也具有權力掌控的色彩。連橫（1878-1936）於《臺灣通史》卷三十二〈吳沙列傳〉中記載蕭竹其人其事云：

> ……至蛤仔難，時吳沙方闢斯土，客之。竹乃探形勢，標為八景，且益為十六景，悉賦詩，或記述其山川脈絡。當是時墾地未廣，平原萬頃，溪注分流。竹於圖中凡可以建城築堡者，皆遞指之。後如其言。沙既闢斯土，至者數千人，力田自給。顧自恥化外，百貨鮮通，竹又為畫策，請入版圖。有司以土地遼遠，慮有變，不許。未幾竹卒，沙亦死，侄化領之，後從其議。[12]

如連橫所言，這位精通堪輿術數、雅好遊歷四方的蕭竹，指引吳氏父子進行土地的佔有之餘，同時也策動其向清朝官府呈請在噶瑪蘭地區設治，風水格局的點劃與政治權力的運作，於此巧妙地結合起來，恰好為漢人在這片土地上的勢力擴張，鋪陳出神聖化的風水背景，並奠下實質性的政治基礎。在他們取代當地的原住民勢力之餘，順道開闢出一處適合外來者安居樂業的「淨土」。

清代中前期漢人墾殖噶瑪蘭地區的歷史過程，呈現出風水習俗與地域拓墾之間的互動關係。經由風水觀念直接或間接的影響下，逐漸促成了當地漢人聚落的具體成型。在清代臺灣各地移墾社會發展的時空環境中，類似的情形，往往也是一種漢移民聚落形成的常態模式。

三、漢移民聚落形成的風水背景

漢人聚落的形成為臺灣地域拓墾的具體成果，也是來自閩粵原鄉的生活方式重新實踐的地理空間。風水觀念作為傳統文化習俗的一環，也不斷在這片漢人新闢的境域中施展開來。

從現存的清代文獻中，我們可以看到某些關於聚落所在地域之風水

---

12 連橫，《臺灣通史》（臺北：臺灣銀行，1962 年），卷 32，頁 856。

形勢的描述。如原籍泉州府永春州的黃成美於嘉慶二十年（1815）十月詩頌新莊武廟勝景之際，也顯示了該作者對於興直堡一帶「觀音太祖尊星耀，興直名區萬水朝」之風水形勢的聯想，其稱道：「觀音山勢盡清奇，會合陰陽環四水；觀音前後皆幽致，賓主朝迎州卦堂。仙人抱網個團圓，鉛墜新街城郭地；崔巍疊嶂與天高，會合雙溪朝九曲」。又云：「神降新庄鑿築宜，三金未卜是誰見；太極圖中同一氣，官居乙品無他處。塩水歸來索右旋，周圍碧玉萃三元；走馬三台垣氣和，玩尖六曜列前科」。[13] 黃成美的描述，勾勒出當時興直堡新莊街鄰近區域山環水繞、藏風聚氣的堪輿格局，發展潛力極為可觀。

陳培桂等人於同治十年（1871）刊《淡水廳志》卷二〈封域志‧山川〉中，鋪陳廳治中路少祖山金山面山和其左、右翼諸山一帶的堪輿格局，以及廳治周遭漢人聚落的分布，同時也讓我們見識到修志官員心目中理想的風水景致：

> 由金山面西下，忽化陽脈，平原廣衍，可六、七里，漸遠而高，有窩曰出粟湖，不溢不竭；今為耕者鑿以引溉，遂涸。湖廣十餘丈，周圍皆平岡，⋯⋯又北之護衛過脈者曰風吹輦崎。再由過脈崛起而雄偉者曰虎頭山，一名倒旗山；去治三里。其北曰十八尖山。虎頭之下為外較場，其北下橫斜小阜曰枕頭山。其南旁橫斜小阜為中塚。由外較場西下，而屋宇參差，煙火相望者，為巡司埔莊。在城東南隅，西面大海，萬頃杳冥，村墟墩阜，亦嶔崎錯落有致；以上廳治來龍所結穴也。[14]

清末苗栗境內行政首善之區貓裡街（今苗栗市）的整體風水格局，在光緒二十年（1894）沈茂蔭等《苗栗縣志》卷二〈封域志‧山川〉所附〈地理形勢說〉一文中，有相當扼要地呈現：

> 縣治坐北朝南，與祖山兩相對照，所謂迴龍顧祖者，此也。其祖是百二份之雞冠山，由內山番界東南來，層巒疊嶂，⋯⋯五、六

---

[13] 何培夫主編，《臺灣地區現存碑碣圖誌 臺北縣篇》（臺北：國立中央圖書館臺灣分館，1999年），頁 33-34。

[14] 陳培桂等，《淡水廳志》（臺北：臺灣銀行，1963 年），卷 2，頁 28-29。

里，始有起伏巍然高聳者，曰牛屎崎山、貓裏山；其西下屋宇參
差、煙火相望者，為貓裏街。在城南隅盤西而下，紆徐不迫，直
趨夢花莊；此縣治來龍結穴之處，是即山之幹也。[15]

　　文中的描述，宛然一片風水寶地的聚落景象。類似這種龍脈氣行、
砂案兼具的聚落景象，另可見於光緒二十年屠繼善《恒春縣志》卷十五
〈山川〉中所記縣城西南五里的西屏山：「正居縣前，如一字平案。自
南之紅柴坑山起脈、西之龜山收局，數十山連綿不斷。高均一、二里，
其平如砥。十餘里中，林木蒼翠，雞、犬、桑、麻，疏密成村。夕陽西
下之時，炊煙四起，縷縷如織，洵城鄉佳景也」。[16]同年，雲林縣訓導倪
贊元《雲林縣采訪冊》記載雲林縣境沙連堡諸山，也不乏此種風水寶地
的刻劃。如位處縣東北二十八里的江西林山，「其山穿田突起，勢如橫
屏。山頂坦平，廣二、三里，四面玲瓏秀麗。山背二峰形如獅、象，俯
瞰清、濁兩溪。山麓民居錯處，厥土丹赤」；座落於縣東三十八里的崠
頂山，「自鳳凰山分龍，蜿蜒六、七里，路皆平坦；至大水窟頭，束脈
聳起。山二、三里，高低不一；森然屹峙，明媚幽雅；巖頭時有白雲封
護。居民數十家，自成村落」。[17]

　　直到明治三十年（1897）十二月由蔡振豐完稿的《苑裏志》中，其
卷上〈封域志〉記載境內諸山後提到：「俗傳苑裏來龍，係自火燄山發
祖，由苎蕉坑山過脈至印斗山，始放平洋；由貓盂莊、客莊微伏，至苑
裏結為市鎮」。[18]明治三十一年（1898）四月由林百川、林學源等編《樹
杞林志》之〈封域志・山川〉中，記載下堡山的來龍去脈以及北埔、樹
杞林一帶風水寶地的山川分布云：

五指山距署三十餘里，為署治之祖山。五指第三峰低伏過峽，一
縷逶迤而下，由笙竹林七、八里，曰大烏龍崗頂；五、六里，曰
豬湖仔山，崛起土屏為署治之少祖山，後送前迎，紆徐而出；六、

[15] 沈茂蔭等，《苗栗縣志》（臺北：臺灣銀行，1963 年），卷 2，頁 27-28。
[16] 屠繼善等，《恒春縣志》（臺北：臺灣銀行，1960 年），卷 15，頁 252。
[17] 倪贊元等，《雲林縣采訪冊》（臺北：臺灣銀行，1959 年），頁 146-149。
[18] 蔡振豐，《苑裏志》（臺北：臺灣銀行，1959 年），頁 19。

> 七里，曰尾隘仔山，擘榦分支。由南而下七里者，為北埔之來龍所結穴也；前有疊翠層巒，後枕芙蓉屏障，縱橫環拱，居然一名區也。由北而降八、九里者，為樹杞林之來龍結穴也；礪山帶河，左迴右抱，嶔崎錯落，儼乎一巨觀也。[19]

通觀前舉各項群山環抱且山明水秀的敘述，修志官紳透過文字的運用，將讀者的目光聚焦於一種被誘導性的視野，使得我們從字裡行間依稀可以看出街莊聚落發展與風水因素的相互為用。另一方面，姑不論這些風水格局的點劃是否為修志人員事後的認定，或是他們的主觀因素加以理想化的結果，風水形勢與聚落形成的緊密聯繫，相信是有清一代渡海來臺的閩粵移民所追求的理想情景。事實上，隨著清代漢人戶口的持續增加造成定居社會的逐漸成型，風水觀念在村落空間的選址闢建與形式布局方面，往往發揮出一種指導性或制約性的實質作用。[20]此類例證在歷史文獻中不乏可見，如清代初期相傳福建移民以南部蕭壠社奉祀阿立祖的公廨附近，地理風水頗佳，而在該處建立起漢人的市廛，名為蕭壠街（今臺南市佳里區一帶）。[21]

清代中葉北斗街的選址擇建和其聚落規劃，亦明顯帶有風水思想的成分在內。彰化縣南部東螺溪南岸舊社檨仔莊附近，漢人約於乾隆三年（1738）在當地開建市街，名為東螺街。嘉慶十一年（1806），東螺街因漳、泉械鬥，遭受兵燹焚毀。同年，東螺溪氾濫，洪水沖崩市街。當地武舉陳聯登、監生陳宣捷與街耆高倍紅、吳士切、謝嘐等人為了避免平民商賈陷入流離失所的窘境，於是倡議遷徙街址，卜擇於舊街北方二

---

[19] 林百川、林學源，《樹杞林志》（臺北：臺灣銀行，1960 年），頁 18。

[20] 關於風水觀念對於傳統聚落形成的影響，可參見梁宇元，《清末北埔客家聚落之構成》，頁 107-112；林會承，《清末鹿港街鎮結構》（臺北：境與象出版社，1991 年 3 版），頁 40-41；張琬如等，《關西上南片羅姓村的形成與發展》（新竹：新竹縣立文化中心，1999 年），頁 58-60；邱永章，〈五溝水——一個六堆客家聚落實質環境之研究〉，臺中：私立東海大學建築研究所碩士論文，1989 年，頁 132-136；劉敏耀，〈「地理」對澎湖聚落空間的影響〉，桃園：私立中原大學建築研究所碩士論文，1995 年，頁 33-73；夏雯霖，〈清末後堆地方傳統聚落之研究〉，臺南：國立成功大學建築研究所碩士論文，1994 年，頁 48-58；池永歆，〈空間、地方與鄉土：大茅埔地方的構成及其聚落的空間性〉，臺北：國立臺灣師範大學地理研究所博士論文，2000 年，頁 27-30。

[21] 吳新榮，《南臺灣采風錄》（臺北：遠景出版公司，1981 年），頁 308-309。

里許的地域。此後，再向原住民東螺社（今彰化縣埤頭鄉一帶）番業主
取得該土地的使用權，緊接著經營市街新建的規模。其北段中建南向的
天后宮，西北設置土地公祠，兩旁俱有舖舍的規劃，稱之為北橫街。中
街與後街呈東西向，內設有二大巷，其南亦有橫街；街巷縱橫二里，俱
為井字形。主事者考量形勢相似的因素，將新闢市街正式定名為北斗
街。根據嘉慶十三年（1808）二月舉人楊啟元所撰〈東螺西保北斗街碑
記〉的說法，在當時地方紳耆的心目中，北斗街「地雖彈丸，而規模宏
遠」，其南方里許有文昌祠，與「北斗魁前六星」的象徵，若合符節；
再南向二十餘里有斗六為朝山，又應合「南斗六、北斗七」的數目，誠
為文明吉兆。此外，其東、西、南方皆有大溪迴護，北方則有小澗合流，
山明水秀，不啻天造地設的自然形勝。[22]彰化知縣吳性誠（？-1826）隨
後於道光二年（1822）三月撰著〈建北斗街碑記〉，文中亦追溯北斗街
新建緣由及其內部結構的規劃云：

> 建街首事……因於距街里許得一地焉，名曰「寶斗」。相厥形勢，
> 可以興建。遂與地主定議，經營規畫。內則築宮作室，通塗巷，
> 以象「井」字之形；外則插竹濬溝，設門柵，以　「豫」卦之意。
> 復出己貲，購買園地，充建廟宇，崇祀天上聖母，名曰奠安宮；
> 蓋取「奠定厥居，安集乎民」之義焉。街成之日，更名「北斗」；
> 則取「酌量元氣，權衡爵祿」之義焉。[23]

　　如從堪輿學的角度審視〈東螺西保北斗街碑記〉、〈建北斗街碑記〉
所呈現的北斗街的地理形勢，頗為符合山環水抱、得水藏風的風水格
局；包括其中街道祠廟的位向規劃，也帶有一種「仰觀天文、俯察地理」
的關聯性。這自然不是偶然的巧合，而是綜理此事的地方士紳奉行風水
觀念的結果。

　　漢人村落區位重視風水格局的形塑，地方行政中心亦是講究這套傳
統的趨避原則。臺灣縣為清代前中期府治之所在，其形勢的完備與否向

---

[22] 臺灣銀行經濟研究室編，《臺灣中部碑文集成》（臺北：臺灣銀行，1962 年），頁 16-17。
[23] 臺灣銀行經濟研究室編，《臺灣中部碑文集成》，頁 28-29。

為地方官紳所注目。如清代後期《臺灣縣輿圖纂要》之〈臺灣縣輿圖險要說〉分析縣境的堪輿形勢時指出：「郡治坐寅向辛；臺灣為郡屬首邑，寓郡以為治也。東以羅漢門為屏藩，西以鹿耳門為門戶；大武壠則北方要隘，木岡山亦南路關頭，其形勝也。邑之來脈根自內烏山，東十餘里為羅漢門。平疇廣衍，四壁皆山」。該圖志編纂者因此認為：「信乎！恢恢郡治作南北之屏藩、為山海之關鍵也」。[24]

在治臺官員規劃地方行政區域的時候，自不忘援引風水觀念以加強他們論證的說服力。最令後世耳熟能詳的例證，自非臺北府的設治莫屬。光緒元年（1875）六月十八日，欽差辦理臺灣事務大臣沈葆楨（1820-1879）上〈臺北擬建一府三縣摺〉，向清廷宣稱如欲鞏固全島防務，勢將重新調整行政區劃。行文中贊揚臺北一帶擬建府治的地理絕佳，同時也透露出該區域的堪輿形勢云：

> 伏查艋舺當雞籠、龜崙兩大山前之間，沃壤平原，兩溪環抱，村落衢市，蔚成大觀。西至海口三十里，直達八里坌、滬尾兩口，並有觀音山、大屯山以為屏障，且與省城五虎門遙對，非特淡、蘭扼要之區，實為全臺北門之管。擬於該處創建府治，名之曰臺北府。[25]

在沈葆楨的精心刻劃下，臺北地區山環水抱且氣勢磅礡的風水輪廓，已是昭然若揭。清朝政府旋於翌年初設置臺北府。在此之後，曾有地方紳民呈請將府治移駐新竹，臺北知府林達泉（1830-1878）為此榜示民眾如能設治於臺北的優越處，榜文裡所一一指陳的項目中，隱約也涉及堪輿形勢的點劃云：「此地四山環抱，山水交匯；府治於此創建，實足收山川之靈秀，而蔚為人物」。[26]在府治設於臺北或新竹的這場爭議中，斯時暫駐竹塹的知府林達泉以其評斷臺北盆地山川形勢的風水見解，積

[24] 引見不著撰人，《臺灣府輿圖纂要》（臺北：臺灣銀行，1963 年），頁 101-103。

[25] 洪安全等編，《清宮月摺檔臺灣史料》（臺北：國立故宮博物院，1994 年），頁 2024；沈葆楨，《福建臺灣奏摺》（臺北：臺灣銀行，1959 年），頁 58。

[26] 蔣師轍、薛紹元編纂，《臺灣通志》（臺北：臺灣銀行，1962 年），頁 491-492。另參見尹章義，〈臺北設府築城考〉，收於氏著，《臺灣開發史研究》（臺北：聯經出版公司，1989 年），頁 408-412。

極為當地爭取更多的政治優勢與社會資源。林達泉與沈葆楨對於設治臺北一帶的形勢考量，幾乎是前呼後應。而他們慧眼獨具地發掘臺北平原的發展潛力，也預示了日後臺北地區蔚為全臺首善之區的先聲。[27]

風水觀念影響傳統聚落空間的形成與城鄉市鎮的規劃，對於攸關地域開發的各項公共建設的進行，也具有參照性的作用。

有關地方公共建設的風水考量，如座落於臺灣各地作為漢人聚落信仰中心的寺廟，舉凡在設置的過程中，大多根據風水觀念予以選址興建。寺廟的建立標幟著當地漢人勢力的具體成型，進而帶動聚落的發展暨地方相關產業的進展。風水觀念直接或間接地成為推動寺廟擇建和地域開拓的助力，其社會影響力自不容我們忽視。[28]

自清代以來，在臺灣某些地區流傳寺廟神靈應驗的傳聞，透露出寺廟如能建造於風水佳穴必有助於地方興旺的集體心態，亦可視為一種「命運共同體」之集體意識的展現。此據人類學者林美容於〈村庄史的建立〉一文中的說法：

> 臺灣漢人村庄在理念上是一個命運共同體，村庄與村民命運與共的概念具體的表現在對村廟的「地理」的慎重與村廟風水和村庄的興衰禍福之相關的看法上。[29]

以臺灣民間極為普遍的媽祖信仰為例，如嘉慶二十年（1815）七月鄉進士鄭捧日題撰〈重修仁和宮碑記〉中，開宗明義宣稱彰化縣二林地區聖母宮（今彰化縣二林鎮媽祖廟仁和宮）擁有絕佳的地理形勝，該廟的興闢對於地方產業經濟的發展與文教事業的振興，具有相當重要的影響云：「二林有聖母宮，由來舊矣。地連衢壤，厥位面陽；清溪環其前，

---

[27] 臺灣史學家尹章義於〈臺北設府築城一百二十年祭〉一文中對臺北城與臺北市街的風水結構，有相當詳審精闢的解說，見《歷史月刊》，第 195 期，2004 年 4 月，頁 31-42。另參見尹章義，〈大清帝國的落日餘暉——臺北設府築城史新證〉，《臺北文獻》，直字第 188 期，2014 年 6 月，頁 37-187。

[28] 相關的例證與論述，可參見王志宇，《寺廟與村落：臺灣漢人社會的歷史文化觀察》（臺北：文津出版社，2008 年）。

[29] 林美容，〈村庄史的建立〉，收入氏著，《鄉土史與村庄史——人類學者看地方》（臺北：臺原出版社，2000 年），頁 234。

竹木護其後。勝概既昭,神威彌赫。設立以來,聿彰呵護;士則家詩書
而戶禮樂,商則山材木而海蜃蛤,庇佑及於無疆」。[30]淡水廳新莊地區慈
祐宮(今新北市新莊區慈祐宮)創建於雍正七年(1729),主祀天上聖
母。乾隆四十二年(1777)冬,該廟進行重修之前,地方官紳曾令「諸
人豎赤幟以作其氣,謀卜筮,躅吉良,計工程,勸義舉,即舊址而鼎新
之」。[31]同治六年(1867)九月,慈祐宮再度拆卸重修,至同治十二年(1873)
六月竣工,生員黃謙光題撰〈重修慈祐宮碑記〉追溯慈祐宮的興建沿革
及其社會功能,其中指稱雍正年間「當闢是地,即建是宇。其時橋無題
鴈,農工咸幸平安;街亦如龍,商賈莫憂抑塞。此雖新莊之地脈方興,
實我后之天階默祐者也」。[32]

再以供奉福德正神(土地公)的祠祀為例,臺灣縣境福德祠(今臺
南市安平路新興宮)歷經乾、嘉時期兩度重修,至道光三十年(1850),
地方董事李都瑛、邱允柱、石如堯、張茂陳、蔡長勝、張和源、張鼎興
等人鑒於該祠久經風雨飄搖以至於棟樑濕漏,乃倡議重修廟觀並更新結
構。是年十一月,眾人於竣工之時公立碑記題誌曰:「我新街福德祠,
背海面街,地挺其秀,神效其靈,闔境之信善,實仰庇焉。自國初建祠
以來,舟車輻輳,市肆振興,皆公之靈爽,實式憑之」。[33]碑文中對於福
德祠的風水格局及其裨益地方發展的貢獻,堪稱是推崇備至。

另以佛教寺觀的興闢成效為例,如光緒十四年(1888)鳳山縣境董
事葉作舟、胡澄淵、黃澄淵、方雲標同立〈修造岡山路碑記〉中,曾援
引乾隆中期臺灣知府蔣允焄初創大崗山超峰寺之際的堪輿預言,解說當
時香火鼎盛且進香人潮絡繹不絕的現象,主要為形家之說應驗的結果
云:「岡山岩超峰寺,為前太守蔣公建。蔣公用形家言,謂『六十年後
香火必大盛』;今果然,每歲進香者累萬盈千也」。[34]無論形家之言的內

---

[30] 臺灣銀行經濟研究室編,《臺灣中部碑文集成》,頁21。
[31] 何培夫主編,《臺灣地區現存碑碣圖誌 臺北縣篇》,頁10-12。
[32] 何培夫主編,《臺灣地區現存碑碣圖誌 臺北縣篇》,頁27-28。
[33] 臺灣銀行經濟研究室編,《臺灣南部碑文集成》(臺北:臺灣銀行,1966年),頁291-292。
[34] 臺灣銀行經濟研究室編,《臺灣南部碑文集成》,頁365-366。在民間傳說中,知府蔣允焄
    不僅堪輿學造詣精深,亦曾「駛飛瓦」建超峰寺,與該寺因緣頗深。參見王奕期,〈臺南

容或其應驗的情形是否屬實，即使為後人的附會之說，亦有強化社會大眾在心理上信仰其「有拜有保祐」的靈驗效果，進而形諸實際的崇祀行為。長期以來，遠道而至或就近入山的進香人潮，對於超峰寺鄰近區域的相關產業，應有相當程度的助益。

大致說來，宗教發展聯繫著風俗民情與社會變遷，藉由信仰內涵、信眾組織和祭祀活動，發揮其教化民心、團結民力以及安定地方的社會功能。宗教信仰的社會功能與風水習俗的社會影響，可說是如出一轍；而兩者之間共同標榜趨吉避凶以追求完好人生的信仰效益，亦足以造就彼此相互為用且相得益彰的加分效果，一併達成理想的落實與現實的滿足。

就漢人聚落形成的相關指標而言，除了擇建於風水佳穴的寺廟攸關地方的發展之外，農墾水利的開發與風水之說的關係，也是值得我們深入考察的對象。清治時期，閩粵移民從中國大陸原鄉帶來了精耕細作的水稻種植技術，隨著稻作文化的擴展，奠下了漢人開發臺灣本土的基礎。水稻的種植必需仰賴水源的灌溉，拓墾者通常藉由水利設施的興闢以獲取充足且穩定的水源，加速大規模的農地拓墾。[35]由於水圳的闢建牽涉到地形與水文的勘查，在這個環節上，講究山環水抱等地理因素的風水觀念，自有其持之有故、言之成理的發揮空間。康熙後期，中部彰化平原八堡圳（施厝圳）的開鑿，即曾受過一名近似堪輿地師的指點。

康熙四十八年（1709），原籍泉州晉江的拔貢生施世榜（1671-1743，即墾戶施長齡）率眾引濁水溪水在諸羅縣半線一帶（今彰化縣境）開鑿大規模的水圳，前後耗時十年，於康熙五十八年（1719）竣工，灌溉遼闊的彰化平原，促成當地漢人拓墾事業的進展，對於清代臺灣中部地區的開發貢獻卓著。因其水源廣佈半線十三堡半之八堡（東螺東堡、東螺西堡、武東堡、武西堡、燕霧上堡、燕霧下堡、馬芝堡、線東堡），故稱八堡圳；又為了紀念居功厥偉的施世榜，又名施厝圳。八堡圳開鑿期間，

地區風水傳說之研究〉，臺南：國立成功大學中國文學研究所碩士在職專班論文，2007年，頁 75-77。

[35] 王世慶，〈從清代臺灣農田水利的開發看農村社會關係〉，收於氏著，《清代臺灣社會經濟》（臺北：聯經出版公司，1994年），頁 131-140。

一度因圳道施工難予暢通，導致這項水利工程陷入瓶頸。當時曾有一位通曉堪輿之學的「林先生」，繪製輿圖教導施世榜鑿圳的方法。施世榜隨即遵照他的親身開示，最終得以順利開通水源圳道。事成之後，施世榜等人欲答謝這位林先生的鼎力協助，然經遍查竟未尋獲其人蹤跡。爾後，深受水利鑿成之惠的莊民在圳寮處築祠奉祀林先生神位（今彰化縣二水鄉鼻仔頭林先生廟），以誌其有功於八堡圳的歷史事蹟。[36]

　　除了八堡圳這項膾炙人口的具體例證之外，如雍正末年，岸裡五社總通事張達京（1690-1773）從西螺邀來廖朝孔（1678-1736）與秦登鑑、姚德心、江又金、陳周文等人合組「六館業戶」，主要目的在於借重廖氏的堪輿專業，以從事臺中平原的水圳開鑿。道光年間，開鑿臺中東勢地區大茅埔圳的主事者之一易庚麟，本身就是一位風水師傅，原已熟悉察山觀水的技巧，而能適時地運用在水圳工程上。[37]又如前所述，乾隆中期，蕭妙興率眾於北臺大坪林一帶開鑿水圳的過程中，也曾與堪輿明師林濃（林郎）有過一段文獻可徵的風水因緣。[38]清末盧德嘉彙纂《鳳山縣采訪冊》乙部地輿（二）〈諸山〉中，在鳳山山麓清水巖的條目下註稱：「有泉從石罅出，清冽宜茶，注為汙池，大旱不涸，灌田百餘畝。相傳此水為堪輿林鎮仙仗劍喝出」[39]這則堪輿典故乃至其他有關林鎮仙的風水傳聞，至今在南臺灣高雄等地仍為民間人士所津津樂道。[40]

　　另一方面，地方人士從事地域開發之際，往往也會考量堪輿禁忌之類的因素，以利拓墾事業的進展。毋論風水之說是否實際應驗，至少可以使拓墾參與者在心理上獲得安頓。如乾隆年間，粵東海豐籍曾

---

[36] 周璽等，《彰化縣志》（臺北：臺灣銀行，1962年），卷2，〈規制志·水利〉，頁56；卷8，〈人物志·行誼〉，頁242。另參見王崧興，〈八堡圳與臺灣中部的開發〉，《臺灣文獻》，26卷4期、27卷1期合期，1976年3月，頁42-49。

[37] 溫振華，《大茅埔開發史》（臺中：臺中縣立文化中心，1999年），第5章，頁78。

[38] 臨時臺灣土地調察局，《臺灣舊慣制度調查一斑》，頁144-147。

[39] 盧德嘉，《鳳山縣采訪冊》（臺北：臺灣銀行，1960年），頁29-30。

[40] 郭忠民編，《林半仙祕授地理法》（臺中：如意堂書店，1998年），頁16-36；謝貴文，〈臺灣民間故事「林半仙」初探〉，《高市文獻》，20卷3期，2007年9月，頁145-162；謝貴文，〈報恩、報仇與報應──臺灣民間故事「林半仙」再探〉，《高市文獻》，21卷3期，2008年9月，頁102-115。

昌茂渡海至臺，擇居淡水廳笨子港一帶（今桃園市新屋區笨港里），當時有鑑於當地田土乏水灌溉，遂與地方人士洽議開圳事宜，並實地勘察地形、地勢、水源等地理條件。曾昌茂率眾開圳期間，曾將圳路斗折迂迴，以免除當地民眾恐其傷礙村落龍脈的疑慮，便能順利完成水圳鑿設工程。[41]道光十三年（1833），林垂裕暨劉阿若、范阿台、鄧廷芳等人，向竹塹社墾戶廖財兄弟承給員山南重埔（今新竹縣竹東鎮三重里）青林山地一帶，擬建寮募丁、鑿圳築埤以墾荒成田。為了避免界內水圳的開鑿遭受風水墳墓的干擾，特於是年十月同立合約字中，事先申明：「墾約內山林埔地，無論耕佃以及眾夥友等，不准墾內開窨墳堆，以致干礙圳路。若有先窨葬者不在禁內」。[42]眾人約制這類築造風水的行為，俾使水利工程得以儘速完成，進一步開展山埔林地的拓墾事業。此外，如黃清淵纂《茅港尾紀略》之〈西疇收穫〉中提到：

> 去街之東南約三里，有一陂焉；水深而魚肥，稱曰五社埤（俗稱番仔橋埤）。此陂在昔為溝渠。陂之東近山，陂之西接港，雖有堤防，未易鞏固。先輩合五社之力而經營，相其地勢，可鑿者鑿之、可堰者堰之。又惑於迷信，嘗對清廷借入千金以壓禳之。費三年民力，而後厥功告成。[43]

從這個例證可以看出，縱使在對待風水民俗的態度上，存在著信者自信、疑者自疑的價值差異，然而，風水觀念實際介入地方產業建設的現象，卻是一項不爭的事實。

整體而言，清代時期閩粵移民歷險渡海來臺，縱使能夠安然抵達，緊接著還須面對生存競爭的嚴峻考驗。實現理想必需先面對現實，在開闢之初，除了尋獲生命延續的基本水源物資並妥擇一適宜墾殖的地點之外，為了彌補心理上對於未知區域的不安全感，進而將這片新天地貼上漢人所熟悉的空間符號，以號召群眾從事實際的地域開拓，亦不失為一

---

[41] 郭薰風主修，《桃園縣志·人物志》（桃園：桃園縣文獻委員會，1968 年），頁 33-34。

[42] 吳學明，《頭前溪中上游開墾暨史料彙編》（新竹：新竹縣立文化中心，1998 年），頁 179-180。

[43] 引見臺灣銀行經濟研究室編，《臺灣輿地彙鈔》（臺北：臺灣銀行，1965 年），頁 139。

有效的作法。當拓墾有成之後，聚落空間的實質規劃與公共設施的選址擇建，往往也需仰賴風水觀念的指導，俾求福地庇祐而能地靈人傑，讓先期拓墾的成果可以漸入佳境，以保障地方安定與人事興旺，此即理想與現實的共生。通觀傳統風水觀念對於清代臺灣地域開拓、聚落形成與家族墾殖的影響，無非具有推波助瀾的實質作用。在以下單元的論述中，我們另可以看到清代臺灣紳民如何將他們所熟悉的風水觀念，轉化為一種判斷地域興衰及人事禍福的價值聯想。

四、地方興衰與風水形勢的聯想

對於熟悉風水觀念的傳統士紳而言，臺灣各地域的興衰與其風水格局的良窳，彼此之間具有一定程度的因果關係。在道光十年（1830）六月五日府城士紳曾敦仁採得江西籍堪輿師閔光中所述〈臺灣府城龍局〉一文中，曾基於巒頭派的觀點，說明府城周遭的龍脈走勢如何造成府城境域富勝於貴的社會現象云：「第龍神到頭直結，則力量不足，龍身不頓起生峰，不甚為貴，及進城後，始有星神精力，得其純厚之體，局收大水朝迎，此郡富勝於貴也」。再者，閔光中更依據三元理氣的堪輿法則，解析當地自古迄今兵事不斷的緣由，主要還是拜風水應驗之賜：「自震龍入首，震乃先天離位，惜乎離方之水，行至坤方安平而出，未能到西向交會。如是，後天到，先天不到，陰陽未得交媾。如夫之有婦，婦情意別向。誠為怒龍，不免鬥爭之競。兼之發祖之山，一派劍脊龍，故歷有干戈相戕之患，皆緣山水之應如此」。[44]這既是專業堪輿師對於城郭建置的風水格局影響區域興衰的一段點評，也是一種涉及城垣所在形勢與風水吉凶禍福的「事後諸葛」式的聯想。

竹北一堡九芎林莊生員魏纘唐、墾戶金廣福（姜榮華）等人於同治六年（1867）五月二十五日提呈淡水同知嚴金清的稟告中，針對竹北一堡風水形勢影響九芎林等莊開闢有成的前因後果，有一段扼要的陳述

---

[44] 陳國瑛等，《臺灣采訪冊》（臺北：臺灣銀行，1959年），頁6-7。

云：「一保九芎林等莊自開闢以來，時近百年。其來龍發祖，原由蔴竹
窩至赤柯寮岡過一小脈，由是層巒疊嶂，始分枝幹。先年擇於公館街崇
祀文昌帝君及國王聖母，所以一保地方，聚而居者不下數千家，葬為墳
者不僅幾千穴」。[45]從這段關於金廣福墾隘鄰近區域的風水論述中，可以
看出地方紳民在心態上如何認定聚落發展與風水格局之間所存在的互
動關係。

　　理想的風水寶地攸關於遷臺漢人日常生活的卜居擇建與相地營
葬，對於村落的凝聚與地域的開發，也扮演著重要的角色。當清代後期
臺灣北部閩粵移民已然拓墾有成，在臺官紳亦曾針對當時漢人社會蓬勃
發展的事實，作出一種風水應驗的後設詮釋。如同治九年（1870）七月，
淡水同知陳培桂在其所撰〈艋舺新建育嬰堂碑記〉中，將艋舺地區的迅
速發展與臺地龍脈的一致走向加以關聯云：「艋舺之在臺，猶滄海一扁
舟耳。形勝家謂臺地龍脈皆西向，艋地亦然。開闢未久，生齒日繁，貿
易之盛駸駸乎與郡城比」。[46]浙江溫州人池志徵（1852-1937）於光緒十
七年（1891）十月二十五日晨偕友人散步臺北城頭，遠眺四圍，有感而
發，他堅信以臺北「崇山疊嶂，中開平原，氣象宏闊，實為全臺收局，
建城無逾此佳者」的地理環境優勢，未來的發展將卓然可期：「今雖悍
陋，民氣初開，十年之後，當與粵東楚漢諸鎮同為華洋靡麗之邦；以形
勢決之也」。[47]清末臺北枋橋人林景仁（1893-1940）於〈東寧雜詠〉中
曾以詩話史，透過龍渡滄海、雞籠發祖的聯想，來鋪陳閩粵移民渡臺墾
殖的風水因緣云：「關潼、白畎兩崔巍，萬壑千巒此結胎；絕似吾閩浮
海客，重洋遙遣子孫來」。[48]

　　治臺官員或地方紳民對於地域興衰與風水因素的聯想，如果回歸到
中國傳統宇宙論及自然觀的學術文化背景加以考察，這種聯想其實是一

---

[45] 臺灣銀行經濟研究室編，《臺灣私法物權篇》（臺北：臺灣銀行，1963 年），頁 590-591。
[46] 何培夫主編，《臺灣地區現存碑碣圖誌 臺北市・桃園縣篇》（臺北：國立中央圖書館臺灣
　　分館，1999 年），頁 33-34。
[47] 池志徵，《全臺日記》，收於《臺灣遊記》（臺北：臺灣銀行，1960 年），頁 5。
[48] 臺灣銀行經濟研究室編，《臺灣詩鈔》（臺北：臺灣銀行，1970 年），卷 16，頁 301。

種典型的「關聯性思考」（correlative thinking, coordinative thinking），其特色在於從事物的功用、屬性或其相互關係上，直覺地掌握世界狀態的共相（常態）或殊相（變異），呈現出整體性且多樣化的詮釋風格。[49]而在中國傳統關聯式思考的學術脈絡中，天地人交感與陰陽五行、氣論的有機推論方式，往往可以類比到一些涉及自然地理暨人文景觀的解說上，隨機調整出各種自圓其說的詮釋觀點，賦予既存現象符合傳統價值觀念的認知內涵。[50]返觀傳統風水理論的詮釋系統，無疑也是一種關聯性思維的發揮。[51]

　　清代涖臺官紳看待臺灣本土社會的發展，有時也會藉由陰陽五行、氣論的關聯性思維，來解釋各類的社會文化現象。例如，光緒年間自廣東嘉應州移居苗栗銅鑼灣樟樹林莊雙峰山下的吳子光（1819-1883），曾將臺灣與中國大陸的情形相互比較，最後得出「臺地，戶口最盛，當由地氣使然」的結論。[52]吳子光另於〈奉旨建坊入祀昭忠祠贈忠信校尉羅公傳〉一文中，記載同治初年率眾抵抗戴潮春（？-1864）起事的廣東潮州籍羅冠英，「祖某東渡至臺，世居彰化東勢角莊。莊處萬山中，山高接雲漢，俯視群峰若部婁，磅礴鬱結之氣，必有偉人應運生而備國家之用者，所謂地靈人傑也」。[53]

　　深諳堪輿學理的臺灣道劉璈（？-1889），於光緒九年（1883）正月十五日的〈核議梁丞稟擬開山撫番條陳由〉中，曾逐條列舉治臺官員開發原住民區域所將面臨的困難，並思索妥適的應對辦法。劉璈宣稱：「至於山嵐障氣，雖關地脈，亦有人功」，他認為縱使山川地脈的先天因素具有一定的影響力，然而，後天的人為作用若能運用得當，亦可以有效地改善原本的自然條件。如此一來，政經教化等相關措施的進行，舉凡

[49] Joseph Needham, *Science and Civilisation in China*（Cambridge: Cambridge University Press, 1956），vol. 2, pp. 279-293；John B. Henderson, *The Development and Decline of Chinese Cosmology*（New York: Columbia University Press, 1984），pp. 1-58.

[50] 何丙郁、何冠彪，《中國科技史概論》（臺北：木鐸出版社，1983 年），頁 17-19。

[51] 王玉德，〈堪輿氣說十題〉，《華中師範大學學報（哲社版）》，1995 年第 1 期，頁 53-59。

[52] 吳子光，《一肚皮集》（臺北：龍文出版社，2001 年據清光緒元年吳氏雙峰草堂自刊本景印），卷 18，頁 18b。

[53] 吳子光，《一肚皮集》，卷 4，頁 30b-31a。

「相其繁簡，分官受職。擇其險夷，設防建軍。人民既安，饒富有餘，乃收課稅以增賦役，立學校以興文教，相時度地，擇宜而施」，也就格外顯得舉足輕重。[54]

　　劉璈試圖擺脫風水地脈的迷障，強調人為教化對於地域開拓的必要性。相形之下，池志徵於光緒十七年（1891）十月二十六日遊覽臺北府城南門外三里的艋舺時，觀察到這處淡水縣的扼要重鎮，「歌樓舞館，幾乎無家不是。俗重生女，有終其身不嫁以娼為榮者。此風不知何自始耶？」池志徵感慨世風日下、人心不古之餘，猶希望主政者能藉由風水格局的調整，以改變艋舺當地不良的社會風氣云：「地氣溫濕，人性自淫，宜開湖水以洩其菁華，宜栽大樹以收其亢氣。當道者何不一見及此耶？」[55]此外，如林百川、林學源於《樹杞林志·古蹟考》的開場白裡，曾將風景名勝的形成歸因於風水氣運云：「山川磅礡之氣，莫不有鍾靈毓秀之奇；其在通都大邑，往往指不勝屈」。[56]前述這類帶有「地理決定論」、「風水感應說」色彩的推闡論點，也正是一種關聯性思維的典型。

　　傳統風水理論講究山環水抱、鍾靈毓秀的地理條件，具備如此山川形勢的風水寶地，大多也是山明水秀、景觀狀麗的風景勝地。風景勝地形成的關鍵，與風水寶地的產生如出一轍，不外是緣自有心人士的主觀認定。道光年間謝金鑾等《續修臺灣縣志》卷一〈山水·勝蹟〉的開宗明義如是說：「大地之秀，蔚為山林泉石，得人力為亭臺池沼，一經品題，遂成勝蹟，而沉沒者多矣；蓋其中有幸不幸焉」。[57]自古以來，風水寶地與風景勝地素為漢人易於擇定宅居的人間樂土，而在傳統文人騷客詩情畫意的思維之中，兩者之間也存在著一種若即若離的「共生」關係。[58]乾

54　劉璈，《巡臺退思錄》（臺北：臺灣銀行，1958 年），頁 183-186。

55　池志徵，《全臺日記》，收於《臺灣遊記》，頁 5。

56　林百川、林學源，《樹杞林志》，頁 111。

57　謝金鑾等，《續修臺灣縣志》（臺北：臺灣銀行，1963 年），卷 1，頁 26。

58　除了風景勝地的刻劃之外，中國古代山水畫的布局、章法、筆墨與意念，有時也受到傳統風水學的龍脈觀及其自然觀的明示或暗示。「山水畫講造型，風水觀念講吉形」，彼此察山觀水的思維方法亦有互通之處。趙啟斌，〈山水格局與龍脈氣勢〉，《東南文化》，2001 年第 3 期，頁 40-45。另參見牧尾良海，《風水思想論考》（東京：山喜房佛書林，1994 年），第 9 章，〈風水說と中國山水畫〉，頁 353-376；覃瑞南，〈中國山水畫中風水龍脈

隆中期王瑛曾等《重修鳳山縣志》卷一〈輿地志・山川〉中，曾聯繫縣
邑烏山在風水學上的少祖意涵與風景觀念上的名勝形象，並且解說其有
助於安居樂業的因素云：「烏山為鳳治少祖，高昂騰聳。界內諸山，皆由
此發脈。又民番雜居，可耕可樵。秀美之區，莫過於此」，[59]即流露出類
似的思維。

　　清代前期作為臺灣縣治八景之一的「鯤身集網」，在乾隆十七年
（1752）刊王必昌等《重修臺灣縣志》卷二〈山水志・澳嶼〉的記載中，
我們也可以看到其將風水寶地、風景勝地與民居樂土相互關聯起來的景
象云：「七鯤身嶼，脈發自鳳山縣之打鼓山，迢遞北轉，穿田過港，至
邑治西南結七嶼，相距各里許，沙線遙連，勢若貫珠，不疏不密，為郡
城左臂彎拱內抱，與北線尾對峙，皆沙土。風濤鼓盪，不崩不蝕。多生
蒜茶、桃榔樹，望之鬱然蒼翠，泉尤甘美」。[60]

　　針對風水寶地與風景勝地的關聯，於嘉慶初期遊歷北臺、精通堪輿
術數的蕭竹與噶瑪蘭八景的一段因緣，素為時人所稱道。[61]此例既顯示
出堪輿明師對於一地風景名勝的評定具有其權威性，也反映出風景勝
地、風水寶地與地域開拓的緊密聯繫。蕭竹所點劃的噶瑪蘭八景，爾後
經過署噶瑪蘭廳知州烏竹芳、柯培元等人的踵事增華或調整名目。[62]其
中，烏竹芳於〈蘭陽八景詩並序〉中曾說明他於道光五年（1825）六月
蒞任之後，隨即在噶瑪蘭這塊新闢之區新列八景的用意云：

> 予以乙酉夏承乏斯土，見夫民番熙穰，山川挺秀。北顧薩嶺，雲
> 煙縹緲；南顧沙喃，水石雄奇。其東則海波萬里，龜山挺峙；其
> 西則峰巒蒼翠，儼如畫屏。竊疑天地之鍾靈、山川之毓秀，未必
> 不在於是也。故特標其名而誌其勝，列為八景，附以七絕；庶名
> 山佳水，不至蕪沒而不彰，後之人流連景物、延訪山川，亦可一

　　之研究〉，《臺南科大學報・生活藝術》，第 27 期，2008 年 9 月，頁 79-92。

59 王瑛曾等，《重修鳳山縣志》（臺北：臺灣銀行，1962 年），卷 1，頁 21。

60 王必昌等，《重修臺灣縣志》（臺北：臺灣銀行，1961 年），卷 2，頁 38-39。

61 陳淑均等，《噶瑪蘭廳志》（臺北：臺灣銀行，1963 年），卷 8，〈雜識下〉，頁 413-414。

62 柯培元等，《噶瑪蘭志略》，卷 13，頁 199。

覽而得其概云。[63]

烏竹芳的目的，主要是向世人宣稱噶瑪蘭地區山川秀麗且形勝絕佳，堪為閩粵移民安居樂業的沃壤，期盼能吸引更多漢人的入墾，進一步帶動這塊新闢區域的蓬勃發展。

大致說來，清代臺灣府縣廳各地所流傳的「八景」之說，有時也夾帶一些風水形勢的背景聯想；山光明媚的形勝佳地與得水藏風的風水寶地，兩者之間關係密切，既是官民從事地域開拓的成績單，也是漢人聚落發展的催化劑。

相形之下，清代後期定居苗栗地區的吳子光於〈金廣福大隘記〉一文中，表達他個人對於時人任意將山川勝景與風水來龍張冠李戴的作法，相當不以為然：

> 淡志八景，惟指峰凌霄略可採錄。至所謂隙溪吐墨者殊妄。問其溪源，流俱淺狹，水界清濁之間，獨鑿至底則純黑，是以藏垢納污之區，作點綴昇旦之景，陋矣。堪輿家以五指峰為廳治少祖山，地在大隘境內，本非一山，好事者強合為一，此如羅浮、風雨二山，雜合全在　嵐點染、幻出奇觀爾，非天生就螺紋者比也。[64]

吳子光的說法固然言之成理，然而，他的批評也正反襯出在某些蒞臺人士的心目中，風水與風景互為一體的可能性與連結性。

風水形勢與地域興衰的關聯，亦可從醞生於臺灣民間的各類傳說故事中，窺得一些蛛絲馬跡。例如，北臺淡水廳錫口地區於清代前期逐漸形成漢人街市，相傳當地為鯉魚穴的堪輿吉地，又因其南面與大尖山相對，而有水火既濟穴的傳聞。地方人士或認為，錫口地區拜風水福地之賜，故市街發展得以昌盛興隆。[65]淡水廳竹塹地區興起於清代前期，後

63 陳淑均等，《噶瑪蘭廳志》，卷8，頁403。
64 吳子光，《一肚皮集》，卷7，頁7b-8b。
65 林萬傳，〈松山區耆老座談會紀錄〉、〈松山區地名沿革〉，《臺北文獻》，直字第86期，1988年12月，頁4，14，65-66。

世亦流傳有鯉魚穴的說法，其魚口（或說魚臍）位於城隍廟口附近，魚尾則在十八尖山（或說長和宮）一帶，貫穿整個竹塹市街，地理形勢極佳。[66]

自明鄭至清代以來，臺灣各地所流傳的龍脈傳說與風水故事，也隱約於影射或附會之間，呈現出時人將護龍保穴、拱聚生氣的重要性，聯繫到地方政經情勢的社會心態與群體期望。清代臺灣社會普遍對於龍脈禁忌的遵循，也促使人們傾向於將區域的衰微與社會的弊端，歸咎於地理龍脈的損毀或風水格局的破敗。

相傳北臺新莊街的地理位於蛇穴上，故於清代前期發展成細長的街市型態。到了清代後期，相傳大嵙崁溪（今大漢溪）對岸的板橋林本源家族不希望新莊的聲勢凌駕於板橋之上，特延聘一名地理師前去敗壞新莊的風水地理。這名地理師遂在蛇穴的頭部放置一座石龜，使得原本繁榮的新莊街逐漸衰落。[67]板橋林家遣人敗壞新莊地穴的傳說，或許是民間對於清代中後期新莊街盛況不再的一種事後詮釋，[68]當中似乎也隱含著新莊、板橋兩地之間的地域競爭，咸豐年間漳泉械鬥的意氣之爭，或者是一種「瑜亮情結」。

臺中沙鹿地區的鯉魚山敗風水傳說，隱約也反映其與牛罵頭（今清水地區）之間的一段歷史糾葛。相傳鹿寮庄自古以來位處鯉魚山活穴下方，居民安居樂業。這尾鯉魚食牛罵頭的牛屎而肥大，鯉魚嘴前有一圓墩似牛屎，係屬於牛罵頭的土地，牛罵頭人士心生妒意，遂延請唐山地理師設計在今清水國小附近創建文廟，藉由文筆針對鯉魚眼使其失明而亡，以破壞鯉魚穴風水。據說鹿寮庄民不久之後果真慘遭瘟疫之害，倖存者急請地理師設法挽救，於文廟對面挖掘十餘個糞坑，以抵制文筆沖

---

[66] 恠我氏著，林美容點校，《百年見聞肚皮集》（新竹：新竹市立文化中心，1996年），頁71；臺灣省文獻委員會編，《新竹市鄉土史料》（南投：臺灣省文獻委員會，1997年），頁186。

[67] 海島洋人，〈採訪手帳〉，《民俗臺灣》，3卷6號，昭和18年6月，頁46。

[68] 清代中後期新莊因河道淤塞，原先的港運優勢為淡水河北岸的艋舺所取代。臺灣民間流傳的「一府二鹿三新莊」的俗諺轉變成「一府二鹿三艋舺」的結果，即是對於這段歷史滄桑的具體寫照。參見王世慶，《淡水河流域河港水運史》（臺北：中央研究院中山人文社會科學研究所，1996年），頁36-40，88-91。

煞，讓鯉魚一眼得以復明。牛罵頭人士見狀，又在廟前建築照牆遮住糞坑的污穢，以保持文廟的清淨。此後，牛罵頭人士遭到報應而逐漸衰微，鹿寮人士反倒日益安寧。[69]諸如此類村落之間互敗對方地理風水的傳聞，一方面表達出類似臺北新莊與板橋之間的利益衝突或地域歧見，另一方面，亦可透過傳說內涵中所刻劃的我群與他群之間的界限，來凝聚村落共同體本身禍福與共的集體意識。[70]

座落於淡水街芋蓁林的鄞山寺，主祀汀州客家神祇定光古佛，相傳建於水蛙穴的風水吉地上。鄞山寺附近有一處位在蜈蚣穴上的草厝尾街，據稱汀州人士在芋蓁林一帶創建鄞山寺之初，草厝尾的泉州籍街民惟恐「蜈蚣」為「水蛙」所食，造成村落的禍患，於是群起反對，但卻無濟於事。鄞山寺落成之後，草厝尾街民認定當地風水因而敗壞，從此災難頻傳，街運日衰。後來，街民曾延請一名地理師，採取「釣蛙」的方法，為其壓制鄞山寺的風水形勝，以求趨吉避凶、消災解厄。[71]在這則傳說的背後，無疑也帶有一種地緣意識及利害矛盾的色彩。

清代後期臺灣縣境鯽魚潭風水敗壞的傳聞，亦為一項顯著的例證。鯽魚潭（又名龍潭、東湖）位於臺灣縣境永康、長興、廣儲西三里交界處（今臺南市永康、仁德一帶），景致優美，康熙五十九年（1720）刊陳文達等修《臺灣縣志》將之列為八景之一。而在堪輿學上，鯽魚潭則被地方紳民視其為具有「天地生成之水，以養郡龍之氣」的聚氣功能。[72]道光三、四年間（1823-1824），鯽魚潭北畔遭到河川的襲奪，導致流向轉變，沖斷當地的風水龍脈。《臺灣采訪冊》的編採者縣邑士紳曾敦仁、黃本淵、陳國瑛等人於道光十年（1830）七月初五日向官府呈報此事云：

[69] 臺灣省文獻委員會編，《臺中縣鄉土史料》（南投：臺灣省文獻委員會，1994年），頁154-155。
[70] 關於早期臺灣中部地區的風水傳說及其反映的地域意識，參見林美容，《鄉土史與村庄史——人類學者看地方》，頁246-251。
[71] 丸井圭治郎，《臺灣宗教調查報告書（第一卷）》（臺北：臺灣總督府，1919年），頁111-112；鈴木清一郎，《臺灣舊慣冠婚葬祭と年中行事》（臺北：臺灣日日新報社，1934年），第3篇，頁282；吳瀛濤，《臺灣民俗》（臺北：臺灣時代書局，1975年），頁82-83。
[72] 陳國瑛等，《臺灣采訪冊》，頁26-27；陳文達等，《臺灣縣志》（臺中：臺灣省文獻委員會，1958年），卷9，〈古蹟〉，頁641-642。

「東關外匯納眾流之鯽魚潭，原係北流，今已南徙。堪輿家每謂：斬斷郡城龍脈」。為了凸顯問題的嚴重性，他們更援引巒頭派的堪輿學論點，分析郡邑周遭的風水形勢如下：

> 郡城龍脈自馬鞍山發下，平洋橫亙十餘里，至陣仔頭，穿田過脈，口分南北，聳起虎仔山，高昂開屏列帳，盤旋數里，由東進，結此郡。其南畔分水，原從蓮池潭過頂陣頭，西流入二贊行溪，歸江注海。北畔分水，原由菅林潭過鯽魚潭、蜈蜞潭，通蔦松溪，至三崁店溪，西流入江注海。前年大雨淋漓，北畔沙土壓塞浮高，北流之水反從埔羗頭南流，沖斷龍脈。[73]

針對郡城的山水龍脈格局破損日久的情形，曾敦仁等人宣稱亟需補救龍身以貫通氣脈的迫切性云：「今龍身已斷，氣脈不貫，經有數年，急宜補救。否則，恐緩難圖，日久非通邑之利也」。[74]

同年七月三十日，曾敦仁再次呈報道光三、四年間，鯽魚潭「北畔許寬蔦松頂淡水濫沖南流，通二贊行溪注海，其中郡龍過夾之脈脊斬斷（沖斷之處已詳在前），而關鎖之門戶亦浮淺矣（鹿耳門港）」。然而，時值龍脈遭受溪水沖損之後，附近居民猶「罔知傷龍，順勢開掘，反欲以潭作田為善計，而官長、紳耆亦如是弗及細察。於六年間，就潭之中、左、右三架石橋，迎納右溪，通道終屬虛設無用。現潭水幾將涸矣」。曾敦仁認為，由於先前主政官員與地方紳民的不當開墾，破壞了鯽魚潭一帶得水、藏風、聚氣的風水格局，造成潭水益見乾涸，連帶波及當地產業經濟的發展，並造成社會治安的敗壞：「查後前潭之出息，比此時田之收成，所差無幾，與其改潭為田，僅益數家，不若袪田復潭，無傷全郡之為愈也。試驗邇來郡內商賈，不甚見利，強劫盜賊，彼此頻聞，城廂內外，長流不竭之泉，常常見竭，夫非潭水之涸歟！」呈文中最後宣稱，如欲挽救地方產業的頹勢，提振經濟發展的動力，迫在眉睫的措施與正本清源的辦法，惟有從補救龍身一事著手，才能改善鯽魚潭的風

---

73 陳國瑛等，《臺灣采訪冊》，頁6。
74 陳國瑛等，《臺灣采訪冊》，頁5-6。

水龍脈形勢，進而保障地方官民的身家財富：

> 蓋潭之涸，由於龍之斷，氣脈不能貫通（鹿耳門浮淺亦由是）。
> 堪輿家所謂：氣者水之母，有氣斯有水，是也。岐黃家所謂：氣
> 脫則血枯，亦類是。倘異日仍舊將田開潭（潭開則水歸注，而地
> 氣貫通，龍身無難補復矣），使南流之水仍歸南，北流之水仍歸
> 北，庶龍脈不斷，潭水不渴，港門自通，官民均蔭矣。[75]

同日，曾敦仁另呈報龍脈損傷及港口浮淺的情形，指出其對海邊漁
戶居民的日常生計造成一些負面性的影響云：「鹿耳門港，郡龍關鎖之
水口。昔年可泊千艘。志所謂：連帆是也。今北畔沖漲，港內浮淺，往
來船隻，俱泊港外矣。龍身沖斷，地脈不相貫故也」。[76]

在地方官紳庶民的心目中，風水地脈的完整與否攸關社會興衰和大
眾福祉，茲事體大，因此，對於風水禁忌的遵循，具體衍生出各種避免
龍脈遭受侵害的措施。嘉慶二十年（1815），彰化縣鹿港街郊商林文濬
（1757-1826）捐金填修馬芝大路，以顧全鹿港地方龍脈，此舉獲得主
政官員與地方人士的稱許，即為明證。[77]而地方傳聞中涉及地域興衰與
族群消長的解說，也往往與風水地脈的得失聯繫在一起。這類形形色
色、繪聲繪影的風水傳聞，如清末陳朝龍等《新竹縣采訪冊》卷一〈山
川〉中記載縣境東南三十六里竹塹堡中興莊東北隅的龜山云：

> 其山自東方大橫山脫下，似斷而續，平地突起，高一丈餘。四面平
> 廣，恰肖元龜。相傳金廣福開墾之初，生番數十社皆逸；獨此社低
> 凹在溪埔之中，四面受敵，尚抗據多年。最後溪反東流，龍脈沖斷，
> 乃遁去。說者謂前脈未斷、番未遁時，溪流漲溢而水不能淹。此山
> 之麓，遠望之若龜浮水面。今履其地觀之，猶儼然有生氣。[78]

在此段牽涉到漢人開墾及其與原住民互動關係的陳述中，當地原住

[75] 陳國瑛等，《臺灣采訪冊》，頁 27。
[76] 陳國瑛等，《臺灣采訪冊》，頁 27-28。
[77] 周璽等，《彰化縣志》，卷 12，〈藝文志〉，頁 425。
[78] 陳朝龍等，《新竹縣采訪冊》（臺北：臺灣銀行，1962 年），卷 1，頁 21。

民的被迫遷離與漢人的順利進佔，似乎與風水龍脈的損傷有某種程度的
巧合性質或因果關係，也可視為其對於漢人入侵原住民地域的行為，於
事後尋求一種神聖化的解釋。

　　某些時候，風水的改易攸關社會人事起伏的觀念，往往轉化成一種
具有關聯性思考色彩的風水讖言。如柯培元等《噶瑪蘭志略》卷十三〈雜
識志〉中「龜山軼事」的條目下記載：

> 吳沙佔據頭圍，番出死力拒之。一老番謂其眾曰：若龜山臉開，
> 此地非吾輩有矣。嘉慶四、五兩年，雷霆風雨，屢挫石峰，而東
> 北破裂一角，遂成側顧之勢。十一、二年，吳沙呈淡水廳獻丈墾
> 之策。十五年，歸版圖。番之言驗。[79]

　　前段風水讖言的蘊涵，彷彿是基於漢人中心主義的立場，為嘉慶初
期吳沙率領閩粵籍漢人進佔噶瑪蘭原住民的土地，尋求一種合理化的後
設詮釋。此外，黃學海於〈龜山賦〉中詠讚噶瑪蘭地區的山水形勢與開
發條件之餘，也曾引述這項龜山傳聞，俾與漢人「征服」噶瑪蘭原住民
區域的事實相互輝映云：

> 是蓋元夫託始，靈氣胚胎，翱遊渤澥，隔絕塵埃。接臺灣山後之
> 山，入海則龜蒙有別；鎮閩洋海東之海，仰山而龜兆多才。久鬱
> 終通，昔斯嶼之忽圻；老番能識，謂漢人之必來。斯誠蘭地張屏，
> 特萃坤輿之閒氣；從此瑤光炬采，益徵文運之宏開。[80]

　　解讀這種象徵性的後設詮釋背後所對應的社會現實，可以讓我們了
解到，清代時期隨著漢人勢力在臺灣南北原住民區域的擴展，特定地域
的「內地化」，[81]有時也包括「風水化」的成分在內。閩粵移民透過漢族
傳統風水之說的「背書」，來宣告他們已然在原屬原住民的地理空間上
取得了統御宰制的權力位置。前舉陳朝龍等《新竹縣采訪冊》中的龜山

[79] 柯培元等，《噶瑪蘭志略》，卷13，頁205-206。

[80] 陳淑均等，《噶瑪蘭廳志》，卷8，頁422-424。

[81] 凡本文所引「內地化」的說法，係根據李國祁，〈清代臺灣社會的轉型〉，收於國立臺灣師
範大學歷史學系主編，《認識臺灣歷史論文集》（臺北：國立臺灣師範大學歷史學系，1997
年），頁111-148。

傳聞，即可作如是觀。

　　在這類風水感應思維所籠罩的社會氣氛中，部分地方人士往往直覺地認定風水的良窳除了關係到人事的興旺，對於特定區域本身的景氣與物產，也會造成重大的影響。如陳朝龍等《新竹縣采訪冊》卷一〈山川〉中記載竹塹堡的名勝珠池，「在縣城東門外半里東勢莊鄭氏宅於門庭外鑿一池，略似半月形，周二十餘丈。池中產蚌，皆有珠。後因附近開一溷廁有礙地脈，而珠遂絕。近數年來撤去溷廁，而蚌珠始漸漸復原矣」。[82]此段傳聞所流露的意念，大致是將該區域物產的多寡有無，牽連到風水地脈的完整與否。

　　林百川、林學源等《樹杞林志》之〈志餘・樹杞林八景〉中，於「鳳髻朝陽」的條目下陳述北埔莊西面的鳳髻山，「其龍岡本從甲寅方出，忽焉迴抱向東，力挽狂瀾，因名之曰鳳髻朝陽。且昔年每至夜半候，嘗作喈喈而啼，附近居民往往聞之，人以為有靈氣焉。後因開圳潑田，就其頸而鑿之，聲遂寂然」。[83]文中亦從風水氣脈遭到外力牽動的觀點，解說其間的名勝異象為何消失的緣由。

　　蔡振豐《苑裏志》卷下〈古蹟考〉中記載位居圳頭內的鵝山，「前有水田，每當禾稻將熟時，稻穗參差，粒穀無存，如鵝之啄食然。後被堪輿者將山上高聳之處削平，流出紅水，人謂傷鵝髻所致焉」；同樣座落於圳頭內的雞冠山，「形如雄雞。劉氏作墳於上，後被彰化縣令楊桂森所敗，於雞之伸頸處鑿一橫溝，紅水連流數月」；地處通霄灣的風鸞山，「兩小山對排，近大海。相傳漁人每朝見有兩鸞行跡連印沙埔；謂鸞性好淫，入海相交，故名為風鸞。自楊桂森豎石燭以後，無鸞行之腳跡矣」。[84]前舉這幾段敘述，直接將山川名勝的災異變象歸咎於堪輿地師或嘉慶中期彰化縣令楊桂森的敗壞。在這種地理（風水）感應觀的背後，可能隱藏著當地人士渴求風水安好以利諸事無礙的集體心態，或是對於該村落地域產業衰退的風水附會。

---

[82] 陳朝龍等，《新竹縣采訪冊》，卷1，頁53。

[83] 林百川、林學源，《樹杞林志》，頁128。

[84] 蔡振豐，《苑裏志》，頁96-97。

　　盧德嘉彙纂《鳳山縣采訪冊》乙部地輿（二）〈諸山〉中，在鳳山名勝獅子喉的條目下註稱：「山上闢一竅，徑六尺許，作獅子張口勢。土人云：其喉若吐煙，則東港必遭回祿。此理殊不可解」。[85]盧德嘉所不可解的道理，想必是當地居民習以為常的風水觀念。獅子喉吐煙勢將導致東港火災的推論模式，正是一種關聯性思考的典型。而這類的風水傳聞在清代臺灣各地所在多有，其中最著稱者，如北臺士林芝山巖每逢初一、十五高掛天燈，必然造成艋舺當地發生火災的傳聞。[86]

　　總而言之，清代臺灣民間各種涉及地域興衰與風水形勢的聯想，一方面呈現出風水觀念深入社會民心的影響力，一方面則流露出普遍大眾引藉風水觀念所帶有的功利性傾向。換句話說，他們既可以操作風水應驗的後設詮釋來符合社會上的集體需要，也可以隨機散佈一些攸關地域興衰及人事起伏的風水讖言來達成自我的期望。透過風水觀念的運用，芸芸眾生完成了理想與現實的「辨證統一」。平民百姓如此，官員士紳亦然，惟獨在各取所需的目的上，互有因應階級利益所作出的實質考量。

---

[85] 盧德嘉，《鳳山縣采訪冊》，頁 29-30。

[86] 曹永和，〈士林の傳說〉，《民俗臺灣》，1 卷 6 號，昭和 16 年 12 月，頁 25。

五、結論

　　風水觀念及其實踐，雖是中國宋元以來閩粵地區普遍的社會現象，然而漢族這項傳統的風水習俗，並非自古以來即是臺灣本土的傳統民俗。風水行為在臺灣社會的落地生根，無疑是經過一段遷臺漢人「篳路藍縷，以啟山林」的歷史過程。清代時期，閩粵原鄉的風水習俗，伴隨著渡臺移民的居葬擇地、聚落營造與區域開拓，逐漸成為在臺漢人日常生活的行為常態，並重新在這塊海外新天地上擴展傳統風水習俗的文化版圖。在清帝國官方形塑「龍渡滄海」的地理龍脈說以聯繫臺灣本島與中國大陸的從屬關係之餘，[87]閩粵移民的居葬行為則實際為海峽兩岸搭起一座「風生水起」的溝通橋樑。

　　「風水」成為清代渡臺移民從事區域開發之際的考慮要點，主要表現在其憑藉著得水藏風、山環水抱的風水觀念新闢適當的活動領域，使原本陌生的自然環境轉化為似曾相識的地理空間，以獲取心理上對於未知領域的安全感，並藉以號召群眾投入實際的拓墾事業。由於原鄉習俗的經驗傳承與堪輿形家的推波助瀾，風水之說不僅在遷臺漢人卜居擇建與相地營葬的環節上發揮出實質的作用，對於區域拓墾、聚落發展或地方建設的推動，也扮演著相當重要的角色。

　　風水習俗隨著清代漢人移墾臺灣的步伐而流傳，山林區域的開發，大多聯繫著風水觀念的具體實踐；村莊聚落的形成，也往往是依據理想的風水格局而分布；家族成員的移墾，通常也帶有風水因素的考量。清代中後期，臺灣南北各地逐漸趨向於「內地化」的漢人定居社會，在這個社會文化形態的轉型過程中，富有功利性色彩且深具可操作性質的風水習俗，無疑是其中主要的「催化劑」之一。如以「風水」作為清代臺灣南北各地漢族勢力擴展的指標，則特定區域的「內地化」，通常也夾雜著「風水化」的成分在內。

---

87 洪健榮，《龍渡滄海：清代臺灣社會的風水習俗》（新北：花木蘭文化出版社，2015 年），頁 105-126。

　　另一方面，傳統風水習俗的實踐，乃是建立在人與土地的互動關係上；遷臺漢人居於斯且葬於斯，風水墳地的存在，因此成了移民落實「在地化」的具體方式之一。閩粵移民透過日常的卜居擇建與相地營葬，以尋求生樂死安、養生送死而無憾的居葬空間，與此同時，也逐漸凝聚出一股認同臺灣這塊海外「新故土」的集體意識。[88]清代臺灣移墾社會「內地化」與「在地化」並駕齊驅的態勢，在風水習俗的流傳過程中，也可以獲得具體的明證。[89]就此層面而言，風水習俗既是漢人墾殖臺灣本土的助力之一，也可以作為我們考察清代臺灣漢人社會形成的一項指標。

本文原刊登於《臺灣文獻》，57 卷 1 期，2006 年 3 月，頁 225-254。今據已刊稿修訂而成。

---

[88] 清代臺灣各地逐漸流傳的多處適宜生居死葬的風水寶地或吉壤佳穴，即是這類集體意識的具體表徵之一。

[89] 有關「內地化」、「在地化」或是「土著化」的內涵，參見陳其南，〈土著化與內地化：論清代臺灣漢人社會的發展模式〉，收於《中國海洋發展史論文集（第一輯）》（臺北：中央研究院中山人文社會科學研究所，1984 年），頁 335-366；陳其南，《臺灣的傳統中國社會》（臺北：允晨文化實業公司，1989 年訂正版），頁 151-180。

新北市新店區新店里開天宮，主祀盤古帝王，廟宇下方保存清代大坪林五莊圳引水石硿

宜蘭縣礁溪鄉吳沙故居

新竹縣北埔鄉金廣福公館

金廣福公館正廳姜秀鑾畫像

新竹縣北埔鄉金廣福姜家天水堂

新竹縣北埔鄉慈天宮（相傳座落於睡虎穴）

彰化縣北斗鎮宮前街寶斗大街牌樓

寶斗觀光文史步道闢建紀念碑記（立於寶斗大街牌樓下）

嘉慶二十年新莊武廟勝景碑記（現存新北市新莊區武聖廟）

同治十二年重修慈祐宮碑記（現存新北市新莊區慈祐宮）

彰化縣二水鄉林先生廟

臺中市豐原區慈濟宮修繕略記中提到清雍正年間六館業戶張達京與廖朝孔合力築圳一事

同治九年艋舺新建育嬰堂碑記（現存臺北市萬華區仁濟醫院）

新北市淡水鄞山寺（相傳建於水蛙穴）

清代蘭陽八景之一「龜山朝日」的主體龜山島，亦被定位為風水學上「龜蛇把水口」的形勢格局

臺北市士林區芝山巖惠濟宮，民間相傳清代每逢農曆初一、十五廟前高掛天燈，艋舺必遭失火之厄

清代臺灣文教發展與風水習俗的關聯

一、前言

題名清代姚廷鑾纂輯的《陽宅集成》（1748）卷六〈學宮〉中提到：「郡治學宮，偏宜水掃城腳；宅居墳壙，先須風過明堂。府州縣治學校，宜乘旺氣，有司遷陞，科名顯赫。龍奔江岸建黌宮，欲盛科名，華表要他前水見，學求形勝振文風」。[1]這段論述，概要說明了如何營造學校機關周遭風水堂局的形勢要件，同時也提示了一種文教設施擇建於風水寶地的庇蔭保證。在傳統中國社會，地方官紳推展文教建設之際考量風水因素的緣由，除了學宮、書院等硬體興造的本身提供陽宅風水理論可資應用的空間之外，如進一步窮本溯源以究其深層的文化成因，則大致與傳統中國科舉制度的運作及其衍生的價值系統息息相關。[2]

隋唐之後，科舉制度逐漸取代魏晉南北朝的九品官人法，成為政府選才任官的標準。自宋代以降，由於科舉制度的推展，在傳統中國發揮了促進社會階層流動與鞏固國家政權的效果。莘莘學子競相於「一舉成名天下知」的角逐，藉此提升社會地位並改善經濟狀況。在競爭激烈的考試中，欲求金榜題名、光耀門楣，除了十年寒窗、各憑實力的條件之外，亦不乏「盡人事，聽天命」的機緣在內。由於考場上充斥著種種不確定的因素，造成學子們的患得患失，這時，風水術數的感應之說和庇蔭之論，有如溺水者所渴望的浮木一般，令惶惶然的學子獲得了心理上的依託，同時也撫慰其對於入仕為官、功成名就的求之若渴、卻又把握不定的心態。影響所及，經營陰陽宅地理風水以利於科考的實質成就，在明清時期成為眾多學子及其家族成員所關注的焦點；而各地學宮書院的選址興造暨建築形制講究風水宜忌的現象，也就此應運而生。[3]科舉制度對於風水術數在傳統中國社會的「氾濫」，可說是起了推波助瀾的作用。

---

[1] 姚廷鑾纂輯，《陽宅集成》（臺北：武陵出版公司，1999年），卷6，頁446。

[2] 何曉昕、羅雋，《風水史》（上海：上海文藝出版社，1995年），頁108-110。

[3] 楊布生、彭定國，《中國書院與傳統文化》（長沙：湖南教育出版社，1992年），頁174-179。

　　本文論述清代臺灣文教發展與風水習俗的互動關係，首先陳述閩粵原鄉地區文教建設的風水考量，以明瞭臺灣漢人社會此類風水擇建現象的其來有自；其次說明清代士紳聯想臺地人文蔚起與風水觀念的內在因果，最後探究治臺官員與地方人士援引風水學理從事文教建設的觀念意向與行為樣態，以呈現臺地文教發展與傳統風水觀念的相互關聯，並進一步解說風水習俗的因素如何有助於清代臺灣漢人文治社會的成型。

二、閩粵原鄉文教建設時的風水考量

　　清代臺灣漢族移民主要來自福建省泉州府、漳州府與汀州府，以及廣東省潮州府、惠州府與嘉應州，這些地區自宋元以降，逐漸成為傳統風水文化廣佈的溫床。[4]閩粵民俗引藉風水原理相地興造的情形，不僅出現在日常生活的卜居行為，當地方官紳主導各項文教建設的時候，我們依舊可以看到陽宅風水學的因素，不時地浮現於這些硬體設施的擇建過程中。

　　學宮文廟為官方建置的文教硬體設施，在傳統社會中擔負起宣達國家禮教政令暨培育學子才學德性的職責。對於地方學子而言，科舉考試的中榜關係著一生的功成名就，為圖能在競爭激烈的考試中脫穎而出，除了自身的苦讀之外，如能託付於學校位址及其建築格局的風水庇蔭，也不失為一項心理上的助力。漳州府漳平縣儒學文廟肇建於明憲宗成化八年（1472），神宗萬曆三十七年（1609）重修。至清代初期因歲遠年深，廟堂結構棟朽柱蝕，難以補葺。乾隆二十一年（1756），知縣傅國襄蒞任之後，曾有篤信青烏家言的弟子員為求有利於科考起見，群請知縣參照風水學理予以重建。[5]這是出自風水庇蔭科考有成的目的，進而重建縣學文廟的例證。同治八年（1869）重刊李世熊纂修《寧化縣志》

---

[4] 相關的例證，可參見陳進國，《信仰、儀式與鄉土社會：風水的歷史人類學探索》（北京：中國社會科學出版社，2005 年）。

[5] 蔡世鈸、林得震纂修，《漳平縣志》（臺北：成文出版社，1967 年據 1935 年重印本景印），卷 9 下，〈藝文下〉，頁 8a-b。

卷六〈政事部・廟學志〉中，有一段針對當地學子因篤信堪輿而改易學宮方位坐向的批評，其實也反證出科舉制度與風水術數的互動聯繫云：

> 學必先倫而後文，無已亦先文而後科舉。不然者，數徙學宮，數易方位，此為文繡膏梁故，乞靈青烏耳。志意猥鄙，於學何有哉！[6]

在功利性色彩籠罩的科考氣氛中，縱使是勤讀聖賢書的莘莘學子，想必也難逃風水術數所標榜的趨吉避凶、功成名就之法則的「誘惑」。另一方面，主政官員往往與地方紳民同樣基於科考的價值觀念，為了因應學子的現實需求，並為自己的施政成績增添一份光彩，在學宮擇址營建的過程中，也不忘講究風水格局的經營，期能庇蔭學子的科考前途，連帶促成地方科甲的鼎盛且強化文教事業的蔚興。明季漳州府平和縣知縣朱希召在〈重脩平和縣儒學宮碑記〉一文中，除了稱譽縣邑學宮的風水形勢之外，同時也表露出一種風水庇蔭地方人文蔚起的心態云：

> 邑治近自五鳳山，嶙峋壁立，礌砢蜿蜒，拔而崒雙髻峰，翼插邐摺，牛飲於溪之滸，遠環瀠帶，學宮建其中，靈秀裏焉。巽峰峙左，坤榜列右，蔚為人文，魁解邇相望矣。[7]

事實上，根據歷史資料的記載，閩粵地區學宮文廟擇建於風水寶地、吉壤佳穴的情形，可說是不乏其例。宋代初期，漳州府長泰縣學宮原建於邑治西南登科山麓，南宋高宗紹興三年（1133），主簿張牧遷於祥光寺東側。至南宋理宗紹定六年（1233），縣丞葉惟寅認為學宮所在位置風水不利，乃相擇邑治左臂，以該處形勢「北瞰良崗，前挹登科、天柱諸山，有龍翔鳳舞之勢」，遂呈請縣令陳純仁將學宮移建於這塊風水佳地上。[8]漳州龍巖學宮原肇建於城東，旋遷於溪南。北宋欽宗建炎

---

[6] 李世熊纂修，《寧化縣志》（臺北：成文出版社，1967 年據清同治 8 年重刊本景印），卷 6，頁 1b。

[7] 李鋐、昌天錦等纂修，《平和縣志》（臺北：成文出版社，1967 年據清光緒 15 年重刊本景印），卷 11，〈藝文〉，頁 34b-35a。

[8] 張懋建、賴翰顒纂修，《長泰縣志》（臺北：成文出版社，1975 年據 1931 年重刊本景印），卷 3，〈廟學〉，頁 1b；卷 11，〈藝文〉，頁 20b-21b。

年間，復移至東關外。南宋寧宗開禧二年（1206），有位精通堪輿術的縣民葉琇卿另擇一處風水佳地，呈請縣尹趙汝勉將原學宮遷建於此。趙汝勉接受這位堪輿家的建言，隨即付諸實行。學宮新建之後，據當地故老相傳，龍巖地區自是文明大啟，人才輩出，後世形家宣稱其應合學宮離明之象，地方士紳更是推崇葉琇卿的相度之功。[9]

　　學宮文廟進行興修之際，堪輿形家的說法往往扮演著指導者的角色。而當學宮文廟修竣之後，其外觀結構和所在位置皆具有一定的風水格局。為了保障學宮文廟風水格局的完好，主政者有時也會遵依形家的建言，不輕易更動既有的風水格局。如嘉應州興寧縣舊學宮，原位於縣治東南側，明憲宗成化年間改建。至孝宗弘治時期，有知縣增闢二池，前方大池稱泮池，為凝聚學宮佳氣的形勝池；其左側池塘，「業謂動損龍氣，蓋堪輿家云然，卒莫填也」。[10]至於各種有礙於學宮風水的設施，也在主政者的禁止範圍內。如康熙四十五年（1706），福建陸路提督漳浦人藍理以堪輿家言「漳郡人文鬱塞，乃後山仙殿壓學宮地脈，東南田裏港未築，水門直瀉所致」，於是遣眾拆毀仙殿，興工填築田裏港，以維護學宮地脈暨縣邑風水。[11]此外，一旦主政者認定學宮風水遭受其他公共設施的沖煞，亦會根據風水理論予以遷建或加以整修，使邑治學子能有效地承受風水的庇蔭。如康熙三十一年（1692），嘉應州程鄉縣知縣曹延懿以縣城舊南門凌風樓，位處學宮東南方，有形家者言其樓角偏射學宮文廟，不利於風水格局，於是登樓相度，「酌更其制，規方為圓，與學宮不相沖射，而自學宮望之，亭亭翼翼，文峰卓起，振興文運，是或一道」。曹延懿改建凌風樓以利學宮風水的計議既定，隨後在地方士紳的協助下，改建工程逾年落成，在外觀形制上改修為八角樓。是年（1693），適值癸酉秋試，縣邑有四位學子掄元奪魁，為程鄉前所未有的盛況，地方人士或歸功於曹延懿改建城樓風水的庇佑。嗣後康熙三十

---

[9] 彭衍堂、陳文衡纂修，《龍巖州志》（臺北：成文出版社，1967 年據清光緒 16 年重刊本景印），卷 12，〈衛藝列傳〉，頁 55b。

[10] 仲振履原著，張鶴齡續纂，《興寧縣志》（臺北：成文出版社，1966 年據 1929 年鉛印本景印），卷 4，〈藝文志・記〉，頁 44a-b。

[11] 藍鼎元著，蔣炳釗、王鈿點校，《鹿洲全集》（廈門：廈門大學出版社，1995 年），頁 143。

五年（1696）科考發榜，境內學子仍僅四人，與癸酉秋試之數相符，遠近縉紳多嘖嘖稱異，以為城樓瑞應迄今再度應驗。[12]

　　由於風水理論具有一種隨機詮釋的特性，不同時期的主政官員往往基於自我對於堪輿學理的認知差異，重新選址修建，或調整外觀結構的佈局坐向，以利於地方的文風氣運。汀州府武平縣學宮草創於元成宗大德年間，在建築結構上，後世形家宣稱其聖殿與縣署相毗連，以致氣塞不舒，風水格局不利。至順治十一年（1654），知縣楊宗昌始移建學宮於稍東處，旁通一道，作為出入路徑。學宮位址稍作更移後，相傳自此縣邑人文漸趨昌盛。[13]惠州府歸善縣學宮座落於白鶴峰東南，其原本方位為丑山未向（坐東北向西南方）。明神宗萬曆四十三年（1615），知縣董有光建橋於柳樹塘頭，截斷縣治龍脈，更改學宮為丁向（南南西方）。康熙五十二年（1713），知縣邱嘉穗撤毀橋樑，並重新培補龍脈。至乾隆四年（1739），知縣陳哲仍將學宮方位恢復成未向，並濬通泮池，以修整風水格局。[14]

　　乾隆四十六年（1781），漳州府龍溪縣地方人士呈請郡守黃彬、縣令聶崇陽修建學宮文廟。當議修之時，郡守黃彬曾委託一位通曉地理學的石鎮鹽課使相視文廟形勢。石鎮鹽課使親自勘驗之後，向黃彬指陳：文廟據向為未坤（西南向），若從郡山結構加以形度，原先的坐向並不適宜；又其後側枕靠芝峰，前方逼臨虎文山，宜轉文廟以午丁向（近南向）。如此一來，則方位協和，文廟堂局前後，咸踞案山形勝。黃彬對於這項堪輿見解，頗為贊同，隨即定下施工計劃，遷移文廟位址。至乾隆五十六年（1791）夏，縣學訓導泉州同安人陳鳴佩復參照形家者言，認定奎樓宜改建於文廟巽方（東南方），於是購置明倫堂左翼民居，鳩工興築。[15]

12 吳宗焯、溫仲和纂修，《嘉應州志》（臺北：成文出版社，1968 年據清光緒 24 年刊本景印），卷 9，〈城池〉，頁 2a-b。

13 曾曰瑛、李紱等纂修，《汀州府志》（臺北：成文出版社，1967 年據清同治 6 年刊本景印），卷 41，〈藝文志〉，頁 62a-b。

14 章壽彭、陸飛等纂修，《歸善縣志》（臺北：成文出版社，1967 年據清乾隆 48 年刊本景印），卷 8，〈學校〉，頁 2b-3a。

15 吳宜燮、黃惠等纂修，《龍溪縣志》（臺北：成文出版社，1967 年據清光緒 5 年補刊本景印），

　　除此之外，如龍巖州寧洋縣學文廟在清代後期兩度重修的過程中，曾先因「日家謂歲向不利，未便興作」而另諏開工年月，後因「斯年向坐不利」而調整位向歲時。[16]另在嘉慶二十五年（1820）盧兆鰲、歐陽蓮等纂修《平遠縣志》卷二〈學校〉中，有一段建議將來主政者應調整學宮風水格局以利縣邑科甲的論述：「本邑學宮頂，來龍正脈，可稱吉秀，而科第不甚多，且未能建久大功業。堪輿家每言學門迫向城牆，氣促甚，若移東門，直對照壁，再培砌後面正脈，則人文鵲起，科甲鼎盛矣。以俟後之君子」。[17]由此可見，學宮的風水位向在某些地方官紳心目中的重要地位。

　　依照龍、穴、砂、水、向的風水因素，學宮前方的「砂」係凝聚生氣的案山，或稱為文筆峰，「大抵尖秀者，主出文章榮達之士」。[18]如果案山（文筆峰）形勢過於低矮，則凝聚學宮佳氣的功能勢將大打折扣。彌補這項缺陷的方式，則可以妥擇適宜的案山方位（如甲、巽、丙、丁向），修造一座所謂的「文峰塔」，以培補學宮整體的風水格局。[19]例如，泉州府同安縣佛子崗為學宮文廟的案山，根據形家的說法，崗頂宜有兀突聳秀的外觀，以凝聚生氣而庇蔭文運。明神宗萬曆二十八年（1600）夏，知縣洪世俊以佛子崗正當文廟巽方（東南方），宜挺文峰，乃在崗頂創建七級寶塔，中級建大魁星像，以拱文廟風水。如自明倫堂眺望，則石塔外觀挺然躍出，氣勢磅礴。相傳這座石塔建造之後，縣邑從此人文蔚起。[20]龍巖州牛勇山上有峰巒，相對於學宮為巽方，根據風水理論，

　　〈藝文〉（補刊本新增），頁 92a-93b。

[16] 董驥、陳天樞等纂修，《寧洋縣志》（臺北：成文出版社，1967 年據清光緒元年刊本景印），卷 10，〈藝文志上〉，頁 12a-14b。

[17] 盧兆鰲、歐陽蓮等纂修，《平遠縣志》（臺北：成文出版社，1974 年據 1934 年重刊本景印），卷 2，〈學校〉，頁 26a。

[18] 劉謙著，謝昌註，《地理囊金集註》（臺北：武陵出版公司，1995 年據明刊本景印），頁 13b。

[19] 高衡士，《相宅經纂》，收於劉永明主編，《增補四庫未收術數類古籍大全·堪輿集成》（南京：江蘇廣陵古籍刻印社，1997 年），卷 2，〈文筆高塔方位〉，頁 27b。

[20] 林學增、吳錫璜等纂修，《同安縣志》（臺北：成文出版社，1967 年據 1929 年鉛印本景印），卷 8，〈名勝·寺觀〉，頁 5a；林焜熿，《金門志》（臺北：臺灣銀行，1960 年），卷 16，〈舊事志·叢談〉，頁 414。

此峰具有文明之象。明代知縣朱泰禎嘗在其上豎木為塔，以培補學宮風水。至康熙十一年（1672）正式建塔，定名為巽峰塔。[21]再者，如果學宮文峰形勢遭到外力的損壞，以致殘缺不全、生氣渙散，地方官紳基於維護風水格局的需要，亦會適時予以修補。漳州府長泰縣南石岡山係學宮文峰，峰頂舊有塔，後荒廢，山坡地遭居民墾闢為田，由於連年水潦衝崩，造成坑塹百丈。明神宗萬曆四年（1576），地方士紳集議捐資鳩工，加以填補，縣令張應丁出俸貲佐其事。至萬曆六年（1578），知縣方應時復捐俸助工，興築文昌閣於石岡山椒，藉以增添文峰秀氣。[22]

　　同屬於地方文教設施的書院、義學與文昌閣，主政官員或地方士紳根據風水法則加以選址擇建或修整佈局的情形，與學宮文廟大體相同。潮州府普寧縣城東側有座崑山（一名崑岡），境內諸水至此分繞合抱而出，形家謂其為關鎖縣邑風水內局的水口山，係一生氣凝聚的風水寶地。明代知縣楊大行曾於此山構建文昌閣，後以災燬。至乾隆八年（1743），知縣蕭麟趾在文昌閣舊址創建崑岡書院，峻宇繚垣與林巒相為映襯，遂成縣境勝地。[23]龍巖州境最高亭，為州龍入脈之處，風水格局頗佳。乾隆四十年（1775），主政者以此亭為旺氣所鍾、文運所關，乃即舊蹟而重興，拓為三層，隨後復於亭下稍西處設置書院；至四十二年（1777）二月新建書院告成，顏曰「仰山書院」。訓導葉學朱題撰〈仰山書院記〉以誌這項地方盛事，文中強調邑治文運與地理、人事的關聯云：「夫是書院之興，因最高亭而類，及既有是亭，即設書院者，則以文運大興，關地理亦實由人事焉」。[24]泉州府同安縣鳳山書院，位於縣境西側安仁里鳳山，初創於乾隆十一年（1746），當時知縣張荃深習堪輿

[21] 彭衍堂、陳文衡纂修，《龍巖州志》，卷14，〈古蹟志〉，頁10b。另外，馬龢鳴、杜翰生等纂修《龍巖縣志》（臺北：成文出版社，1967年據1920年鉛印本景印）卷7〈名勝志〉中，有一段類似的記載云：「巽峰塔，在牛勇山，勢如勇牛，故名。上有峰巒，於學宮為巽方，形家謂有文明之象」（頁17b）。

[22] 張懋建、賴翰顒纂修，《長泰縣志》，卷1，〈輿地·山川〉，頁7a。

[23] 蕭麟趾、梅奕紹纂修，《普寧縣志》（臺北：成文出版社，1974年據1934年鉛字重印本景印），卷1，〈山川〉，頁2a-b。

[24] 彭衍堂、陳文衡纂修，《龍巖州志》，卷16，〈藝文志二〉，頁60b。

之學，以該處為風水吉地，乃倡議在此修建書院。經地方紳民捐輸集資，並由王三錫、陳連榜主掌興工事宜，工程歷數月而告成。[25]

在從事地方文教建設的過程中，己身通曉堪輿術數的地方官紳，自可親身相擇吉地以興建書院、義學與文昌閣等文教設施。如明神宗萬曆二十年（1592）秋，精通堪輿術的江西南昌人黎憲臣授漳州府平和縣學諭，隨即相度山川形勝，於學宮前對山低平處，設置文峰石塔及雲龍精舍、文昌閣，另於明倫堂後建造尊經閣、敬一箴亭。相傳文峰石塔興築之初，縣邑內開科二人，嗣後地方學子接連登科。縣邑紳民對於黎憲臣引據堪輿觀念擇建各項文教設施之舉，推崇備至。[26]

相形之下，對於其他未明風水之學操作原理的地方官員而言，如何將這些文教設施擇建於風水寶地，仍須仰賴形家之流或深習堪輿者的指點。潮州府澄海縣北十里程洋岡，群峰聳翠，河水澎湃，青烏家謂「其地靈肇於虎邱山麓，磅礴而鬱積，非大建祠宇，不足以當之」。明憲宗成化年間，主政官員在這處風水佳地上創建紫霄樓閣，以凝聚風水生氣。至清代前期於樓閣中肇祀文昌。[27]潮州府惠來縣南十五里文昌山，孤峰秀拔，先前流傳有「文昌山上玉華笏，五百年後聖人出」的讖言。明代初期，當地曾出現一名神童蘇福，時人以此為該則讖語應驗的結果。至明代後期，縣令蔣一清欲振興地方文教，乃創建魁星亭於躍龍崗，樹立赤幟於大墩山。據傳自世宗嘉靖元年（1522）之後，地方人士陸續發跡。嘉靖二十三年（1544）冬，游之光蒞任知縣，環視學宮城郭，關圮茲多，原擬在文昌山上建立文峰塔，以應「文昌山上玉華笏，五百年後聖人出」的讖語，斯時形家認為此舉對縣治無益，興工之事暫告作罷。翌年（1545），某堪輿家自西江來謁巡臺，游之光遂與之同行相度卜基，最終勘得先前蔣一清於大墩山樹幟的地點，對於縣邑風水寶地的認定，可說是不分古今、心同理同。游之光擇得佳地後，隨即卜日鳩工，正式

[25] 林學增、吳錫璜等纂修，《同安縣志》，卷14，〈學校〉，頁14b。
[26] 李銘、昌天錦等纂修，《平和縣志》，卷7，〈秩官〉，頁31a。
[27] 李書吉、蔡繼紳等纂修，《澄海縣志》（臺北：成文出版社，1967年據清嘉慶20年刊本景印），卷25，〈碑記上〉，頁88b-89a。

創建文昌閣。[28]

　　再以惠州府永安縣的義學設置為例，康熙二十四年（1685）秋，張進鐩蒞任惠州府永安縣知縣，鑒於永安城東北的紫金書院歲久傾圮，乃捐俸擇地，倡建三都義學。在其所撰〈三都義學碑記〉一文中，指出三都之地巖岫迴環、溪流綿絡，而該義學「地脈自描眉三殿而來，一起而為元峰，再起而為紫金山，磨崖之刻識記傳臚，昔人以為靈秀所鍾，歷久必發，而其前有雞冠之嶂，銳峰八九，其象皆如卓筆，是皆我三都人士異時大魁天下之具」。在張進鐩的心目中，三都義學所在地的風水格局絕佳，定當庇蔭縣境來日人文蔚興。[29]至乾隆七年（1742）春，張世燦蒞任永安縣知縣之後，復以三都義學年久失修，牆垣頹圮，擬議新建義學，乃求教於精通堪輿的郡司訓陳作屏，相度適當的地點。陳作屏環踏四郊後，向知縣張世燦呈告「東郭之陽，舊學宮所也，枕山環水，祖狀元峰，卜云其吉」。張世燦也認為「建置之初，學宮在斯，前人必有取爾」，於是捐俸集資，新建永安義學。興修工程於翌年（1743）八月動工，至乾隆九年（1744）仲春落成。[30]

　　形家者言與書院擇建地點的關聯性，我們從潮州府揭陽縣進士、曾任直隸總督的鄭大進所撰〈梅岡書院記〉的論述中，亦可以窺見一斑：

> 縣治東北梅岡山上，鑴梅岡第一峰五字，其山挺拔秀異，余往家食時，相距不數百武，以乏濟勝，具曾未一躋其顛。而形家謂：象主文明數，為余言及，余未深信。然以所聞郭璞靈洲佳氣、夙益衣冠之說，則夫王國之生，鍾靈川岳以赴風雲，於理得毋有然歟！[31]

　　而當乾隆三十二年（1767）間，揭陽縣地方人士提議於縣境梅岡山

---

28 張昭美纂修，《惠來縣志》（臺北：成文出版社，1968 年據 1930 年重印本景印），卷 3，〈山川〉，頁 12a；卷 17，〈藝文上〉，頁 15a-b。

29 葉廷芳等纂修，《永安縣三志》（臺北：成文出版社，1974 年據清道光 2 年刊本景印），卷 2，〈建置一‧學校〉，頁 16a-17a。

30 葉廷芳等纂修，《永安縣三志》，卷 2，〈建置一‧學校〉，頁 17a-19a。

31 劉葉勤纂修，《揭陽縣正續志》（臺北：成文出版社，1974 年據 1937 年重刊本景印），卷 8，〈藝文上〉，頁 55a。

西南設置書院，令尹賀、劉二公籌給廩餼，得官田若干頃，官民共襄盛舉。鄭大進得知書院創建的訊息，喜不自勝；對於地方文教事業的發展，亦深負厚望。在前引文中，鄭大進緊接著強調梅岡書院選址地點的風水奇佳云：

> 抑聞形家又云：彌勒古剎列岫環流，縣境黃岐、桑浦二山，稱邑重鎮，而或前或後，都任馳驅，其梅岡一峰，近取為左文筆，相傳前明翁襄敏公讀書發跡，深得此地江山之助，今立學，是其遺趾孕精毓秀，別顯菁華。[32]

　　義學、書院與文昌閣為官方教化的輔助機關，地方官員不僅在選址擇建的環節上，講究各種相度吉地的堪輿原則；甚至當這些文教設施完竣落成之後，繼任官員如認定其風水格局有所不妥，或是接受形家之流和地方官紳的建言，往往也會基於趨吉避凶的需要，參酌堪輿原則加以修補或調整。潮州府惠來縣文明書院，初建於明神宗萬曆年間，舊址面北背南。順治元年（1644），因海氛未靖，燬於火災。康熙二十六年（1687），知縣張秉政修建書院，將方位移北向南，此後曾有某些形家宣稱這項調整將不利於縣邑官民。至乾隆二年（1737），知縣楊宗秉允從地方士紳的呈請，恢復其原先的形制坐向。[33]另外，在漳州府漳平縣知縣傅維祖所撰〈重建文昌閣於東山序〉一文中，也提到其任內修整縣邑文教設施之際的堪輿見解云：

> 平邑大勢，龍從西北而來，水過堂而微反砂，尖竄以斜飛，此所以情易爭而財難聚也。縣署後山當缺，背受凹風。學宮之中，文昌閣居辰位，為坎山之曜煞，頗不利於宮牆。余相度情形，思為補救，莫若令北門外溝水繞至東門，鑿地疏流，過其東去，引之南出，會於大溪，則水勢抱城，無復尖斜之弊。……賴前令趙公留心縣務，建一元天閣以禦四風，今余於其側又建一書院，以助其勢，亦補缺障空之一法也。東山巽位，文明之地，為邑下砂，

---

32 劉葉勤纂修，《揭陽縣正續志》，卷8，〈藝文上〉，頁55a-b。

33 周碩勛纂修，《潮州府志》（臺北：成文出版社，1967年據清光緒19年重刊本景印），卷24，〈學校〉，頁53a-b。

最宜培植，歷任諸君子或建塔、或建文公祠、或栽植樹木，厥為
要圖。夫文星高顯，則一邑之文風丕振。

　　知縣傅維祖鑑於縣邑學宮與文昌閣在方位上相互沖煞，格局不佳，
乃設法調整溪水流向並另建書院，以彌補風水形勢的先天不足之處。至
於聳立東山文峰的具體措施，傅維祖經與地方士紳協商，擬議將文昌閣
移建於此處地基，其上築臺架屋，「庶幾萃東方之秀氣，助闔邑之精華」。
傅維祖修整縣邑文教設施的初衷，仍是冀望能透過風水生氣的凝聚，以
庇蔭地方文風綿遠，學子科甲蟬聯。[34]

　　由於風水觀念的深入人心，主政官員如擬隨意遷移原本擇建於風水
吉地的書院，難免受到地方紳民的阻撓。例如，泉州府同安縣廈門島上
玉屏書院，創建於乾隆十八年（1753）十一月，位在城東南隅玉屏山，
為一處山海環拱的勝地。道光十年（1830），福建興泉永海兵備道周凱
蒞任之初，嘗與廈防同知謀議將該書院別建他處。時因地方士紳「狃於
擇地之說」，遷建計劃終告無成。[35]這項例證反映出風水擇地的原則，足
以影響到文教設施遷建與否的考量。另一方面，基於書院形勝攸關邑治
文運，地方各項公共建設若與書院的風水格局互有沖煞，也在堪輿禁忌
的範圍內。如泉州府同安縣境葫蘆山（俗名五蘆山），係縣治腦山，其
上有梵天寺，寺上有紫陽書院。明穆宗隆慶初年（1567），縣令王京在
紫陽書院之上創建仰止亭，斯時有堪輿家宣稱：不宜建亭以致勢壓紫陽
書院。[36]同安知縣王京修造仰止亭之際，堪輿形家所警示的對象，即是
一項陽宅風水學上常見的營造禁忌。[37]

　　通觀以上的論證，形家者言、風水之說在宋元明清時期閩粵地區修
造各項文教設施之際，不時作為地方官紳的參考準則，甚至發揮出舉足
輕重的指導性作用。閩粵官紳根據堪輿原理，選址擇建各項文教設施或

---

34 蔡世鈸、林得震纂修，《漳平縣志》，卷9上，頁11a。

35 周凱等，《廈門志》（臺北：臺灣銀行，1961年），卷9，〈藝文略〉，頁302-305。

36 林學增、吳錫璜等纂修，《同安縣志》，卷4，〈山川〉，頁1b-2a。

37 箬冠道人，《八宅明鏡》（臺北：武陵出版公司，1999年據清乾隆年間刊本景印），卷上，
　〈陽宅六煞〉，頁31b-33a。

隨機調整其建築佈局，以求風水庇蔭地方事務的順利推展，保障居民百姓的身家安危，並護佑莘莘學子的科考前途。在引藉風水觀念的需求層面上，地方官紳與民間大眾講究風水擇建、相地營葬的風俗習慣並無二致；而其從事實質性「風水經營」的初衷，終究是為了謀取現世的利益福澤。閩粵官紳在維護區域風水形勢並注重護龍保脈措施的環節上，同樣也呈現出類似的心態。

閩粵官紳置身於層巒翠谷、諸水環繞的地理空間，除了讚嘆山明水秀、風光秀麗的佳境景致，往往也油然而興一種鍾靈毓秀、地靈人傑的對應聯想。如康熙年間漳州府漳浦縣知縣陳汝咸於〈脩雙溪壩碑記〉一文中陳述：

> 山川盤鬱之勢，結而為郡縣，以是觀地靈所鍾，而人文盛衰、物力消長之數，由之不偶然也。浦邑西南皆山，水泉出焉，其自南來者，出平和，匯於梁山；自西來者，由南靖合嚴前溪，而近而繞城，迁迴曲折，東行為鹿溪，以入於海。夫梁山以九十九峰拱於前，而水之曲應之，山川秀美之觀，具是矣。是以民庶富盛，人文蔚興。[38]

文中顯示，知縣陳汝咸在主觀意識上，將山川分佈的天然形勢類比於人文蔚起的應然性。在雍正九年（1731）刊張昭美纂修《惠來縣志》卷三〈山川〉之末的總論中，也如此稱頌：

> 山川所鍾毓，為靈秀鬱積，磅礡之氣在焉。非但雄關津匯澤藪已也。惠枕崇山，諸峰羅列，龍江盤紆百餘里，有襟山帶河之勢，宜有新雋英偉之士，疊生其間。[39]

在這種天地人交互感應的關聯性思考中，絕佳的風水形勢可以促成一地的人文發展。如泉州府同安縣浯洲（金門）中有太武山，相傳「其

---

38 陳汝咸、林登虎纂修，《漳浦縣志》（臺北：成文出版社，1968 年據 1928 年翻印本景印），卷 18，〈藝文志下・國朝文上〉，頁 1437。

39 張昭美纂修，《惠來縣志》，卷 3，頁 18a。

氣脈之所蜿蜒勃發而為人文，故百年來起家甲第者幾二十人」。[40]漳州府平和縣後方西北邊的雙髻山，其龍脈起自雙髻娘，兩峰高聳，為邑治少祖山。據稱平和縣學子每登科第，必定為二人並發，堪輿家認為，此種人文現象係與雙髻山形勢相互應驗的結果。[41]平和縣人朱龍翔於〈八景記〉一文中鋪陳縣邑龍脈分枝形勢之餘，也記載了這項堪輿應驗的說法云：「按縣龍自汀巖而來，蜿蜒至雞子寮跌斷，傍有日月二小峽，聳起石人山，有五星聯珠之形，亦名五鳳。下樓臺逶迤稍折，拔起雙髻峰，為少祖山。縣中日未出，雙髻峰先見，為最高日觀之景。每科得雋，俱以雙薦，應焉」。[42]

　　相對而言，若是某地原本的風水形勢在先天上有所不足，或是既有的風水格局後來遭受到外力因素的敗壞，在篤信風水觀念的地方官紳心目中，這些情形勢將為地方的人文發展帶來一些負面性的影響。有鑑於此，針對先天不足的層面，地方官紳自可興造各種培補區域風水的建築物，俾令其整體形勢符合理想的風水格局。[43]以下先以「風水塔」的設置情形，作為說明。

　　在風水學具體的應用層面上，塔的功能除了直接作為學宮、書院等文教設施的文峰（文筆峰）之外，對於特定的行政區域而言，也具有培補地方文峰、促成人文興起的作用。所謂「山屬離方為文明，當置魁星樓或建塔，使秀峰高聳」。[44]修建石塔以培補地方文峰，也往往成為地方官員主政期間的重要公務。如明代王獻臣於〈文峰塔記〉中提到汀州府上杭縣境，「諸山環抱，蔥鬱蒼秀，號為佳勝，而面缺文峰，善風角者，皆以為非宜。宋嘉泰時，造浮圖於水南以像之，未就而燬于兵火。余丞杭之明年，睹茲缺廢，乃勸率二、三耆民，葺而完之，并移向學宮，事雖緩而實急」。[45]此外，乾隆七年（1742），潮州府普寧縣知縣蕭麟趾依

40 林焜熿等，《金門志》，卷16，〈舊事志·叢談〉，頁414。
41 李鋐、昌天錦等纂修，《平和縣志》，卷1，〈疆域〉，頁9a-b。
42 李鋐、昌天錦等纂修，《平和縣志》，卷1，〈疆域〉，頁6a-7a。
43 劉沛林，《風水——中國人的環境觀》（上海：三聯書店／學林出版社，1995年），頁182-184。
44 林焜熿，《金門志》，卷4，〈規制志·祠祀〉，頁57。
45 曾曰瑛、李紱等纂修，《汀州府志》，卷41，〈藝文志〉，頁27a-b。

從形家的建言，與地方士紳協議，建塔於縣境錢湖橋之下游水口塗岡上，以為縣邑形塑文明之徵兆。塔名「培風」，明顯可知其中的風水寓意。[46]

漳州府雲霄廳海口北岐外石礬尖，巉巖秀削，適當邑治海口東南形勝，曾有形家譽之為「華表捍門」，在風水格局上屬於關鎖堂局生氣的水口砂。相傳當地由於此山鍾靈毓秀，所以在有明一代科甲鼎盛。清代初期，該山中石筍為海寇繫船曳倒，後世以為雲霄文物，由是就衰。康熙年間，邑紳陳天達鑒於石礬尖的完整與否，攸關鎮城形勝，乃募建石塔以補其闕，使風水生氣不致渙散。復因舊塔高不盈丈，低小不稱，至嘉慶十九年（1814）由地方紳衿募捐，增造七層石塔，表曰：「斯文永昌」。[47]是年底，該座石塔落成之際，雲霄廳同知薛凝度題撰〈新建雲霄石礬塔碑記〉以誌此盛事云：「抑亦雲霄之文物，由衰將盛；靈秀之氣，散而復鍾。天將啟之，而石礬不得不砥柱中流，為東南補其缺，有莫之為而為者歟」。[48]由此可見，風水塔的修補，目的是為了讓行政區域的地理形勢得以完整。

主政官員如果認定塔的位向有所不利，有時也會採取相應的處置措施。明神宗萬曆年間，吏部蔣時馨於漳州府漳平縣建東山塔，位於縣治巽方（東南方），在風水學上，主文明之象。康熙二年（1663），知縣鄭琬聽信形家之言，以東山塔不利於縣邑，乃將之拆毀。[49]東山塔的建與拆，皆可以在風水學上找到合理的根據；這種因人而異所作出的不同詮釋，也正表露出堪輿理論所具有的「隨機」特性。

在風水觀念的影響之下，亭的設置與塔的修造一般，同樣可以具有修補地方風水格局的效用。龍巖州最商亭，位於州城北境。明世宗嘉靖

46　蕭鱗趾、梅奕紹纂修，《普寧縣志》，卷1，〈山川〉，頁4a。

47　薛凝度、吳文林纂修，《雲霄廳志》（臺北：成文出版社，1967年據1935年鉛字重印本景印），卷16，〈名蹟〉，頁16a；陳汝咸、林登虎纂修，《漳浦縣志》，卷2，頁35。有關風水學上「水口砂」的形勢及其作用，參見徐善繼、徐善述，《地理人子須知》（臺北：武陵出版社，1986年據萬曆11年重刻隆慶3年本景印），卷5上，〈砂法‧論水口砂〉，頁13a-b。

48　薛凝度、吳文林纂修，《雲霄廳志》，卷17，〈藝文〉，頁36a-b。

49　彭衍堂、陳文衡纂修，《龍巖州志》，卷14，〈古蹟志‧亭塔〉，頁12a。

四十年（1561），知縣湯相因禦寇而創建。乾隆四十年（1775），知州金世麟以亭址為州龍入脈處，於是倡捐重修，由士紳林楷等人掌理營造事宜。新建最商亭與崇文塔遙相對峙，風水形勢堪稱完整，地方紳民認為此後龍巖地區勢將文風丕振。[50]潮州府惠來縣象崗為縣境龍脈，與南郭大墩山相應。明神宗萬曆十年（1582）春，知縣蔣清鑒於自惠來建邑以來，地方兵荒相仍，人文未暢，乃倡建魁星亭於象崗，以聳文峰秀氣，促進地方發展。[51]

　　整體而言，明清時期閩粵官員和紳民留心於境域風水形勢的維護，以及針對護龍保脈措施的重視，既是堪輿觀念深入人心的一種實質反映，也是風水習俗根深柢固的一種具體呈現。值得注意的是，閩粵官紳對於境域文教興起與風水因素的聯想，如果回歸中國傳統宇宙論及自然觀的學術文化背景加以考察，這樣的聯想其實是帶有一種「關聯性思考」（correlative thinking, coordinative thinking）的系統思維特色。英國科技史家李約瑟（Joseph Needham, 1900-1995）等人於《中國之科學與文明》（Science and Civilisation in China）第二卷，曾整理西方學界研究中國科學思想所得出的一些基本觀念，其中強調若與歐洲科學偏重於事物外在因果關係的「從屬性思考」（subordinative thinking）相對比，關聯式思考是一種「直覺的聯想系統」，「概念與概念之間並不互相隸屬或包涵，它們只在一個圖樣（pattern）中平等並置。事物之間的相互影響，……是由於一種感應（inductance）」；至於萬物的活動，「係由於其在循環不已的宇宙中的地位，被賦予某種內在的特質，使它們的行為自然而然」。進而言之，關聯式思維方式的特色在於從事物的功用、屬性或其相互關係上，直覺地掌握世界狀態的一般性或特殊性，呈現出整體性且多樣化的詮釋風格。[52]

50　彭衍堂、陳文衡纂修，《龍巖州志》，卷 14，〈古蹟志・亭塔〉，頁 9a-b。

51　張昭美纂修，《惠來縣志》，卷 1，〈建置沿革〉，頁 3b。

52　Joseph Needham, *Science and Civilisation in China*（Cambridge: Cambridge University Press, 1956）, vol. 2, pp. 279-293. 譯文見陳維綸等譯，《中國之科學與文明》第 2 冊（臺北：臺灣商務印書館，1985 年修訂 4 版），頁 466。關於漢文化傳統關聯性思考模式的特質及其影響，另參見 John B. Henderson, *The Development and Decline of Chinese Cosmology*（New York:

　　在中國傳統關聯式思考的學術脈絡中，天地人交感與陰陽五行、氣論的有機推論方式，往往可以類比到一些涉及自然地理暨人文景觀的解說上，隨機調整出各種自圓其說的詮釋觀點，賦予既存現象符合傳統價值觀念的認知內涵。[53]由此可見，傳統風水理論的詮釋系統，無疑也是一種關聯性思維的發揮。前述閩粵官紳看待風水因素影響境域文教發展的思維模式，即為鮮明的例證。對於有清一代新隸帝國版圖的臺灣本島，某些熟悉風水觀念的地方官紳，亦曾作出類似的聯想。

三、臺地人文蔚起與風水觀念的聯想

　　臺地人文蔚起與境域風水的關聯，主要緣起於某些官紳心態上的認定及推崇，藉以強化各項文教發展的「神聖性」，並滿足地方學子對於風水之學庇蔭科考功名的心理需求。康熙二十三年（1684）四月，隨著臺灣府暨諸羅、鳳山、臺灣三縣的設置，臺灣本土正式劃入大清帝國的行政範圍。對於清朝統治者而言，臺灣係從原先的「化外之地」納歸大清版圖，也是從前朝曾經荷蘭、西班牙等外國政權的佔領以及鄭氏王國的統治，轉而進入大清一統帝國的體制運作中。改朝換代、政權轉移的特殊背景，再加上清代臺灣移墾社會之重商趨利、族群衝突與文教不興的特質，[54]皆促使地方官紳藉由文教事業的振興，積極地從事端風正俗與安定地方的整頓，以遂行大清帝國有效統治的理想。

　　治臺官員鑒於風俗教化攸關國運的重要性，除了落實具體的文教設施，在意識形態的建構上亦多所用心。面對臺灣這個曾經失落於帝國統治之外的海外新世界，為能達到王者無外／同風共俗的成效，他們一方

Columbia University Press, 1984），pp. 1-58.

[53] 何丙郁、何冠彪，《中國科技史概論》（臺北：木鐸出版社，1983 年），頁 17-19；唐錫仁、黃德志，〈試論我國早期陰陽五行說與地理的關係〉，《天津師院學報》，1980 年第 2 期，頁 26-30；胡維佳，〈陰陽、五行、氣觀念的形成及其意義──先秦科學思想體系試探〉，《自然科學史研究》，1993 年第 1 期，頁 16-28；楊文衡，〈試論中國古代地學與自然和社會環境的關係〉，《自然科學史研究》，1997 年第 1 期，頁 1-9。

[54] 蔡淵絜，〈清代臺灣的移墾社會〉，收於國立臺灣師範大學歷史學系主編，《認識臺灣歷史論文集》（臺北：國立臺灣師範大學歷史學系，1997 年），頁 45-67。

面形塑出臺灣與大陸一脈相連的風水龍脈觀念，從地理空間的角度類推大一統帝國的政治文化秩序；[55]另一方面，則技巧性地運用傳統天地人相互感應以及陰陽五行、氣論的關聯性思維，解說臺灣社會人文蔚起的原因與地理山川景觀的關聯，從文教發展的層面呼應風俗升降／與政推移的事實。由於這樣的背景因素，使得傳統上標榜藏風聚氣、趨吉避凶的風水觀念，也不時夾雜於清朝官紳這類「泛政治化」的聯想中。

　　康熙五十二年（1713），分巡臺廈兵備道陳璸（1656-1718）在臺灣縣朱子祠後創建文昌閣，康熙末期海防同知王禮詩詠「簾護朱櫺繞檻斜，層層躡級望無涯。名祠冠履遊多士，窮島絃歌響萬家。環海抱山稱勝地，羅奎躔壁散餘霞。會知道脈宗鄒魯，文物於今喜漸加」，即呈現出如此的意向。[56]雍正六年（1728）二月，初抵臺署的巡臺御史夏之芳，在其〈海天玉尺編初集序〉中曾嘆歎臺郡人文蔚起的地理成因云：「夫臺灣，山海秀結之區也。萬派汪洋、一島孤峙，磅礴鬱積之氣互絕千里，靈異所萃，人士必有鍾其秀者。況數年來沐國家休養教育之澤，涵濡日深，久道化成；固已家絃戶誦，蒸蒸然共躋於聲名文物矣」。夏之芳接著提到，往昔臺灣人才多借資於福建漳、泉內郡，終非長治久安的辦法，如果能由臺地培育出本土人才，才是正本清源的上策。值得慶幸的是，當時皇帝下詔「非生長臺地者不得隸於臺學」，夏之芳因此認為，臺地居民應當珍惜先天的地理靈氣，把握後天的學習良機，積極地有所作為：「都人士既得靈秀於山海鍾毓，尤當厚自鼓舞，以上副聖恩，毋自域於梂樸菁莪外也」。[57]

　　從夏之芳的論述，我們可以看出其將臺地人才的蔚起，歸諸於山川靈氣的庇護以及政府當局所推展的文教事業，這自然是治臺官員將其價值觀念投射在被統治客體所得出的合理化解釋，其中也透露出一種近乎「地理（風水）決定論」的色彩。

[55] 洪健榮，《龍渡滄海：清代臺灣社會的風水習俗》（新北：花木蘭文化出版社，2015年），頁105-126。

[56] 王必昌等，《重修臺灣縣志》（臺北：臺灣銀行，1961年），卷5，頁141。

[57] 劉良璧等，《重修福建臺灣府志》（臺北：臺灣銀行，1961年），卷20，頁533。

　　道光十八年（1838），黃開基調署彰化縣知事，親見當時已整修過後的縣學文廟巍煥一新，有感而發，藉此勉勵縣邑諸生奮發向上，不要辜負山靈氣運的庇護云：「邑之設治，至今適當其期，而廟、志之修適逢其會，此山川之氣運所開，以大啟斯邑之文明。多士生當明備誠，志乎賢之道，務為真品實學」。[58]清代後期，曾任臺灣府學教諭的福建侯官舉人馬子翊，在〈臺陽雜興〉一詩中稱述：「山勢龍盤起木岡，我朝文教破天荒。朝霞倒影翻紅水，萬派橫流湧黑洋」。[59]或是如侯官進士林鴻年（1805-1885）序鄭用錫《北郭園全集》時指出：「海山滄滄，海水茫茫，百萬人郡入版圖，又數百年矣。若有人兮卓自樹立，守紫陽之道，以培地脈，興人文乎？予雖衰朽，尚日望之」，[60]亦表現出類似的期待。光緒年間，掌教臺南府海東書院的進士施士洁（1855-1922），在其〈臺澎海東書院課選序〉中也曾秉持類似的觀念，論述臺地風水形勢與書院文風氣運的關聯性云：

> 吾臺版籍，自吾先靖海侯襄壯公削平鄭氏，至康熙二十三年始隸本朝；其時絕島手闢，未遑文教。而至於今二百餘年，經列聖人休養之澤，絃誦彬雅，固已駸駸乎日進矣。況扶輿旁薄之氣，自閩之五虎門蜿蜒渡海而來，其間有關童、白呷，形埶起伏，如蛛絲馬跡，碻然可尋；至然繚繞二千餘里，水環山障，極東南之奧焉。昔子朱子登石鼓山占地脈，曰：「龍渡滄溟，五百年後，海外當有百萬人之郡」。又安知此後靈秀所積，人文不更勝於海內耶？竊惟人文之興，在於學校；而書院則視學校為尤切。[61]

　　施士洁徵採南宋大儒朱熹（1130-1200）登福州鼓山預言「龍渡滄海」的傳聞，另援引風水思想中的氣行觀點，推闡臺地文風蔚起的其來有自，來為教育體系的發展現狀尋求一神聖性的支撐點，進而凸顯書院設置的重要性。這段出自意識層面的主觀認定，讓我們瞭解在某些清代

---

58 臺灣銀行經濟研究室編，《臺灣中部碑文集成》（臺北：臺灣銀行，1962 年），頁 48-50。

59 連橫，《臺灣詩乘》（臺北：臺灣銀行，1960 年），卷 5，頁 197。

60 鄭用錫，《北郭園全集》（臺北：龍文出版社，1992 年據清同治 9 年竹塹鄭如梁校刊本景印），總序，頁 4a。

61 施士洁，《後蘇龕合集》（臺北：臺灣銀行，1965 年），頁 353-354。

臺灣士紳的心目中，官治作為、風水庇蔭與臺灣人文之間存在著一種緊密的聯繫。

　　前述的意向在清代臺灣志書中，亦可以得到印證。我們知道，作為統治者掌握風俗民情暨規劃施政方針的方志傳統，從發凡起例到論述取向，大抵本諸經世致用與資治教化的理念，有時也傳達了修志官紳秉持傳統思維對於社會現象所進行的詮釋結果。值得注意的是，一地人文蔚起的因素在志書編纂者所發揮的聯想中，往往與地理空間觀念發生關係。在清代臺灣方志之〈人物〉、〈學校〉、〈選舉〉等涉及人才、文教的門類裡，即有幾則涉及清代臺灣社會地靈人傑、相得益彰之類的相關論述。如康熙三十五年（1696）刊高拱乾等《臺灣府志》卷八〈人物志〉開宗明義說明：「夫人稟天地之氣以生，參乎天地者也；使天地非人，則亦塊然不靈耳。故人物者，山川之秀、國家之瑞所由鍾也；間或精而為理學、顯而為功名以及羈旅而寫牢騷、堅貞而著節烈，其所表見雖各不同，要之均足增光天壤、興起百世矣」。[62]乾隆七年（1742）刊劉良璧等《重修福建臺灣府志》卷十六〈選舉〉的開場白，亦提到：「海東人士將蒸蒸日盛焉，非特置兔者之可為干城、投筆者之立功異域也！夫崇山列嶂、巨海環清，形勝擅於東南，靈異鍾為奇秀，其間必有文章報國、鼓吹休明者起而膺鷹門之選」。[63]

　　府志的論述係以全臺為觀照範圍，至於各縣志對於境內人文蔚起的解說，也大致秉持類似的思維。臺灣縣在清代前期為全臺文教行政的重心，王必昌等人於乾隆十七年（1752）刊行的《重修臺灣縣志》卷十〈選舉志〉中，扼要地陳述「臺陽枕山環海，扶輿清淑之氣，磅礡而鬱積。自歸版圖，奇秀攸鍾，英材輩出；朝廷加意振興，廣額羅致。以故通經績學之儒，拔茅胥占連茹；干城腹心之選，置兔咸卜圖麟。其名登於朝、慶延於世者，後先輝映也。固人傑而地靈，亦聖作而物睹」。[64]而在該書卷十一〈人物志〉的開場，也根據「人稟五行之秀以生，知自貴於物矣」的觀念，解說「臺

[62] 高拱乾等，《臺灣府志》（臺北：臺灣銀行，1960 年），卷 8，頁 207。
[63] 劉良璧等，《重修福建臺灣府志》，卷 16，頁 433。
[64] 王必昌等，《重修臺灣縣志》，卷 10，頁 349。

灣叢山鎖翠、巨海環清，佳氣久蜿蜒於蛋煙蜃雨中。處是邦者，鍾厥地靈、沐乎聖化，既多通籍之名流，亦有潛光之羈旅」。[65]

南部鳳山縣毗鄰臺灣縣，境內山明水秀，漢人開發早有所成，文教發展亦是粲然可觀。王瑛曾等人於乾隆二十九年（1764）刊《重修鳳山縣志》卷六〈學校志〉中，開宗明義稱頌：「鳳濱海隅，介在南徼；學宮形勝，甲於全臺，宜士之蒸蒸向化哉」。[66]在該書卷九〈選舉志〉中，也強調鳳山地區的人才萃然，乃拜山川靈氣之賜：「夫山明水秀，見於圖經；佳氣蜿蜒，半屏展翠，其科名為北港開先，宜矣。藉地氣之鍾靈，應昌期之明盛；吾知後之沐光華而賡喜起者，將與珠崖瓊海爭光比烈，尤採風者所厚望焉爾」。[67]

中部彰化縣自雍正元年（1723）析諸羅縣北部正式設治後，伴隨著乾隆後期漢人的進墾，從此人文蔚起，不落其他地區之後。周璽等人在同治十二年（1873）刊行的《彰化縣志》卷八〈人物志〉中，本著山川靈氣庇蔭地方人文鼎盛的觀念，詮釋如此的現象云：「自古人物之興，關乎山川之秀，所謂地靈則人傑也。彰化開闢最後，然山水之奇，磅礴鬱積，鍾為豪傑，代有其人」。[68]

蛤仔難地區（今宜蘭）於嘉慶十七年（1812）設置噶瑪蘭廳，官治行政的建置加上漢移民的進墾，促使其「內地化」的色彩漸深。[69]至清代後期，當地的文教發展亦是卓然可期，有如咸豐初期陳淑均等《噶瑪蘭廳志》卷四上〈學校〉的陳述：「蘭之廳制，一視澎湖，而初猶附試於淡水；則以人文必盛，乃建專學，非故緩也，蓋有待也。……況蘭泱泱表海，佳氣蜿蜒，將必有涵泳聖涯、蔚山川而開風氣、衍閩學而配孔庭者，近在目前」。[70]

65　王必昌等，《重修臺灣縣志》，卷11，頁373。

66　王瑛曾等，《重修鳳山縣志》（臺北：臺灣銀行，1962年），卷6，頁157。

67　王瑛曾等，《重修鳳山縣志》，卷9，頁243。

68　周璽等，《彰化縣志》（臺北：臺灣銀行，1962年），卷8，頁229。

69　凡本文所引「內地化」的說法，係根據李國祁，〈清代臺灣社會的轉型〉，收於國立臺灣師範大學歷史學系主編，《認識臺灣歷史論文集》，頁111-148。

70　陳淑均等，《噶瑪蘭廳志》（臺北：臺灣銀行，1963年），卷4上，頁139。

　　諸如此類的關聯式思考，不僅見於官修方志，在私人的著述中，也不乏其例。如乾隆初期，董夢龍於〈臺灣風土論〉一文中質疑當時臺地人才未興的情形，並援引地靈人傑的前提，作為推敲得失的判準云：「開闢以來，置郡縣學，設博士弟子員，當途加意培植；以至於今，而文人才士未有應地靈而起者，豈天地秘鬱之氣，一朝難以遽闢，而川原精華不鍾於人而鍾於物也？」董夢龍縱使質疑如前，但依然堅持山川靈秀必當人才輩出的觀念，期待來者的努力云：

> 要之，一代人之興，必有碩德重望，以培養人才為心，涵育數十年之久，而後克變其從前鄙陋之習。……然則今之臺，雖未有聞，而安知振興有人，而山川佳鬱之氣蓄極積久，不大洩其精奇，挺生石彥以昭國家文明之盛哉！[71]

　　乾隆二十九年（1764），楊廷璋在永定貢生胡焯猷捐建淡水廳興直堡明志書院之後，特於記載該書院由來的碑記中稱頌：「興直堡者，遠隸臺灣，僻處淡水，風土秀美，氣象鬱蔥。髦俊萃臻，向文慕學，實繁有徒」。[72]嘉慶後期，擔任彰化縣令的錢燕喜於〈觀風告示〉一文中，也透露出山川靈氣應驗人文蔚起的意念云：

> 彰化疊嶂如屏，連峰插漢，固海山之僻壤，亦宇宙之奧區。聖化涵濡，百有餘載。戶知禮樂絃歌，遍雞籠、淡水而遙；人比鄒魯鼓篋，自鹿港、二林以近。流寓紀名人之蹟，傳經溯前哲之蹤。筆尖與燄岫爭奇，秋風奮翮；文瀾偕虎溪共壯，春浪飛鱗。山川既效夫地靈，鍾毓應歸乎人傑。[73]

　　清代後期，由於日本藉口牡丹社事件犯臺的刺激，清廷於光緒元年（1875）在臺灣南端原住民活動領域的琅嶠地區設置恒春縣，行政區域的重新規劃助長了漢人勢力的進佔。廣東南澳人康作銘於〈琅嶠民番風俗賦〉中本著漢文化本位的立場，鋪陳琅嶠一帶從先前以原住民為主體

---

[71] 引自六十七，《使署閒情》（臺北：臺灣銀行，1961 年），卷 3，頁 101-102。

[72] 陳培桂等，《淡水廳志》（臺北：臺灣銀行，1963 年），卷 15 上，頁 375-376。

[73] 周璽等，《彰化縣志》，卷 12，〈藝文志〉，頁 426。

的「落後」狀態，逐漸轉變成漢人「禮教」社會的過程中，在山明水秀
的庇護下，當地定可趨於文風鼎盛的情景云：「龍泉秋水，水可滌襟；虎
岫高山，山堪顧指。案橫一字，當前已耀文星；峰現三台，他日定多文
士。扶輿磅礴，既鑒在茲；淑氣絪縕，誰能遣此？」[74]康作銘復於其所著
〈游恆春竹枝詞〉中表達了如此的想法：「莫說山城僅一重，天開書案映
台峰；山川自有文人起，林下潭深故號龍」。[75]廣東省嘉應州人鍾天佑詩
詠恆春八景之一的「海口文峰」時，也流露出類似的心態云：「直衝島嶼
形偏秀，倒影波瀾景倍妍。料想文風應丕振，名題雁塔韻同拈」。[76]

　　閩粵人士基於漢文化中心意識所解讀的臺灣地理空間，使得新闢地
域的「內地化」往往具有風水化的成分在內；而文教風氣的興起，無疑
也是提昇臺灣南北各地「內地化」程度與傳佈風水觀念的助力。在風水
觀念的濡染之下，人們相信福地待是福人居，也相信地靈人傑，特定區
域風水的良窳乃關係著當地人才的興盛與否。道光十九年（1839）六月，
泉州籍名士傅人偉自漳州東渡來臺任教，當他登臨淡北士林芝山巖文昌
祠目睹風景佳麗，不禁由衷而發「鍾毓所在，必有傳人」的讚嘆。[77]光
緒十八年（1892），彰化名士張光岳（1859-1892）為其友人洪月樵（洪
棄生，1867-1929）的《寄鶴齋集》所題寫的詩序中，起首即援引龍渡
滄海、山川靈秀的風水之說，推闡臺灣地理環境的得天獨厚，前後歷經
三百多年來先民的辛勤經營，成果斐然，其文化物產因而見稱於世云：

> 康熙五十五年（1716）十月二十六日，康熙復諭大學士、九卿等
> 云：天下之名山、大川，不可得而盡也。自崑崙、五嶽以至江、
> 河、淮、漢而外，……其在中原，山川搜索未盡；而地脈之蜿蜒
> 又馳而之海外，經萬千年而始顯而峙之於海上，如臺灣是已。臺
> 灣山川之秀、奧突之奇，孕毓之富媼、地產之繁姝、人物之炳靈，
> 經創造日闢三百餘年而猶未之盡，任舉天下之名州鉅郡而莫之與
> 京；故中原來遊者與外國窺覷者咸嘖嘖稱羨，而謂之「小中華」、

---

[74] 屠善繼，《恒春縣志》（臺北：臺灣銀行，1960 年），卷 14，〈藝文〉，頁 245-246。

[75] 屠善繼，《恒春縣志》，卷 14，〈藝文〉，頁 246。

[76] 屠善繼，《恒春縣志》，卷 14，〈藝文〉，頁 242-243。

[77] 臺灣銀行經濟研究室編，《臺灣教育碑記》（臺北：臺灣銀行，1959 年），頁 45。

「古蓬萊」——或謂之「東瀛洲」，其名實足以副之。

　　張光岳基於這種地理感應論、風水庇蔭觀的前提，緊接著更藉由地靈人傑的觀點，設想長久以來臺地人才不彰的可能原因，以輾轉襯托出《寄鶴齋集》作者洪月樵個人才氣的難能可貴云：

> 而論者以此為神仙之府，宜有靈異之才出於其中、國士聞人遭逢於其際，……然而求之上下二百年間，而渺乎未之有聞；豈聞氣之未鍾，人才之不出歟！抑海外荒晦，人才或湮沒不傳歟！吾於是求之交遊之中、耳目之外，希冀其有所遇；而乃於吾友洪君月樵見之矣。[78]

　　張光岳的一番陳述，可說是為本節所論人文蔚起與風水觀念的聯想，作出了一段極佳的註解。

　　最後，我們從清代臺灣各地所流傳的傳說故事，也可以找到幾則將地方文風昌盛歸因於風水龍脈庇蔭的論述。如康熙四十八年（1709）會試中式武進士的鳳山縣人柯參天，其位處今臺南市仁德區嵌腳的柯厝故居，自清代前期以來，地方人士傳聞其係座落於「絲線過脈」的地理吉穴，故能庇蔭柯氏一生功成名就。[79]自清代中葉起，嘉義縣佳里興一帶（今臺南市佳里區）文風蔚起且科甲有成，如嘉慶年間舉人曾逞輝，同治年間舉人曾埔與秀才莊志誠、莊左源，咸豐年間秀才張春江，光緒年間秀才王棟梁、王棟材，以及自外地蒞鄉擔任塾師的漳州籍秀才曾長青、鹿港籍秀才莊維成等，民間傳聞當地為「七星墜地」的風水吉壤，因此地靈人傑，科考名人輩出。[80]淡水廳貓裡街公館（今苗栗縣公館鄉）矮山一帶山明水秀，民間相傳該處在地理上屬蛇形吉穴，故於道光中期有劉獻廷、劉翰父子雙舉人。[81]淡水廳八卦潭南畔的龍峒山（今臺北市

---

[78] 洪棄生，《寄鶴齋選集》（臺北：臺灣銀行，1972 年），頁 15-16。另參見該書頁 19-20。

[79] 臺灣省文獻委員會編，《臺南縣鄉土史料》（南投：臺灣省文獻委員會，2000 年），頁 746-747。

[80] 郭水潭，〈北門郡の地理歷史的概觀下〉，《民俗臺灣》，2 卷 8 號，昭和 17 年 8 月，頁 33。

[81] 臺灣省文獻委員會編，《苗栗縣鄉土史料》（南投：臺灣省文獻委員會，1999 年），頁 25，33-34。

圓山仔）與劍潭山後石壁相接，因山勢形如龍頭而得名，其龍尾之處則於清代後期發展出大隆同街（大龍峒）。據稱大隆同街承受龍脈靈氣，所以鍾靈毓秀、地靈人傑，至咸同之際秀才、舉人輩出，前後計三十餘人，自此博得「五步一秀，十步一舉」的美名，其中以陳維英（1811-1869）最富盛名。[82]

　　總而言之，傳統知識份子秉持天地人感應、陰陽五行觀與風水氣論的系統思維，往往將某地域文風的興盛、人文的蔚起與山川的靈氣聯繫在一起。在地靈人傑觀念的籠罩之下，當治臺官員或地方士紳實際從事文教建設之際，通常也會考慮到風水因素的重要性及其可行性。

四、臺地文教建設與風水因素的考量

　　有清一代，臺灣各地興設的府縣廳儒學，成為國家育賢儲才的基層機構，而其本身亦是作為科舉制度的一環。治臺官員本著傳統士大夫「萬般皆下品，惟有讀書高」的價值意識，往往將文教發展的成果視為任內具體的治績，各縣廳儒學所培育出的學子在科場中第的多寡，自是其中主要的指標之一。另一方面，地方人士為了增添實質名利或鞏固家族利益，也冀望政府當局所設置的學校，能有效地輔助莘莘學子爭取到中舉入仕且名利雙收的目標。[83]「風水」對於科考的庇蔭效應，於此滿足了上至官紳、下及百姓的心理需求。這類的心理需求取向，也直接轉化為地方官紳在文教設施的擇建過程中對於風水之學的講究。不僅學宮、書院的設置情形如此，甚至連以崇祀「不語怪力亂神」的孔夫子及歷代儒家聖賢為目的而設置的文廟，處在一片功利主義導向的學術風氣中，也免不了沾染風水習俗的成分。

　　臺灣府、縣學宮文廟皆設於臺灣初隸大清版圖之際，前者由臺廈道

---

[82] 黃得時，〈劍潭一帶的傳說奇聞〉，《臺北文物》，2卷2期，1953年8月，頁80-81。

[83] 尹章義，〈臺灣─福建─京師──「科舉社群」對於臺灣開發以及臺灣與大陸關係之影響〉，收於氏著，《臺灣開發史研究》（臺北：聯經出版公司，1989年），頁527-583；王惠琛，〈清代臺灣科舉制度的研究〉，臺南：國立成功大學歷史語言研究所碩士論文，1990年。

周昌、知府蔣毓英因襲鄭氏基業修建於寧南坊（今臺南市中西區南門路），其前身即明鄭時期座落於承天府鬼仔埔上的孔廟。後者由知縣沈朝聘倡建於東安坊（今臺南市中西區府前路），其方位坐北向南。[84]兩儒學同位居全臺行政首善之區，堪為清代前期化育地方英才的首要學府。在地方官員的心目中，由於儒學文廟氣運攸關地方文教與學子前途，自草創起歷經多次的增建與整修，除了定基擇向或擴充硬體規模之外，根據相關文獻的記載，我們也可以得知臺灣府學的整體堂局，曾受到風水觀念的影響。

乾隆四十二年（1777），當知府蔣元樞（1738-1781）整修府治儒學之際，其間嘗「周覽廟學形勢，艮位奎閣既已傑然高峙，巽方亦應酌建坊表，以資鎮應」。除了考量其東北（艮）、東南（巽）兩方位的建置宜忌之外，蔣元樞並有如下的措施：

> 查南郊魁斗山，郡學之文筆峰也。舊時欞星門，其制甚卑；門外蔽以重垣，山遂隱而不見。今所建欞星門較舊時移進數武，加崇五尺；門外之垣，改為花墻；山形呈拱，如在廟廷。從此，文明可期日盛。[85]

蔣元樞用心調整廟學的內外形制，也可視為一種風水格局的修整。臺灣縣歲貢生章甫於嘉慶六年（1801）撰著的〈重修臺郡文廟序〉文中，對於府學文廟有助於全境文風鼎盛的效驗以及治臺官員的作為，讚不絕口：

> 臺郡聖廟躔牛度女，雙星倬雲漢之章；枕北面南，六子首坎離之用。斗宿聚奎，靈氣魁現山頭（廟對城南外魁斗山）；崁城學海，文瀾印浮水面。五庠毓秀，四邑鍾英；此聖廟建立之功，亦列憲興修之效也。[86]

值得注意的是，引文中所提文廟南面的魁斗山（又稱鬼仔山或桂子

---

84 高拱乾等，《臺灣府志》，卷 2，〈規制志·學校〉，頁 32。

85 蔣元樞，〈重修臺灣府學圖說〉，引見氏著，《重修臺郡各建築圖說》（臺北：臺灣銀行，1970 年），頁 13。

86 章甫，《半崧集簡編》（臺北：臺灣銀行，1964 年），頁 54-55。

山,今臺南市中西區五妃廟、竹溪寺一帶山丘),根據地方郡邑官紳先前認定的堪輿格局,位在城南的魁斗山係府學文廟的案山,也就是所謂的文筆峰(砂),傳統堪輿學強調其有助於文教設施能妥善地凝聚風水生氣,以庇蔭所有求教於斯的學子得在未來的科場上一帆風順。一般說來,文筆峰的相對位置,以座落於文教設施的巽方(東南方)為佳。如乾隆後期趙九峰《地理五訣》卷四〈文筆砂〉中提到:

> 夫文筆者,貴人所用之物也,不得其人,無所用之。惟居臨官之方,則真貴人矣。或龍上貴,或向上貴,或坐山貴,或駙馬貴,或三吉六秀貴,其最效者,惟巽上文峰,居六秀薦元之方,又木火相生之地,……得之,謂之貴人秉筆,……發科甲甚速,再得丙峰秀麗,艮荐丙,必發鼎元,其餘文筆,主出文人,皆係美砂,但不及巽艮之神妙耳。[87]

清代臺灣方志圖說或就堪輿學的觀點,標榜魁斗山為府學文廟朝案之所繫。如乾隆中期,王必昌等《重修臺灣縣志》卷二〈山水志〉中記載:「城南有魁斗山,狀若三台星,為府文廟拱案」。[88]余文儀等《續修臺灣府志》卷一〈封域・山川〉中,也提到臺灣縣治南方的魁斗山,「三峰陡起,狀若三台環拱郡學;形家謂文明之兆」。[89]到了同治初年刊《臺灣府輿圖纂要》之〈山水門〉亦記載位於臺灣縣治南三里許的魁斗山,「脈由東南營盤埔等崙而來;陡起三峰,朝拱府學,蜿蜒內抱」。[90]而在《臺灣縣輿圖纂要》的〈山川〉中,另提及魁斗山「於正南陡起三峰,狀若三台。為府學朝案山」。[91]

由此可見,在主政官員及修志人員的心目中,臺灣府學文廟的設置地點,大抵符合群山環抱而能藏風聚氣的風水形勢。即使清末臺北板橋人林景仁於〈東寧雜詠〉中,曾以「祖龍一炬了詩書,魁斗形家讖總虛;

---

[87] 趙九峰,《地理五訣》(臺北:武陵出版公司,1998 年據清光緒 2 年刊本景印),卷 4,頁 10b-11a。

[88] 王必昌等,《重修臺灣縣志》,卷 2,頁 32。

[89] 余文儀等,《續修臺灣府志》(臺北:臺灣銀行,1962 年),卷 1,頁 9。

[90] 不著撰人,《臺灣府輿圖纂要》(臺北:臺灣銀行,1963 年),頁 20。

[91] 引見不著撰人,《臺灣府輿圖纂要》,頁 130。

南渡蕭條人物盡，厭厭泉下見曹蛉」的詩文，諷諭「魁斗山三峰陟起，狀若三台；形家謂為文明之兆」的典故，[92]然而其所質疑的對象，如果回歸到歷史的脈絡，卻是某些清代官紳對於臺灣府學文廟風水極佳的共識與認同。

鳳山縣儒學由知縣楊芳聲於康熙二十三年（1684）倡建，座落於縣治興隆莊（今高雄市左營區），設置之初即有明顯的風水成因在內。據高拱乾等《臺灣府志》卷二〈規制志・學校〉中記載，鳳山縣儒學「後為啟聖祠。學前有天然泮池，荷花芬馥，香聞數里。鳳山拱峙、屏山插耳，龜山、蛇山旋繞擁護，形家以為人文勝地」。[93]陳文達等《鳳山縣志》卷二〈規制志〉中說明縣邑學宮：「前有蓮池潭，為天然泮池；潭水澄清，荷香數里。鳳山對峙，案如列榜。打鼓、半屏插於左右，龜山、蛇山旋繞擁護，真人文勝地，形家以為甲於四學」。[94]該書卷一〈封域志・形勝〉中也稱頌：「邑治旗、鼓兩峰，實天生之挺翠；龜、蛇二岫，壯文廟之巨觀。十里荷香，蓮潭開天然之泮水」；另於卷一〈封域志・山川〉中記載一錯落於鳳山東北的鳳彈山（鳳卵山），「文廟視此為案山」。[95]王瑛曾等《重修鳳山縣志》卷六〈學校志〉中同樣記載縣境學宮文廟，「前有蓮潭，天然泮池。鳳山對峙，屏山左拱，龜山、鼓山右輔，形家稱為人文勝地」；[96]另於卷一〈輿地志・山川〉中所述秀削凌霄的打鼓峰後註稱：「縣與文廟皆以此峰為文筆，形家稱勝地焉」。[97]余文儀等《續修臺灣府志》卷八〈學校・學宮〉中亦陳述鳳山縣儒學，「前有天然泮池，荷花芬馥，香聞數里。鳳山拱峙、屏山插耳，龜山、蛇山繞護；形家以為人文勝地」。[98]又如清代後期《臺灣府輿圖纂要》之〈山水門〉中記載，距離縣治南三十里的鳳山，「以形得名，

---

[92] 臺灣銀行經濟研究室編，《臺灣詩鈔》（臺北：臺灣銀行，1970年），卷16，頁301-302。
[93] 高拱乾等，《臺灣府志》，卷2，頁32。
[94] 陳文達等，《鳳山縣志》（臺北：臺灣銀行，1961年），卷2，頁14。
[95] 陳文達等，《鳳山縣志》，卷1，頁4-5。
[96] 王瑛曾等，《重修鳳山縣志》，卷6，頁157。
[97] 王瑛曾等，《重修鳳山縣志》，卷1，頁12。
[98] 余文儀等，《續修臺灣府志》，卷8，頁341。

縣學之拱案山也」。[99]而在《鳳山縣輿圖纂要》之〈山川〉中涉及縣境諸山風水格局的敘述中，也提到距離縣城南三十里的鳳山，「橫列邑治東南，宛然如飛鳳；為文廟朝案山」。[100]在光緒二十年盧德嘉等《鳳山縣采訪冊》丁部規制〈學宮〉中，猶引據前說，標榜鳳山縣學，「前有蓮花潭天然泮池。鳳山對峙，屏山左拱，龜山、鼓山右輔，形家稱為人文勝地」。[101]

從前舉各志書圖說相互傳承的論述可見，鳳山縣學宮文廟的所在位置，依山傍水，風水格局奇佳無比，不僅地方官紳引以自豪，並且受到堪輿形家的極力推崇。

鳳山縣學宮文廟的風水格局，也成為後事者追尊的神聖表徵。如鳳山學教諭吳玉麟於嘉慶四年（1799）十一月撰刻的〈新砌泮池碑記〉中，即曾秉持地靈人傑的觀念，解說鳳山境域文風之所以鼎盛，係緣起於學宮文廟地理適當的關係：「臺地自入版圖以後，沐聖朝雅化，鳳山文運之盛，甲於諸邑。雖士克樹立，而山川鍾靈，文廟實得地焉」。[102]同治後期，縣儒學訓導葉滋東倡議新修學宮，獲得縣邑士紳的積極參與，乃順利展開學宮文廟的整建事宜。至光緒三年（1877），重修鳳山縣學落成，黌宮棟宇大為改觀，其兩廡暨大成坊、櫺星門、明倫堂就此煥然一新。次年（1878）正月，在鳳山縣知事孫繼祖纂記、署儒學訓導許文璧撰刻的〈重建學宮碑記〉中，以「鳳邑東迆山，南濱海，與內番狌獉蝸蠕為鄰，入版圖者二百餘年矣。然半屏、龜、蛇諸山環護奔赴，秀氣成采。論者謂：茲地沐聲教者有年，他日文獻當鱗萃於斯，不終於荒蕪樸陋也」的頌詞作為開場，碑文中緊接著強調地方官員應該善盡教化百姓的職責，知事孫繼祖一方面表彰訓導葉滋東等人致力於文教設施的改善，一方面也讚譽他們整修完竣的學宮文廟，其整體外觀「規模修整，氣象崇煥！山川形勢，堂局向背如法」。[103]風水觀念的運用，於此再度

---

99 不著撰人，《臺灣府輿圖纂要》，頁 26。

100 引見不著撰人，《臺灣府輿圖纂要》，頁 137。

101 盧德嘉，《鳳山縣采訪冊》（臺北：臺灣銀行，1960 年），頁 155。

102 臺灣銀行經濟研究室編，《臺灣教育碑記》，頁 30。

103 臺灣銀行經濟研究室編，《臺灣南部碑文集成》（臺北：臺灣銀行，1966 年），頁 362-363；

表露無遺。

　　傳統上，廟學建築的前方，多闢有半月形的泮池，按古禮周代天子之學為四週環水的「辟雍」，諸侯之學則為南面半水的「泮宮」。孔子因曾受封為文宣王，故孔廟以泮池為其規制，以至於成為後代官設廟學所在的具體表徵。[104]主政者從事各種與廟學相關的文教建設之際，有時也會重視泮池外觀形勝的保持與修整。如康熙後期，臺灣知縣陳璸於〈建文昌閣詳文〉一文中提到：「凡文廟前俱有泮池；一水迴環，映帶於頖宮，芹藻方覺生色。而府學泮池，雖經諸生呈請開鑿在先，亦尚有志未逮。相應并工相度開濬，以增形勝者也」。[105]而在乾隆四十二年（1777）臺灣知府蔣元樞整修府學格局之際，亦嘗疏濬學宮泮池。[106]

　　有別於泮池原始的禮教意涵，堪輿學或基於龍穴砂水向的觀點，將泮池的功能等同於風水格局中凝聚生氣的「風水池」。[107]而蓮池潭作為鳳山縣學宮文廟的天然泮池，在堪輿形家的認定中，也具有風水學上的象徵意涵；其地理形勢的完整與否，自然為某些信奉風水觀念的地方官紳所關注。為了保障學宮文廟的風水氣運，官紳對於蓮池潭遭到外力破壞的情形，往往不會坐視不顧。如巡臺御史范咸於乾隆十年（1745）冬巡視鳳山縣的文教設施之後，隨即應知縣呂鍾琇的呈請，於同年十二月擴建明倫堂，次年六月告竣，俾收興賢觀善的效果。與此同時，范咸要求地方官員濬通先前為居民不當佔用的蓮池潭，以維護學宮泮池的格局。范咸於乾隆十二年（1747）四月撰著的〈新建明倫堂碑記〉中，曾追溯這段經歷云：

> 鳳邑在郡治之南，學宮獨據形勝之地。廟前泮池，方廣里許，多植菱荷，即志所稱蓮池潭也。余以乙丑冬巡行鳳山，謁先師廟，

　　臺灣銀行經濟研究室編，《臺灣教育碑記》，頁 52-54；何培夫主編，《臺灣地區現存碑碣圖誌 高雄市·高雄縣篇》（臺北：國立中央圖書館臺灣分館，1995 年），頁 196。

[104] 楊布生、彭定國，《中國書院與傳統文化》，頁 181-184。

[105] 陳文達等，《臺灣縣志》（臺中：臺灣省文獻委員會，1958 年），卷 10，〈藝文〉，頁 724-725。

[106] 蔣元樞，《重修臺郡各建築圖說》，頁 13。

[107] 有關「風水池」在堪輿學上的功能，可參見徐善繼、徐善述，《地理人子須知》，卷 6 上，〈水法·池塘水〉，頁 6a。

> 召諸生講學。……問所為蓮池潭者，莠民侵牟以為利，日張網其
> 中；芙渠蕩然，無復存者。知邑事呂令作而言曰：鍾琇蒞此二年，
> 念明倫堂之未稱，已度地鳩工，……余許其請，更令清釐頹池以
> 還舊觀。越明年，……而泮池之水以濬。大小於邁，觀者交悅。
> 余故樂得而志之。[108]

　　鳳山縣學宮泮池經過此次的修濬，至乾隆後期，這處學宮泮池又因
「龜山右案中斷為坦途，水道通海為田廬侵塞」，縣邑士紳再度發動地方
人士進行整修工作，以儘速補救泮池格局。旋經左營莊民捐資贊助，「茲
並補其缺，清其界，使復其舊」，而令蓮池潭泮池得以氣行通暢。[109]

　　光緒元年（1875），析鳳山縣別置恒春縣；翌年，首任知縣周有基
於縣城內西門猴洞山頂創建澄心亭，後亭內供奉至聖先師、文、武二席
神牌，山下濬築泮池，並建欞星門，環築宮墻，權作縣邑文廟。《恒春
縣志》卷二〈建署〉中記載澄心亭的所在位置，「山高百尺，平地崛起。
兩山中斷而復連，峭石玲瓏，瑤草芸生；登高四顧，豁然開朗。馬鞍、
龍鑾諸山水環列於前，左有三台、虎岫諸峰，右有檳榔、西屏等一帶平
林，繡壤如茵，洵一邑之勝地焉」。[110]澄心亭山環水抱而前有泮池的堪
輿形勢，儼然可觀。

　　與鳳山縣學同樣設立於清代初期的諸羅縣邑學宮文廟，後來在新修
選址之際，也曾有過一段風水因緣。康熙四十三年（1703）秋，鳳山知
縣宋永清署諸羅縣事，奉文移歸諸羅山縣治。宋永清鑒於康熙二十五年
（1686）舊設善化里西保（目加溜灣，今臺南市善化區）的學宮文廟年
久失修，遂與縣邑諸生集議度地新建。斯時宋永清曾親自「週城內外卜
吉三處，聽諸生自擇其尤，定基於城之西門外」。[111]諸羅縣學宮的所在
位置，正面迎對玉案山，此山名稱恰與理想的風水格局中龍穴前方的「案
山」同名。名稱的雷同當非屬巧合，應是漢人傳統堪輿思維下的產物。

---

108 臺灣銀行經濟研究室編，《臺灣南部碑文集成》，頁46-48；何培夫主編，《臺灣地區現存
　　碑碣圖誌 高雄市・高雄縣篇》，頁185。
109 臺灣銀行經濟研究室編，《臺灣教育碑記》，頁30-31。
110 屠繼善，《恒春縣志》，卷2，頁71。
111 陳夢林等，《諸羅縣志》（臺北：臺灣銀行，1962年），卷5，頁67-69。

根據《諸羅縣志》卷一〈封域志・山川〉的記載:「玉案山(舊名玉枕),位踞離明,方幅蒼翠,是學宮之對山也,橫鋪如青玉之案」。[112]由此可見,從堪輿學的角度,諸羅縣學擁有相當不錯的風水格局。[113]

康熙四十五年(1706),海防同知孫元衡(1661-?)集資興建諸羅縣學宮大成殿欞星門,於同年仲冬落成。斯時,躬逢其盛的諸羅縣教諭孫襄,乃題著〈諸羅學文廟記〉一文,追溯學宮文廟的建造緣由,其中提到:先前設於目加溜灣的諸羅學宮,因「厥土未良、厥制未備」,在地利欠佳、規模尚闕的情形下,「毋怪乎諸學文士之未薦於鄉也」。孫襄緊接著強調,早在康熙四十三年(1704)秋,知縣宋永清「慨然以建學為己任,設緣疏、製弁言而募捐金焉。親視營盤內外,得吉壤三處,聽諸生自選其尤」。宋永清等人妥擇佳地於前,後經孫元衡蹕事而建的文廟外觀,「青烏家稱廟之形勢,曰:埒於鳳山,是宋公之志也」。[114]根據孫襄形諸文字的陳述,我們更可以肯定,縣邑官紳擇建諸羅學宮文廟之際曾受堪輿觀念影響的事實。而他們的目的,無非是為了替地方學子提供一處風水奇佳的讀書場所,期盼地靈得以庇蔭人傑,讓學子能在日後的科場上頭角崢嶸。

清代臺灣各地有關廟學風水庇護學子科舉中第的傳聞,最膾炙人口的例證,莫過於號稱「開臺進士」的竹塹士紳鄭用錫(1788-1858)。嘉慶二十一年(1816),淡水同知張學溥邀集地方士紳謀建淡水廳儒學文

---

112 陳夢林等,《諸羅縣志》,卷1,頁8。

113 一般說來,案山(文筆峰)的存在及其挺拔秀麗與否,係傳統堪輿學上判定學宮文廟和其他文教硬體建設風水良窳的重要指標,除了前述臺灣府與臺灣、鳳山、諸羅三縣學的例證之外,如周璽等《彰化縣志》卷1〈封域志・山川〉中記載:「觀音山蔚然秀拔,以作學宮之朝拱」(頁8)。清代後期《臺灣府輿圖纂要》之「山水門」中記載嘉義縣境距離縣治南三十五里的玉案山,「俗名枕頭山,為縣學供案」(頁29),另記載澎湖廳內大山嶼東西澳案山社西的小案山,「距廳治四里,為書院朝山」(頁44)。《嘉義縣輿圖纂要》之〈山水〉中涉及縣境風水格局的記載,亦提到在縣治東南一百里的玉案山,「由筆架北折而西,為文廟對案」;另提到在縣東南八十里的筆架山,「五峰秀峭,形如筆架;為嘉邑之文峰」(同前引書,頁191-192)。陳朝龍《新竹縣採訪冊》(臺北:臺灣銀行,1962年)卷1〈山川〉中記載縣境東南三里竹塹堡山十八尖山,「其山自金山面東南來,雲羅碁布,翠若列屏,環繞縣城;尖峰韶秀,為學宮之案山」(頁19)。

114 周元文等,《重修臺灣府志》(臺北:臺灣銀行,1960年),卷10,〈藝文志〉,頁369-371。

廟，獲得眾人的踴躍贊同，總理林璽、林紹賢（1761-1829）、副總理鄭用錫、郭成金（1780-1836）以及吳振利、羅秀麗、陳建興、吳金吉等人隨即展開籌設事宜。在文廟的選址方面，主事者考慮到文廟風水「關於文運之盛衰，非扶輿磅礡之所結，山川靈秀之所鍾，無以為卜吉地也」，既然茲事體大，就不可不慎重其事。適巧竹塹地區有郭尚安者，「邃於堪輿之術，諸紳士以設廳時，曾選學宮基址，在於城內較場地方，因就其地請而籌之，深得許可，凡大小之規模，坐向之方位，皆其指劃。郭君為人輕財重義，諸紳謝之金不受，且曰：此廟一築，淡之科甲蟬聯，余之名亦不朽矣！金何足慕哉！」[115]

　　經由深通堪輿術的郭尚安親臨指點，文廟設置地點乃告確定。新修工程於同年十二月十五日肇工，至道光四年（1824）四月初十日竣工，位處於廳城內東南營署左畔。[116]淡水廳儒學文廟的落成，為地方紳民依循風水觀念而具體落實的產物。特別當廳學文廟倡議修建之後、竣工落成之前，其間鄭用錫接連於嘉慶二十三（1818）中舉、道光三年（1823）中進士，功成名就，享譽全臺。地方人士因而直覺地認定，這應是廟學風水直接應驗的結果。彰化縣知縣吳性誠於道光四年撰著〈捐建淡水學文廟碑記〉中，針對時人將鄭用錫揚名科場歸諸於風水庇護的心態，以及文廟風水與竹塹文風漸趨鼎盛的關係，有一段相當精要的敘述：

> 越三年戊寅科，鄭子用錫果登賢書，為淡學倡；迨癸未科，且冠東瀛，而成進士焉！自鄭子登科啟甲兩次以來，轉瞬才八、九年耳，踵其後者文武聯鑣，齊名蕊榜，繼繼繩繩，煥然丕變，郭堪輿之言，信乎其不謬也。[117]

　　吳性誠的行文之中追溯鄭用錫與淡水廳學文廟的風水因緣，無疑是一種關聯性思考的發揮。而其推崇郭尚安先前論斷竹塹地區人文蔚起的可信度，一句「信乎其不謬也」的評述，再次讓我們見識到，堪輿術家

---

[115] 臺灣銀行經濟研究室編，《臺灣教育碑記》，頁37-38。

[116] 陳培桂等，《淡水廳志》，卷5，〈學宮〉，頁122-123。

[117] 臺灣銀行經濟研究室編，《臺灣教育碑記》，頁38-39。

對於山川形勢暨風水格局的點劃，在清代臺灣某些官紳庶民心目中所具有的權威性。[118]當然，其權威性的增強與否，仍須建立在事後有無被認定為「應驗」的結果上。

　　從以上例證顯示，風水觀念介入學宮文廟擇建的過程，可說是清代臺灣社會的一種常態。官方的文教建設與風水習俗的密切互動，於此可見一斑。除此之外，清代時期治臺官員或私人設置的書院，其主要功能在於延聘宿儒教授生徒為學處世的道理，以補充學校教育的不足，並培養生童應舉所需具備的基本學識，因而成為科舉制度的輔助機構。[119]書院作為地方教育的中心，一旦牽涉到科舉應考的背景，風水庇蔭的因素也就不時地浮上檯面。

　　乾隆三十一年（1766），粵東三水縣進士胡建偉（1718-1796）授臺澎分府，「甫下車，即留心作人，觀風設教。諭諸紳士云：人藉地靈，地因人重；澎湖島連三十六，繡相錯也，石蘊五采，文奇攸鍾也，則是巨浸中之砥柱，為全閩之樞紐，將來其聖天子文教之名區乎」。胡建偉意圖振興當地的文教事業，乃向臺灣知府極力爭取在澎湖廳「就地考校，錄取送院，免諸童府縣試兩番渡海之難」。此項建議旋獲得上級的同意，胡建偉於是「捐俸以倡，卜築於廳治右畔百武之近地。其地環山帶水，文峰錯落可觀」。從堪輿學的角度來衡量這塊書院預設地點的形勢，無疑是一處藏風聚氣的風水福地。書院新建工程於同年九月動土，次年（1767）二月竣工，定名為文石書院。根據乾隆三十四年（1769）八月澎湖士紳勒刻〈文石書院碑記〉的記載，在他們的心目中，自胡建偉設立書院之後，澎湖地區「從此而掇巍科，登顯仕，人文鵲起，甲第

---

[118] 另據昭和 12 年（1937）羅秀惠撰〈重修新竹城隍廟碑〉中的記載：「竹地雄偉軒闊，海水天風，地相學者推為靈秀所鍾，代有破荒人物，自來地靈人傑，而神之靈爽，實式憑之。以故人文薈萃，黃甲開科，孝友鄉賢，畢臻其盛，論人傑者，當以鄭氏為冠冕，梅鶴後人實次之」。通觀羅秀惠的論述，亦是反映了堪輿家對於新竹一帶地靈人傑的權威論斷。引見何培夫主編，《臺灣地區現存碑碣圖誌 新竹縣市篇》（臺北：國立中央圖書館臺灣分館，1998 年），頁 185-186。

[119] 王啟宗，《臺灣的書院》（臺中：臺灣省政府新聞處，1987 年）；黃秀政，〈清代臺灣的書院——以中華文化的傳播與地方才俊的培育為中心〉，收於氏著，《臺灣史研究》（臺北：臺灣學生書局，1995 年增訂再版），頁 105-143。

蟬聯，皆我公樂育之功也」。[120]

由於書院的興建有助於地方文風的振興，治臺官員或地方士紳在擇地興建書院的過程中，欲求地靈人傑而能相得益彰，風水觀念自是他們考量的重點之一。

彰化鹿港於清代中期產業繁興，蔚為臺地商貿重鎮，文風亦漸趨鼎盛。道光四年（1824），鹿港海防同知鄧傳安有感於當地學子無肄業之所，而彰化縣城內白沙書院距離又遠，應課時頗費周章，乃於地方士紳協力集資擇地，創建文開書院。至道光七年（1827）十二月，書院新建工程落成，其羅經方位坐坤向艮兼甲寅，文昌祠、關帝廟位在其南。根據相關文獻的記載，新建工程的主事者認為，文開書院「面對肚山，周圍環以水圳，相厥陰陽，流泉俱已協吉」，其風水格局極為妥當，自可提供年輕學子一處理想的學習環境。[121]

彰化縣東部南投地區至清代中期文教漸昌，南投縣丞朱懋為能協助當地讀書人達成科舉中第的夙願，乃延請南北投、水沙連兩保紳民議建書院。眾人於是舉薦生員曾作雲、簡俊升等綜理書院興建事宜，另委託鄉進士閩清縣儒學教諭曾作霖勸捐經費。根據道光二十七年（1847）曾作霖題撰〈新建南投藍田書院碑記〉的記載，當時主事者擇地的考量在於：

> 卜地於街後東偏，西倚山麓，東面大屏，清流北護、蜀水南纏，大哮、碧山遙相對峙，中開一局，形勝天成，而餃峰九十九尖蔚然在目。其東南三峰，遠插雲霄，出沒隱見，變幻無常，則八同關之玉山，可望不可即。洵海外一奇觀也。[122]

該地點山環水抱、龍穴砂水的風水形勢，可說是脈絡清晰。曾作霖等人認為：「夫以山川之秀，氣運日開，其磅礡鬱積，知必有偉人杰士出乎其間，不僅為吾邑生色，誠邦家光也。地靈人傑之說，殆信然歟！是則書院之建，實為盛舉」。前述的這段自白，明顯帶有傳統風水氣論

---

[120] 臺灣銀行經濟研究室編，《臺灣教育碑記》，頁 28-29；何培夫主編，《臺灣地區現存碑碣圖誌 澎湖縣篇》（臺北：國立中央圖書館臺灣分館，1993 年），頁 96-97，207。

[121] 周璽等，《彰化縣志》，卷 12，〈藝文志〉，頁 400-402。

[122] 臺灣銀行經濟研究室編，《臺灣教育碑記》，頁 44。

的思維方式。興建工程自道光十一年（1831）年冬月起，迄道光十三年（1833）十月告成，此即藍田書院的由來。[123]

　　清代後期，鳳山縣羅漢內門萃文書院的設置過程，也同樣具有堪輿觀念的因素在內。根據道光二十五年（1845）三月〈新建萃文書院碑記〉的記載，當時地方人士倡建一崇祀文昌帝君的廟宇，並規劃其「東西兩翼室，可令延西席，教子弟讀書其中。將閭里藉以增光，而文運因而丕振者也」。經呈請官府批准之後，眾人踴躍捐款，並舉薦貢生黃玉華、監生蕭作又等三十餘名鄉里士紳督建興造事宜，擇建地點「卜吉在紫竹寺西買田地」。廟宇落成之時，其外觀形勢「左環虎頭山，右接龍潭井，異日文明煥發，士人虎榜龍門，不即此操券也哉？」[124]對於地方紳民而言，書院擔當起振興文教的重責大任，其所在地點若能獲得神靈的眷顧與風水的庇蔭，更能達成其推動地方文風且助長人才蔚起的實質效用。

　　清代臺灣書院的設置地點亦同學宮文廟一般，大多講究方位坐向的風水宜忌原則。若是後來者認定先前的位向有所不妥，往往也會根據自身所認定的堪輿學理加以調整。如乾隆十八年（1753），諸羅縣斗六堡拔貢生鄭海生等人倡建龍門書院；至嘉慶十一年（1806），相傳嘉義縣斗六縣丞聽信堪輿家以該書院坐向不吉的說法，乃改建院屋方位為坐北向南，以使風水生氣能順利地庇蔭地方學子。[125]諸羅縣境內玉峰書院，原由知縣徐德峻於乾隆十八年（1753）創建於城西隅。乾隆二十四年（1759），知縣李倓就西門內文廟舊址重建。[126]道光六年（1826），嘉義士紳王朝清（1786-1831）捐獻西門外諸福寺西南方土地，「相宅者謂為佳地」，遂遷建書院於此（今嘉義市書院里西門街震安宮所在地）。[127]

　　除了宮廟、書院的設置之外，崇奉文昌帝君的文昌閣（祠）也在清代臺灣的文教體系中，佔有一席之地。文昌閣（祠）在清代列為官方祀

[123] 臺灣銀行經濟研究室編，《臺灣教育碑記》，頁44。

[124] 何培夫主編，《臺灣地區現存碑碣圖誌 高雄市·高雄縣篇》，頁114。

[125] 伊能嘉矩，《臺灣文化志》（東京：刀江書院，1965年），中卷，頁39。

[126] 何培夫主編，《臺灣地區現存碑碣圖誌 嘉義縣市篇》（臺北：國立中央圖書館臺灣分館，1994年），頁205-206。

[127] 周凱，《內自訟齋文選》（臺北：臺灣銀行，1960年），〈嘉義王君墓誌銘〉，頁45-46。

典，由於科舉制度的影響，造成文昌帝君的崇奉遍及都城與全國各府州縣境，清代臺灣漢人活動的區域也不例外。文昌閣或附設於學宮書院，或由地方士紳獨立設置。縱然設置的方式略有差別，其在信仰上的作用則大同小異。在實踐層次上，官紳賴以作為振揚文教的祭祀場所，學子以此作為爭取科名的信仰寄託，所謂「縣有文廟，莊有文祠，所以崇文教而勵人材也」。[128]緣於功利心態的現實考量，使得文昌祠設置地點的風水形勢與方位格局，順理成章地成為主政官員所矚目的焦點。

康熙五十二年（1713），分巡臺廈兵備道陳璸在府學朱子祠後方建立文昌閣，隨即於〈建文昌閣詳文〉中表述他呈請建閣以振興海外文治事務的初衷，並強調文昌閣的設置地點有助於臺郡的人文形勝云：「竊見府學明倫堂左方空曠，先建有朱文公祠；其後綽有餘基，堪建傑閣，崇奉文昌。俾海隅日出之鄉，奎光燦爛；兼培補地勢，使蛋塢獠洞之窟，龍脈騫騰。倘得指日告成，自可拾級而上，觀大海之浩淼，文思如風發泉湧；覽層巒之聳翠，筆意似霞蔚雲蒸」。[129]引文中「培補地勢」、「龍脈騫騰」之類的用語，透露出陳璸本人對於文昌閣及府學整體格局的堪輿思維。

雍正四年（1726），分巡臺廈道吳昌祚創設魁星堂於臺灣縣西定坊，與府學朱文公祠後方的文昌閣同為當時府城重要的儒學祠祀。乾隆五年（1740），巡視臺灣御史楊二酉（1705-1780）以文昌閣的位置不宜，經其相度形勝之後，乃祀文昌於小南門樓，祀魁星於大南門樓。[130]海防同知攝縣事郝霔曾為文記載文昌閣、魁星堂擇建過程的風水方位考量云：

> 海逆鄭氏，世為國賊，竊永曆之虛號，實非有心為民。……方今太原楊公以巡臺兼督學政，於海疆士子，加意振興。既請建設書院為毓英地，復以文昌閣在郡庠東側，位置非宜，乃商之觀察劉公，相度形勝，祀文昌於小南門樓，位居乎巽；祀魁星於大南門樓，位居乎離。與郡庠相拱而相對，以應文明之兆。捐俸塑像，

---

[128] 林百川、林學源，《樹杞林志》（臺北：臺灣銀行，1960 年），頁 115。

[129] 陳文達等，《臺灣縣志》，卷 10，〈藝文〉，頁 722-724。

[130] 王必昌等，《重修臺灣縣志》，卷 6，〈祠宇志〉，頁 188。

俾余董其事。擇日偕巡察舒公暨道府率師生釋菜焉。繼自今地脈
鍾祥，神靈擁護；臺之多士，綵筆高題，朱衣暗點。[131]

　　文昌閣、魁星堂的相對位置經過楊二酉援引堪輿觀念加以修整後，
其坐向分別為東南方（巽方）及南方（離方），以應文明徵兆。主事者
並且期望地脈鍾祥加以神靈庇護，能順利地蔭佑臺郡才士蔚起。次年
（1741）春，府城士紳以學宮西鄰的海東書院面迎魁閣，左山右海，平
岡數疊，然其「巽位未甚秀拔，議請建浮屠為筆峰」。巡臺御史楊二酉
應允所請，於是捐俸鳩工，在海東書院的東南方（巽方）卜吉興造一座
秀峰塔。[132]

　　從堪輿學的角度，這座秀峰塔的設置其實具有「風水塔」、「文筆峰」
的功能，在此主要是運用人造建物作為案山（文筆峰）的本身，或藉以
提昇案山的高度，來強化其為風水穴局中的文教設施凝聚生氣且庇蔭學
子的效果。如光緒中後期，林豪等《澎湖廳志》卷一〈封域‧山川〉中
記載境域大山嶼坬裏社西北的紗帽山，「巍然高聳，中起圓凸，旁舒兩
肩，形若紙帽，四面環顧皆然，為廳治鎮署及書院朝案。前任副將李文
瀾以峰頭不尖，令人砌石如塔狀，高三丈餘，今遺址僅存」，[133]即為一
具體例證。在傳統風水學上，作為文筆峰之風水塔的修造形制與方位高
度有一定的規則。如乾隆十三年（1748）刊姚廷鑾《陽宅集成》卷四〈外
六事法‧塔〉中引黃淳甫云：「塔在巽方，或離艮辛方，為文筆，主發
元魁；在坤方，發女婿，申方兄弟同發秀，庚方二支好，丁方有壽，乾
方遠亦好，震山局在卯方，係一白，科名奕葉」。[134]道光二十四年（1844）
刊高衡士《相宅經纂》卷二〈文筆高塔方位〉亦提到：「凡都省府州縣
鄉村，文人不利，不發科甲者，可於甲、巽、丙、丁四字方位上，擇其
吉地，立一文筆尖峰，只要高過別山，即發科甲。或於山上立文筆，或

131 王必昌等，《重修臺灣縣志》，卷6，頁188-189。
132 謝金鑾等，《續修臺灣縣志》（臺北：臺灣銀行，1963年），卷7，頁489-490。
133 林豪等，《澎湖廳志》（臺北：臺灣銀行，1963年），卷1，頁18-19。
134 姚廷鑾纂輯，《陽宅集成》，卷4，頁286。

於平地建高塔，皆為文筆峰」。[135]

由此可見，聳立於海東書院東南方（巽方）的秀峰塔，正符合了這項風水宜忌原則。臺南勝景秀峰塔的創建緣由與堪輿形勝的關聯，在光緒十七年（1891）臺澎道唐贊袞的《臺陽見聞錄》中亦有所記載：「臺南府學西鄰海東書院，左山右海，據郡勝概。面迎魁閣，平岡數疊，遠近環映。臺紳士以巽位未甚秀拔，議請建浮屠，顏曰秀峰塔」。[136]鳳山縣民陳洪圭的〈秀峰塔賦（騰蛟起鳳、紫電清霜）〉也曾贊詠該塔的一段風水淵源云：「瞻此都之形勝，見浮屠之峻嶒。高峰特出，深秀超騰；迥梵門之三淨，儼通座之九層」，「度地伊始，傍郭之郊；位當離向，方協巽爻」。[137]

臺灣縣除了儒學宮廟設有文昌閣，該縣境內南社書院亦曾修建文昌閣，其整體堂局仍是帶有風水思維的成分。嘉慶二年（1797）春，地方士紳黃汝濟、陳廷瑜邀集吳春貴、韓必昌等人鳩資整修南社書院文昌閣，完工之後較舊有的規模益加宏敞。府儒學訓導楊梅「嘗登其上，見夫背負魁山，群峰羅列；南俯大海，萬頃汪洋，洵巨觀也。所謂地靈人傑，將在斯與」。[138]南社書院文昌閣倚山面水且得水藏風的風水形勢，於此呼之欲出。

主政官員參照堪輿家言以擇建或重修文昌帝君的祭祀處所，無非是為了庇佑地方人文蔚起及學子科考有成。嘉慶八年（1803），淡水廳同知胡應魁（？-1807）延請堪輿林時珍相擇廳城東門聖廟邊，肇建文昌宮。根據相關文獻的記載，爾後「淡水人文迭興」，地方人士認定此係文昌宮的靈驗所致。[139]嘉慶十六年（1811），彰化縣邑總理陳士陶暨各董事等人鳩資初建鹿港文昌祠；至二十三年（1818）春，地方士紳、郊商以文昌祠久經風雨侵蝕，廟貌傾圯不堪，遂捐資鳩工以整修外觀。至

---

[135] 高衡士，《相宅經纂》，卷2，頁27b。

[136] 唐贊袞，《臺陽見聞錄》（臺北：臺灣銀行，1958年），卷下，頁129。

[137] 王瑛曾等，《重修鳳山縣志》，卷12，頁499。

[138] 謝金鑾等，《續修臺灣縣志》，卷6，頁459-460。

[139] 鄭用錫纂輯，林文龍點校，《淡水廳志稿》（南投：臺灣省文獻委員會，1998年），卷1，〈祠廟〉，頁53。

次年（1819）三月工程完竣後，臺灣府儒學左堂兼署彰化縣儒學正堂鄭重撰著〈重脩文武兩祠碑記〉以誌此事，文中推崇該祠所在地點擁有極佳的風水格局，並援以解說鹿港地區文風興起的風水緣由云：

> 況彰邑踞臺郡上游，鹿港又為彰邑巨鎮。溯發脈於大武郡山，蜿蜒磅礴百餘里之遙，而□以西□既聚，兩祠於是乎成。蓋殿堂居鹿水之東，坐坤而向艮。彰山擁其左，瀛海環其右，□城崎其旁，道嶺□其□，□外□峰簇立于指顧間，洵乎海甸之大觀也。人傑本諸地靈，賢俊薈萃，人文蔚起，固□定矣。[140]

到了同治八年（1864）四月，補用知府鹿港同知孫壽銘分守鹿港，鑒於當時清廷初定戴潮春起事，為能平息地方人心起見，乃專注於文教事業的振興。孫壽銘為此曾「諏吉謁文祠，面山氣散，遂築牆以拱於前，艮位文峰，環而照焉」。孫壽銘築牆於文昌祠前，以達成其拱衛明堂、凝聚生氣的效果，其實是一種修補風水格局的作法。光緒八年（1882）二月，孫壽銘撰述〈重修文祠碑記〉追溯這段因緣際會，在他的心目中，鹿港文祠風水一經修補，加上事後禮聘進士蔡德芳（1824-1899）擔任文開書院的主講，「如是者年餘，諸生文頗有可觀」，從此鹿港地區文風鼎盛，名聞遐邇，堪稱是冠絕全臺。[141]

文教設施的風水格局是否發揮其庇蔭學子的效果，主要是來自於人們心理上的直覺認定。類似的心態，亦曾出現在清代中期有關竹北堡新埔街文昌祠設置緣由的論述中。己亥科舉人陳學光於道光二十三年（1843）倡建文昌祠，同年撰著〈新埔文昌祠碑〉記載此舉的前因後果，表達了他對於文昌祠的地理形勝攸關人文蔚起的看法云：

> 今夫天地菁莪之氣，因時而始洩其奇；聖神教澤之功，得地而益宏其化。……乃知讀書之人，貴得其地；菁莪造士，棫樸作人，有由然也。……夫地以人靈、聖以時顯，而此名勝之地，

---

[140] 臺灣銀行經濟研究室編，《臺灣教育碑記》，頁 33 34。

[141] 臺灣銀行經濟研究室編，《臺灣教育碑記》，頁 55-56；何培夫主編，《臺灣地區現存碑碣圖誌 彰化縣篇》，頁 146-147。

> 至今而始發其光。其殆有聖神之靈爽默相感召，非人力所能為
> 者也夫。[142]

　　到了清代後期，新竹地區樹杞林堡另有文昌祠的設置，在擇地興修的過程中，風水因素再度受到當地紳民的重視。光緒二年（1876），樹杞林堡林學源、陳鴻賓、彭殿珍、邱學德等人以九芎林等莊自開闢以來文教方興，生童、貢監人材漸盛，乃倡議建造文祠供奉文昌帝君，為文人學子安排一處鍾靈毓秀的崇祀場所。主事者於是邀集地方紳耆共襄盛舉，合力相擇風水佳地。根據同年冬林學源等人題撰〈建文林閣記〉的記載：

> 爰是邀同殷紳相度地勢，得一名勝之區，土名高枧頭；幸業主官
> 九和樂施地基。其龍由石壁潭入山分支，起伏離奇，將至結處，
> 忽頓跌為平埔，埔岸略開扇面，左有五股林山為輔，右有九芎林
> 山為弼，兩山秀麗，山外峰巒突兀爭奇。復有五指山為筆架，酒
> 桶山為高冠，相與映乎目前，於乎鑠哉！此誠鍾毓之得其所哉！

　　林學源等人根據審龍察砂的堪輿原則，擇定這處群山環抱、藏風聚氣的設置地點之後，喜悅之情躍然紙上。緊接著，他們挨莊鳩資創基，建基方位坐北朝南。自動工興築日起歷時六月，同年冬竣工落成，地方士紳「取人文蔚起、多士如林之義」，題名為文林閣。[143]
　　根據以上的論證，風水觀念對於清代臺灣各地文教設施的作用，廣受主政官員及地方紳民的重視。相形之下，治臺官員、地方紳民有時也因一味講求風水形勢及其方位坐向的需要，以致顧此失彼，忽略了廟學文祠與其他政經單位妥善的相對位置，結果反倒成了文教發展的妨礙，此舉亦不免招致某些有識之士的微辭以對，甚至嚴屬撻伐。如《續修臺

---

[142] 陳朝龍等，《新竹縣采訪冊》，卷5，〈碑碣（下）〉，頁244-245。此外，吳子光於〈重建新埔街文昌祠記〉中，也提到他個人「喜此地形勝佳絕，神又得所憑依，從此精靈呵護，山水鍾奇，當有經經緯史者，出以匡淺學之所不逮」。吳子光，《一肚皮集》（臺北：龍文出版社，2001年據清光緒元年吳氏雙峰草堂自刊本景印），卷6，頁22b。

[143] 林百川、林學源，《樹杞林志》，頁115；何培夫主編，《臺灣地區現存碑碣圖誌 新竹縣市篇》，頁255。

灣縣志》修纂者對於乾隆初期巡臺御史楊二酉根據風水方位的原則，修建大南門樓魁星堂、小南門樓文昌閣（振南社）以及秀峰塔的作法，頗不能苟同。他們雖然肯定楊二酉振興文教的貢獻，然而卻抨擊他過度迷信風水的不妥之處云：

> 篤於風水之說，建秀峰塔於南，命祀文昌於小南門城樓之上，祀魁星於大南門城樓之上，謂可協五行而應星宿，遂使文明之象，冷落闤闠，夜聽巡鉦戍鼓之聲，與廝卒為伍。厥後寇氛時起，驅士乘城，非其氣機所感歟。

在他們的心目中，主政者基於風水的考量，竟是將文教神祇崇祀於擔當境域防衛功能的駐軍城樓上，可謂一大失策。有鑑於此，他們認為楊二酉的卜吉擇向之說，「殆堪輿家之陋者。故是誌於振南社之祀，置不錄。蓋欲以正祀事而破堪輿之陋也」。[144] 有趣的是，修志者的強烈抨擊，適與前文所述楊二酉等人篤信風水的情形，呈現出鮮明的對比。

道光初期，噶瑪蘭通判姚瑩於〈臺北道里記〉中提到竹塹城內，「都司署前較場不甚大，學宮即在其南，每逢操閱，鎗砲轟震，殊非妥侑先聖之所。而土人士以地理家言，貪較場地吉而置，有司惑而從之，過矣」。[145] 顯而易見的是，姚瑩對於嘉道之際竹塹士紳聽從郭尚安的堪輿之說而擇定境域文廟地點，卻罔顧其位處營署旁一事所可能造成的不良後果，相當不以為然。

前述地方官紳營建宮廟書院等文教設施之際考量風水因素的情形，如與《續修臺灣縣志》的修纂者以及臺灣道姚瑩批判風水的論述相互比照，可以讓我們理解到，當風水觀念落實到社會實踐的層面時，對於風水的象徵意涵及其產生的實質效用，往往隨著個人的認知差異或價值取向，而作出互有出入甚至截然不同的解釋或評價。這樣的狀況，多少呼應了風水觀念本身所具備的特質之一，那就是一種因人、事、時、地而異的「隨機選擇性」。

---

144 謝金鑾等，《續修臺灣縣志》，卷3，頁162。

145 姚瑩，《東槎紀略》（臺北：臺灣銀行，1957年），卷3，頁89-90。

五、結論

　　歸結本文所論文教建設與風水習俗的互動關係，大致說來，不論學宮文廟的興修也好，書院文祠的闢設也罷，風水觀念在選址擇建的過程中所發揮的制約作用和導引效果，在清代臺灣漢人社會可說是不乏其例。治臺官員暨地方紳民的主要用意，無非是想藉由風水信仰來強化文教空間地靈人傑的神聖性，並提昇這些學宮書院的知名度，以吸引更多的莘莘學子慕名來學，進而貫徹統治階層的政治意識及其導民化俗的教化初衷。官紳採擇風水法則選址、遷建或整修各類文教設施，期盼風水庇蔭地方學子頭角崢嶸。若是來年科甲鼎盛或人文蔚興，在心理上獲得「應驗」的滿足及認定之後，往往增強其對於風水術數的信仰，益加重視地方文教硬體設施的維護與形制格局的整修。對於地方後繼學子而言，擇建於風水寶地且能庇蔭科甲有成的文教設施，有形或無形之中，想必也會滋生出一種助長其向學動機的效果。風水習俗與文教發展的良性互動循環，可簡要如下列附表 1 所示。

表 1：風水習俗與清代臺灣文教發展的互動循環

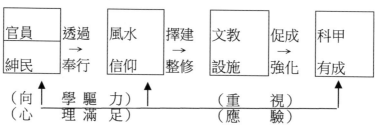

　　科舉制度及其相關的文教設施的建立，係帶動清代臺灣各地趨向「內地化」、「儒漢化」之文治社會的重要機制，透過人事制度的運作與價值觀念的落實，既促使臺灣本土從原住民社會逐漸轉型成以漢人為主體的社會，對於人才的培育、文化的傳播與社會的安定，亦發揮了相當

重要的作用。[146]在清代臺灣社會轉型與人文發展的過程中，標榜趨吉避凶、逢凶化吉的風水術數，其所具有的「催化」功能，自不容輕易忽視。

　　從本文的實證研究可以看出，在援引陽宅風水之說營建文教設施以求趨吉避凶的環節上，傳統社會的官紳階層與庶民階層之間，通常達成了一項互蒙其利、各取所須的文化共識。就此層面而言，風水習俗在清代臺灣社會不僅是庶民百姓的「小傳統」，同樣也是官紳階層的「大傳統」。

本文原刊登於《臺灣風物》，55 卷 2-3 期，2005 年 6 月、9 月，頁 115-144，81-104。今據已刊稿修訂而成。

---

146 李國祁，〈清代臺灣社會的轉型〉，頁 111-148；尹章義，〈臺灣—福建—京師——「科舉社群」對於臺灣開發以及臺灣與大陸關係之影響〉，頁 527-583。

陳永華倡建的全臺首學臺南孔廟。在清代
治臺官員的認知中，鬼仔埔南面有魁斗山
朝拱，係凝聚學宮佳氣的文筆峰，風水形
勢頗佳

臺南孔廟名宦祠中的分巡臺廈兵備道陳
璸等人牌位

臺南孔廟明倫堂內右後方的乾隆四十二
年臺灣府學全圖碑。圖中下方山丘即魁斗
山

「玉骨長埋桂子山」—臺南市中西區五妃
廟所在的桂子山（魁斗山）一帶，清代官
紳認定為府學南面文筆峰

臺南孔廟前方泮池，在堪輿學上具有風水
池的功能

臺南孔廟明倫堂左後方的文昌閣

新竹孔廟今貌，其前方為泮池

新竹孔廟鄉賢祠中的「開臺進士」鄭用錫
等人牌位

1927 年羅秀惠所撰重修新竹城隍廟碑中
提到：「論人傑者，當以鄭氏為冠冕」

新竹城隍廟正殿

新北市泰山區明志書院今貌

乾隆二十九年興直保新建明志書院碑（現
存明志書院）

乾隆三十四年文石書院碑記（現存澎湖縣 馬公市孔廟）

澎湖孔廟藏嘉慶四年文石書院碑記

彰化縣鹿港鎮文開書院今貌

高雄市內門區萃文書院今貌

南投縣南投市藍田書院今貌

道光二十七年新建南投藍田書院碑記（現 存藍田書院）

嘉慶二十四年重脩文武兩祠碑記（現存彰
化縣鹿港文祠）

光緒八年重修鹿港文祠碑記（現存彰化縣
鹿港文祠）

彰化縣鹿港文祠今貌

彰化縣鹿港文祠前方泮池

臺南市中西區大南門城樓，清乾隆初期巡
視臺灣御史楊二酉曾於此崇祀魁星

乾隆十二年「臺灣縣圖」局部（取自范咸
等《重修臺灣府志》，臺北：臺灣銀行，1961
年）。圖中可見楊二酉分祀魁星、文昌的大
南門樓與小南門樓，以及位居府學東南方
的秀峰塔

當「礦脈」遇上「龍脈」：
清季北臺雞籠煤務史上的風水論述

一、緒論

  十九世紀後期，為了因應外國勢力的軍事衝擊，經由清廷官員的倡導下，陸續在中國各地推行一連串效法西方列強的新式實業，包括礦產的開採、鐵路的修築、電線的架設以及槍炮、輪船的製造等。對於當時普遍奉行風水觀念的平民百姓而言，開礦脈、修鐵路與架電線的過程中，動輒傷損山水形勝，毀壞民間墳塋廬舍，因而激起群眾的抵制，引發了洋務運動前後的種種風水紛爭。[1]同時期，西方列強曾數度向清廷議請在北臺雞籠山（基隆）開挖煤礦的舉動，使得清代臺灣移墾社會中所流傳的風水習俗與龍脈信仰，遭受到西力東漸的現實波折；雞籠龍脈不容毀損之類的說法，也多次構成地方官員推拒外國人士煤採要求的理由。另一方面，清季臺灣本土推行自強新政前後，官辦北臺雞籠山的礦採過程中，也曾經歷過一段洋務與風水之間的利害糾葛。[2]

---

[1] 李國祁，《中國早期的鐵路經營》（臺北：中央研究院近代史研究所，1976 年再版），頁 16-24；王樹槐，〈國人對興建鐵路的爭議（1859-1889）〉，《中央研究院近代史研究所集刊》，第 15 期（上），1986 年 6 月，頁 299-318。

[2] 相關的論述，可參見 James W. Davidson, *The Island of Formosa: past and Present* (London/New York: Macmillan & Co., 1903), pp. 476-484；連雅堂，《臺灣通史》（臺北：臺灣時代書局，1976 年），卷 18，〈煤〉，頁 569-573；伊能嘉矩，《臺灣文化志》（東京：刀江書院，1965 年），中卷，頁 716-731；井出季和太，《臺灣治績志》（臺北：成文出版社，1985 年景印昭和 12 年排印本），頁 154-158；朱仲西主修、林鴻標編纂，《基隆市志・工礦篇》（基隆：基隆市文獻委員會，1957 年），第 3 章第 1 節，頁 14-18；林朝棨，《臺灣省通志稿》卷 4《經濟志・礦業篇》（臺北：臺灣省文獻委員會，1960 年），頁 137-156；黃嘉謨，《甲午戰前之臺灣煤務》（臺北：中央研究院近代史研究所，1961 年），頁 9-54，92-158；臺灣礦業史編纂委員會編，《臺灣礦業史（上冊）》（臺北：臺灣省礦業研究會/臺灣區礦業同業公會，1966 年），頁 117-135，570-580；戴寶村，《清季淡水開港之研究》（臺北：國立臺灣師範大學歷史研究所，1984 年），第 4 章第 3 節，頁 93-102；李甘同，〈舊雞籠八斗子煤礦（俗名「清國井」）勘查報告〉，《臺煤》，第 554 期，1988 年 7 月，頁 24；黃清連，《黑金與黃金：基隆河上中游地區礦業的發展與聚落的變遷》（臺北：臺北縣立文化中心，1995 年），頁 26-39，198；吳賢夫，《重修臺灣省通志》卷 4《經濟志・礦業篇》（南投：臺灣省文獻委員會，1997 年），頁 635-658；Richard J. Smith, *Fortune-tellers and*

　　從社會心態或深層文化的角度，我們不禁要問：同樣是雞籠的風水龍脈，為何會在這些煤務資料中產生前後不一的論述取向？「風水」在各種有關雞籠礦採的論述裡，究竟隱含著什麼樣的權力關係？傳統風水理論上號稱「全臺祖山」、「臺郡來龍」的雞籠山，又怎能內化為煤務論述的客體，以致成了各方矚目的焦點？甚至在特定的歷史情境中，發揮實質的作用？有鑑於此，本文嘗試深入這些環繞在雞籠煤務的風水論述中，分析論述的主體輾轉於「礦脈」與「龍脈」二者之間的認知意向與其價值標準，來理解作為觀念建構／權力掌控下的風水客體滲透在這段煤務史的流變過程中，如何被官員或輿論加以選擇性的定位和技巧性的運用。

　　從文化學的角度，共通的行為規範及其實踐的結果，具體呈現為普遍的社會現象；這些社會現象所形塑的價值取向，也不斷地導引人們的觀念和選擇。觀念的落實與否，則經常涉及權力的運作。[3]就此層面而言，風水觀念的建構過程與施行程序，往往也決定了人對他人以及人對外在環境的意識支配與權力宰制。人們賦予自然地理空間一項可供操作的風水理論，透過風水知識的掌握者——堪輿師、地理師、青烏先生來論斷某處風水的有無與好壞，反過來在對待生、老、病、死與吉、凶、禍、福的得失態度上，或多或少也受到此種術數法則的制約。由於風水術數富有推往測來的實用性與經天緯地的神秘性，得以深入滾滾紅塵的人情世故，消解芸芸眾生對於自我生命與外在變遷的不確定感，正呼應其所具備的權威性和支配性。[4]而堪輿文化為傳統中國士紳所側目或關

Philosopher: Divination in Traditional Chinese Society（Boulder: Westview Press, 1991），pp. 131-132, 170-171；Ole Bruun, *Fengshui in China: Geomantic Divination between State Orthodoxy and Popular Religion*（Honolulu: University of Hawai'i Press, 2003），pp. 34-80, 233-234.

[3] Michel Foucault, *Power/Knowledge: Selected Interviews and Other Writings 1972-1977*, edited and translated by Colin Gordon（Brighton: The Harvester Press, 1980）；Thomas S. Kuhn, *The Structure of Scientific Revolutions,* 2nd ed.（Chicago: The University of Chicago Press, 1970）；Imre Lakatos , "Falsification and the Methodology of Scientific Research Programme," in Imre Lakatos and Alan Musgrave eds., *Criticism and the Growth of Knowledge*（Cambridge: Cambridge University Press, 1970），pp. 91-196.

[4] 張明喜，〈中國術數文化發凡〉，《社會科學》，1992 年第 2 期，頁 49-53。

注的原因，亦在於這項社會習俗的運作過程中所附帶的功利特質。這項功利特質，也是促成風水之說深入傳統社會的主要催化劑，並使其成為古往今來的漢文化圈人士所共同享有的一套趨避法則。由於歷代某些知識份子的重視和推闡，豐富了風水的理論系統與操作原則，也增添了風水的神聖色彩；而其雜揉於佛教儀式、道教方術與民間宗教的傳播途徑，並融入傳統祖先崇拜的信仰內涵，更普及了風水可供發揮的實質作用。這套術數系統於是透過信仰落實到政治運作與社會事務上，對於傳統中國歷史文化的演進，具有相當不容忽視的影響力。[5]

隨著明鄭至清代時期閩粵漢人陸續移居北臺，帶進了原鄉社會的風水習俗，因地制宜轉化為定居後的生活方式。在十九世紀後期西力東漸的時代背景下，這套漢文化傳統的術數觀念與趨避法則，也因緣際會地被推到中外競逐的國際舞臺上。

本文主要以清代官書檔案、志書圖說、契字碑碣配合私家詩文別集、報刊等涉及雞籠煤務的原始資料為基礎，[6]分析這些煤務資料中的風水論述取向和其相應的國際情勢、社會現實與官方的政策考量，留意其與時俱移的歷史性與訴說對象的選擇性，以及當中價值判斷的標準和意識形態的立場乃至於各種若隱若現的心態，進而探索風水觀念在這些具有支配性的論述之中所處的權力位置。全文的章次安排即呼應前述的問題意識，首先爬梳清代歷史文獻中關於雞籠風水的形塑，作為通觀「龍脈」與「礦脈」之間取捨關係的背景架構；其次分別從道咸同之際西力東漸的因應、洋務運動推行時的論述轉向這兩個層面，討論風水觀念、龍脈

---

[5] Stephan D. R. Feuchtwang, *An Anthropological Analysis of Chinese Geomancy*（Vientiane/Paris: Vithagna, 1974）, pp. 96-111, 175-217；Sang Hae Lee, "Feng-Shui: Its Context and Meaning," Ph. D. thesis, Cornell University, 1986, pp. 49-369；Bernard W. K. Lau, "Feng-Shui: An Example of Sense of Coherence in Chinese Geomancy?," *Asian Culture Quarterly* 24.4 (1996.12), pp. 55-61；Ole Bruun, *An Introduction to Fengshui*（Cambridge: Cambridge University Press, 2008）, pp. 11 83；漢寶德，〈風水——中國人的環境觀念架構〉，《國立臺灣大學建築與城鄉研究學報》，2 卷 1 期，1983 年 6 月，頁 123 150；李城志、賈慧如，《中國古代堪輿》（北京：九州出版社，2008 年），頁 25-78。

[6] 關於本文各章的原始資料與歷史背景的掌握，筆者主要得力於黃嘉謨《甲午戰前之臺灣煤務》一書。

禁忌在官方煤務論述中所具備的權力關係及其價值取向的轉換過程。

　　本文整體的論述過程，筆者有意跳開一般所認定的科學理性／術數迷信相互對立的先天成見，儘量擺脫單純化地視風水術數為中國近現代化阻礙之類的後見之明。如果我們試著以當時的價值系統與行為規範去看待既往，透視現象背後的主導觀念及其歷史淵源，藉此理解個人或社會群眾的主體認知所建構的事實或經驗，或許可以同情地理解，某些於當今被視為「迷信」、「非理性」的論述景象，適足以顯示其在特定時空情境之中的「合理性」，而此種合理性也正是歷史流變中集體心態的映現。[7]法國史學家保爾‧凡納（P. Veyne）於〈概念化的歷史〉中指出：「研究一種心態就是研究一種集體性。一種心態不僅僅是眾多個人想同樣的東西這一現象：他們中的每一個人，這一思想是以不同的方式被其他的人也這樣思想這一事實所突出的」。[8]援依這項方法論原則，即使是時人心態上對於風水習俗的後設詮釋，也可以成為歷史學研究的客體對象。若是運用得當且詮釋得法，更有助於我們從深層文化的角度以及歷史脈動的觀點，洞悉風水習俗與臺灣社會的互動關係。

二、清代文獻對於雞籠風水的形塑

　　在早期東亞海域史上，北臺雞籠一帶作為沿岸航行的針路指南，亦為中國東南沿海漢人與日本人從事季節性漁業的停泊處，或是與臺灣原住民進行商業貿易的據點。明代中後期，閩海郡縣倭患頻仍且海寇不斷，殃及臺地雞籠、淡水一帶。十五、十六世紀，歐洲人發現環球新航路之後，葡萄牙、西班牙（佛郎機）與荷蘭（紅毛番）為了開展東方海上通商和傳教事業，各國船舶陸續活動於中國東南海面，也引起了中國官紳的關注，連帶使得向來作為航向指南與商貿據點的雞籠（山），逐

---

[7] 姚蒙、李幽蘭編譯，《法國當代新史學》（臺北：遠流出版公司，1993 年），第 6 章，〈心態史〉，頁 159-186。

[8] 姚蒙、李幽蘭編譯，《法國當代新史學》，頁 58。

漸出現於當時攸關帝國海防的歷史文獻上。[9]至於從風水的觀點建構雞
籠龍脈說的相關論述，據目前所能掌握的文獻顯示，大約在十七世紀末
葉臺灣被清帝國納入疆域版圖的時候，這項風水格局的界定才告問世。
此種現象除了表露出時人對臺灣島域有了更實質的掌握，進而在意識上
延伸為大一統帝國統治權力的象徵。

康熙二十二年六月，福建水師提督施琅攻克臺澎，鄭克塽遣使投
降，結束了鄭氏王國對於臺灣的統治權。這時，清朝政府直接面臨到臺
地的去留問題。康熙皇帝最初一度認為「臺灣僅彈丸之地，得之無所加，
不得無所損」，對於臺灣本土，恍若興致闕如。[10]但在某些清朝官員的看
法裡，臺灣畢竟是由先前「甘外王化」的「海外一隅」，「從未開闢之地，
盡入版圖」。[11]況且，「地方既入版圖，土番、人民均屬赤子」，既然王者
無外，豈可將臺灣見外？[12]經過一段或棄或留、可有可無的議論波折下，
到了次年（1684）四月，才正式將臺灣劃歸大清版圖，設置臺灣府暨諸
羅、鳳山、臺灣三縣。其中，自新港北達雞籠，隸屬於諸羅縣的管轄範
圍。

就清帝國統御宇內、懷柔遐荒的立場而論，往昔「臺灣未入版圖，
星野、山川，雖在天覆之內；而因革、措置，終屬化外之區。今者，遵
道、遵路，即有分疆畫界；而率土之濱，莫非王臣」。[13]清朝統治者鑒於
臺灣自古不屬於中國的歷史背景，為能具體呼應過往職方所不載的臺灣

---

9 徐光啟撰，王重民輯校，《徐光啟集》（上海：上海古籍出版社，1984年），卷1，〈海防
   迂說〉，頁37-50；林繩武，《海濱大事記》（臺北：臺灣銀行，1965年），頁2-8；熊明
   遇，《島人傳》，收於熊人霖編，《文直行書》（臺北：國家圖書館藏清順治17年刊本），
   文卷13，頁19a-41b；臺灣銀行經濟研究室編，《流求與雞籠山》（臺北：臺灣銀行，1964
   年），頁87-103；張維華，《明史佛郎機呂宋和蘭意大里亞四傳注釋》（臺北：臺灣學生
   書局，1985年景印再版），頁2-155。另參見陳宗仁，《雞籠山與淡水洋：東亞海域與臺灣
   早期史研究，1400-1700》（臺北：聯經出版公司，2005年）；周婉窈，〈山在瑤波碧浪中——
   總論明人的臺灣認識〉，《臺大歷史學報》，第40期，2007年12月，頁93-148。
10 《大清聖祖仁皇帝實錄》，卷112，康熙22年10月10日，頁21。
11 《大清聖祖仁皇帝實錄》，卷112，康熙22年10月12日，頁22。
12 施琅，〈請留臺灣疏〉，高拱乾等，《臺灣府志》（臺北：臺灣銀行，1960年），卷10，
   頁232。
13 高拱乾等，《臺灣府志》，卷1，頁26。

盡入大清幅員的事實，康熙二十五年（1686）正月，禮部議行將臺灣、
金門、廈門等處增入《通志》內，以彰顯大一統的盛況。[14]主事者考慮
到臺灣新隸大清版圖的特殊背景，在通志的凡例中，刻意強調全書必需
詳載臺地民情風俗的原則。相形之下，金門、廈門雖然與臺灣俱為孤懸
海外的島嶼，由於其原先已屬福建省轄區，所以不加詳述。[15]由此顯示
出臺灣在清初某些中國官員心目中的特殊地位。

　　臺灣設府的同時，治臺官員亦步亦趨地伸展帝國內部的治理權責。
康熙二十三年（1684），蔣毓英就職首任臺灣知府，致力於臺郡相土定
賦及社會教化的事務。[16]翌年（1685），清廷下詔各地修志，以提供中央
編修一統志的參考，並作為政府規劃未來施政的藍圖，蔣毓英於是奉令
纂輯臺志。[17]經由他主修的《臺灣府志》發軔，建構出臺灣風水龍脈的
來源去勢，此後更成為官修臺灣方志定於一尊的正統範例。該書卷二〈敘
山〉中提到：

> 臺灣之山，……其形勢則自福省之五虎門蜿蜒渡海，東至大洋
> 中起二山曰關同、曰白畎者，是臺灣諸山腦龍處也。隱伏波濤，
> 穿海渡洋，至臺之雞籠山始結一腦。扶輿磅礡，或山谷、或平
> 地，繚繞百餘里，直抵東北。而諸山頓起，聳出雲霄矣。巃嵸
> 之勢，不可紀極。……起伏二千餘里，到郎嬌沙馬磯頭，而山
> 始盡。[18]

　　同卷〈諸羅縣山〉另記載雞籠鼻龜崙之外大海中有雞籠嶼、桶盤嶼、
旗干石、石門嶼、雞心嶼，「則又臺灣之腦龍隱見處焉」。[19]蔣志中的這
幾段敘述，主要是透過中國地理龍脈說的概念架構，將臺灣島域初入大

---

[14] 《大清聖祖仁皇帝實錄》，卷124，康熙25年正月29日，頁7。

[15] 金鋐主修、鄭開極等纂，《康熙福建通志臺灣府》（臺北：成文出版社，1983年據昭和5
　　年影鈔康熙年間刊本景印），頁10-13，63。

[16] 周元文等，《重修臺灣府志》（臺北：臺灣銀行，1960年），卷10，〈藝文志・蔣郡守傳〉，
　　頁343-344。

[17] 陳捷先，《清代臺灣方志研究》（臺北：臺灣學生書局，1996年），頁18-20。

[18] 蔣毓英，《臺灣府志》，收於《臺灣府志三種》（北京：中華書局，1985年），卷2，頁29-30。

[19] 蔣毓英，《臺灣府志》，卷2，頁40-41。

清版圖的現況予以具象化。

　　依照傳統風水理論，中國山脈自位在疆域西北（或西南）方的崑崙山發祖，分為北、中、南三大幹龍，而其幹中有枝，枝中有幹，環節蔓延，橫亙整個中國版圖，即所謂「凡山之脈，起自崑崙。是崑崙為山之首，而氣脈之行，因山而見」。[20]也就是說，在有關龍脈源頭的認定上，「天下萬派之山，皆祖於此」。[21]題名元代劉秉忠著、明代劉基（伯溫，1311-1375）註解的《玉尺經‧審勢篇》中，開宗明義指出中國境內三大幹龍的走向與分佈云：

> 天分星宿，地列山川。仰觀北斗之墟，乃見眾星之拱運；俯察岡阜之來，方識平原之起跡。萬山一貫，起自崑崙，……乾坤坎離及兌，歸絕域而西通瀚海；艮震與巽三條，入中國而五嶽分居。是故黃河界而西北，丑艮行龍；長江限而東南，巽辰起祖。[22]

　　劉基於《堪輿漫興》也提到「崑崙山祖勢高雄，三大行龍南北中。分佈九州多態度，精粗美惡產窮通」。[23]此外，在明代中葉徐善繼、徐善述昆仲合著的《地理人子須知》卷一上〈總論中國之山〉中，附載「中國三大幹龍總覽之圖」，統括九州大勢、山河趨向及其來龍去脈。同卷中援引南宋大儒朱熹的說法，審度崑崙三大主幹的南支尾端，乃盡入閩粵地區。[24]從政治文化的角度，三大幹龍的概念其實也是版圖意識的一種延伸。值得注意的是，臺灣的島嶼影像尚未出現於該圖的龍脈體系裡，這或許是在明代中國人士的心目中，臺灣本島「猶屬化外」、「未入版圖」的一種具體表徵。

　　晚明著名地理學家徐宏祖（1586-1641）於《徐霞客遊記》一書中，

20　徐試可編，《地理天機會元》（臺中：瑞成書局，1970年據舊刊本景印），卷13，頁1b。

21　何溥，《靈城精義》，收於《景印文淵閣四庫全書》第808冊（臺北：臺灣商務印書館，1986年），頁118。

22　馬森，《地理正宗集要》（臺北：武陵出版社，1988年），卷5，頁143-144。

23　顧頡主編，《堪輿集成》（重慶：重慶出版社，1994年），第2冊，頁64。

24　徐善繼、徐善述，《地理人子須知》（臺北：武陵出版社，1986年據明萬曆11年重刻隆慶3年本景印），頁30-32。另可參見王圻，《三才圖會》（臺北：成文出版社，1974年據明萬曆35年刊本景印），地理卷16，〈堪輿諸圖〉，頁549-551。

曾解析「南龍自五嶺東趨閩之漁梁，南散為閩省之鼓山」。[25]鼓山屹立於
福州府閩縣城東三十里江濱，延褭數十里；在風水格局上，被定位為郡
邑形勝的「鎮山」。相傳宋儒朱熹曾登臨其上，題刻「天風海濤」四字。
《鼓山志》引晉朝堪輿大師郭璞〈遷城記〉云：「右旗左鼓，全閩二絕，
蓋以形類鼓，且對旗山為名」。[26]到了清代時期，官紳根據崑崙南龍東行
落脈、注結於福建福州鼓山的風水架構，推演康熙中期轄屬於福建省的
臺灣島，自當歸屬於其南支尾端分入海內的餘脈。[27]

　　實際上，自蔣修《臺灣府志》以降，臺灣本島的龍脈傳承在清代一
統志、通志與各臺灣府、縣、廳志以及官紳詩文雜鈔與旅臺遊記中，多
稱其發源自福建省福州府鼓山，出閩江口五虎門綿延過海而來，東經大
洋中的關同（潼）、白畎二山（今馬祖列嶼），至北臺雞籠山（約相當於
今新北市瑞芳區基隆山）結一腦龍，臺灣山脈自此發源。[28]就島內整體
格局而論，臺境幹龍從諸羅縣（彰化縣、淡水廳）北境雞籠山起祖，蜿
蜒南行，至鳳山縣境臺灣島最南端的沙馬磯頭（約相當於今屏東縣恒春
鎮鵝鑾鼻）而盡。某些文獻更記載，沙馬磯地脈甚至穿海直奔菲律賓呂
宋島。[29]在海防形勢方面，「雞籠則北方之險要，沙馬磯則南隅之砥柱」，[30]
二者不啻控禦全臺、屏藩疆域的扼要固塞。如康熙三十五年（1696）刊
高拱乾等修《臺灣府志》卷二〈規制志・阨塞〉所云：「至於保障北方，
則有雞籠城孤聳天半；守險南隅，則有沙馬磯砥柱海角。是雞籠、沙馬

25　徐宏祖，《徐霞客遊記》（臺北：文光圖書公司，1975 年），頁 524。
26　徐景熹、魯曾煜等纂修，《福州府志》（臺北：成文出版社，1967 年據清乾隆 19 年刊本景
　　印），卷 5，〈山川〉，頁 11a；王世懋，《閩部疏》（臺北：成文出版社，1975 年據明寶
　　顏堂訂正刊本景印），頁 1a-b。
27　榮錫勳，《撼龍經疑龍經批注校補》（臺北：武陵出版社，1995 年據清光緒 18 年刊本景印），
　　頁 229-230，723-727。
28　此係就臺灣本島而言，至於澎湖群島，清代志書文獻或云其龍脈源自泉州清源山，自成另一
　　風水地脈系統。相關的論證，可參見劉敏耀，《澎湖的風水》（馬公：澎湖縣立文化中心，
　　1998 年），頁 16-26。
29　有關沙馬磯名稱、形象及位置演變的考證，可參見洪敏麟，〈古地名沙馬磯位置的調查報告
　　書：關於沙馬磯古地名現在位置的探討〉，《臺灣文獻》，17 卷 2 期，1966 年 6 月，頁 48-72。
30　陳文達，《鳳山縣志》（臺北：臺灣銀行，1961 年），卷 2，〈扼塞〉，頁 33。

磯，又實壯一郡之屏藩而扼其全勢者也」。[31]而在海域航行上，雞籠、沙馬磯分別為北往日本及琉球、南至呂宋的航向指南。[32]

　　換句話說，臺灣整體的風水格局，一方面係全島山脈形勢的反映，與自然地理上的山脈走向若合符節；另一方面，這樣的安排密切聯繫著時人對於雞籠海防地位及其作為航向據點的體認。如乾隆元年（1736）刊黃叔璥《臺海使槎錄》卷一〈赤嵌筆談·形勢〉中描述了如此的情景云：

> 臺地負山面海，諸山似皆西向，皇輿圖皆作南北向，初不解；後有閩人云：臺山發軔於福州鼓山，自閩安鎮官塘山、白犬山過脈至雞籠山，故皆南北峙立。往來日本、琉球海舶率以此山為指南，此乃郡治祖山也。……南路界盡沙馬磯頭，相傳地脈直接呂宋。凡舟赴呂宋，必由此東放大洋。[33]

　　躔事於蔣志之後，清代前期的官修府志，如高拱乾等修《臺灣府志》卷一〈封域·山川〉記載：

> 臺灣山形勢，自福省之五虎門蜿蜒渡海；東至大洋中二山曰關同、曰白畎者，是臺灣諸山腦龍處也。潛伏波濤，穿海渡洋，至臺之雞籠山，始結一腦；扶輿磅礴，或山谷、或平地，繚繞二千餘里，諸山屹峙不可究極。[34]

　　高志中的這段文字，明顯係脫胎自蔣志的敘述。爾後，如康熙五十七年（1718）刊周元文等《重修臺灣府志》、乾隆七年（1742）刊劉良璧等《重修福建臺灣府志》、乾隆十二年（1747）刊范咸等《重修臺灣府志》以及乾隆三十九年（1774）刊余文儀等《續修臺灣府志》，概承襲自高志的說法。[35]

---

[31] 高拱乾等，《臺灣府志》，卷2，頁51。

[32] 蔣毓英，《臺灣府志》，卷2，〈臺山分界〉，頁31-32及卷10，〈扼塞〉，頁243。

[33] 黃叔璥，《臺海使槎錄》（臺北：臺灣銀行，1957年），頁7-9。

[34] 高拱乾等，《臺灣府志》，卷1，頁8。

[35] 周元文等，《重修臺灣府志》，卷1，〈封域·山川〉，頁9；劉良璧等，《重修福建臺灣府志》（臺北：臺灣銀行，1961年），卷3，〈山川〉，頁41；范咸等，《重修臺灣府志》，

　　至於私家的著述，也不乏類似的記載。如康熙三十六年（1697）親歷北臺的浙江仁和人郁永河（1645-？），在其《裨海紀遊》卷上總論臺郡平地形勢時指出，「東阻高山，西臨大海，自海至山，廣四、五十里；自鳳山縣南沙馬磯至諸羅縣北雞籠山，袤二千八百四十五里，此其大略也」。[36]乾隆十六年（1751），崇安人董天工《臺海見聞錄》卷一〈山川〉中綜述臺山的來龍去脈，則直接鈔錄自前引府志的內容。[37]

　　概念或傳說每經層累構作、積漸而成，也往往與世推移、因人而異，以至於在文字敘述上有所增損或另加調整。「全臺祖山」的明確化，即是經過某些文人別出心裁、簡煉前說的結果。根據康熙五十六年（1717）刊陳夢林等《諸羅縣志》卷一〈封域‧山川〉的記載：

> 邑治負山面海，內拱神州而西向；發軔於北、叢於東，而附於邑治之肩背，延袤於南。……其可指而名者，自福州之五虎門，山勢東入於海，導關同、白畎以南，漸逼雞籠港，突浮一嶼，曰雞籠嶼，……穿港而東，曰大雞籠山；巍然外海之天半，是臺灣郡邑之祖山也。[38]

　　文中因襲府志前說，而在詞句上略加更動，概要點出雞籠山係全臺郡邑祖山的見解。《諸羅縣志》率先楷模，後來與前引乾隆初年《臺海使槎錄》中「郡治祖山」的說法前呼後應。自乾嘉時期以降，此種論調更為常見。如乾隆二年（1737）刊郝玉麟等修《福建通志》卷四〈山川〉中，註稱彰化縣境大雞籠山，「在雞籠港之東，一望巍然，為全臺郡邑祖山。往來日本洋船，皆以此山為指南焉」。[39]在乾隆四十九年（1784）續修《大清一統志》卷三三五〈臺灣府〉的內容中，則轉引《福建通志》有關彰化縣境大雞籠山為「全臺祖山」的記載。[40]又如嘉慶二十五年

　　卷1，〈封域‧山川〉，頁7；余文儀等，《續修臺灣府志》（臺北：臺灣銀行，1962年），卷1，〈封域‧山川〉，頁7。

[36]　郁永河，《裨海紀遊》（臺北：臺灣銀行，1959年），頁11。

[37]　董天工，《臺海見聞錄》（臺北：臺灣銀行，1961年），頁1。

[38]　陳夢林等，《諸羅縣志》，卷1，頁6。

[39]　郝玉麟等，《福建通志》（臺北：中央圖書館臺灣分館藏乾隆2年刊本），卷4，頁61b。

[40]　《大清一統志》（臺北：中央圖書館臺灣分館藏乾隆49年刊本），卷335，頁2b。

（1820）穆彰阿等重修《大清一統志》卷四三七記載，「臺郡北自雞籠山，南至沙馬磯頭，二千餘里，東偏負山，西面臨海，其山蜿蜒不斷」，並說明大雞籠山「在港東，一望巍然，為全臺祖山」。[41]

　　道光中葉，前彰化縣知事、白沙書院主講周璽纂修《彰化縣志》卷一〈封域志·山川〉記載大雞籠山，「巍然高峻，陡插雲霄，是全臺郡邑之太祖山也」。[42]道光年間，淡水廳進士鄭用錫纂輯《淡水廳志稿》卷一〈山川〉中提到，「淡水之山起自雞籠，雞籠者，全臺之大祖山」。[43]直到同治初年刊《臺灣府輿圖纂要》中說明淡水廳極北區域的大雞籠山，「為全臺祖山。盤據海濱，勢極高峻」。[44]同時期的《淡水廳輿圖纂要》中提到臺灣諸山，「發脈於大雞籠山之東北，由三貂內山一路由北向南，至鳳山縣極南而止」，又記錄大雞籠山「係淡廳極北之區，為全臺之祖山」。[45]

　　從前引的文獻內容大致可以推斷，雞籠山為臺境山脈發祖的觀念，濫觴於康熙中後期臺灣初隸大清版圖之際，至清代中葉逐漸演變成「全臺祖山」的定說。影響所及，淡水同知嚴金清於同治六年（1867）招聘林豪（1831-1918）纂輯的《淡水廳志稿》中，曾刻意就「全臺祖山發源於雞籠」的脈絡，安排志書「山川」門的枝幹條理，依序自北而南描述廳治內諸山走向，順勢遞推，俾求聯貫分明。[46]這項作法，亦為「全臺祖山」意識籠罩下的學術產物。

　　「龍渡滄海」、「雞籠發祖」的觀念和說法，陸續經清代中後期各類文獻的傳鈔與運用，逐漸成為官紳習以為常的通論。例如，清代著名學者俞正燮（1775-1840）於道光十三年（1833）鴉片戰爭前輯成的《癸巳類稿》卷九〈臺灣府屬渡口考〉中，提到臺地「山脈發福州之鼓山，自閩安越白畎洋、關潼山至雞籠山」；而「雞籠山，西南至沙馬碕，凡

---

[41] 臺灣銀行經濟研究室編，《清一統志臺灣府》（臺北：臺灣銀行，1960 年），頁 8，14。

[42] 周璽，《彰化縣志》（臺北：臺灣銀行，1962 年），卷 1，頁 6。

[43] 鄭用錫纂輯，林文龍點校，《淡水廳志稿》（南投：臺灣省文獻委員會，1998 年），頁 2。

[44] 不著撰人，《臺灣府輿圖纂要》（臺北：臺灣銀行，1963 年），頁 37。

[45] 不著撰人，《淡水廳輿圖纂要》（臺北：臺灣銀行，1963 年），頁 268，271。

[46] 林豪，〈淡水廳志訂謬〉，見陳培桂等《淡水廳志》（臺北：臺灣銀行，1963 年），頁 466。

千九十四里，與福州、興化、泉州、漳州四府相直」。[47]魏源（1794-1857）
於道光二十二年（1842）撰著的《聖武記》卷八〈康熙戡定臺灣記〉中，
基於其對中國山川形勢的理解，推闡祖脈發源於福州鼓山的臺灣在中國
海防地位上的重要性云：

> 臣源曰：中國山川兩幹，北盡朝鮮、日本，南盡臺灣、琉球，過
> 此則為落漈尾閭，亦名萬水朝東。舟楫所不至，故琉球、日本以
> 東之國無聞焉。臺灣地倍于琉球，其山脈發于福州之鼓山，自閩
> 安越大洋為澎湖三十六島，又東渡洋百里至臺灣，為中國之右
> 臂。可富可強，可戰可守。[48]

王之春於光緒六年（1880）的《國朝柔遠記》一書中，除了延續過
往將雞籠視為航向指南與海防要地的理解之外，[49]該書卷二也提到：「臺
灣在閩海中，縱千有餘里，衡四、五百里。地脈自福州鼓山越大洋為澎
湖諸島，又東二百里為臺灣，起雞籠山，南盡沙馬碕，東南渡洋為小呂
宋，東即大東洋」；同書附編卷二復說明：「全臺地脈發軔於福之鼓山，
自五虎門山蜿蜒入大洋，中為竿塘（又名關潼）、白畎二山，穿海至臺
之雞籠山起脈，磅礴千餘里，南至沙馬崎為盡境」。[50]

江蘇上元人蔣師轍（1847-1904）的《臺游日記》載錄光緒十八年
（1892）間，其應臺灣巡撫邵友濂（1840-1901）之聘，渡海來臺預擬
《臺灣通志》的纂修事宜。是年五月二十四日，他曾徵考舊志的山川門
目，覆按黃叔璥《臺海使槎錄》中所謂臺地諸山「發軔於福州鼓山，自
閩安鎮官塘山、白犬山過脈至雞籠，皆南北峙立」的解說，作為通志發
凡起例的參照。[51]

綜觀這些輾轉抄錄、大同小異或稍有刪削潤飾的論述內容，共同編

---

[47] 俞正燮，《癸巳類稿》（臺北：世界書局，1965 年重印新校本），頁 323。

[48] 魏源，《聖武記》（臺北：世界書局，1962 年重印），頁 230-231。

[49] 「如雞籠山為度琉球、日本之規路，南沙馬崎為渡呂宋、小南洋等標準。誠扞禦內地沿海要
疆也」。王之春，《國朝柔遠記》（臺北：臺灣學生書局，1975 年據清光緒 22 年重刊本景
印），附編卷 2，頁 990。

[50] 王之春，《國朝柔遠記》，頁 111，989。

[51] 蔣師轍，《臺游日記》（臺北：臺灣銀行，1957 年），卷 1，頁 33。

織出臺灣龍脈說的歷史圖像，在觀念傳承上呈現出官方立論的一致化，刻意呈顯臺灣地理與中國大陸之間的「一脈相承」。從官方意識形態的立場，龍脈源頭的認定亦為政治文化版圖的確認。在治臺官員的心目中，由於臺灣府隸屬福建省，縱使間隔茫茫滄海，龍脈仍舊相連一體且氣運相通，於情於理，天經地義。乾隆初期，董夢龍於〈臺灣風土論〉中指出：「臺之山，自閩入海，潛伏三百餘里，突出淘波中干雲霄而上，矗立千仞。其最高而極北，曰雞籠山。由是迆南，重岡迴巒，峻絕蒼蒙，莫可名狀」。[52]臺灣道莊年（1703-1755）於乾隆十二年（1747）序范咸等《重修臺灣府志》時，也曾「想當然耳」地認定：「臺淡水距閩省水程四百餘里，其間關潼、白畎形勢蜿蜒，則臺之隸閩，段可識矣」。[53]在道光三十年（1850）刊謝金鑾等修、薛錫熊增補《續修臺灣縣志》卷一〈地志‧山水〉中亦提到：「東倚者皆山，西控者皆海。山渡海而來，則以為發源乎福州，東汩乎鼓山，示嚮乎五虎，見跡乎關潼、白畎，而結腦乎大雞籠，南行數百里至郡治。彼堂堂兀兀以去者，且不知其所之也」。文中並註稱「福州五虎山入海，首皆東向，是氣脈渡海之驗」。修志者根據前述的山川脈絡，進一步推論臺灣島域川流西向的政治文化意涵云：

> 山渡乎海，其盤旋屈曲，垂乳結穴，可造郡邑、聚村落者，必西向內地而復歸於海。水出於山，其可舟、可游、可灌、可汲以養吾民者，必西流而卒歸於海。豈地理之所存，顧有不忘其本者歟。[54]

　　類似的關聯性思考取向，亦可見於同治初年刊《臺灣府輿圖纂要》之「疆域」門中，作者將郡志的相關記載參對澎湖島的地理位置與聚落座向，並配合舟師見聞和堪輿家言，互證臺、澎兩地分別與閩省福州、泉州龍脈跨海相連說的持之有故，並且言之成理：

---

[52] 六十七，《使署閒情》（臺北：臺灣銀行，1961年），卷3，頁100-101。

[53] 范咸等，《重修臺灣府志》，莊序，頁7。

[54] 謝金鑾等，《續修臺灣縣志》（臺北：臺灣銀行，1963年），卷1，頁16。

> 臺山，由福州五虎門蜿蜒渡海。海島澎湖，距郡城西北；則聞老
> 船戶云：「北礁一道沙線，直通泉州崇武澳東南洋面；或寄椗其
> 上，水比他處較淺」。因悟形家云「泉州清源山一支趨向東南入
> 海」說，蓋有據。……要其千里奔騰，神州拱衛。凡盤旋屈曲，
> 起伏結注之地可造郡邑、置村落者，皆西向內地；水出於山，亦
> 隨向歸於海：地理固有不忘本歟！[55]

　　擬似這種「地理固有不忘本」的思維，傳達了統治者心態上理想化
的大清一統天下秩序。因此，「龍渡滄海」的意念，應可視為大一統天
下觀念投射在這項風水格局的結果，其中洋溢著「泛政治化」的色彩。
風水知識的建構者站在帝國權力支配的位置，傾向以天地人合一的系統
思維，類推同風共俗、倫常教化的從屬分際，將海峽兩岸的地理關係統
整於政治文化上的君臣名分，最終達成天道、地理、人事三位一體的效
果。[56]黃叔璥《臺海使槎錄》卷四〈赤嵌筆談・紀異〉中的一段文字所
透露的歷史訊息，有助於我們窺知其來有自的玄機云：

> 府志載鳳山先年有石忽開，讖云：「鳳山一片石，堪容百萬人；
> 五百年後，閩人居之」；俄而復合。有言朱文公登福州鼓山，占
> 地脈曰：「龍渡滄海，五百年後，海外當有百萬人之郡」。今歸入
> 版圖，年數適符。熙熙攘攘，竟成樂郊矣。[57]

　　這段文字，主要凸顯出鳳山石碑的讖言、朱熹登福州鼓山占地脈的
預言及其與清初漢人大量移墾臺灣社會的因果關聯性，來解釋當時臺灣
本土社會的發展現況。我們知道，大儒朱熹不僅為舉世聞名的南宋理學
宗師，也是眾所周知的僑寓福建地區的堪輿巨擘。根據泉州同安舊志的
記載，朱熹於同安主簿任內，為了保護縣治的風水格局，曾於境內主山
應城山上築堤以培補龍脈，並造峰以聳拔其氣勢，可見他對於這套術數

[55] 不著撰人，《臺灣府輿圖纂要》，頁7。另參見林豪，《澎湖廳志》（臺北：臺灣銀行，1963
　　年），卷1，〈封域〉，頁15-16。

[56] 謝金鑾等，《續修臺灣縣志》，卷1，〈地志・山水〉，頁16-17；李元春，《臺灣志略》
　　（臺北：臺灣銀行，1958年），卷1，〈地志〉，頁4-5。

[57] 黃叔璥，《臺海使槎錄》，頁78。文中「府志」之說，可參見蔣毓英，《臺灣府志》，卷
　　10，〈災祥〉，頁237；金鋐主修、鄭開極等纂，《康熙福建通志臺灣府》，頁189。

法則的熟悉與重視。[58]有關朱熹個人的風水學素養，《朱子語類》卷二〈理氣下‧天地下〉中記載其曾縱覽中國全境龍脈走向及其重案分佈，據以分析歷代都城風水格局的優點所在云：「冀都是正天地中間，好箇風水。山脈從雲中發來，雲中正高脊處」、「堯都中原，風水極佳。左河東，太行諸山相遶，海島諸山亦皆相同。右河南遶，直至泰山湊海」的堪輿見解。[59]朱熹的堪輿見解廣受後世的注目，流風所及，衍生出明清時期風水理論中的一派說法：崑崙入中國三條幹龍以中幹最尊，自漢唐迄北宋各開國皇帝多藉此龍飛承天，開創該朝代的盛世規模。隨著中國文化重心的逐漸南移，「南幹至宋高宗南渡以來運氣方興，萃產朱子為萬世儒宗」，明顯以儒學宗師朱熹作為中國南北風水氣運轉勢的指標。[60]朱熹不僅個人習究風水之學，在後世堪輿學術史的系譜中，朱熹亦被附予承先啟後的權威地位。

　　另一方面，清初崇程朱、貶陸王，經由康熙皇帝的表章崇奉與雍正皇帝的勵行倡導，朱子學取得官方學術上的正統地位，以因應滿族統治者崇儒重道、理國安民的現實需要。[61]上行則下效，康熙五十二年（1712）二月，分巡臺廈兵備道陳璸（1656-1718）捐俸在臺灣府郡學左側興建朱文公祠，俾將官定「正學」崇祀於海外郡邑。陳璸於〈新建朱文公祠記〉中強調，朱熹曾任官於福建漳、泉等地，而臺灣又相去漳、泉不遠，

---

[58] 林學增、吳錫璜等纂修，《同安縣志》（臺北：成文出版社，1967 年據民國 18 年鉛印本景印），卷 4，〈山川〉，頁 1b。又同書卷 8〈名勝‧巖潭〉中記載：「文公堤，距城北里許，有大石倚山麓，刻應城山三字，明劉存德題其旁，云朱子為同簿，築堤以補龍脈」（頁 10b）。

[59] 黎靖德編，王星賢點校，《朱子語類》（臺北：華世出版社，1977 年重印），卷 2，頁 29。由於朱熹諳習風水術數，遭致清初名儒王夫之（1619-1692）的批評云：「而朱子惑之，亦大儒之疵也」。王夫之，《思問錄》（臺北：廣文書局，1970 年），〈外篇〉，頁 84。有關朱熹的堪輿素養，另可參見林振禮，〈小山叢竹‧溫陵‧堪輿——朱熹泉州事迹考評〉，《黎明職業大學學報》，1999 年第 3 期，頁 19-23；周志川，〈朱子與地理風水思想〉，《元培學報》，第 7 期，2000 年 12 月，頁 183-191。

[60] 徐善繼、徐善述，《地理人子須知》，卷 1 上，頁 35。另參見王士性，《廣遊志》，卷上，〈雜志上‧地脈〉，周振鶴編校，《王士性地理書三種》（上海：上海古籍出版社，1993 年），頁 210-212。

[61] 劉良璧等，《重修福建臺灣府志》，頁 9-12，19-20。另參見高令印、陳其芳，《福建朱子學》（福州：福建人民出版社，1986 年），頁 362-373；萬榮晉，〈清初朱學的復興與特徵〉，收於祝瑞開主編，《宋明思想和中華文明》（上海：學林出版社，1995 年），頁 94-105。

透過此種地域上的關聯比附，來增添該祠在臺地創建的神聖性云：「按文公宦轍，嘗主泉之同安簿，亦嘗為漳州守。臺去漳、泉，一水之隔耳，非遊歷之區，遂謂其神不至，何憒也！」[62]伴隨著以朱熹為首的儒家學統在臺灣建立傳播據點之際，朱熹本人所熟悉的風水術數也逐漸在臺灣社會流傳開來。依據前述的歷史脈絡，來檢視黃叔璥《臺海使槎錄》的引文中所舉朱熹「龍渡滄海」傳說的用心，兼具有呼應朝廷政策意向與訴諸權威以自重其說的意味，連帶對於當時臺灣漢人社會的發展，尋求一種理所當然的解說。

在傳統中國社會，神聖化的人、事、物不乏神秘主義式的讖語附會，大儒朱熹在後世的形象也難以免俗。例如，在福州鼓山上據說有石一塊，上面刻有「海上視師」四字，向來被當成為紫陽（朱子）的字跡。[63]此說恰可與前述朱熹登鼓山預言龍渡滄海的傳聞，相為應和。道光中期，周凱等纂輯《廈門志》卷二〈分域略・山川〉中記載境域局部的山川形勢，亦牽涉到一些關於朱熹的傳聞，例如，在洪濟山西南的金榜山上有石鐫「談元石」三字，「相傳為朱子書」；城東二十一都虎山北的文公山，「相傳朱子嘗遊其巔，故以為名」；在城北二十里許的馬隴山上有金雞石，鐫刻「有泉德邱」四字，「相傳為朱子書。筆蹟未肖，好事者之談也」。[64]光年間，府城海東書院重修工程進行之際，時人曾掘地西畔得「文山秀氣」石刻四片，石刻旁題「晦翁」二字，被認定為朱熹的手筆，卻不知何時流落至此。[65]另據海東書院掌教江右楊希閔（1809-1878）於光緒三年（1876）題立〈朱子石刻碑記〉的記載，去年（1875）六月，他偶然於書院東偏的塵土中，搜得石刻朱子「文山秀氣」四大字，見其「筆力端勁，碻為朱子書無疑。不知何年、何人運何處石刻至此，擬龕壁而未及也」。後來奉巡臺御史夏獻綸（1837-1879）之命予以補龕，並題誌其出土年月。[66]諸如此類與朱熹發生關係的傳聞，概呈現出一種攀附儒家聖

62 劉良璧等，《重修福建臺灣府志》，卷9，〈祠祀〉，頁305及卷20，〈藝文〉，頁547-549。
63 連橫，《雅言》（臺北：臺灣銀行，1963年），頁28。
64 周凱等，《廈門志》（臺北：臺灣銀行，1961年），卷2，頁20，24。
65 連橫，《雅堂文集》（臺北：臺灣銀行，1964年），卷3，〈文山秀氣〉，頁145-146。
66 臺灣銀行經濟研究室編，《臺灣南部碑文集成》（臺北：臺灣銀行，1966年），頁358；何

賢以增添勝蹟神聖性的心態。

　　前引黃叔璥《臺海使槎錄》託稱鳳山讖言，配合朱熹的風水論述，推論臺灣「歸入版圖，年數適符」，強調中國大陸與臺灣之間民俗與「地理」（既是術數風水格局，也是自然地理形勢）血脈相連的觀念，同時也附會了康熙末期以後閩省漢人大量湧入，致使臺灣迅速開發的歷史事實。有如康熙末年隨兄來臺平定朱一貴之役的藍鼎元（1680-1733）於〈覆制軍臺疆經理書〉中描述，「今北至淡水、雞籠，南至沙馬磯頭，皆欣然樂郊，爭趨若鶩」的情形一般，[67]舉凡「熙熙攘攘，竟成樂郊」的一派說辭，或者「佃民墾田得一石牌，內鐫『山明水秀，閩人居之』」之類的傳聞，[68]其實皆帶有些許後設詮釋的色彩。當然，這些說辭在附會的同時，多少也傳達了特定時空的群眾意向、社會現實或學術氣氛，輾轉於潛移默化之中成為臺灣歷史文化的點點滴滴。

　　臺灣道劉璈（？-1889）於光緒七年（1881）九月十八日的〈觀風告示〉中，曾推究「片石鳳呈，祥開文字；重溟龍渡，氣識冠裳」的歷史典故，藉以映現清末漢人在臺灣本土的開發有成。[69]乙未鼎革之後，浙江溫州人池志徵（1852-1937）修訂其光緒十七至二十年間（1891-1894）旅臺日記而成的《全臺遊記》，在自序中，他提到臺灣島域未經漢人開闢之前，「宋朱熹立五虎門，謂五百年後海外千餘里有數百萬人煙。至鄭克塽納土，恰值其數；此當時朱子亦以山川發源形勢決之也」。池志徵追思清領時期臺灣漢人開發盛況的同時，也蘊寓其內心深處對於甲午割臺的沉重悲愴。龍渡滄海的風水傳聞，於是成了他遙寄相思情懷的觸媒。[70]

　　培夫主編，《臺灣地區現存碑碣圖誌 臺南市篇》（臺北：國立中央圖書館臺灣分館，1992年），頁76-77，282。

[67] 藍鼎元，《東征集》（臺北：臺灣銀行，1958年），卷3，頁34。

[68] 金鋐主修、鄭開極等纂，《康熙福建通志臺灣府》，頁189；范咸等，《重修臺灣府志》，卷19，〈叢談〉，頁574；連橫，《雅堂文集》，卷3，〈龍渡滄海〉，〈石刻〉，頁144，146。

[69] 劉璈，《巡臺退思錄》（臺北：臺灣銀行，1958年），頁10。

[70] 池志徵，《全臺日記》（臺北：臺灣銀行，1960年），頁1-2。

　　類似的概念，也曾輾轉滲透到清代官紳所創作的詩詞歌賦，透過歷史流變的元素以及人事起伏成分的點綴，為其作品內涵增添幾絲懷古憶昔的滄桑美感。清代初期，福建侯官諸生陳昂〈詠偽鄭遺事〉詩云：「片石能容百萬人，天遺圖讖應南閩。也知中國全歸漢，妄託仙源可避秦。荒島畬田登版籍，土酋番族雜流民。開荒絕勝田橫島，易世相傳尚不臣」，[71]當中夾雜著王者無外與大清一統的政治文化情結。乾隆年間，《重修臺灣縣志》的主纂泉州德化進士王必昌（1704-1788）於〈臺灣賦〉中，稱頌臺地山脈，「南抵馬磯，北發雞籠，綿亙三千餘里，誠泱泱兮大風」；「祖龍省會五虎門東，沿江入海，徑渡關潼，突起雞嶼」。[72]臺灣縣恩貢生張從政於〈臺山賦〉中，詠讚臺山「脈固發於閩嶠，勢自成其龐強。蜿蜒蛇蛻，北起雞籠之隅，迢遞蟬聯，南盡馬磯之磄」。[73]鳳山縣舉人卓肇昌於〈臺灣形勝賦〉中，揭櫫「化日普照、聖澤無涯」的副標題，連帶將「東南片石，早望氣而占祥」的鳳山傳聞，納歸於「垂一統於車書，沐無邊之德化」的天下意識。[74]

　　清代中期，臺灣縣歲貢生章甫（1760-1816）所作〈臺陽形勝賦〉中，也以「維瀛島之遐陬，本閩方之舊俗；自風濤、石鼓以發源，歷白畎、關潼而成局」的地理形勢，襯托出「王化覃敷，民風淳美。用標形勝之宏，乃入版圖之紀」的盛代規模。[75]清代後期，彰化士紳陳肇興（1831-1866）於咸豐九年（1859）所作〈湧泉寺〉中，流露出一種迴龍望祖的情懷：「千年伏虎留孤寺，一脈來龍認故鄉」。同年，在其〈由港口放洋望海上諸嶼尋臺山來脈處放歌〉一詩中，也表達出類似的思路：「鼓山如龍忽昂首，兜之不住復東走。走到滄海路已窮，翻身跳入馮夷宮」。[76]直到清末民初臺北板橋人林景仁（1893-1940）依舊援引黃叔璥《臺海使槎錄·赤嵌筆談》中龍渡滄海、氣脈渡海之驗的觀念，詩化為〈大屯山歌〉的開場云：

[71] 范咸等，《重修臺灣府志》，卷24，〈藝文（五）〉，頁770。

[72] 余文儀等，《續修臺灣府志》，卷23，〈藝文（四）〉，頁836。

[73] 余文儀等，《續修臺灣府志》，卷23，〈藝文（四）〉，頁840-841。

[74] 王瑛曾，《重修鳳山縣志》（臺北：臺灣銀行，1962年），卷12，〈詩賦〉，頁489-490。

[75] 章甫，《半崧集簡編》（臺北：臺灣銀行，1964年），頁61-62。

[76] 陳肇興，《陶村詩稿》（臺北：臺灣銀行，1962年），卷4，頁57，61-62。

「東寧地脈發閩疆，磅礡渡海勢龍驤；朔首雞籠限，南盡馬磯塘」。[77]到了二十世紀初期，福建晉江前清舉人蘇鏡潭（1883-1939）寓居臺北期間，亦曾根據鳳山石碣「山明水秀，閩人居之」的讖語，賦詩〈東寧百詠〉中云：「宏農得寶事荒唐，讖緯流傳太不祥；片碣鳳山鐫八字，山明水秀啟遐荒」。[78]臺島龍脈說不斷內化為清代知識份子吟詠的客體與歌頌的對象，不難想見其相得益彰的傳播效力。

　　「小山脈脈祖崑崙，渡海穿江逐浪奔」；[79]「臺陽原自福州來，逆水洋洋氣脈開」；[80]「雞籠口踞全臺北，信否來龍自鼓山」。[81]龍渡滄海之說，以聯繫臺灣島域與中國大陸之間地理關係的意向，體現出清朝統治者致力於落實帝國有效統治的理念。透過這類學識正統化的管道，除了申張地理版圖的統治權之外，並藉由意識形態化的風水語意，建構出權力制約下的主流論述。雞籠發祖之說，經過官方文獻的認定與私家著述的宣揚，不僅成為清修臺灣方志疆域（封域）、輿地或山川門類中一致遵循的典範，也逐漸在耳濡目染的薰陶下，潛移默化地滲透到民間社會的集體意識中。全臺祖山、大雞籠祖山的說法，[82]或者「諸山之起脈、全臺之結腦」的觀念，[83]庶幾成為清領時期上至官紳、下及庶民所共同享有的歷史記憶。

　　當然，不容否認的，舉凡「權力製造真理（Might makes right）」的強制過程中，總難以避免某些有識之士當仁不讓的挑戰與回應。曾任鹿耳門同知、北路理番同知的湖南武陵人朱景英，在其於乾隆三十七年（1772）刊行的《海東札記》卷一〈記巖壑〉中，即曾質疑雞籠山為臺灣諸山腦龍、臺地祖山自福州穿洋渡海而來的成見。他認為這些說法，

77 臺灣銀行經濟研究室編，《臺灣詩鈔》（臺北：臺灣銀行，1970 年），卷 16，頁 268。

78 臺灣銀行經濟研究室編，《臺灣詩鈔》，卷 17，頁 331。

79 宋永清，〈打鼓山〉，周元文等，《重修臺灣府志》，卷 10，頁 414。

80 王凱泰，〈續詠十二首〉，《臺灣雜詠合刻》（臺北：臺灣銀行，1958 年），頁 49。

81 董正官，〈由雞籠口上三貂嶺過雙溪到遠望坑界入噶瑪蘭境〉，陳培桂等，《淡水廳志》，卷 15 下，頁 432-433。

82 陳培桂等，《淡水廳志》，卷 2，〈疆界〉，頁 24-25。

83 陳壽祺等，《福建通志》（臺北：華文書局，1968 年據清同治 10 年重刊本景印），卷 15，〈山川〉，頁 421。

「是皆狃於形家者言，牽附支離，可為典要乎？」在批評先前各府志中
蔽於形家、不足為典的風水龍脈說之餘，筆鋒一轉，反而接納一種關於
臺灣島域自然地理形勢說的合理性云：

> 至稱大海環繞郡境，為閩省外障，其山皆向內地；北路之後壟與
> 興化南日對、竹塹與福清海壇對、南嵌與閩安鎮關潼對、上淡水
> 與北茭對、雞籠城與沙埕烽火門對；形勢之論，差為近似。[84]

由此可見，朱景英傾向於自然地理的論述架構，嘗試擺脫風水龍脈
的術數窠臼。這類具有選擇性的想法，復可見於清代後期自廣東嘉應州
移居臺灣的吳子光，在其〈紀諸山形勝〉一文中標榜臺灣地理獨具系統
的本位立場，批評過往風水形家所謂龍渡滄海說的牽強附會云：

> 郡志云：朱文公登鼓山占地脈，有龍渡滄海之語，形家遂謂臺山
> 胚胎於鼓山。不知臺山壁立萬仞，空諸依傍，獨闢海外乾坤，以
> 鼓山擬之，直培塿耳。蓋閩中之有臺灣，猶粵中之有瓊州也；郡
> 縣環繞相類，⋯⋯瓊人不聞指羅浮為瓊山鼻祖，而臺人乃援鼓山
> 為臺山大宗，有負奇山水多矣。夫看山猶作文，文章須自成一家
> 言，此種依傍門戶之見，山靈能無恫乎？[85]

置身於十九世紀後期西力東漸時代環境下的吳子光，致力跳開清初
以來堪輿形家倚仗朱熹之龍渡滄海傳聞所衍生的無謂依傍，呼籲臺人在
地理觀念上自成門戶的必要性，毋須過於迷信海峽兩岸之間山脈形勢的
相連性。然而，他以今非古的見解固然理直氣壯且擲地有聲，卻多少忽
略了歷史上雞籠龍脈說成立的官方意向性，乃至無視於風水理論作為觀
念建構／權力支配下的運作機制。廣東／瓊州（海南島）與福建／臺灣
之間的從屬關係，畢竟不是單純的自然地理形勢承接與否的問題，其間
的複雜糾結，乃涉及到大清一統意識形態的伸展。

我們也許可以這麼認為，各歷史文獻中呈現清朝官員形塑「全臺祖

---

[84] 朱景英，《海東札記》（臺北：臺灣銀行，1958 年），卷 1，頁 5。

[85] 吳子光，《一肚皮集》（臺北：龍文出版社，2001 年據清光緒元年自刊本景印），卷 16，
頁 11b。

山」論述的前因後果，其權威性與影響性，有如當代西方科學哲學家孔恩（Thomas S. Kuhn, 1922-1996）所云「典範」（paradigm）中的世界觀及形上學層面的導引效應，[86]或者如拉卡托斯（Imre Lakatos, 1922-1974）所提「研究綱領方法論」中的「硬核」（hard core）、「保護帶」（protective belt）在本體論與方法論上的規範作用。[87]核心理念一旦建立，即具備強烈的穩定性和有效的制約性。冰凍三尺，非一日之寒，相較於官定正統「全臺祖山」的人云亦云，前舉朱景英、吳子光等人立足臺灣以自成格局的「一家之言」，反倒成了微弱的呼聲。形勢比人強，而實際上，他們別具慧眼的評斷，終究還是落入龍渡滄海、雞籠發祖的意識脈絡中進行，適足以反襯其質疑與批判對象的普遍存在且深植人心。

　　再就民間社會的影響層面而言，如光緒中期，相傳臺北九份地區蘊藏金礦的消息傳開後，三貂堡方面人士以林英、林黨昆仲為首群來淘金，其間故意散佈謠言，宣稱臺灣龍脈係由福州鼓山渡海而來，九份雞籠山為臺灣龍脈的龍頭，海中雞籠嶼為龍珠，倘若切斷龍背將遭受天譴，藉以嚇阻九份當地民眾挖掘金礦的意圖，而林氏昆仲反倒可以大肆地開挖。在這則金礦故事的內容中，即夾帶著一股對於雞籠龍脈說的集體意識。[88]更有甚者，此類社會民俗觀念亦曾在近代西力東漸的時代環境中成為列強矚目的對象。當清代後期英、美勢力圖謀雞籠礦採時，便曾經面臨到這類集體心態與傳統習俗的阻力。

　　風水龍脈與煤採礦脈究竟有何扞格不入之處？此為探究風水論述在晚清雞籠煤務史上如何產生作用的一大關鍵。吾人須知，「地理之道，首重龍；龍者，地之氣也」，[89]尋龍、望氣、察砂、觀水、點穴係風水術的基本法則。一地的整體風水格局，首要為確定其中主幹龍脈的氣勢所

[86] Thomas S. Kuhn, *The Structure of Scientific Revolutions*, pp. 10-51. 另參見林正弘，〈卡爾‧波柏與當代科學哲學的蛻變〉，收於氏著，《伽利略‧波柏‧科學說明》（臺北：東大圖書公司，1988年），頁89-100。

[87] Imre Lakatos, "Falsification and the Methodology of Scientific Research Programme," pp. 91-196.

[88] 黃清連，《黑金與黃金：基隆河上中游地區礦業的發展與聚落的變遷》，頁125-126。

[89] 趙九峰，《地理五訣》，卷1，〈風水論〉，頁56。

在及其曲折起伏的方位走向，才有定穴的可能。[90]道光年間鄭用錫《淡水廳志稿》卷一〈山川〉以及同治十年（1871）陳培桂等《淡水廳志》卷二〈封域·山川〉中旁徵風水形家的言論，點劃出廳治內北、中、南三路山來龍、過脈、拱衛、結穴的情形，可為明證。[91]從傳統風水信仰的觀點，龍脈聚局既主宰著地方人事的吉凶禍福，也攸關於都郡城鄉的興衰起落。因此，自古風水理論一再強調：風水來龍需當謹慎維護、保持完整，最忌人們妄加穿鑿、從事破壞。若是傷殘龍脈、發洩地氣，旺氣定會消鑠，災禍勢必難逃。[92]

諸如此類的堪輿禁忌，促使人們傾向於將區域的衰微，歸咎於地理龍脈的破敗。而敗壞風水的禁忌，也具體衍生為傳統社會各種避免龍脈遭受侵害的措施，成了紳民共同維護地方安寧與保障家族福址的要事。例如，在道光二十九年（1849）二月〈芝山合約碑記〉中記載黃承帶等人緣於員山仔惠濟宮旁塚地林木暢茂，顧慮其東北隅一帶「地靈攸關，誠恐奸徒漁利盜砍，有傷地脈」，因此邀集地方領導階層議立章程並勒碑示禁，以免滋生危害鄉民的事端。[93]同治六年（1867）五至七月間，竹北一堡生員魏纘唐、墾戶金廣福（姜榮華）等為杜絕惡棍私行斬鑿九芎林莊的風水來龍，並防範附近居民進行開闢時不慎掘毀赤柯寮龍脈，「致有貽害」，特稟請臺灣北路淡水總捕分府立碑，曉諭嚴禁事項。[94]光緒九年（1883）十二月，復興庄眾為防制奸徒於庄內三官大帝廟後挖泥圖利、斷損廟宇龍脈，「誠恐庄中從此欠安」，於是同立〈禁止掘取窯泥絕斷龍脈碑〉，違者眾議處分，俾求保境安民。[95]除此之外，自明鄭至清代以來，臺灣各地普遍流傳的龍脈傳說與風水故事，也隱約於影射或附

---

[90] 不著撰人，《青囊海角經》，顧頡主編，《堪輿集成》，第 1 冊，頁 69-79。

[91] 鄭用錫纂輯，林文龍點校，《淡水廳志稿》，卷 1，頁 2-7；陳培桂等，《淡水廳志》，卷 2，頁 26-33。另可參見《臺灣府輿圖纂要》對於府轄各廳縣內山川形勢的解說。

[92] 徐善繼、徐善述，《地理人子須知》，卷 6 下，〈論風水不可妄加築鑿〉，頁 390；汪志伊刪定，《地學簡明》，卷 16，〈池塘水〉，頁 411 及卷 17，〈風水勿妄穿鑿〉，頁 456-457。

[93] 邱秀堂編，《臺灣北部碑文集成》（臺北：臺北市文獻委員會，1986 年），頁 99。

[94] 陳朝龍，《新竹縣採訪冊》（臺北：臺灣銀行，1962 年），卷 5，〈碑碣·廣福宮示禁碑〉，頁 219-220。

[95] 邱秀堂編，《臺灣北部碑文集成》，頁 52。

會之間，呈現出時人將護龍保穴以拱聚風水生氣的重要性，聯繫到地方政經發展情勢的社會心態與群體期望。[96]

　　然而，煤採作業總需大動地脈、開鑿山阜，方能順利進行；若是開挖的煤產礦脈先前已被界定為境域風水龍脈的話，難免構成彼此之間的利害衝突。相傳明鄭治臺前後，原有開採雞籠煤礦的構想，但惟恐其有礙風水地脈而作罷。[97]清代時期，澎湖青螺山中蘊藏煤炭，然而因該山區關係全境風水地脈，膽敢冒犯禁忌、進行挖掘的人並不多，所以出產量少。[98]

　　有清一代，歷朝皇帝陸續向各地頒布的煤窯禁令中，亦清楚地反映出這項傳統風水忌諱的深廣效應。據崑岡等撰《欽定大清會典‧事例》的記載，順治十七年（1660），皇帝題准「渾河大峪山場，關繫京城風水，不許開窯採石，違者從重治罪」；乾隆元年（1736），皇帝奏准「昌瑞山附近地方，開設窯座，有礙山川脈絡，飭令填實」。[99]相形之下，縱使統治者將禁令放寬，允許民間在官府的監督下從事採挖工作，有時也會特意申明煤採地點，必需與該處風水龍脈不相妨礙的附帶條件。如乾隆五年（1740），皇帝題准「各省產煤之處，無關城池龍脈、古昔陵墓、隄岸通衢者，悉弛其禁。該督撫酌量情形開採」；乾隆十年（1745），朝廷以「宿州之徐溪口，亦有山產煤，無關城池龍脈等項，俱應令民開採」；乾隆三十九年（1774），再次議准「盛京錦州、寧遠義州等屬產煤處所，

---

[96] 相關的傳聞，可參見曾景來，《臺灣宗教と迷信陋習》（臺北：臺灣宗教研究會，1939 年），頁 32-33，231-256；陳漢元，〈臺灣有關地理之民間故事初輯〉，《臺灣風物》，16 卷 3 期，1966 年 6 月，頁 37-45 林文龍，〈楊本縣敗地理之傳說〉，《臺灣風物》，26 卷 1 期，1976 年 3 月 31 日，頁 3-16；鄭正浩，〈臺灣における風水の傳承〉，收於牧尾良海博士頌壽記念論集刊行會編，《中國の宗教‧思想と科學》（東京：國書刊行會，1984 年），頁 325-330，頁 325-330；姜佩君編著，《澎湖民間傳說》（臺北：聖環圖書公司，1998 年），頁 101，123-124，142-161，169-170，187-205。

[97] Duncan MacLeod,. *The Island Beautiful: the Story of Fifty Years in North Formosa*（Toronto: Board of Foreign Missions of the Presbyterian Church in Canada, 1923），pp. 17-18；黃嘉謨，《甲午戰前之臺灣煤務》，頁 1。

[98] 林豪，《澎湖廳志》，卷 10，〈雜產〉，頁 348。另參見臺灣省文獻委員會編，《澎湖縣鄉土史料》（南投：臺灣省文獻委員會，1994 年），頁 129。

[99] 崑岡等撰，《欽定大清會典‧事例》（臺北：新文豐出版公司，1976 年據清光緒 25 年刻本景印），卷 951，頁 15。

查明於陵寢風水，實無關礙，准其召募旗民，給票開採，照例抽課，並令地方官隨時嚴查」；至乾隆四十五年（1780），皇帝覆准「懷柔縣北陰背山，開採煤窯，如果無礙田廬墳墓，產煤旺盛，不惟滿兵生計有益，即懷密一帶商民，均霑其利。令地方官招商試採」。[100]前舉的禁令條例顯示，清廷洞悉煤採礦脈與風水地脈之間的利害關係，在斟酌得失與選取先後的環節上，多少抱持著謹慎行事以防萬一的態度。

在這樣的政策取向與社會背景下，一旦風水觀念中的龍脈與煤務開採中的礦脈相互重合，也就是當「礦脈」不巧遇上「龍脈」之際，如何取捨輕重、抉擇去留的爭議，往往因此產生。政經現實、社會環境的條件加上民俗信仰的關係，致使龍脈與礦脈二者之間存在著尖銳的價值矛盾或利害衝突。而當「全臺祖山」的形象趨向明朗化且近於刻板化的時候，恰好碰上十九世紀後期西方勢力窺伺雞籠煤礦的時機。

三、道咸同之際西力東漸的因應

早在閩粵移民大舉進入北臺之前，西方勢力的入侵，已經讓雞籠「礦脈」的事實，逐漸暴露於世。明末西班牙佔據雞籠期間（1626-1642）與 1642 年（崇禎十五年）荷蘭東印度公司進佔北臺之後，兩國駐臺人員先後對雞籠礦脈的發掘與利用，立下了歐洲國度經營該地域煤務的歷史先例。[101]清帝國領臺前期，官方或從行政建置、海防及通商的觀點，定位雞籠形勢對於中國東南海域的鞏固關係甚切。康熙五十七年（1718）五月，福建浙江總督覺羅滿保（1673-1725）曾上疏宣稱：「福建臺灣北路之淡水、雞籠地方，實為販洋要路，又為臺郡後門，向係臺協水師左營汛地，並未安兵屯駐」。[102]疏言中極力主張朝廷應增強雞籠一帶的兵備，以防患未然。

---

100 崑岡等撰，《欽定大清會典・事例》，卷 951，頁 9-12。
101 廖漢臣，〈荷人經略北部臺灣〉，《臺北文物》，8 卷 3 期，1959 年 10 月，頁 15-17；黃嘉謨，《甲午戰前之臺灣煤務》，頁 1，5。
102 《大清聖祖仁皇帝實錄》，卷 279，康熙 57 年 5 月 11 日，頁 3-4。

　　由於康熙末年朱一貴起事及乾隆晚期林爽文起事的激盪，朝廷深感臺俗民風強悍的震撼，逐漸凝鑄成「臺灣遠隔重洋，民情刁悍，向易聚眾滋事」之類的刻板印象，[103]或是帶有「臺灣為五方雜處之地，匪徒兇棍往往滋事」之類的負面成見，[104]促使清朝政府對於「民番雜萃」的雞籠、淡水一帶山川物產的開發陸續設禁，以防範不肖之徒聚眾謀利而肇生禍端，藉此維護臺地內部治安，並保障江、浙、閩、粵四省沿海區域的安寧。[105]即使在康熙末期已體認到「雞籠為全臺北門之鎖鑰」的陳夢林（1664-1739），曾經慧眼獨具地洞察奇貨可居的雞籠煤炭，可能為臺郡帶來的「無窮之利」。[106]然而，礙於當時北臺人文開發條件的先天侷限，加上政策環境的後天限制，陳夢林空谷足音的構想在清代前期終究惘然。嘗於道光二十七年（1847）渡臺佐理臺灣道仝卜年（1780-1847）的丁紹儀，在其所著《東瀛識略》卷五〈物產〉中扼要地陳述清代前期雞籠煤源、全臺祖山與礦採禁令之間的利害糾結云：

> 至雞籠山傳有石炭（北方曰煤）。其地為全臺祖山，且柴薪已燒之無盡，臺人不知所用，故與淡水之礦同禁止，不得挖採。[107]

　　事出有因，理有固然，如《清史稿‧食貨志》所云：「清初鑒於明代競言礦利，中使四出，暴斂病民，於是聽民採取，輸稅於官，皆有常率。若有礙禁山風水、民間廬墓，及聚眾擾民，或歲歉穀踊，輒用封禁」。[108]反觀清朝政府頒布各項有關雞籠煤採禁令的用意，往往呈現出與之相互對應的社會現象。換句話說，特定禁令的存在，適足以反映民間私採的情形，業已引起官府的注目。根據文獻記載，先是在乾隆年間，官方考慮到雞籠當地居民私採煤礦、販售中國本土以應生活所需的謀利行為，

---

[103] 《大清高宗純皇帝實錄》，卷1194，乾隆48年12月3日，頁5。

[104] 《大清高宗純皇帝實錄》，卷1389，乾隆56年10月16日，頁6。

[105] 《大清高宗純皇帝實錄》，卷318，乾隆13年7月8日，頁16-17；《大清宣宗成皇帝實錄》，卷248，道光14年正月23日，頁23-25；崑岡等撰，《欽定大清會典‧事例》，卷894，頁12及卷895，頁6-7。

[106] 陳夢林等，《諸羅縣志》，卷7，〈兵防〉，頁114；卷12，〈外紀〉，頁295。

[107] 丁紹儀，《東瀛識略》，卷5，頁62。

[108] 趙爾巽等，《清史稿》（北京：中華書局，1977年點校本），卷124，〈食貨五〉，頁3664。

將危害到國家有效統治及社會安定，便曾以「開挖既甚，恐傷龍脈」為理由，進而「立碑示禁」——這極可能是目前所知，清廷最早以維護雞籠龍脈的名義，禁止民間擅行私採煤礦的規定。如參照同治年間陳培桂等《淡水廳志》卷四〈煤場〉的說法，此示禁碑後來因年久日深而致淹沒失考。到了道光十五年（1835），淡水同知復依照當地紳民的稟請，「通詳禁止」。[109]

法籍軍人雷吉納樂德・康（Reginald Kann, 1876-1925）於 1906 年奉法國殖民地部長之命來臺考察，曾有如下一段關於晚清北臺煤炭的報告云：「十八世紀時，基隆附近的居民曾在一座山的山坡上挖煤炭，這個時代，迷信的文人害怕挖掘工作會把龍神吵醒，就向政府申訴，並獲准在礦區張貼告示，禁止工程繼續進行，但是這項禁令並未獲得到遵守」。[110]

由以上的陳述大致可見，自清代中期迄中英鴉片戰爭前夕，擁有「龍脈」及「礦脈」雙重性的雞籠山，一度夾雜於國家公權／民間私利的矛盾之間。從地方官紳的論述立場，為了防制「奸民」肆行不法地濫採煤源，雞籠的「龍脈」形象乃成為其伸張政府公權力首可借重的利器之一。

內憂與外患一旦交互更迭，更提昇了雞籠礦採的不安因素，也轉變了朝廷內部看待臺煤事務的著眼點。眾所周知的，從清廷對外關係的角度，道光時期（1821-1850）不啻一劃時代的轉折。清代中葉，隨著西方列強政經勢力的擴張，構成傳統中國一連串紛至沓來的國際壓力，「外洋各國，自道光庚子通商，來中華者，爭先恐後」；[111]「自中外通商以來，天下之事，繁變極矣」。十九世紀前期，歷經工業革命洗禮後的大

---

[109] 陳培桂等，《淡水廳志》，卷4，頁111-112。今臺北縣毗臨基隆市的汐止鎮內保存一「奉憲禁示私挖煤炭者立斃」石碑，邱秀堂指稱該鎮「昔產煤甚豐，經當地民眾發現後，前往採據用以代薪者日多，……恐有傷『龍脈』，於清乾隆年間立碑禁止」。邱秀堂編，《臺灣北部碑文集成》，頁 60。另參見陳燈貴，〈私挖煤炭禁令碑的幾個問題〉，《臺煤》，第 552 期，1988 年 4 月，頁 1-8。

[110] 雷吉納樂德・康（Reginald Kann）著，鄭順德譯，《福爾摩莎考察報告》（臺北：中央研究院臺灣史研究所籌備處，2001 年），頁 102。

[111] 斌椿，《乘槎筆記》，收於《中華文史叢書》第 12 輯（臺北：華文書局，1969 年據清同治5 年刊本景印），頁 433。

英帝國，為拓展其重商主義和殖民主義的政策，極力推動東方鴉片貿易並配合精厲的砲艦手段，強行叩關自居「天朝上國」的大清帝國，以爭取外交平等、治外法權暨更高的商業利潤。[112]中英雙方的商貿糾紛所引發的鴉片戰爭（Opium War, 1839-1842），既開啟了近代中國變局的序幕，也促使臺灣登上十九世紀中後期列強競逐的國際舞臺。

　　道光二十至二十二年戰爭期間，英軍曾先後五次進犯臺灣本島，遭遇了包括雞籠在內的軍民們強烈的抵抗。[113]其間於二十一年八月、二十二年正月，英船 Nerbudda 號與 Ann 號分別在雞籠、大安港擱淺，船上被俘人員經臺灣鎮總兵達洪阿（？-1854）及兵備道姚瑩（1785-1853）的審訊後，多數予以處決，造成震驚中外的「殺俘事件」和其接連而來的「臺灣之獄」。[114]由於這次的經驗，導致清廷對「外夷」入侵臺地的潛在威脅深懷戒心，連帶也影響及往後治臺官員處理外國勢力染指雞籠煤礦事務時所抱持的基本態度和應對手段。學者黃嘉謨綜論鴉片戰爭前後清廷的臺煤政策與臺灣煤務的性質，有一段頗為精闢的分析：

> 中國在閉關自守時代，對於臺灣的煤窯事務，……大體上是對內的庶政性質，比及鴉片戰爭以後，海禁大開，中外關係紛繁，關於臺灣煤炭事務，也一變而成為涉及多方面的複雜問題。[115]

　　文中所謂「涉及多方面的複雜問題」，自然是西力東漸直接產生的後果。道光二十二年（1842）七月，中英兩國簽訂江寧條約結束鴉片戰爭之後，臺灣在東亞海域交通上的樞紐功能與軍事戰略上的特殊地位，

---

[112] Hsin-Pao Chang, *Commissioner Lin and the Opium War*（Cambridge/Mass.: Harvard University Press, 1964），pp. 16-119, 161-217；蕭致治、楊衛東編撰，《鴉片戰爭前中西關係紀事（1517-1840）》（武漢：湖北人民出版社，1986 年），頁 244-573。

[113] 福建師範大學歷史系與福建地方史研究室編，《鴉片戰爭在閩臺史料選編》（福州：福建人民出版社，1982 年），頁 200-221，247-282。

[114] 廖漢臣，〈鴉片戰爭與臺灣之獄〉，《臺灣文獻》，16 卷 1 期，1965 年 3 月，頁 24-52；王爾敏，〈姚瑩之經世思想及其對於域外地志之探究〉，收於《近代中國經世思想研討會論文集》（臺北：中央研究院近代史研究所，1984 年），頁 201-229；陳進忠，〈略論「臺灣之獄」〉，《中國近代史》，1985 年 12 期，頁 50-56；葉振輝，〈鴉片戰爭與臺灣〉，《臺灣文獻》，43 卷 2 期，1992 年 6 月，頁 129-135。

[115] 黃嘉謨，《甲午戰前之臺灣煤務》，頁 4-5。

益受到歐美工業化國家的重視。根據歷來學者的研究,西方列強垂涎臺灣的原因,主要在於臺灣島位置適當且物產豐饒,而雞籠一帶蘊藏質優量多的煤礦,足可作為遠洋航道上的補給處所及其對華貿易的商務據點。特別是英國為了提昇通商利權,擴張他們在太平洋海域的整體勢力範圍,該國船隻絡繹東來,積極爭取東方轉運港和煤鐵供應地,江、浙、閩、粵沿海地區於是成了他們覬覦的對象。[116]至於臺灣早在鴉片戰前即是英國「歆羨之地」,[117]海防地位愈形緊要。清廷有鑑於臺海防務的情勢,不時諭令當地官員警防雞籠山、打狗山及鹿耳門等扼要口岸,嚴緝閩浙海盜及奸徒勾引「夷船」進行走私活動。[118]道光後期,一當需煤孔急的英國人發覺「全臺祖脈」的雞籠山蘊藏煤礦的事實,「礦脈」遇上「龍脈」的利害衝突,也就亦步亦趨地接踵而來。

　　道光二十六年(1846),英國船隻經常駛往淡水廳轄境雞籠山附近海面。閩浙總督劉韻珂(1792-1864)等人查知雞籠各山有煤產的地點,而英國輪船需依靠煤炭補給動力,就此斷定「其頻年駛往,未必不有所垂涎。因恐內地奸民貪利勾串或竟私自採挖」,[119]乃密行該鎮道轉飭淡水同知曹士桂(1800-1848)。時值道光二十七年(1847)正月三日曹士桂東渡鹿港赴任前,劉韻珂親自面授機宜云:「聞夷人言,臺之雞籠山前後一帶產煤,如開採可獲重利云云。夷人火輪船,全用煤火」;然而「其所用煤,皆自夷國攜來,粵地產者乃不可用,今乃垂涎於臺」。[120]劉韻珂根據自己處置中英交涉事務的歷練背景,向曹士桂分析個中的利害

[116] 張世賢,《晚清代臺政策》(臺北:私立東吳大學中國學術著作獎助委員會,1978年),頁7-33;黃嘉謨,《美國與臺灣》(臺北:中央研究院近代史研究所,1966年),頁32-41,58-79,427-429。

[117] 文慶等纂,《道光朝籌辦夷務始末》,收於《近代中國史料叢刊》第56輯(臺北:文海出版社,1970年),卷11,頁797。

[118] 文慶等纂,《道光朝籌辦夷務始末》,卷66,頁5426-5482;徐繼畬,《松龕先生全集‧奏疏》,收於《近代中國史料叢刊續編》第42輯(臺北:文海出版社,1977年),卷上,〈奉諭密防英夷疏〉,頁46-51及卷下,〈揣度夷情密陳管見疏〉,頁83-89。

[119] 洪安全等編,《清宮月摺檔臺灣史料》(臺北:國立故宮博物院,1994年),道光30年9月26日劉韻珂等奏為遵旨密為防備英夷覬覦臺灣緣由片,頁201-202。

[120] 曹士桂撰、雲南省文物普查辦公室編,《宦海日記校注》(昆明:雲南人民出版社,1988年),頁132。

環節，提出適時的應急措施。曹士桂於《日記》中記載劉韻珂為求防微
杜漸起見的告誡云：

> 誠恐以重利餂漢奸、誘愚民，一中其計，妄聚開採，則此日之巨
> 禍立至，後來之優患未艾也。現在擬飭鎮、道禁止開採，到彼即
> 傳集紳者，諭以利害禍福，公同封禁，移知各廳縣一體查辦，有
> 不率從，擅敢開挖，死無赦可也。[121]

　　曹士桂經過劉韻珂的耳提面命，到任後立刻集結轄境各鄉紳民，
向他們公佈官府查禁事項，並刊立示禁碑，力阻民間聚眾擅挖雞籠煤
炭的行為，同時嚴密防範英國方面進一步的行動。[122]我們從曹士桂《日
記》中載錄「臺灣，南海中大島也。閩、粵、江、浙屏蔽。山脈發自
福州，渡海三百餘里，至淡屬雞籠山起祖，蜿蜒南行，至鳳山之沙馬
磯而盡。南北綿互約千二百里，東西半之。西面與福、興、泉、漳遙
相直」的一段文字，[123]可以得知他延續了清初以來對於臺灣海防地位
與雞籠祖脈說的體認。如此這般的體認，似乎也轉化為其因應英國窺
伺雞籠煤礦的措施。

　　到了道光三十年（1850）三月，英國再接再厲，經由其駐華公使兼
香港總督喬治文翰（Samuel George Bonham）照會閩浙總督劉韻珂，要
求採購雞籠山煤炭，以備該國遠洋輪船的燃料補給，結果遭到劉韻珂的
斷然拒絕。是年七月二十五日，劉韻珂協同福建巡撫徐繼畬（1795-1873）
奏陳該事緣由及其應對英方代表請求的處理方式。在奏文中，他們首先
說明臺灣並無江寧條約中的開港通商口岸，英國船隻不應當違反成約擅
到此處；文中更指出，雞籠山一帶「向不產煤，所有居民亦從無燒煤之
事」，既然如此，英方的煤採請求可謂空穴來風、無中生有之舉。劉韻
珂等人為了強化論述的合理性，進而訴諸民情根深柢固的風水龍脈觀，
堅決予以回拒云：

---

[121] 曹士桂，《宦海日記校注》，頁132。

[122] 洪安全等編，《清宮月摺檔臺灣史料》，頁202。

[123] 曹士桂，《宦海日記校注》，頁240。

> 雞籠山為全臺總脈，該處居民係閩粵兩籍，性情強悍，保護甚嚴，
> 久禁開挖，以培風水，斷非官員所能強勉，此事斷不能行等詞，
> 照覆並咨兩廣總督臣徐廣縉，就近向該酋諭阻；一面飛飭臺灣鎮
> 道府會督淡水廳，固結民心，堅為防拒，使之無可覬覦。[124]

　　除了雞籠祖山「久禁開挖，以培風水」的顧忌之外，劉韻珂復重申道光二十七年曹士桂的禁令，照本宣科，以杜絕英人採挖雞籠煤礦的妄念。該鎮道隨即會同淡水同知史密邀集紳民公議，「嚴禁挖煤，立有禁約，復刊碑碣，重申勵禁等情」。[125]同年三月二十六日，復有英屬輪船一艘駛進雞籠山口停泊，福州英領事金執爾（W. R. Gingell）再次要求淡水廳轄境文武各員代為購買煤炭，當地官員仍然本著堅拒的立場，答覆「以此處本不產煤，且該紳民呈請嚴禁私開，山坡久已封禁，無從代買」，逼迫英方知難而退。[126]道光皇帝嗣後獲報此事緣由，對於劉韻珂、徐繼畬等人拒絕英國採購雞籠山煤炭一事的處置得當，頗為贊許，更諭令他們提高警覺、加意防備，不要讓有心人士乘機而入。[127]

　　綜觀前舉論述，表面上是藉由訴諸群眾、體順民意的取向，向英國人士強調雞籠祖脈及其礦採禁令的不容侵犯。然而，如果我們留意前引奏疏中的最後一段論旨：「復飭淡水文武，時時密查，如有私挖煤炭者，立即杖斃，以杜勾串夷人之漸」，[128]多少可以看出，清朝官員刻意向英方隱瞞雞籠煤藏與當地居民一再私採的實情，嘗試聯結臺地文武官員與地方紳民一體，同心合力抵拒外力干預，並處心積慮地防制「奸民」私採與通夷、款夷的可能後患。清廷的立場，不外是考慮到「臺灣為懸海要區，民番雜處，平時尚易生事，豈容奸夷到彼，借貿易為窺伺」，[129]於是採取正詞拒絕、堅執成約且力行斥駁的一貫手段，打消英方採購雞籠

---

[124] 洪安全等編，《清宮月摺檔臺灣史料》，頁180。

[125] 洪安全等編，《清宮月摺檔臺灣史料》，頁202。

[126] 洪安全等編，《清宮月摺檔臺灣史料》，頁180-181。

[127] 洪安全等編，《清宮廷寄檔臺灣史料》（臺北：國立故宮博物院，1998年），頁1343；《大清文宗顯皇帝實錄》，卷14，道光30年7月25日，頁11。

[128] 洪安全等編，《清宮月摺檔臺灣史料》，頁181。

[129] 洪安全等編，《清宮廷寄檔臺灣史料》，頁1344；賈楨等纂，《咸豐朝籌辦夷務始末》，收於《近代中國史料叢刊》第59輯（臺北：文海出版社，1970年），卷2，頁145。

山煤炭並意圖將「虧折甚多」的福建港口易換臺灣地方作為通商港口的
念頭，免得此端一開，自此別生枝節，構成帝國內部有效統治的潛在威
脅。[130] 這類舉動，也可視為清朝政府承受鴉片戰敗暨五口通商的屈辱之
餘，思患豫防以求安內攘外的因應措施。欽差大臣兩廣總督徐廣縉
（1797-1869）等人的奏文中說得相當明白：

> 臣等竊查英吉利一國，全賴眾商之貿易為生計，上下交爭，無不
> 唯利是視。……其欲多立口岸，在初意不過為市易益廣之計。及
> 至沿海得以五口通商，悉仰天朝柔遠之德意，斷不能任其復有要
> 求，漫無限制。……然燎原莫嚮者，先在外夷；恐揭竿群起者，
> 仍在內地。蓋知夷務所先防，尤在民心不可失。[131]

　　擬似這種周旋於西方人士與地方民眾之間的論述模式，幾乎是道咸
同時期官員因應「犬羊之性」、「反覆靡常」且「唯利是視」的外國人士
窺伺雞籠煤礦的典型。攸關全臺風水的雞籠龍脈說，每在這種「危機」
情勢的推波助瀾之下，出現在抗禦民夷相互勾結、致成禍患的論述中，
成為一種近乎「神聖化」的理論依據。劉韻珂、徐繼畬等人於道光後期
首開先例，[132] 至咸豐元年（1851）正月，因去年雞籠山煤礦請採一事餘
波盪漾，咸豐皇帝諭令軍機大臣寄諭閩浙總督裕泰（？-1851）重申煤
禁，試以杜絕「奸民」與「外夷」的不軌行徑。根據《咸豐朝東華續錄》
的記載，皇帝考慮到「淡水廳屬產有硫磺，有無奸民偷採，往販外夷？
去年該夷有請赴雞籠山採煤之謠，未必非借此影射，亟宜實力查禁。著
一併嚴飭該鎮、道查明覈辦，並嚴派委員前往訪查曾否封禁，以杜奸萌，
是為至要」。[133] 然而，天高皇帝遠，賠錢的生意沒人做，殺頭的生意總

---

[130] 賈楨等纂，《咸豐朝籌辦夷務始末》，卷 3，頁 217-281；洪安全等編，《清宮廷寄檔臺灣
史料》，頁 1348。

[131] 賈楨等纂，《咸豐朝籌辦夷務始末》，卷 3，頁 251-253。

[132] 中央研究院近代史研究所編，《四國新檔・英國檔》（臺北：中央研究院近代史研究所，
1966 年），70-71、102-106、131 號文，頁 56-59，92-96，115。

[133] 潘頤福纂修，《十二朝東華錄（咸豐朝）》（臺北：文海出版社，1963 年），卷 7，咸豐
元年春正月壬子條，頁 36。上海師範大學歷史系中國近代史研究室、中國第一歷史檔案館
編輯部編，《福建・上海小刀會檔案史料匯編》（福州：福建人民出版社，1993 年），頁

有人幹，官方禁令雖在，民間私採依舊此起彼落、防不勝防。據學者黃嘉謨的研究，這段時期的雞籠煤務，於是呈現出「禁者自禁」、「挖者自挖」的現象。[134]

另一方面，外力東漸的壓力持續緊張，縱使自道光二十八年（1848）以後清廷對於夷務多半「事事推託，置之不理」，[135]然則西方人士日漸窺破中國內部的政務虛實，其處心積慮地染指雞籠煤藏的企圖，亦未嘗稍懈。咸豐八年（1858）五月，清廷分別與英、美、法、俄四國正式簽訂天津條約，准開臺灣府為通商口岸。咸豐十一年（1861）三月，普魯士（德國）特請在臺灣雞籠、浙江溫州互市通商，[136]迄同治元年（1862）六月，淡水（滬尾）正式開港；翌年八月，復經福州關稅務司美理登（Baron de Meritens）的咨請，添開雞籠作為淡水（滬尾）的外口附屬港。[137]雞籠正式開港通商的結果，配合上當地礦脈煤質、煤價與運銷便捷的相對優異條件，利潤所在，民間更是不畏官府法紀，鋌而走險，擅行從事採挖工作。[138]原先存在於中國官民之間的利害衝突，連帶加深了外國勢力介入雞籠煤務的複雜程度。由於雞籠山同時在風水信仰與海防地位具備「牽一髮動全身」的關鍵性，因此構成了清朝政府對於外國人士呈請礦採之事的敏感度。

同治三年（1864），時任福建巡撫兼署福州將軍的徐宗幹（1796-1866），為了因應福州稅務司美理登、滬尾稅務司侯威爾（John William Howell）呈請英商開挖雞籠礦脈的意願，[139]乃聯合臺地社會領導階層發起「全臺紳民公議」的活動，義正詞嚴地引申雞籠龍脈說以資

115。

[134] 黃嘉謨，《甲午戰前之臺灣煤務》，頁 18-20，23-26。

[135] 中央研究院近代史研究所編，《四國新檔·英國檔》，730 號文，頁 630。

[136] 賈楨等纂，《咸豐朝籌辦夷務始末》，卷 77，頁 6168-6173；中央研究院近代史研究所編，《道光咸豐兩朝籌辦夷務始末補遺》（臺北：中央研究院近代史研究所，1966 年），頁 593-596。

[137] 寶鋆等纂，《同治朝籌辦夷務始末》，收於《近代中國史料叢刊》第 62 輯（臺北：文海出版社，1971 年），卷 20，頁 2025-2029 及卷 23，頁 2326-2329，2343-2344。

[138] 李讓禮，《臺灣番事物產與商務》（臺北：臺灣銀行，1960 年），頁 28-34。

[139] 黃嘉謨，《甲午戰前之臺灣煤務》，頁 28-29。

對抗。事件的概略過程，據陳培桂等《淡水廳志》卷四〈煤場〉中的簡要陳述：

> 同治三年，福州稅務司議請洋商租賃開挖，滬尾稅務司亦赴省呈請入山開煤。時值全臺紳民公議，雞籠一帶為合境來龍，地脈攸關，近聞訛言山根生煤，慮或偷挖傷損，請官立禁；臺灣道府據情稟詳巡撫徐宗幹經咨總理衙門察照在案。[140]

這段文字大致顯示了同治初期中英兩國夾雜於礦脈／龍脈的利害情勢，也交代了徐宗幹拒絕外國人士圖謀雞籠煤礦的時代背景。緊接而來的具體實施辦法，在徐宗幹親撰的〈全臺紳民公約〉中有詳細的記載。文告裡他首先聲明臺北淡水、雞籠山一帶係「合境來龍，靈秀所鍾，風脈攸繫」，近來聽聞沿海「奸匪」竟然訛稱山區蘊藏豐富的煤炭，利源所在，難保沒有民眾罔顧官府的法紀，逕行盜挖礦藏，販售外人以獲取利潤。由於雞籠龍脈「一經傷損，於全臺人民不利」，茲事體大，勢將揭舉全臺紳民公議加以維護，因此公立禁令，訴諸嚴刑峻罰，齊心協力保護臺灣山脈形勢的完整性，以免臺境紳民遭受風水破敗之殃。禁約最後強調：「如遇前項挖煤奸徒，即行圍捕送官。倘敢抗拒，格殺勿論。或內地及各處商販前來購運，大眾協力阻止。若強行開採，富者出資、貧者出力，萬人一心，為全臺保護山脈。有不遵者，公議懲罰。此約」。[141]由此可見，雞籠龍脈說在特定時空背景與國際情勢中，經過論述主體的隨機運用所能發揮的作用。

　　徐宗幹的論述中所預設的雙重目標，一方面抵禦外力對於雞籠煤礦的覬覦，一方面也防制民間「奸徒」採挖煤源以私相販售，期能一併達成穩定社會秩序與維持國家安全的效應。通觀此論述取向，幾乎秉持了鴉片戰爭時期欽差大臣林則徐「民心可用」的觀念與後來兩廣總督徐廣縉、葉名琛仰仗民力以抗拒西方勢力的方式，並傳承了道光末期劉韻

---

[140] 陳培桂等，《淡水廳志》，頁 111-112。

[141] 徐宗幹，〈全臺紳民公約（三）〉，《斯未信齋文編》（臺北：臺灣銀行，1960 年），頁 32。

珂、徐繼畬的歷史經驗。我們知道，徐宗幹在「全臺紳民公議」的事件前夕，早已洞悉英國方面人盡皆知的司馬昭之心，他認為「夷人欲於臺地貿易，如果成事，貽禍無窮」，[142]在其所著〈防夷書〉中曾追究姚瑩、達洪阿等殺俘事件以後英方一連串的對臺舉動，指出他們「覬及煤炭，其牟利之心，無微不入，不令處處空虛而不已。且所欲亦不在此，名為改易口岸，實則聲東擊西，借此發難。昔年曾於此地大受創痛，難保其不懷叵測之心，即無異志，終不相安」。有鑑於此，他進一步提出正本清源的作法云：「現在防守要隘，以淡境雞籠洋一帶為先著」，「而尤要在使本地奸宄消息不通，乃可令其進退維谷，永絕覬覦之心」。[143]徐宗幹訴諸全臺紳民公議以抵制英國人士染指雞籠煤礦的手段，足可視為此防夷理念的具體發揮。

　　美理登等人議請進入雞籠山區挖煤一事雖經紳民稟報嚴禁，暫且拒絕其租採雞籠煤炭的請求，然而「利在必爭，根株依然未斷」，[144]仍舊遏止不了他們的野心。至同治六年（1867）中外原議十年修訂通商條約事宜近期，總理各國事務衙門懲於咸豐十年（1860）因換約決裂導致英法聯軍進佔北京的慘痛教訓，為求慎重起見，乃自九月十五日起請飭濱海沿江通商口岸地方熟悉洋務的將軍督撫大臣，分別就遣使、銅線、鐵路、內地設行棧、內河駛輪船以及運鹽、穵煤、傳教等細節，「各抒所見，以期共濟時艱」，並收集思廣益、群策群力之效。[145]各督臣曾陸續針對西力開採中國境內煤礦的問題，悉心酌覈進退得宜的辦法，風水的考量則為其中議論的要點之一。例如，兩廣總督瑞麟（1809-1874）於同年十一月中奏稱：若是准許洋人隨處山場開挖煤礦，對於中國課餉與地方安危均有妨礙，民間田園廬墓勢必遭受損害，此舉切不可行，「應請嚴申禁令為禱」。[146]署湖廣總督江蘇巡撫李瀚章（1821-1899）認為凡是產煤山區，多為人民的物產地域，「未開者，購買難以相強；已開者，

---

[142] 徐宗幹，〈全臺紳民公約（一）〉，《斯未信齋文編》，頁 29。

[143] 徐宗幹，《斯未信齋文編》，頁 26-27。

[144] 寶鋆等纂，《同治朝籌辦夷務始末》，卷 50，總理衙門條說，頁 4826。

[145] 寶鋆等纂，《同治朝籌辦夷務始末》，卷 52，頁 4957。

[146] 寶鋆等纂，《同治朝籌辦夷務始末》，卷 52，頁 4950。

窮黎恃為生計。且野性不馴之輩，動以千百」。外國人士如果未明究竟，冒昧前往採挖，勢必激生各式各樣的事端，因此，官府應就實情諭止他們的行為。[147]十二月，閩浙總督吳棠（1812-1876）奏陳中特就風水禁忌及課餉利權的問題，否決西方人士在中國境內設廠採煤的提議：

> 開窰煤廠，或關風水、或礙田廬，在中國亦未肯輕舉妄動。此二事於課餉地方大有關繫。現在定約通商，祇應照約遵循辦理；且原通商之字義，不過交易相通，勢不能操我之利權。[148]

福建巡撫李福泰（1806-1871）也認為：「窰煤一事，中國定例，勘明無礙田園墳墓，准商人開採，官徵其餉。所窰之煤，仍飭平價出賣，不准任意居奇。至有礙民居風水，則嚴行封禁，不准開採，所以便民也」。[149]大體上，民間風水禁忌的不容忽視，成為這些論述中攸關西人煤採請議可否准行的重點之一。就中國本土礦務的通盤性考量而言，不論極度反對也好，選擇性的調整也罷，官員們顧慮到風水民俗與煤礦開採相為牴觸的問題之餘，亦不忘置國家整體利權為根本性的權衡要項。[150]

在各種有關臺灣各處煤採開禁所牽涉的外力干預與風水地脈等情事上，福州將軍英桂（1801-1878）的奏陳裡剖析其中窒礙甚多的弊端緣由云：「即臺灣一處，出產煤斤，洋人蓄心已久。然非近接生番，即屬地關氣脈。若堪採窰，華民亦早開山。倘准洋人擇地開採，勢必肇釁爭端」。為能避開中外各國的無謂爭端，他建議上級若能將洋人開採臺煤的事務，統置在官方的監控之下，或可准許其設廠採礦。但是，仍需設限防範，以免妨礙傳統風水習俗或導致利權外流、管理失序等流弊糾紛：「彼如堅請，亦惟定以中國向所採煤之內，會同地方官審度，始准設廠雇工開窰，以杜流弊而免爭端」。[151]英桂的想法中，礦採的開禁條件如此，電線、鐵路的開設問題亦然。他指責「各國但以速傳遞、便貿

---

147 寶鋆等纂，《同治朝籌辦夷務始末》，卷52，頁4980。
148 寶鋆等纂，《同治朝籌辦夷務始末》，卷55，頁5140。
149 寶鋆等纂，《同治朝籌辦夷務始末》，卷55，頁5203。
150 黃嘉謨，《甲午戰前之臺灣煤務》，頁35-38。
151 寶鋆等纂，《同治朝籌辦夷務始末》，卷54，頁5084。

遷為詞,自圖捷徑,而於中國疆域之險阻、民間之廬墓田地,概置不顧。不知中國情形,與各國迥異。各國地曠人稀,可以開設;中國人稠地密,勢有難行。且民間之田地、廬舍,尚可價買,而獨至墳墓,則雖重價亦難相強。然彼蓄意已久,似難理喻勢禁」。如果政府未能事先加以拒絕,「則惟有約以限制」,冀求能藉此保境安民。[152]

英桂的見解,亦傳達了當時某些洋務官員的心聲,他們本身或即風水觀念的支持者,乃至以風水作為抵制西力東漸的精神武裝。例如,陝甘總督左宗棠(1812-1885)指稱電線的安設,「或妨民間出入,或近田疇,或近墳墓,必非民情所願」。[153]總理船政前江蘇巡撫沈葆楨(1820-1879)奏陳電線、鐵路的開設如果有成,對於中國的未來助益良多,然而他也考慮到「民間之田廬,貪利者猶可易地。至壞其祖父之墳墓,雖至愚極不肖者,亦必痛心疾首,聚族而爭」;基於「民心必不可失,應諭以中外一體,彼此宜各順民情」的衡量,沈葆楨提議智巧絕倫的西方人士若「果能別創一法,於民間田廬墳墓,毫無侵損;繪圖貼說,咸使聞知。百姓退無後言,朝廷便當曲許。否則斷難准行」。[154]盛京將軍都興阿(1810-1875)認為外國人士在中國境內安設銅線、鐵路的作業過程,「勢必各處挑空濠塹,安設機器。彼則專為裨於貿易,往來迅疾,不顧民間生計田廬,妨礙風水重地。我則險阻有失,元氣愈弱。當此賊氛未靖,民心未安之時,關繫甚重,似難允行」。[155]廣東補用道葉文瀾特從國家安危的觀點,聲言銅線與鐵路的設置,不僅是破壞風水、損毀地脈的不當行為,更是開門揖盜、養虎貽患的無窮禍源:

> 姑無論鏟削地脈,廢山川之險阻;擾害墳墓,啟百姓之鬩爭,即一旦曲從之,在彼國轉輸便捷,萬里可接於戶庭。當四境昇平,固可安然圖利。儻遇有警動,向之限以天塹者,今則朝發夕至矣!耗數百萬之金錢,為後來弄兵者豕突狼奔之捷徑。彼時雖善為防

[152] 寶鋆等纂,《同治朝籌辦夷務始末》,卷54,頁5080-5081。

[153] 寶鋆等纂,《同治朝籌辦夷務始末》,卷51,頁4888。

[154] 寶鋆等纂,《同治朝籌辦夷務始末》,卷53,頁4995-4996。

[155] 寶鋆等纂,《同治朝籌辦夷務始末》,卷52,頁4953。

守，其能為力乎？[156]

　　舉人王葆辰（1835-1890）則提出與都興阿、葉文瀾頗為一致的看法，他認為洋人包藏禍心，不顧風水地脈敗壞之虞，一心一意要在中國本土興修鐵路、電線來加強他們的運輸效率，進而提昇其對中國的通商利權云：「嘗謂中國狃風水之說，棄大利而弗收，徒以擾累民廬田墓，堅拒其請，時以為憾。殊不知中國因民之所利而利之，今將萃人力、鑿地脈，洩扶輿鬱積之氣，以快往來」。王葆辰強調，朝廷若是迷惑於西方人士的請設說詞，而不能覺察其中攸關國防軍事動員的利害關鍵，結果將引狼入室、得不償失：「姑無論勢必不行，而闢數千里為坦途，失億萬年之天險。當無事之日，利甚少而害已多；及有事之秋，我能往寇亦能往」。王葆辰究明情理、斟酌得失之後，聲明此事萬萬不可准許。[157]

　　廣東訓導吳仲翔本著尊重傳統風水民俗的初衷，呈請朝廷「諭以爾國以利為利，中國則以人民為利。若以圖利之故，鑿地脈、傷廬墓，民心不服，必致爭端。是欲修和已先啟釁」。[158]生員林全初指陳電線、鐵路的設置，勢皆礙及民間的田廬與墳墓，「此事能卻則卻之」。[159]福建巡撫李福泰亦認為，「夫線路之法，岡則平之，山則穴之，驚民擾眾，變亂風俗。體察各省民情，實屬窒礙難行」。[160]前直隸總督劉長佑（1818-1887）則指出，「因銅線鐵路之故，壞人室廬、毀人墳墓、侵占人田畝，使民痛心疾首。欲得而甘心，彼又奚利焉」。[161]綜括以上的論證，清朝官員權衡政經局勢且體順民情風俗，為能防制西方勢力在中國境內橫行無忌的擴張，舉凡電線、鐵路准設與否的議論中牽涉到的風水問題，其論述取向所蘊涵著權力角逐及價值取捨的色彩，包括其提防西方人士大動地脈的理由，與礦務情境如出一轍。

---

[156] 寶鋆等纂，《同治朝籌辦夷務始末》，卷53，頁5011-5012。
[157] 寶鋆等纂，《同治朝籌辦夷務始末》，卷53，頁5026-5027。
[158] 寶鋆等纂，《同治朝籌辦夷務始末》，卷53，頁5021-5022。
[159] 寶鋆等纂，《同治朝籌辦夷務始末》，卷53，頁5033-5034。
[160] 寶鋆等纂，《同治朝籌辦夷務始末》，卷55，頁5200。
[161] 寶鋆等纂，《同治朝籌辦夷務始末》，卷56，頁5240。

　　回到礦採開禁與否的課題上，前舉英桂、吳棠、李福泰、瑞麟等人
的煤務論述中隱約透露出，在外國代表不斷的強力脅迫下，清朝官員嘗
試提出的折衷性對策，期望能隨機應變，以緩和中外雙方長期環繞於礦
採事務的緊張態勢。論述中存在著妥協彼此的彈性空間，應可視為清廷
煤務政策轉向的先聲。實際上，在官方對外交涉時而閃爍曖昧的煤務論
述中，追根究底，終須以固守清廷主權並保障國家利權為至高無上的要
務。一旦觸犯了這項最高原則，則諸事窒礙難行；反之，若能與此價值
標準並行不悖，自有轉圜餘地。[162]大學士兩江總督曾國藩（1811-1872）
於同治六年（1867）十一月奏陳，「㧱煤一事，借外國開㧱之器，興中
國永遠之利，似尚可以試辦」的說辭，透露了當中的可行性。[163]而在同
治七年（1868）十月總理衙門陸續照會英國公使暨答覆所請的文案中，
更道破了如斯的真相云：

> 查各礦為中國極大之業，誠如貴大臣所云，所以不輕開㧱者，非
> 為恐傷地脈，亦非慮及滋事也。緣此係國家大利，其權操之朝廷，
> 或開或否，必須慎重籌畫，以期有利無弊，並非故意棄置也。蓋
> 朝廷利權，不可下移，故雖民間自置產業，遇有礦苗，其上祇准
> 耕種，其下仍禁開㧱。可見利權所在，不容干預，洋商與華民其
> 理一也。[164]

　　由此可見，不論是洋商也好，華民也罷，二者一視同仁，皆不得侵
犯大清帝國整體的內政權益。「朝廷利權，不可下移」、「利權所在，不
容干預」等言語，一針見血地闡明了緣自官府利益的角度，一再禁止民
人私挖礦脈而外售圖利的根本原因。更何況，在官方的意識中，「礦產
並非通商買賣之事，尤應聽中國自主。譬之室有藏鏹，其開發與否，當
憑室主，外人不必與聞也。即前議試辦煤窯，借用外國機器開㧱，亦係
為中國自謀，兼欲使輪船得買煤之益」。[165]窮則變，變則通，政務必需

---

[162] 黃嘉謨，《甲午戰前之臺灣煤務》，頁37-47。
[163] 寶鋆等纂，《同治朝籌辦夷務始末》，卷54，頁5067。
[164] 寶鋆等纂，《同治朝籌辦夷務始末》，卷63，頁5876。
[165] 寶鋆等纂，《同治朝籌辦夷務始末》，卷63，頁5876-5877。

變通，始能契合時勢；為達目的起見，可以不擇手段，由此返觀晚清政
府官員的涉外論述中針對民俗風水龍脈的種種說法，許多時候，不過是
他們據以推諉的合理化藉口，或是他們對外談判的技術性籌碼。在此，
我們隱約可以感受到一股法國思想家傅柯（Michel Foucault, 1926-1984）
之權力論述中的策略性運作的氣息。[166]對於清廷而言，只要主權在我、
利益歸公，於此基礎上與外人說清楚、講明白，開挖解禁與否，到頭來
也許僅是時間上的早晚問題罷了。當然，為求慎重行事，預防與民間風
水信仰過度的牴觸，造成不必要的反彈與衝突，總理衙門大臣照覆外國
公使之際，有時也不忘宣稱，即使中國通商大臣覈定礦脈開發的地點之
前，也需會同政府特派官吏審度勘察，必先以無傷風水龍脈為起碼的限
度云：

> 開挖煤窯一事，……飭於南省附近口岸地方，悉心查勘，無礙風
> 水地脈、墳墓民居，可以開挖處所，據實報明，由通商大臣覈定
> 數處，派委妥員督工試挖，一切均由中國自主，將來得煤，無論
> 華洋商人，均准賣用，以資接濟。[167]

　　前車之鑑，後事之師，憑藉廣泛的民情風俗作後盾，也可為清廷的
涉外協商預留審勢權時的基本尺度，甚至在無可奈何的屈從之中，取得
最低限度的有利位置。[168]舉凡同治中後期清朝官員與外國代表交涉之
際，「無礙風水地脈、墳墓民居」的說法，往往成為他們的自衛策略或
附帶條件。例如，在同治六年九月清廷預籌與各國修約前夕，總理各國
事務衙門回應俄、英、法、美諸國接連議請在中國通商區域內設置電線、
鐵路一事，「先以失我險阻、害我田盧、妨礙我風水為詞辯駁，彼悍然
不顧；本衙門又以占我民間生計，勢必群起攘臂相抗，眾憤難當。設或
勉強造成，被民間拆毀，官不能治其罪，亦不能責令賠償」。[169]而總理

---

[166] Hubert L. Dreyfus and Paul Rabinow, *Michel Foucault: Beyond Structuralism and Hermeneutics*
（Chicago: The University of Chicago Press, 1982），pp. 184-204, 208-226.

[167] 寶鋆等纂，《同治朝籌辦夷務始末》，卷63，頁5898。

[168] 寶鋆等纂，《同治朝籌辦夷務始末》，卷63，頁5739-5844。

[169] 寶鋆等纂，《同治朝籌辦夷務始末》，卷50，總理衙門條說，頁4822-4823。

衙門大臣數度的「太極拳」，亦曾經觸發英國公使的洋牢騷。英國方面雖然對中國傳統風水禁忌感到莫名其妙，但為了實現其長年的夙願，最後還是鄭重向中國官員提呈讓步宣言和保證書面云：

> 從前屢次與貴衙門奉商在中國製造鐵路，均經貴衙門總以有礙風水以及民間田產、房屋、墳墓等事，不便開辦，照覆在案。本大臣現擬於中國製造鐵路，不惟於風水及民間田產、房屋、墳墓毫無妨礙，且能免地方不測之患。[170]

　　這個例證從側面顯示，在晚清西力衝擊的氛圍之下，「風水」所曾扮演過的「後衛」角色。[171]除此之外，同治十年（1871）七月中法兩國因去年五月天津教案一事，重新擬妥傳教章程八條，當中提到：「至教中買地建堂以及租賃公所，應同真正之原業主，報明該管地方官查覈，有無風水窒礙。如經地方官覈准，仍須本地人民不相嫌惡，均無異詞」。[172]同年，中國與日本議定通商章程中第二款規定：「兩國官民，准在議定通商各口租賃地基，各隨其地成規照辦。總須由地方官查勘，無礙民居墳墓方向，詢明業戶情願出租，方可公平議價」。[173]同治十一年（1872）三月，中日兩國共訂敦好和約，另立通商條款三十二則，第二款列舉包括淡水、臺灣在內的中日通商各埠，兩國官員均可就地建造屋舍，但必須遵守各該國規制，「地方官尚要查明無有傷礙風水、毀拆墳墓，並察業主所取價值，務得其中」。[174]由此可見，清朝官員援引傳統上「寧可信其有，不可信其無」的風水信仰，向他們的心目中「貪得無厭」的外國人士討價還價，以限制其過份的得寸進尺。通常是在「共赴國難」、「同心禦侮」的時候，政府高階才肯表態與下層庶民的生活習俗及其日常權益，站在同一陣線。

　　通觀以上的煤務論述，道咸同之際朝廷方面戰戰兢兢於應對外力東

170 寶鋆等纂，《同治朝籌辦夷務始末》，卷63，同治7年英國公使照會並黏單，頁5907。

171 寶鋆等纂，《同治朝籌辦夷務始末》，卷63，給英國公使照覆並黏單，頁5911。

172 寶鋆等纂，《同治朝籌辦夷務始末》，卷82，頁7527。

173 寶鋆等纂，《同治朝籌辦夷務始末》，卷82，頁7557。

174 臺灣銀行經濟研究室編，《清季申報臺灣紀事輯錄》（臺北：臺灣銀行，1968年），頁1。

漸的局勢時，其間曾藉由普遍流傳的雞籠龍脈觀念，作為抵制洋人覬覦雞籠礦脈的後盾或禁止民間私自採售煤炭的手段。而類似的情境，於同治六年五月英國公使阿禮國（Rutherford Alcock）請開澎湖虎頭山煤礦之際再度上演，[175]也曾發生在同治七年（1868）九月英國人荷恩（Horn）承領德籍商人美利士（James Milisch）所給執照後，陸續自雞籠等處雇請工匠前往噶瑪蘭廳大南澳一帶「番界」勘查山場、建堡伐木的過程中。當時，總理各國事務恭親王奕訢（1833-1898）等人以「中國土產，不便任令外國人自行採取；且交結生番，恐生後患」為由，照會英、德使臣將該洋人等撤回查辦。在給予英、德兩國的照會裡，清朝官員鄭重申明該地非通商口岸，不准洋人私自向原住民租地墾荒，同時強調：「大南澳山場樹木為全臺地脈所關，臺人固必不允從；況該處均係生番居住，萬一洋人輕入肇釁生端，辦理殊多窒礙」，故嚴厲阻止其妄自開山伐木的違禁行為。[176]

　　隨著同治中期外國勢力特別是英國方面的持續增壓，「至乞煤一事，先經曾國藩、李鴻章、沈葆楨議覆摺內，均以該國屢次堅請，有不允不休之勢」，[177]再加上民間私採禁不勝禁的刺激，清朝政府斟酌輕重且權衡至當，在煤務開採的環節上，不得不採取妥協折衷的措施，在仍未允許華洋人士自行租窯開挖的條件下，允准其購用中國本土礦產，稍為緩解彼此間箭拔弩張的緊張狀態，以求能消弭長期以來層出不窮的禍源釁端。[178]

　　同治八年（1869）九月，中英兩國新修條約善後章程中第八款酌定包括雞籠與句容、樂平等三處產煤地點，「由南省通商大臣查看該處情形，自行派員試辦。其應否雇用洋人幫工及租買機器，一切悉憑通商大

[175] 黃嘉謨，《甲午戰前之臺灣煤務》，頁30-31。

[176] 洪安全等編，《清宮月摺檔臺灣史料》，同治8年7月初1日奕訢等奏聞洋人在大南澳伐木墾荒私販軍火照會英布兩國使臣由中國自行拏辦摺，頁1177-1226；寶鋆等纂，《同治朝籌辦夷務始末》，卷66，頁6122-6166。

[177] 寶鋆等纂，《同治朝籌辦夷務始末》，卷68，同治8年9月19日總理各國事務恭親王等奏，頁6292。

[178] 寶鋆等纂，《同治朝籌辦夷務始末》，卷63，頁5921-5922。

臣主政。凡出之煤，華洋商人均可買用」。[179]清朝政府原先所堅稱的煤採禁令，於是宣告鬆弛，連帶促使一向帶有神聖化色彩的「全臺祖脈」形象，逐漸褪色。尤其當同光時期在官方立場的主導下，推行以模仿西法為主的洋務運動，影響及雞籠煤務漸次邁入嶄新的階段。洋務官員自強圖新的意向，直接導致風水在這些相關煤務論述中的權力位置與價值取向，就此轉變。雞籠龍脈說原先具有的某些優先地位，也隨著富國強兵的洋務浪潮而動搖。

四、洋務運動推行時的論述轉向

洋務運動是清廷對於西力激盪的具體反應，也是「師夷長技以制夷」之觀念的實質產物。[180]道咸時期，講究經世致用且留意西方情勢的有識之士馮桂芬（1809-1874），主張中國應該要環視五洲並放眼世界，儘速採行西學才能革新應變。他的言論，掀起了洋務運動的先聲。在咸豐十一年（1861）刊行的《校邠廬抗議》卷上〈籌國用議〉一文中，馮桂芬曾質疑過去清朝官府禁止各地礦採的措施，論述中針對風水民俗在內的一些顧忌問題提出商榷云：

> 開礦一事，或疑礦稅病民、礦徒擾民且礙風水，不知風水渺茫之說，非經國者所宜言。開礦非利，其稅即經費之外，全以與民，不失為藏富之道；礦徒非賊比，在駕馭得人而已。諸夷以開礦為常政，不聞滋事，且夷書有云：中國地多遺利，設我不開而彼開之，坐視其捆載而去，將若之何？[181]

馮桂芬地盡其利、廣開礦源以免利權落入外國人士手裡的想法，特別是撇清風水龍脈與煤採礦脈之間的牽扯關係，以及強調當政者應該

---

[179] 寶鋆等纂，《同治朝籌辦夷務始末》，卷68，頁6337。

[180] 呂實強，〈論洋務運動的本質〉，《中央研究院近代史研究所集刊》，第20期，1991年6月，頁71-89。

[181] 馮桂芬，《校邠廬抗議》，《近代中國史料叢刊》第62輯（臺北：文海出版社，1973年），頁93-94。

「顧風水流俗而薄之」的觀念，逐漸形成同光之際鼓吹中國必需向西方學習的洋務官員與知識份子的集體共識。

咸豐十年（1860）十二月，恭親王奕訢奏准設立總理各國事務衙門，標幟著自強新政的嚆矢。同治三年（1864）四月，總理各國事務恭親王奕訢等人奏稱這項國家政策的施行緣由，宣告一個革新時代的來臨：

> 治國之道，在乎自強；而審時度勢，則自強以練兵為要，練兵又以制器為先。自洋人搆釁以來，至今數十年矣。迨咸豐年間內患外侮，一時並至，豈盡武臣之不善治兵哉！抑有制勝之兵，而無制勝之器，故不能所向無敵爾耳。外洋如英、法諸國，說者皆知其惟恃此船堅砲利，以橫行海外。[182]

洋務大臣認定咸豐以來中國對外的軍事挫敗，關鍵在於船砲器械不如西方強國的精銳，於是呼籲朝野官紳學習西法以練兵圖強。在這項大政方針的推動下，同治五年（1866）五月，閩浙總督左宗棠奏請在福建海口地區購買機器與募雇洋匠，開始設局試造輪船。至六月三日，奉准設置福州船政局，致力仿製西洋輪船槍砲，以重國防而利民生為當務之急。[183]由於煤、鐵為船政業務所不可或缺的燃料和原料，福州船政局設立之後，自當酌擇適當的礦產地點加強採挖，以便能有效地供應槍砲輪船的製造。而當時北臺雞籠山既蘊藏豐富的煤源，且鄰近福州，具有地利之便，自然引起洋務官員的重視。福建船政大臣沈葆楨乃於同治七年（1868）遣派該船廠法籍監工都逢（M. Dupont）勘察雞籠附近礦區，籌措開採事宜。此舉顯示政府逐步伸展權力操控閩省雞籠煤務的實際運作，俾求物盡其用，強化軍事工業的發展，達成船堅砲利以爭取海權的遠大目標。[184]

---

[182] 寶鋆等纂，《同治朝籌辦夷務始末》，卷 25，頁 2475。

[183] 中央研究院近代史研究所編，《海防檔》（臺北：中央研究院近代史研究所，1957 年），乙、福州船廠，頁 5-10。有關該船廠的成立與發展過程，可參見張玉法，〈福州船廠之開創及其初期發展（1866-1875）〉，《中央研究院近代史研究所集刊》，第 2 期，1971 年 6 月，頁 177-225。

[184] 寶鋆等纂，《同治朝籌辦夷務始末》，卷 97，頁 8910-8914；李國祁，《中國現代化的區域研究：閩浙臺地區，1860-1916》（臺北：中央研究院近代史研究所，1982 年），頁 273-275，

　　然而矛盾的是，當福州船政局設立之後，因其仰賴大量煤源的供應，市場的需求刺激大量的生產，在有利可圖的情況下，反倒助長了民間「牟利之徒」私採雞籠煤礦的活動，造成了「幾不可復禁」的局面。官府禁約雖頒，徒為一紙具文。[185]再加上同治八年（1869）九月中英新修訂的條約中，明文將雞籠煤務列入善後章程的條款裡，迫使清廷正視長久以來包括中外各國、官民雙方涉入雞籠礦區中的勢力消長和權益糾葛，勢必採取主動出擊的方式，化消極的禁止手段為積極的統籌措施。清朝政府方面有關雞籠礦採的「弛禁」政策，即是權衡礦務環節的利害關係，以求能順利過渡到自強新政、利權在我的彈性辦法。[186]基於煤礦開採事務的現實考量，如何擺脫風水龍脈對於雞籠礦脈的牽絆，以及讓過去的非法私採轉變成未來的合法經營，即成為洋務礦採事業在臺灣本土推行時首當其衝的問題。陳培桂等《淡水廳志》卷四〈煤場〉記載同治九年（1870）正月閩浙總督英桂札飭臺道云：「雞籠煤窟，應就地方民情，悉心體察，派員講求辦法。署臺灣道黎兆棠，檄令淡水廳會同海關委員劉青藜並專委江蘇候補知府胡斌往雞籠查勘」。[187]這樣的作法，體現出官方臺煤政策轉向的前兆。

　　從《淡水廳志》的相關論述中顯示，當時治臺官員鑒於雞籠地方出產煤炭，復有「合境來龍，地脈攸關」的顧忌，民間私採老早是半公開的事實，而外力垂涎雞籠一帶「地廣而饒，物品繁富」的各項舉措，正迫不及待地蠢蠢欲動。[188]這個時候，原先已對雞籠煤務的利害環節有深刻認知的閩浙總督英桂，遂命令分巡臺灣兵備道黎兆棠派遣前江蘇候補知府胡斌等人前往勘定，以尋求「亡羊補牢」式的因應對策。官員們實地探勘海港東邊民間私採的深澳坑、深澳堵、八斗仔、土地公坑、竹篙厝、偏坑、田寮港、后山、石硬港、暖暖、四腳亭、大水窟等處煤場計九十二洞，其回呈上級的報告中特別強調，這些私採煤場的所在地點，

311-313。

[185] 陳培桂等，《淡水廳志》，卷4，頁112。

[186] 蔣師轍、薛紹元編纂，《臺灣通志》（臺北：臺灣銀行，1962年），頁219。

[187] 陳培桂等，《淡水廳志》，頁112。

[188] 陳培桂等，《淡水廳志》，黎兆棠序，頁3-4。

「皆屬旁山，無礙正脈，去民居遠，於田園蘆墓亦無妨礙」。[189]換句話說，在他們的看法中，雞籠「礦脈」和煤場的相對位置適當，恰好避開本山正支「龍脈」，既與民間陰、陽宅不相衝突，自然而然的，也就不至於直接觸犯龍脈不可妄加開鑿的傳統風水禁忌。論述中陳述官府尊重傳統社會的龍脈觀念，考慮普遍大眾根深柢固的風水信仰，也婉轉地流露出官方涉入雞籠煤採的意願，透過技巧性的修辭策略，以迴避當「礦脈」遇上「龍脈」之際所可能產生的左右為難、進退失據的尷尬問題。

　　經過地方官員察勘的結果，確定「雞籠口海港東邊深澳坑等處，皆係偏僻旁山，無礙正支龍脈，亦無妨礙民居、田園、蘆墓，堪以開採」的原則已經成立，[190]於是進一步傳集當地山主、紳戶等共同酌定礦務章程，籌議在深澳等地點樹立界碑，劃設法定的開採範圍，明令界限以外的區域依舊禁止開採，界內規範的區域則不得租予外人，私自典賣煤炭。對於煤戶、雇工的身分、籍別以及煤礦販運的方式，也多加限定云：「煤戶應本籍人，身家蘆墓在此；聯結保充，填給執照。其曾在洋行管事服役者，斥之。雇工亦只准淡轄，距洞五十八里內人。每洞不得過二十名。煤戶具結保之。煤戶、工役人等仍遞相結保，買賣俱令投行，官為查察調度。如有不就行郊，自向煤礦買運，以違約論」。[191]由此可見，官方擬將開禁試辦之初附帶的種種限制措施，不外是要將雞籠礦採的整體利益歸公家所有，政府集中調度以利妥善管理。除了福建船政的採運享有釐稅上的優惠待遇之外，[192]尤須杜絕「奸民」私採以及外力干預的弊端。類似的舉措，似乎也呼應了那句「只許州官放火，不許百姓點燈」的典故。

　　當閩臺官員將詳情咨明總理衙門，旋准設局試辦之際，上級單位認定開挖雞籠港東深澳坑等多處的煤窯，「實於風水、民居無礙，並於該

189　陳培桂等，《淡水廳志》，頁 112。
190　唐贊袞，《臺陽見聞錄》（臺北：臺灣銀行，1958 年），卷上，〈通商‧煤洞〉，頁 26。
191　陳培桂等，《淡水廳志》，頁 112-113。
192　陳培桂等，《淡水廳志》，頁 112-113。

處地方百姓有益，可試行舉辦」。[193]官方局部開放雞籠礦採的同時，猶不忘表明立場，諄諄告誡地方官吏開採礦苗時所應奉行的法令規定云：

> 惟須飭知地方官，認準此事係為中國百姓興利，不與條約相干，亦不與洋人相干。一切招商、給票、設廠、開行、抽稅，均照中國地方開窯為例辦理。如此劃清界限，方免洋商牽混、影射諸弊，……聽民開採，不准土民勾串洋人將產煤處所私行租占。[194]

以上徵引的幾段論述，如果參照前一節所提到的同治前期外國人士覬覦雞籠煤礦的背景，大致反映了英桂先前於福州將軍任內所揭舉的雞籠煤務主張，漸次獲得實踐。相對於往昔藉由「全臺祖山」的龍脈禁忌以強化礦脈禁令的作法，斯時官員採取「無礙正支龍脈」的說詞，來合理化其主導雞籠煤務的行為，也可免於前後論述自相矛盾的嫌疑，落入自打嘴巴的窘境。而這次事件的前後，也顯示了雞籠礦採事業的開發，政府多少仍需遷就包括風水習俗在內的地方民情。官方的權宜措施，其中也蘊涵著他們對於現實民生狀況的妥協。曾任臺澎道、臺南知府的唐贊袞分析當時私採雞籠煤礦的利潤，「貧民藉口資生者，亦不下數千人；是利之所在，萬難禁止」，[195]洵為確論。淡水同知陳培桂亦指出當時淡水廳治內「茶、腦、煤三者愈出愈廣。利之所在，人爭趨之」的情形，進而語重心長地呼籲有關當局，應該適時處理其間的利弊得失，以免增長官民之間的尖銳衝突：「是在褒多益寡，隨時調劑之，便得其平耳。語云：『因民之所利而利之』。開闢未久，地浮於人，逋逃藪萃，倘不加整頓，漠然海外置之，比杞憂所以方切也」。[196]陳培桂深明臺灣移墾社會風土民情的特殊性格以及晚清開港通商後的產經情勢，其論述內涵也表明了洋務運動推行時治臺政務的迫切需要。

同治九年（1870）初的官方礦採論述，標幟著雞籠煤務的轉捩點，也象徵著雞籠祖脈的地位開始動搖的臨界點。一旦政府的決策總歸於富

---

[193] 唐贊袞，《臺陽見聞錄》，頁 26。

[194] 唐贊袞，《臺陽見聞錄》，頁 26-27。

[195] 唐贊袞，《臺陽見聞錄》，頁 27。

[196] 陳培桂等，《淡水廳志》，頁 115。

強求新以因應時局世變，在風起雲湧、方興未艾的自強新政氣氛中，為了提昇國家的整體所得與軍事實力，首先就必需廣開煤鐵利源，採挖地脈礦藏勢在必行，縱使與民爭利而激犯民怨，也在所不計。凡是面臨到抉擇去取的關鍵時刻，「礦脈」的具體利益，往往凌駕在「龍脈」的民俗禁忌之上。因此，清朝官員涉及雞籠煤務的論述焦點，便傾向於設法將「龍脈」的虛擬形象予以轉換，甚至摒除「全臺祖山」的意識糾葛，致使「礦脈」的實質對象取得優先選擇的地位。最終透過移花接木、瞞天過海的手法，達成明修棧道、暗渡陳倉的效果。整體而言，洋務運動進行官辦雞籠煤務之際的論述取向，逐漸呈顯出「礦脈」排擠「龍脈」的過程，以及「風水」轉變成「禍水」的結果。

　　清朝官員為了站穩官辦雞籠礦採的立場，刻意擺脫全臺祖脈的民俗羈絆；而這些「只准自己放火的州官」為了維護官營雞籠煤務的利益，針對民間的違禁私採行為亦嚴加稽查阻遏。如同治九年十二月，大奎隆總理何拱辰、董事王家齊稟告淡水同知陳培桂，有后山煤主許仰僱用工人擅自開挖煤洞，並無事先呈報勘准。陳培桂為此批示：「查雞籠煤壙，前經本分府會同委員候補府胡查勘造冊，詳報在案。該后山山主許仰輒敢於呈報勘准之外，違禁私開煤洞，膽玩已極，候飭差嚴拘訊辦，以儆其餘。該總董等仍隨時妥為查禁，毋稍疏懈」。[197]總理何拱辰、董事王家齊果真盡守本份，於同月下旬復以石梗港煤礦主林養兒、劉三等人私挖煤洞，既近街市民居，並且「有礙地脈」，為此夥同地方生貢、街正人等稟請淡水廳衙門加以封禁，「以衛地脈」。同知陳培桂為了順應輿情，乃於翌年正月飭令差役前去該處標示封禁。[198]在這項案例中，民間的龍脈信仰再度浮上檯面，成為地方官紳禁止民人私採雞籠煤洞的理由之一，也讓我們再次見識到「風水」的現實功利性，以及官府面對這類傳統習俗的隨機選擇性。

　　內政之外，緊接而來的外力侵凌，更迫使清朝政府反求諸己，亦直

[197] 吳密察主編，《淡新檔案·第一編行政》（臺北：國立臺灣大學圖書館，1995 年），第 9 冊，〈礦產、工程〉，頁 33-35。

[198] 吳密察主編，《淡新檔案·第一編行政》，第 9 冊，〈礦產、工程〉，頁 36-39。

接或間接地助長前敘的論述取向。同治十三年（1874）四月，日本藉口牡丹社事件進犯臺灣，並圖謀「物產殷阜」的雞籠、噶瑪蘭一帶，導致朝野人士義憤填膺、憤懣不已。[199]輿論或痛責「蕞爾」日本竟然輕視中國柔弱，是可忍孰不可忍，進而呼籲政府積極仿傚西方國家從事雞籠等處的煤採事務，俾收富國強兵的效用。同年五月三十日，《申報》刊載一篇〈論日本侵犯臺灣事〉，文中就如何處理日軍侵臺的善後事宜，宣稱「自今以往，如開礦、采煤、冶鐵、制造、鼓鑄與夫一切格致有用之學，無不迫之以效法者，非好騖新奇也。海禁一開，不如此不足以禦敵國外患也。蓋天運循環，其勢有不得不然也」。[200]同年十月四日，《申報》復載錄一篇〈與友人論臺灣善後事宜〉，論述中主要站在國家權力伸張與漢人中心主義的立場，建議清廷施展「開山撫番」的善後措施，實踐王者無外／用夏變夷的正統意念，貫徹移風易俗的手段，以馴化曠野「生番」接受中華禮教的價值系統，「倘仍不遵德化，便可示以兵威」。[201]該文作者甚至認為，不惜動用武力開啟戰事，勢必要讓「化外番地」盡歸大清版圖，才能化解虎視眈眈的外國勢力染指臺灣領土的企圖。這樣的構想，無非是意圖透過一種侵略行為去阻止另一種侵略行為的發生。文中更針對國家的利權問題，指陳政府廣開各原住民社域內山諸礦的急切性云：

> 各社山中，聞諸礦亦屬不少；縱無金、銀之產，定有煤、鐵之生。若能開挖，亦有大利；生番不知「風水」之說，必無從中阻撓者。並聞其地人跡罕到之區尚有多處，其中材木，亦必大有可觀者。[202]

為了圖謀王化未及的「生番」所在山區的礦產利源，該文作者基於漢族文化本位的價值觀念，設想臺灣原住民原無風水信仰——也就是

---

[199] 寶鋆等纂，《同治朝籌辦夷務始末》，卷94，頁8622-8656；屠繼善，《恒春縣志》（臺北：臺灣銀行，1960年），卷18，〈邊防〉，頁277-286。

[200] 臺灣銀行經濟研究室編，《清季申報臺灣紀事輯錄》，頁191。

[201] 臺灣銀行經濟研究室編，《清季申報臺灣紀事輯錄》，頁441-442。

[202] 臺灣銀行經濟研究室編，《清季申報臺灣紀事輯錄》，頁442。

說，既然他們未嘗習染中國傳統的堪輿風俗，就不致於引起「礦脈」與「龍脈」的價值矛盾和意識衝突，自然不會因為護龍保脈的關係阻撓政府挖掘山嶺礦脈的作為。我們可以看到，論述中的「風水」搖擺於政府權益／外力壓迫／民俗利害之間的複雜牽扯，是如何被某些有心人士加以隨機操作。

除了輿論的推波助瀾之外，開礦與否的最終權責仍舊掌握在上層決策者的意向。總理衙門於同治十三年九月奏陳日軍侵臺變生倉猝，海防亟待切實籌備，遂請飭下南北洋大臣、濱海沿江各督撫將軍詳加籌議，限一月內覆奏，再由在廷王大臣詳議緊要應辦事宜，致力解除軍政外交的後顧之憂。[203]兩江總督李宗羲（1818-1884）於十一月上奏剖析中西國防軍事強弱的緣故，力陳煤鐵礦採對於自強新政的必要性。他認為煤鐵礦山為中國先天俱有的自然利源，「若一一開採，不獨造船造砲，取之裕如，且可以致富、可以自強」；只要主管當局管理妥當，倒無庸過慮開辦過程所可能產生的流弊云：「或謂一經開礦，則必招集無賴，深恐易聚難散，釀成巨案。臣愚以為釀患之說，蓋由經理不善之咎，不必鰓鰓過慮，因噎廢食」。[204]湖廣總督李瀚章（1821-1899）也秉持類似的初衷，奏稱各省煤鐵等礦若能試行開挖，妥籌辦理以廣闢國家利源，既可供應各船廠鑄造槍砲、輪船的原料及燃料用途，亦能將剩餘的礦產作為商品，出售所得來資助軍餉。[205]

斯時大勢之所趨，也就是官辦雞籠煤務的擬議傾向明朗化的同時，[206]風水龍脈說有時被視為妨礙煤務進行的一項阻力，以至於受到刻意的迴避，甚至遭遇嚴厲的斥駁。例如，深感於中國官紳普遍「昧於數千年來一大變局」、「狃於目前苟安」的北洋大臣李鴻章（1823-1901），曾經反省「英國所以雄強於西土者」，主要因該國依恃大量的煤鐵以製造船砲機器。因此，他一度建議清廷師法洋人的礦採技術，廣開中國大陸與臺

---

[203] 寶鋆等纂，《同治朝籌辦夷務始末》，卷98，頁9032-9034。

[204] 寶鋆等纂，《同治朝籌辦夷務始末》，卷100，頁9227。

[205] 寶鋆等纂，《同治朝籌辦夷務始末》，卷100，頁9246-9247。

[206] 黃嘉謨，《甲午戰前之臺灣煤務》，頁105。

灣等處的豐富礦源。[207]而在同年十一月，李鴻章更以大學士直隸總督的
身分，奏議一切仿造西法次第開挖中國本土諸山的礦藏，南方各省濱江
近海的區域亦可試行開辦。他認為，中國船械製造所需煤鐵若可自給自
足，即毋庸向外國購置，免受仰人鼻息的悶氣，並可以就此練兵造船，
自立自強，迎頭趕上西方列強的軍事力量。在廣興礦務有利於軍國大業
的前提下，李鴻章譴責一些包括風水術數在內的因素阻擾新式礦採的弊
端云：

> 近世學者，鑒於明季之失，以開礦為弊政，不知弊在用人，非礦
> 之不可開也。其無識紳民，惑於鑿壞風水；無用官吏，恐其聚眾
> 生事，尤屬不經之談。刻下東西洋無不開礦之國，何以獨無此病？
> 且皆以此致富強耶？[208]

　　「項莊舞劍，意在沛公」，李鴻章的論述中針對風水習俗的強烈抨
擊，目的在定位其愚惑人心、不足為取的刻板形象，來求得官辦煤務及
各地礦採的名正言順。然而，我們不要忘記，同樣是李鴻章，先前在同
治六年（1867）十二月六日湖廣總督任內，曾奏稱一項如何敷衍洋人議
設鐵路電線的策略，特別是清朝官員可以倚靠民間的風水習俗作為回拒
的理由云：

> 洋人貪利無厭，志在必行，數年以來，總未得逞，固由內外通商
> 衙門合力堅拒，彼亦明知民情不願，勢難強偪也。換約時若再議
> 及，只有仍執前說，鑿我山川，害我田廬，礙我風水，占我商民
> 生計，百姓必群起爭抗拆毀，官不能治其罪，亦不能責令賠償，
> 致激民變。[209]

　　前後的說辭對比之下，顯示出李鴻章針對不同的訴說對象、內政方
針與外交情勢，隨意調整「風水」在論述中的所在地位，以符合特定時
期的朝政需要，進而保障至大無外的國家利權。對於風水的隨機選擇，

207　寶鋆等纂，《同治朝籌辦夷務始末》，卷86，頁7927-7940。
208　寶鋆等纂，《同治朝籌辦夷務始末》，卷99，頁9142。
209　寶鋆等纂，《同治朝籌辦夷務始末》，卷55，頁5157-5158。

反映出李鴻章的務實性格；而李鴻章個人的論述轉向——從借重風水到抹黑風水的作法，也與風水從西力東漸到洋務運動時期的形象轉變相互呼應，深具時代意義。

　　江西巡撫劉坤一（1830-1902）考察「時議以中國煤源甚廣，為外洋各國所需，若大加開採，不惟足濟中國輪船之用，並可販運出洋，必有補於國計」之餘，並進一步衡量煤礦採挖與國計民生以及龍脈禁忌的關係。他建議政府當局，應該深慮各環節間的利害輕重與得失去取云：

> 然不用西洋機器，則所出必不能旺；若以機器施之，又恐震駭耳目，山野愚民，動以有傷地脈、有妨生計為詞，群起阻撓，不可不豫為慮及，能否以漸推行，是在司其事者之悉心經理耳。[210]

　　在劉坤一的想法裡，惟有慎重行事以緩和風水民俗的先天阻力，才可保障機器採煤的成效，以免事倍功半的缺憾。同年十一月十日，劉坤一復浙江巡撫楊昌濬（石泉，1825-1897）論時事的信函中，除了反省日軍侵臺所凸顯的東南海防問題之外，也提到「時議以各省煤礦頗多，將用西法開採，誠不無小補。而或者謂發洩太甚，有傷地脈，有礙生計，似亦不為無見也」。[211]劉坤一秉持同情的態度對待風水與煤務之間的矛盾問題，雖然到頭來，礦採的優先性還是他的出發點。[212]

　　在一片洋務自強的聲浪中，清朝官員鑒於東南海防的考量，益加重視雞籠煤務的實際推展與連鎖效應。[213]「礦脈」與「龍脈」之間的利害糾結，也零星地浮現在這些攸關雞籠礦務運作的論述之中。光緒元年（1875）四月二十六日，皇帝諭示開採煤鐵事宜，允照李鴻章、沈葆楨等人的奏請，「先在磁州、臺灣試辦，派員妥為經理」，官辦北臺雞籠煤務正式合法開

---

[210] 寶鋆等纂，《同治朝籌辦夷務始末》，卷100，頁9263-9264。

[211] 劉坤一，《劉坤一遺集》（北京：中華書局，1959年），書牘卷5，頁28。

[212] 直到光緒20年（1894），南洋大臣劉坤一電奏其查勘南洋各地煤斤情形，文末亦秉持相同的論調宣稱：「蓋開礦雖興地利，必當無關地脈、民間廬墓，方可有利無害；苟有產煤較旺而無關礙者，自當留意開採，以供取用」。臺灣銀行經濟研究室編，《清光緒朝中日交涉史料選輯》（臺北：臺灣銀行，1965年），頁120-121。

[213] 黃嘉謨，《甲午戰前之臺灣煤務》，頁104-113；潘君祥，〈論官辦基隆煤礦的創辦和經營〉，《中國社會經濟史研究》，1988年第1期，頁86-92。

張。值得我們留意的是，光緒皇帝的諭旨中特別強調，即使有需要藉用外國人士的部分，「亦當權自我操，毋任彼方攙越」，顯示朝廷堅持利權不輕易外流的根本原則。[214]另一方面，由於臺灣海防地位及風俗民情的特殊性，官辦臺煤開採業務幾乎與「開山撫番」事宜，一體同步進行。[215]有關雞籠礦區的治理上，兩江總督兼辦南洋海防通商事務大臣沈葆楨於光緒元年六月十八日上臺北擬建府治統轄一府三縣摺中，提到雞籠「通商以後竟成都會，且煤務方興，末技之民四集，海防既重，訟事尤繁。該處而未設官，亦非佐雜微員所能鎮壓。若事事受成於艋舺，則又官與民交困。應請改噶瑪蘭通判為臺北府分防通判，移駐雞籠以治之」。[216]沈葆楨洞察雞籠礦務進展與海防情勢聲息相應，惟有設官治理，加緊內外守備，防患於未然，才能保障煤採事業的一帆風順。[217]

光緒二年（1877）底，福建巡撫丁日昌（1823-1882）巡閱雞籠煤礦並繞視沿海東岸的兵防形勢之後，[218]於次年正月二十二日奏陳當局如何統籌臺灣全局的施政措施，條分縷析其中的利害關係。丁日昌指出：「臺北一帶，滿山皆礦，煤鐵出於是，硫磺、樟腦、煤油、茶葉出於是。往往洋人既知而我尚未知，洋人既採而我尚未採」。[219]若要平息外國勢力垂涎臺灣礦利的奸狡計謀，唯有豐裕軍實且固守邊防，才能一勞永逸且長治久安。他酌量正本清源的辦法，擬請政府開辦輪船與礦務事業，其國是建言中更附帶澄清風水民俗的無庸顧慮云：

> 輪路開、礦務興則兵事自強，而彼族之狡謀亦旬息，……夫臺灣不辦輪路、礦務之害，如彼辦輪路、礦務之利也。如此其得失取舍，固可不待懸揣而知。而或者慮輪路、礦務一辦，必致傷人廬墓，百姓怨嗟。不知臺中曠土甚多，輪路不致礙及田廬；開礦之處，並無

---

[214] 《大清德宗景皇帝實錄》，卷8，光緒元年4月26日，頁10。

[215] 沈葆楨，《福建臺灣奏摺》（臺北：臺灣銀行，1959年），頁52-53。

[216] 洪安全等編，《清宮月摺檔臺灣史料》，頁2025；沈葆楨，《福建臺灣奏摺》，頁58。

[217] 《大清德宗景皇帝實錄》，卷13，光緒元年7月14日，頁19-20及卷24，光緒元年12月20日，頁4-5；《清宮月摺檔臺灣史料》，頁2421-2424。

[218] 洪安全等編，《清宮月摺檔臺灣史料》，頁2446-2447；臺灣銀行經濟研究室編，《清季申報臺灣紀事輯錄》，頁654。

[219] 洪安全等編，《清宮月摺檔臺灣史料》，頁2466-2467。

人居，且風水之說，亦未深入膏肓，此可無慮者一。[220]

　　同年四月十四日，丁日昌復奏陳臺灣雞籠煤務的辦理頭緒，文中指出臺灣礦務以煤採的利潤最大，用途也最為廣泛，若能雇用洋匠，並配合機器開採雞籠煤層的經營方式，必定有利於國計民生。有鑑於此，他主張在雞籠各礦區內設立碑界，如此一來，「利源可盡歸公」而且「他族可免覬覦」。[221]在這樣的見解之下，前引文中「風水之說亦未深入膏肓」的說法，其實帶有一種避重就輕的色彩。一方面，這適足以顯示風水觀念的深入人心，致使治臺官員進行洋務事業之際，必需加以考慮、面對並妥作因應；另一方面，清廷的政策轉向以國家富強、安內禦外為第一優先考慮，直接影響到煤務論述中所牽涉的風水龍脈說，逐漸淪落到近乎無足輕重的邊陲位置，形成了一種中央／邊陲⟷礦脈／龍脈的對應關係。在「礦脈」的大軍壓境下，「龍脈」終至節節敗退、潰不成軍。風水的昔日風光，幾成過往雲煙。

　　光緒四年（1878）四月十日，《申報》刊載〈煤說〉一文，為我們提供了相關的例證。該文作者根據「中國諸省皆有煤礦可開，前者西人所估數浮於外洋幾倍，雖不盡信而揆之中土素產之煤，則所差亦不甚懸殊」的論點，分析全球四大洲中惟獨中國不能倚靠煤礦獲取鉅利的關鍵，乃肇因於風水民俗從中作祟所造成的不良後果云：

> 大抵中人習俗惑於風水之說。現所開採者本從開地施功；而山中煤苗最佳之地，為民情所格耳。……人情偏惑，故不能強耳。中國腹內諸省欲盡行開礦，大獲其利；吾恐事勢、人情兩相扞格，尚難收效也。所可望者，臺灣之煤礦而已。……夫然後利權可奪，君民皆富；風水之惑，不煩言而解矣。然其事尚非旦晝之功，徒令抱杞憂者搔踟躕耳。[222]

　　該文作者明白基隆煤務佔有國家整體礦務的重要地位，因此寄望臺

[220] 洪安全等編，《清宮月摺檔臺灣史料》，頁 2472-2473。
[221] 洪安全等編，《清宮月摺檔臺灣史料》，頁 2663-2664。
[222] 臺灣銀行經濟研究室編，《清季申報臺灣紀事輯錄》，頁 777-778。

地煤礦的利潤,「可比於外洋一國」,最後猶不免擔憂移風易俗、袪除風水迷惑在實行上的困難性。同年(1878)十一月,上海《萬國公報》登載英國倫敦會傳教士艾約瑟(Joseph Edkins, 1823-1905)的〈風水闢謬〉一文,指陳中國人深信風水所衍生的弊端之一,「譬山有寶藏如五金之礦,開之則可富國利民,徒以惑於堪輿家言,因其有關于風水,遂不敢開動,致國與民皆不得擅其利權」。[223]同會傳教士慕維廉(William Muirhead, 1822-1900)發表〈論中華後日之事〉一文,也將矛頭對準傳統堪輿習俗與新式礦採事業之間的相關問題,其中強調開礦為補救時艱、裕國利民的有效辦法,而當時臺灣基隆與湖北、開平等處礦區,業已開風氣之先云:

> 雇募西匠,試用機器,乃為中土以洋法開采者始。惟聞各省有礦之區,尚多封禁,未許開挖。揣其所由,皆因從前滋事所致,或因惑於風水之說,以至於此。今者揆時度勢,若得內外大臣據情入告,請旨通飭各督撫,凡有五金礦產之所,無論官山私山、已禁未禁,曉諭民間悉准采取,毋許地方紳士藉詞風水,恃端阻撓。不數年礦務振興,庫錢充餘,生民獲益,正未可限量焉。[224]

　　署名河西子蘊珊氏所著〈風水害理說〉一文中,亦痛斥風水習俗導致倫常禮義和社會風氣的敗壞,並且抨擊龍脈信仰遏止地方建設與洋務運動的推行,「如造橋以通往來者,理也;信風水者,則曰阻來水、礙風水,是害通往來之理也。開道路以便行人者,理也;信風水者,則曰傷斷龍脈、防礙風水,是害便行人之理也。開礦取煤、掘地取金以資利用者,理也;信風水者,則曰破弊龍脈、以害風水者,是害取煤取金以資利用之理也」。[225]類似的批評,在在反襯出傳統風水習俗至深且廣的影響力。冰凍三尺,非一日之寒;欲融三尺之冰,亦非朝夕所能。如何擺脫世上只此一家、別無分號的中國風水龍脈說,讓礦脈煤產能夠物

---

[223] 林樂知主編,《萬國公報》(臺北:華文書局,1968 年據清光緒元年至 32 年版景印),第 9 冊,頁 5713。

[224] 林樂知主編,《萬國公報》,第 9 冊,頁 5727。

[225] 林樂知主編,《萬國公報》,第 14 冊,頁 8796。

盡其用、貨暢其流以提昇國家的軍政實力，不時令晚清洋務派人士傷透腦筋。

　　光緒初期出使英國而令自我視野大開的郭嵩燾（1818-1891），曾用心考察英國何以富強的社會經濟因素。親身的經歷，使他擁有實際比較中英兩國政教民情的機會。當郭嵩燾體認相對先進的科技助長英國的國力之餘，對於中國傳統風水文化阻礙洋務事業的情形，亦不免有感而發。郭嵩燾於光緒三年（1877）二月初八日自倫敦寄予李鴻章的信函中提到：「論者徒謂洋人機器所至，有害地方風水，其說大謬。修造鐵路、電報必於驛道，皆平地面為之，無所鑿毀。至於機器開煤，吸水以求深也，煤質愈深愈佳。中國開煤務旁通，洋人開煤務深入。同一開採，淺深一也，有何妨礙？」書信裡且嚴詞批評某些士紳昧於世界局勢而惑於風水習俗，屈就民情壓力而不知變通務實；眾多百姓但求一己私利而群起阻撓洋務，圖謀風水庇蔭而不顧國家建設。在可見的未來，中西方國力勢將彼長我消，所有積極從事鐵路修築、電線架設與礦源開採的西方國家，必定遠勝於故步自封的大清帝國。他指出：「洋人所至逐漸興修，其勢足以相制，其利又足以啖奸豪滋事者，役使之以為用，則使權利一歸於洋人，而中國無以自立」。郭嵩燾為此強調，如果中國想要和西方列強爭雄於國際舞臺，朝廷大臣必需擔負起先知先覺、震聾發瞶的重責大任，勇於落實洋務科技的推廣大計，「是以政教明則士大夫之議論自息，亦在朝廷斷行之而已」。[226]

　　王韜（1828-1897）與郭嵩燾一般，極力主張中國應採行西法，廣開各地富饒的煤鐵五金礦源，以供應輪船製造、軍事工業和民生經濟的需求，促使中國躋身世界工商業強國的行列。同樣的，光緒前期曾赴歐洲遊覽講學的他，也感觸到長久以來「中國自塞其利源，非惑於風水之謬談，即惕於輿情之中阻，朝廷亦鑒於前弊，言利之臣，多不敢議及乎此」。王韜聲明，如果朝廷一味屈就於風水習俗之類的顧慮而停止一切

---

226 楊堅點校，《郭嵩燾詩文集》（長沙：岳麓書社，1984 年），文集卷 11，〈倫敦致李伯相〉，頁 191-192。

礦採事務,則無異因噎廢食,錯失富國強兵的時代機運。[227]除此之外,王先謙(1842-1917)於光緒五年(1879)所著〈條陳洋務事宜疏〉中強調,「泰西各國皆用開礦致富強」,堪為中國借鏡。王先謙鑒察敵我情勢,惟有自開礦源,以免受制於外國的供輸而使利權外流,才是自立自強的根本辦法。為了消解人們對於晚明煤務流弊的心有餘悸,以及排除風水禁忌的從中作梗,他徵考乾隆五十二年(1787)十月給事中孟生蕙奏請朝廷停止直隸總督劉峨(1723-1795)所奏開採昌平州礦礦一事,當時乾隆皇帝曾諭示「京城外西山、北山一帶,開採煤窯及鑿取石塊,自元明以來迄今數百餘年,取之無盡,用之不竭,從未聞以關繫風水,設有例禁。豈開採硫礦,遂至於地脈有礙?」[228]由此可見,王先謙嘗試訴諸乾隆皇帝的權威論述,來增強各省興辦礦業的集體動力。

《國朝柔遠記》作者王之春(1842-?)也曾呼籲時人取法西方強國大興礦務的歷史教訓,儘速投入洋務礦採與船政軍務,以求富裕國計,強實海防,在西力激盪的世變浮沈裡維繫大清皇朝的立國命脈。其所著〈興礦利〉一文中引古證今,同樣抬出乾隆皇帝的神主牌位,援引實錄中有關京城外西山、北山一帶數百年來鑿煤取石而未設下風水例禁之事,來替當時礦採事宜的正當性多加辯護云:

> 今之宜開者,煤、鐵礦也,意在便民,且當務為急……或謂:開礦於地脈有礙;聚集多人,恐生事端,此又一孔之儒之目論也。伏讀乾隆五十二年十月諭曰:京城外西山、北山一帶,開採煤窯及鑿取石塊,自元明以來迄今數百餘年,取之無盡,用之不竭,從未聞以關係風水,設有禁例。豈開採硫礦,遂至於地脈有礙?……聖諭詳明,最足破世俗疑惑之見。[229]

---

[227] 王韜,《弢園文錄外編》,卷10,〈代上廣州府馮太守書〉,頁20b-21a。同書卷3〈建鐵路〉裡王韜持有相似的看法,其中分析鐵路興設的阻礙之一云:「或謂愚民惑于風水之說,強欲開闢,必致紛然不靖,是以利民者,擾民也,此不宜者一也。……嗚呼,是殆中國未之行耳,中國之民未之見耳」(頁22b-23a)。

[228] 葛士濬輯,《皇朝經世文續編》(臺北:國風出版社,1964年據清光緒24年刊本景印),卷102,頁9-11。

[229] 王之春,《國朝柔遠記》,附編卷1,頁898-899。

　　歷史的後見之明告訴我們，開不開挖，便不便民，妨不妨礙龍脈，
過程合不合法，要看皇帝老子、方面官員在不在意——他們的意願才是
最後決定的關鍵。在天子明聖、至尊無上的思考模式中，上有所好，下
必甚焉，風行草偃，各路響應，官營西式煤務如火如荼地開展之際，諸
如此類排除風水龍脈阻礙以利煤鐵礦脈採挖的論述傾向，也就不足為奇
了。風水龍脈的地位在基隆煤務論述中的每況愈下，其實與當時的政策
取向息息相關。一旦礦脈開採的訴求兵臨城下，龍脈禁忌的地位便響起
了四面楚歌。舉凡朝廷效行西法自辦礦務開採或者鐵路、電線設立等事
業，某些官員體會到「閩省民情惑於風水，動以有礙田園、廬墓為詞」，
不斷地阻撓工程的進度而加以批評。[230]當洋務自強、勢在必行的時候，
「無知百姓」的風水觀念與兇悍行為，便取代了原先清廷仰仗風水民俗
抗拒外力東漸的論述客體中，所撻伐的包藏禍心且惟利是圖的「狡詐西
夷」。風水龍脈的傳統禁忌，轉而淪為官方洋務論述的眾矢之的；民間
廬墓田園的窒礙，於是成了洋務事業的迴避。[231]沈默的大眾——官方論
述中的「奸民」、「愚民」，則往往無言以對。反正，權力掌握在誰手上，
誰就可以選擇愛怎麼說、決定要如何做。

　　光緒前期，官方督辦臺北煤局從事雞籠煤礦的開採，主要為供應船
政製造各局進行南洋海防建設的迫切需要，奪還昔已落入外國人士掌控
的礦產利權，並排擠該地民營煤業的羈絆，經由官府統制且獨佔生產運
銷的經營措施，最終取得與西方國家在軍事、國防、外交、商務等方面
相互競爭的資本。[232]基隆煤務的舉足輕重，分巡臺灣道劉璈（？-1889）
理解的相當透徹。他於光緒八年（1882）所著〈詳論煤務屯銷利害由〉
中指稱：「臺北開煤，以中國海隅舊無大礦，駛船造器，動向外洋購煤。

230　王彥威輯，王亮、王敬立編校，《清季外交史料》（臺北：文海出版社，1963 年），卷 6，
　　光緒 2 年 5 月 7 日閩督文煜等咨陳軍機處閩省電線買歸自辦文，頁 111-112。

231　中央研究院近代史研究所編，《近代中國對西方及列強認識資料彙編》第 3 輯（臺北：中
　　央研究院近代史研究所，1986 年），頁 88-93，487-488，496-499；中央研究院近代史研究
　　所編，《海防檔》，戊、鐵路，頁 78-83，138-139，313-314。

232　臺灣銀行經濟研究室編，《清季申報臺灣紀事輯錄》，頁 736-737，746-747；臺灣銀行經濟
　　研究室編，《臺灣私法商事篇》（臺北：臺灣銀行，1961 年），頁 62-63。

外人屯貨居奇，獨持利柄；且又覷覦基隆之煤，欲以中國所產還取中國
之利。其時若不禁阻而聽其開採，利權彼操，我無有也。故議以為中國
之煤，中國自行開採，供中國輪船之用。其拒絕外人之意，至明且決。
誠以利之所在，不得不爭」。[233]為能因時制宜以興利除弊，徹底實現利
權自操的宏願，他經年著意於雞籠煤礦的整頓規劃，也數度留心該處礦
區的防務籌設。[234]劉璈的煤務論述顯示了，從安內攘外的效用層面，雞
籠煤礦實際與國家的整體海防互為照應。「臺灣孤懸海外，久為外人所
垂涎」；[235]「內為南北洋各省之聲援，外扼東西洋各國之要害」，[236]大有
牽一髮而動全身的態勢，庶幾為這段時期上至皇帝下至洋務大臣暨治臺
要員的共識。然而，世事到頭禍福相倚，「基隆地方出產煤炭，原地方自
有之利」的情況，[237]「臺灣雞籠山煤礦，為中國礦務之大宗」的稱譽，[238]
以及「臺北基隆山產煤礦，尤利火輪之用」的事實，[239]也註定它難以擺
脫「懷璧其罪」的噩運。

　　由於基隆煤礦在臺海防務上的關鍵性，當光緒十年（1884）四至六
月法軍屢番肆擾東南沿海且窺覬基隆煤礦的危機時刻，巡撫銜督辦臺灣
軍務大臣劉銘傳立即先發制人，飭令封禁該處煤窯，不准法艦購煤得
逞，以斷絕法軍的燃料供給。[240]同年六月初六日，慶親王奕劻
（1836-1916）等人奏陳洋情叵測，摺文中除了肯定劉銘傳的辦理中肯
果斷，也針對法軍的圖謀不詭，衡量刻不容緩的因應措施。大體上，他
們認為「臺灣久為泰西各國豔羨之地，物產富饒，五金俱備，苟以西法
經理之，足敵泰西中大之國」，尤其基隆煤礦「產煤頗旺，煤質尚佳，

[233] 劉璈，《巡臺退思錄》，頁 35。

[234] 劉璈，《巡臺退思錄》，頁 16-19，36-38，126-135。

[235] 《大清德宗景皇帝實錄》，卷 183，光緒 10 年 5 月 1 日，頁 3。

[236] 蔣師轍，《臺游日記》，蔣國榜跋，頁 141。

[237] 唐贊袞，《臺陽見聞錄》，卷上，〈通商‧煤場〉，頁 25。

[238] 臺灣銀行經濟研究室編，《清季申報臺灣紀事輯錄》，〈煤礦興旺〉（光緒 7 年 11 月 29
日），頁 1025。

[239] 夏獻綸，《臺灣輿圖》（臺北：臺灣銀行，1959 年），周懋琦跋，頁 81-82。

[240] 朱壽朋纂修，《十二朝東華錄（光緒朝）》（臺北：文海出版社，1963 年），卷 62，光緒
10 年 6 月 2 日，頁 1728，1745；臺灣銀行經濟研究室編，《法軍侵臺檔》（臺北：臺灣銀
行，1964 年），頁 23-48，69-82。

足供機局輪船之用，開採業有成效」，而西方「各國輪船遠則購之倫敦、近則購諸日本，從未有能於中國境內自營煤礦者」。基隆若是被法軍佔據，等於是將煤藏利源平白資送給敵國外患。法艦的燃料補充如果不虞匱乏，更可有恃無恐地橫行於東南沿海地區，進而侵犯中國領土，威脅國家安全。為求保全大局起見，他們主張應儘速統籌全臺關繫形勢，加緊備禦防戰的軍事要務。[241]同月十五日，劉銘傳聞訊法軍進犯基隆且謀取當地煤礦之後，趕緊派員將八斗等處官煤廠房一併拆毀，堅壁清野，「以絕敵人窺伺之心」，貫徹「肥水不落外人田」的戰略決策。[242]

　　光緒十一年（1885）二月，清法兩國停戰議和，法軍於五月初撤出基隆，百廢待興的煤務成為朝廷善後整建的工作重點。[243]七月初一日，幫辦軍務福州將軍穆圖善（1823-1887）在〈奏為遵旨籌議海防善後摺〉中，秉持變通積習以達洋務自強的見解，將中國比對富由機器通商且以工商為國本的歐、美二洲列國，最終得出的結論是：雖然諸國「地富礦藏尤不如我，惟富我不如彼。相觀而善，急起擇善，以變貧弱，必自開煤鐵、創鐵路、興機器、舉商政始」。[244]穆圖善肯定西方技藝的價值，奏摺中極力推陳中國模仿西法的必要性，督促官辦各省煤鐵開採事務的迫切性。他除了批評舉世獨一無二的中國風水禁忌對於礦務的阻礙，更嘗試以回歸自然生化的觀點，揭露其「術數化」的神秘面紗云：

> 日本得煤礦機器利，人所共知。惟華人惑風水之說，多撓開礦；西國不言風水，都邑、市鎮無不得地，英京倫敦地下通鐵路，富強如故。蓋風水者，山水形氣，以聚散為吉凶，在地面不在黃泉，天氣降，地氣升，呼吸祇地下數尺至數丈，若深數丈下，無關風水。……宜大張告示，以解民惑。[245]

　　照他的說法，礦藏地脈與風水龍脈既是不相妨害，又何須顧忌礦採

---

[241] 洪安全等編，《清宮月摺檔臺灣史料》，頁 3598-3608。

[242] 劉銘傳，《劉壯肅公奏議》，卷3，〈請將曹志忠移紮山後並拆移煤礦機器片〉，頁 172。

[243] 臺灣銀行經濟研究室編，《法軍侵臺檔》，大事年表，頁 32-35。

[244] 洪安全等編，《清宮月摺檔臺灣史料》，頁 4326-4327。

[245] 洪安全等編，《清宮月摺檔臺灣史料》，頁 4328。

作業對於風水的破壞？穆圖善的用意不難想見。類似的見解，亦出現在光緒十三年（1887）五月初八日刑部郎中勞啟捷的敬陳時務管見摺中，全文於「仰見宸謀周密，利無不興，朝野臣民，共相慶幸」之際，隨即筆鋒一轉，將中國境內礦務窒礙難行的原因，歸咎於傳統風水民俗的迷惑云：「惟中國數千年來所以未嘗大開礦務者，蓋以百姓惑於鑿壞風水之說，而官吏又恐生事端，畏葸推諉也。方今鼓鑄制錢及製造各種器械，在在所需，均可取資於中國，不必投利於洋商」。勞啟捷建議朝廷「飭下南北洋大臣與各省督撫體察情形，廣採礦苗」。若能按部就班、次第辦理，則「眾擎易舉、取多用宏，可廣中國自然之利，而遏外洋壟斷之謀」。[246]前舉這些煤務論述概略說明了，風水信仰、龍脈觀念在晚清後期主持洋務新政者的心目中，已近乎「蓋棺論定」了。在這段論述轉向的過程中，讓我們見識到從「龍脈」打壓「礦脈」到「礦脈」排擠「龍脈」的前因後果。

　　清季變法學說的前導鄭觀應（1842-1924）於光緒十八年（1892）初刊、二十六年增訂問世的《盛世危言》卷十四〈開礦下〉中，有一段批評風水習俗妨礙礦業發展的附言，頗能體現自強運動時期及其後鼓盪西學強國者的一般心態。全文開宗明義指出「中國礦務不興，利源未闢」的罪魁禍首之一，「由謬談風水者妄言休咎，指為不便於民，以聳眾聽，於是因循推諉，動多掣肘，而有志於開礦者不禁廢然返矣。夫開礦為中國一大利源，奈何任其蘊而不宣，坐致窮困！」顯而易見的是，「今各省理財之人明知中國煤、鐵、五金諸礦為至旺至美，而竟不能立時開掘者，皆為風水所格」。鄭觀應感慨世人對於風水的「謬悠之說信之甚堅，積習相沿牢不可破」，為能端風正俗，解除信仰桎梏，他舉證歷史上素被奉為風水學大宗師——晉朝郭璞（276-324，傳聞為風水學經典《葬書》的作者）的自身難保與其他堪輿術家後代的平凡下場，來質疑風水本身即存有理論與現實之間的內在牴觸，自然不足為人們所採信：「使其說而誠，何以郭景純為千古葬師之祖，而不能保其身？後世之擅青烏

---

246 洪安全等編，《清宮月摺檔臺灣史料》，頁 5008。

術者，何以其子孫未聞有富貴者？其虛誕偽妄不待明者而知之矣」。[247]鄭觀應闢風水以興礦利的用意，也正是晚清洋務派人士努力的重點。而標榜中國不能自外於世界的他，更試著以風水學的有無並配合礦採、築路的成果作為指標，從文化比較的角度衡量東西方各國富強的前因後果。鄭觀應終究期望所有經綸世務者應該擔當起革新俗尚以挽救頹勢的啟蒙職責，擺脫堪輿信仰的傳統束縛，破除來龍去脈的術數迷咒，投身於興礦築路的世界潮流，才能一雪積弱不振的前恥大辱，共同為國家的未來營造富強安定的嶄新氣象，在國際社會上重新為中國開創出輝煌耀眼的政經成就云：

> 試觀法人在越南開煤礦、築鐵路以裕富國之謀，而其國益強；日人近擬赴臺灣開五今各礦，將來其國必益富，皆不聞為風水所阻。故欲圖富強必先開礦，奈何徇俗流之見，而甘于自域也哉！中國既不能自開，徒增外人之垂涎。……至於西人……從未聞開礦闢路而專講風水，以致多所窒礙者也。日本不講風水，國祚永久，……歐洲不講風水，富強甲於五洲，……由是言之，風水安足憑哉！是宜有以革之。秉國鈞者，盍加以剴切諭導，用闢其謬，藉以轉移風氣哉！[248]

十九世紀後期，活動於廣東、上海及山東等地的德國傳教士花之安（Ernest Faber, 1839-1899），曾於 1884 年在香港出版的《自西徂東》卷三〈禮集‧辨論風水〉中宣稱：「泰西信耶穌之國者，不言風水，亦不信風水，即如開礦以取五金之利，在中國以為有壞風水，而泰西則盡開礦之利，故國日益富強」。[249]這段期間，活動於上海、廈門一帶的英國倫敦會傳教士麥高溫（J. MacGowan, ？-1922），亦曾於 1909 年初版於上海的《中國人生活的明與暗》（*Lights and Shadows of Chinese Life*）中剖析風水習俗對於中國傳統社會的影響。在他的認知中，「這個國家最大的禍根之一就是風水，因為它完全阻礙了對她地下所蘊藏的豐富的煤

[247] 夏東元編，《鄭觀應集》上冊（上海：上海人民出版社，1982 年），頁 712-713。
[248] 夏東元編，《鄭觀應集》上冊，頁 713。
[249] 花之安著，陸文雪點校，《自西徂東》（上海：上海書店出版社，2002 年），卷 3，頁 127。

礦資源的開發。直到最近人們還由於害怕擾亂地下的龍脈而不敢開礦掘煤。在這個國家的許多地方，都有大片的土地富藏煤和鐵，而當人們正遭受著極度的貧困時，它們卻在地下安靜地躺了幾千年」。[250]透過歐洲入華傳教士「貨棄於地」的觀察心得，讓我們恍然體會到：自強新政時期洋務官員對待煤產「礦脈」與風水「龍脈」的態度，終究轉向與西方工業化社會的功利價值觀達成一致。從本節開場所引馮桂芬的說辭到結尾所錄鄭觀應與西方傳教士的論述，我們似乎可以察覺到，後世習慣於將風水術數視為中國與臺灣近現代化阻礙的印象，溯其源頭，實濫觴於這段歷史經驗。

　　而當日本治臺之初從事本島舊慣調查的過程中，也曾深切地感受到風水龍脈信仰與臺灣礦業發展的利害矛盾。明治三十七年（1904）十二月二十三日，《臺灣慣習記事》第四卷十二號登載舊慣調查會補助委員安藤靜的〈關於臺灣北部業主權限之舊慣〉一文，其中第二章闡述舊慣的公益限制時指出：「臺灣人中不論閩族或粵族，一般均甚迷信風水地理之說，亦即臺灣人一般均迷信所謂的龍脈」，其結果遂產生了不得斬斷龍脈的一種習俗云：

> 若斬斷龍脈，不僅不能招致幸福，而且基於一家的安全亦不能保的觀念，因而某甲位於龍脈上有墳墓或厝屋時，某乙在其上部（謂龍脈的來勢方向）即使是自己土地，亦不得為穿地工事，因此不得採掘礦物等，蓋以如此係斬斷甲之龍脈。而龍脈被斬斷者，亦即被害者，無論是何人均得以向官府訴請救濟。前引淡水廳誌中，即由於被害者基隆紳民之申請，因而禁止挖掘煤礦。[251]

　　本土社會習以為常的通俗文化，往往成為外來政權心目中的特殊習慣；日籍人士以異文化統治者的身分且具備近代化背景的視角，將龍脈禁忌與「迷信」劃上等號，表達其對於臺灣社會之風水習俗的價值判斷。

---

[250] 麥高溫著，朱濤、倪靜譯，《中國人生活的明與暗》（北京：時事出版社，1998 年），頁 113-114。並參見同章，頁 115-117。

[251] 臺灣慣習研究會原著，鄭瑞明等編譯，《臺灣慣習記事》第 4 卷下（臺中：臺灣省文獻委員會，1989 年），頁 245-246。

明眼人自能心領神會，風水之所以被視為漢文化社會的「迷信」，並非自古迄今，一成不變，而是有過一段隱約可循的歷史脈絡。西力東侵、西學東漸與近代化的衝擊，就是其中最強而有力的催化劑。

　　總結本章針對風水論述在雞籠洋務礦採期間如何轉向的探討，當礦脈開採的前提取得最高的價值地位，風水龍脈的習俗，便陸續於自強新政的環境氣氛中遭受洋務大臣及治臺官員的冷落或唾棄，往往因其有悖於「礦脈」的價值尺度而予以置之不顧，或是被看作洋務運動推行時的絆腳石，甚至成為礦務進展頓挫之際所歸咎的替罪羔羊。日軍侵臺至中法戰役前後，官方和輿論的目光注視著雞籠（基隆）煤礦的優劣盈虧及其對閩省船政業務的貢獻，從中考量官辦、官督商辦與官商合辦的行政效率以及機器採挖的得失成效，或者關心臺灣土煤與進口洋煤在質量、價格、稅收和產銷等方面的商業競爭。[252]當政府上層汲汲於煤炭礦源替國家帶來的現實利潤，致使與之背道而馳的論述客體——下層庶民社會之堪輿習俗的負面形象，節節攀升。風水術數有時恍若「過街老鼠」，人人喊打。最後，洋務官員所認定的未關痛癢的雞籠龍脈說，也就悄悄地消失在光緒中期迄甲午戰前涉及基隆煤務的各種論述之中。

五、結論

　　從本文以上的論證，我們不難理解，風水信仰在作為觀念建構／權力掌控的論述脈絡中，地方主事者為了特定目的來決定論述客體的正當性和適切性，最終取得權力運作的有效性與權力位置的合法性；風水於是在他們借題發揮的論爭過程中，被塗抹上政治化的色彩。十九世紀後期北臺雞籠煤務史上的風水論述，也就是在這樣的時代環境與社會背景

---

252 沈葆楨，《福建臺灣奏摺》，頁 13-15，59-60；劉璈，《巡臺退思錄》，頁 16-49；劉銘傳，《劉壯肅公奏議》，卷 8，頁 327-331，351-352，356-368；馮用編，《劉銘傳撫臺前後檔案》，頁 27-29，186-188，207-210；臺灣銀行經濟研究室編，《臺灣私法商事篇》，頁 59-68；臺灣銀行經濟研究室編，《清季臺灣洋務史料》（臺北：臺灣銀行，1969 年），頁 4-29，38-40，62-64，70-94；孫海泉、王少久，〈劉銘傳與臺灣煤礦〉，《福建論壇》，1994 年 2 期，頁 64-69。

下開展出來的權力角逐場域。

　　「龍渡滄海」與「雞籠龍脈」之說在康熙中期臺灣初隸大清版圖之後的迅速成立，直接反映出治臺官員的大一統天下觀念投射在理想化之風水格局的結果。他們透過風水龍脈的詮釋系統，從意識形態上聯繫臺灣本島與中國大陸之間「一脈相承」的地理關係，延伸為帝國統治權力的具體象徵，期以達成政治文化之王者無外／一體同風的積極效用。大致說來，清領時期朝野官紳涉及全臺祖山、雞籠發祖的論述取向，不外乎正統性的觀念建構配合實質性的權力掌控所共同蘊生的產物，隱約也透露其形塑臺灣本土趨向「內地化」與「儒漢化」的社會樣態，以有效地推行官方社會教化的理念。[253]隨著晚清西力東漸的步伐，雞籠礦脈暴露在歐美各工業強國的面前，這套意識形態的運作機制，即刻遭遇到價值系統上的重新調整及其在權力關係上的定位問題。

　　由於風水龍脈與煤採礦脈二者之間，先天存在著傳統信仰／現實利益的價值矛盾，風水習俗的趨避禁忌促成彼此扞格不入且難以相容的緊張關係，加上官方政策的變易與國際環境的波動，導致雞籠煤務論述裡的「風水」地位也在與時推移的歷史過程中，成為各方勢力矚目的焦點之一，連帶流露出濃厚的政治化色彩。對於煤採礦脈／風水龍脈的形象界定，或者輾轉於棄「龍」保「礦」與棄「礦」護「龍」之間的選擇先後，當係由論述的主體——掌控主導權與詮釋權的清廷官員，來決定孰輕孰重和緩急去取。

　　清代前期，朝廷最初基於國家權益及社會安定的考量，隨機運用風水在詮釋上的彈性空間，曾以「傷礙龍脈」、「保境安民」為由，長時期禁止「奸民」私採北臺雞籠礦脈，防範其聚眾圖利而衍生事端，造成社會失序的不良後果。然而，直到中英鴉片戰爭前後，官方的煤採禁令多半流於空言，民間的私採行為依舊不絕於縷。唐贊袞《臺陽見聞錄》卷

---

[253] 「內地化」的說法，見李國祁，〈清代臺灣社會的轉型〉，《中華學報》，5卷2期，1978年7月，頁131-159；「儒漢化」的概念，據尹章義，〈臺灣—福建—京師——「科舉社群」對於臺灣開發以及臺灣與大陸關係之影響〉，收於氏著，《臺灣開發史研究》（臺北：聯經出版公司，1989年），頁527-583。

上〈通商・煤洞〉中所謂「利之所在，萬難禁止」，[254]一語道破了官民之間僵持於雞籠煤礦的利害衝突。鴉片戰爭之後，海禁大開之時，朝野一時洋溢起拒夷、排外的氣氛。在「各邦皆豔基隆煤廠之利」並一再覬覦該地礦脈的情勢下，[255]臺官員嘗藉由「合境來龍」、「攸關全臺」之類冠冕堂皇的說詞，從容斡旋，以抵禦西方勢力介入雞籠礦務的實際運作，避免民夷勾結且利源外流的弊端，俾維護帝國主權的完整性。前舉的論述模式，可簡要如下列圖 1 所示：

圖 1：禁止民間私採暨抵制西力東漸之際的論述模式

而當洋務事業在臺灣本土雷厲風行地推行時，清廷鑒於船砲製造與廣開利源以應富國強兵的需要，遂積極地將雞籠煤務統籌於政府的控管之下。攸關於雞籠礦採的論述角度，從「利之所在，萬難禁止」到「利之所在，不得不爭」的轉折，[256]適足以反映這段時期官方政策專注以國家利權、權自我操為無上要務。雞籠礦採在自強新政的潮流中既已成為當務之急，自然而然，洋務大臣也好，治臺官員也罷，報刊輿論也成，對於這類有礙於官辦西式煤務的雞籠龍脈說，每抱持批判或迴避的態度，加以唾棄和冷落，致力突破傳統信仰中的風水禁忌，將政府「與民爭利」的煤採行為合理化。

臺灣於光緒十四年（1888）正式建省以後，薛紹元等人於光緒十八年九月擬纂《臺灣通志》所頒〈修志事宜〉，其中第十二條提到：「產礦山場，宜察其地脈也。淡水附近地方，近出煤炭、金沙，乃大地精華，

[254] 唐贊袞，《臺陽見聞錄》，頁 27。
[255] 洪安全等編，《清宮月摺檔臺灣史料》，光緒 10 年 9 月 13 日太常寺卿徐樹銘奏陳法夷豔我基隆煤礦公請各國調處摺，頁 3759-3760。
[256] 劉璈，《巡臺退思錄》，頁 35。

蓄久洩露；其他府、縣如有五金礦、煤炭礦並樟腦出產之處，亦宜標其山名，紀錄於冊」。[257]在洋務運動時期重視西法與取法西學的時代氛圍裡，這項說法呼應晚清國家政策意向的同時，直接衝擊了過往不得任意採挖傷損的風水龍脈觀念，此舉無非在臺灣本土宣告了一種新的價值意識的產生。

　　就北臺雞籠礦務而言，一旦煤務礦採的現實利益明顯凌駕於「全臺祖山」的風水信仰之際，堪輿習俗於是轉變成了危言惑論；龍脈不可妄加鑿挖的顧慮，也就不再是不容觸犯的傳統禁忌。此種傳達官方價值意識之「棄保效應」的概要論述模式，可簡要如下列圖2所示：

圖2：洋務運動推行之際的論述模式

　　承認風水觀念對於傳統社會深具影響的前提上，同樣是雞籠風水，一經擺盪於權力位置的轉移，在官員政策意向的主導中，在他們所謂有利於國計民生的考慮下，經過其選擇性認知的結果，可以從抵制西力掠奪、禁止民間私採的助力，搖身一變，成了推動洋務礦採、倡行自強新政的阻力。「趙孟之所貴，趙孟亦能賤之」，權衡輕重，大勢所趨，縱使是「全臺祖山」也在國家權力的操縱下被打入冷宮，出局了事。經由晚清官員的論述詮釋下，我們看到的是擁有礦脈與龍脈雙重性格的雞籠山，如何形成官紳／庶民／西人之各方權力競逐的場域。這樣的論述結構，可簡要如下列圖所示：

---

[257] 盧德嘉，《鳳山縣采訪冊》（臺北：臺灣銀行，1960年），〈采訪案由〉，頁14。

圖3：清朝官員論述詮釋中雞籠礦脈／龍脈的「力場」

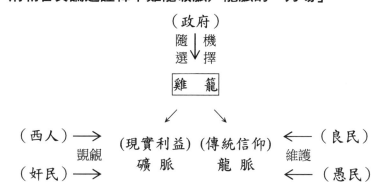

　　總而言之，從「龍脈」打壓「礦脈」到「礦脈」排擠「龍脈」的歷史過程中，晚清官員技巧性地運用模稜兩可的風水論述，以獲取左右逢源的現實利益；為了雞籠礦採這個一朝得意的「新歡」，風水龍脈也就淪為春夢了無痕的「棄婦」。由此可見，穿梭於雞籠煤務論述中的風水所在位置，密切聯繫著國家權力的運作和其傾向；論述焦點的持續或轉移，直接或間接地反映國家的實際須要；作為觀念建構／權力掌控下的風水論述，可以是權益鬥爭的手段，甚至是目的本身。「風水輪流轉」──任憑物換星移、人事滄桑，無言的雞籠山，它的命運，不斷地搖擺於人們傳統信仰與現實利害之間的抉擇。

本文原刊登於《臺灣風物》，50卷3-4期，2000年9月、2001年1月，頁15-68，155-188。今據已刊稿修訂而成。

明代後期《地理人子須知》（臺北：武陵出版社，1986 年重印）卷 1 上所附「中國三大幹龍總覽之圖」

明嘉靖末鄭舜功《日本一鑑》所附雞籠山圖（取自陳漢光、賴永祥編《北臺古輿圖集》，臺北：臺北市文獻委員會，1965 年）

蔣毓英等《臺灣府志》卷二〈緒山〉的龍渡滄海、雞籠結腦說（取自《臺灣府志三種》，北京：中華書局，1985 年）

昔日全臺龍脈發祖—雞籠山今貌（從基隆市潮境公園眺望）

臺北市萬華龍山寺寓龍渡滄海說的前殿柱聯

從新北市貢寮區鼻頭角燈塔遠眺雞籠山

被視為清代臺灣龍脈南端的沙馬磯頭，今屏東縣恒春鎮鵝鑾鼻一帶

同治六年示禁碑，提到墾戶金廣福等為防範民人開闢之際損傷九芎林風水龍脈，稟請官府立碑示禁（現存新竹縣芎林鄉廣福宮）

十九世紀後期北臺淡水開港後西教傳佈與風水民俗的衝突

一、前言

自 1860 年代以後，伴隨著北臺灣淡水地區的開港通商，逐漸改變了臺北的政治地位與社經結構。西方傳教士到此從事宣教工作的同時，同時也帶來了新的文化刺激。[1]在西力東漸與列強競逐的時代背景下，外商勢力的進入為傳統社會增添了諸多的變數，西方宗教的傳佈即在此不確定因素瀰漫的社會氣氛中，與某些堅守風水習俗的地方紳民展開數場激烈的角逐。當傳教士購地設堂或營建其他傳教設施的過程中，地方人士或因其建置地點妨礙陰陽宅居坐向或牴觸境域風水龍脈而群起抗拒，甚至引爆出各種風水反教的衝突事件。原本屬於民間私領域範疇的風水習俗，因而躍登上十九世紀後期的國際舞臺，成為中外各國交涉民教關係及其權益問題之際所關注的公共議題。

近來海內外學界關於清季開港通商之後北臺教案問題的研究，主要從涉外關係史或政治史的角度來分析這些民教衝突事件的交涉過程及其權力運作，考察地方紳民反教的動機，並檢討北臺教案的特質及其歷史影響。[2]本文則嘗試從社會文化史的角度，透過當時的官方檔案以及來臺傳教士的文獻資料，來檢視清季臺北地區風水反教事件中地方紳民的態度、清朝官員的立場以及西方人士的反應，以理解在異文化接觸的歷史際遇之中，西方宗教與風水民俗之間的糾結所在，如何成為有心人士隨機操作的對象。

透過這項研究，期以呈現晚清臺灣教案頻傳的時空背景下，外來宗

---

[1] 戴寶村，《清季淡水開港之研究》(臺北：國立臺灣師範大學歷史研究所，1984 年)，頁 125-158。

[2] 林文慧，《清季福建教案之研究》（臺北：臺灣商務印書館，1989 年），頁 49-62；蔡蔚群，〈建省以前臺灣北部的教案（1872-1885）〉，《臺北文獻》，直字第 133 期、134 期，2000 年 9、12 月，頁 171-210，231-256；蔡蔚群，《教案：清季臺灣的傳教與外交》（臺北：博揚文化事業公司，2000 年），頁 170-243。

教文化與民間傳統習俗之間在價值取向上的差異或對立。另一方面,亦能對於清代臺灣史上的風水民俗與傳統官紳的互動關係,以及「風水」存在於國家與社會之間的歷史作用,有更為深刻的理解。

二、清季臺北地區的風水反教事件

　　1858 年(咸豐八年),英法聯軍之役清帝國戰敗,在與西方各國簽訂的天津條約中,正式將淡水開放為通商口岸,外國傳教士也得以進入臺北地區傳教。在這段期間來臺的外國傳教士之中,加拿大基督教長老會派任的首位海外宣教師馬偕(偕叡理,George Leslie Mackay, 1844-1901),可說是擁有家喻戶曉的知名度。1872 年(同治十一年),馬偕抵達淡水,開始展開傳教工作,此後終其一生活動於北臺地區,奠下了長老教會宣教事業的基礎。然而,馬偕最初在臺北傳教期間,由於當時地方紳民對於西方宗教存有些許的疑慮甚至是敵意,彼此之間有過不少的糾紛,使其傳教事業挫折不斷。[3]其中,於 1877 年(光緒三年)爆發的「艋舺教案」,更令他親身經歷了一段與風水問題密切相關的民教衝突事件。

　　艋舺(今臺北市萬華區)位處於淡水河流域中上游北岸,自清代中葉以後取代對岸的新莊街(今新北市新莊區),成為臺北盆地首要的港市,躋身為「一府二鹿三艋舺」之列,港務商易盛極一時。[4]1853 年(咸豐三年),艋舺當地爆發「頂下郊拼」,以泉州三邑籍(晉江、惠安、南安)人士為主的頂郊,與以同安籍人士為主的下郊因同行間的商業利益問題發生激烈的械鬥。經過這次事件後,械鬥失敗的同安籍郊商勢力撤離艋舺地區,轉進大稻埕(今臺北市大同區),三邑籍郊商自此成為主導艋舺商務的重要勢力。至 1860 年代淡水開港通商後,艋舺郊商面臨

---

[3] 有關馬偕在臺灣北部的傳教經歷,可參見陳俊宏《重新發現馬偕傳》(臺北:前衛出版社,2000 年)。

[4] 王世慶,《淡水河流域河港水運史》(臺北:中央研究院中山人文社會科學研究所,1996 年),頁 36-40,88-91。

到外國洋商的競爭壓力，[5]雙方的利益糾紛一觸即發。這段期間，洋商為了擴大業務的經營，在洋行的設置方面多所用心；然而，當他們的租建興造過程觸犯了傳統的風水禁忌，仍免不了遭到地方民眾的反彈。

1868 年（同治七年），艋舺爆發英商寶順洋行（Dodd & Co.）租屋案，當地紳商黃姓族眾以寶順洋行所租房屋鄰近書院且有礙風水為由，惟恐就此敗壞當地文風氣運，乃群起向租屋給寶順洋行的民婦黃莊氏勸阻，並與該行洋商爆發激烈的肢體衝突。此案最終在官府嚴懲肇事者、補償洋商損失之後暫告落幕，卻也為艋舺地區日後的排外與反教行為，埋下了仇恨的種子。[6]馬偕曾於 1870 年代前期親臨艋舺，深刻體驗到當地紳民對於外國人士的憎惡。而這處臺北盆地的商貿重鎮，也成了馬偕筆下一個難以征服的異教重地。[7]

1877 年 9 月，馬偕透過教民陳永順的引介，向艋舺草店尾街民鄭筆承租屋地設堂，以拓展北臺教務，其間卻引起當地紳民的杯葛。同月，艋舺三邑總理蔡達淇、貢生林紹唐與職員黃龍安、白其祥、吳解元等地方有力人士，向淡水同知陳星聚（1817-1885）呈稟當地紳董前經公議，擬就此草店尾地基建造試館，以供士子住宿。鄭筆如擅自將房屋租予教民，日後一經開考，應試士子群聚於此，難保無滋生事端且貽累街眾之虞。此外，附近鄰居傳聞馬偕欲將該店屋加高修理，惟恐其有礙風水方向，因而告官處置。[8]艋舺紳商的這番說辭，牽涉到臺灣民間社會的風水方位傷煞觀念。其嚴重性在於：如果觸犯這項風水禁忌，將會危及鄰近居民的身家性命，甚至造成聚落的衰微。[9]陳星聚據報之後，照會英國副領事司格達（B. C. George Scott），說明艋舺紳民抵制草店尾街設置

5 卓克華，《清代臺灣行郊研究》（福州：福建人民出版社，2006 年），頁 179-184，352-361。

6 呂實強，〈同治年間英商寶順洋行租屋案〉，《臺灣文獻》，19 卷 3 期，1968 年 9 月，頁 25-29。

7 George Leslie Mackay, *From Far Formosa*（New York: Fleming H. Revell, 1896）. 引見馬偕著，林晚生譯，《福爾摩沙紀事：馬偕臺灣回憶錄》（臺北：前衛出版社，2007 年），頁 153-154。

8 中央研究院近代史研究所編，《教務教案檔》第 3 輯（臺北：中央研究院近代史研究所，1975 年），第 1097 號，頁 1522。

9 臨時臺灣舊慣調查會，《臨時臺灣舊慣調查會第一部調查第三回報告書·臺灣私法》（東京：東洋印刷株式會社，1910 年），第 1 卷上，頁 530-533。

教堂醫寓的基本立場，其中強調：

> 該店屋加高屋頂，與民居方向均有所礙，且該處公議欲留民房地
> 基籌蓋考寓試館。若設一教堂其間，日後文武生童士子來艋應試
> 者南北不下累千之眾，深恐士子教民難保無滋事之慮。與其滋事
> 而累居民，不若先事而請退租，既無妨礙民居方向，又免民教日
> 久生事。此伊等之所以不願出租該處地基店屋者，實為民教久安
> 之計，並無他意。[10]

對於主事的蔡達淇、林紹堂及黃龍安等地方紳商而言，他們訴諸風
水習俗與民教相安的理由，向官府陳述傳教士設堂宣教的不妥之處，具
有呈現事態嚴重性並提升說服力的效果，如此一來，也使得風水問題成
為這場民教紛爭的主要焦點。

我們知道，風水民俗在清代臺灣社會具有相當程度的普遍性，這項
趨避觀念既是漢人族群聚落造宅葬墳的基本準則，往往也是地域拓墾、
家族移徙或寺廟遷建的參照指標，甚至是地方官紳從事各項公共建設時
的考慮要點。由於風水禁忌茲事體大，若是自家陰陽宅地或是地方龍脈
聚局遭到外力的傷礙損毀，以至於生氣渙散、庇蔭失效且有沖煞之虞，
當事者自然不會輕易地善罷干休。[11]

或許是民俗信仰的深入人心，縱然清朝官員與英國副領事迅速出面
調處，艋舺教案中的風水衝突情事並未就此落幕。在 1877 年 12 月淡水
分府照會英國副領事司格達的函文中，曾追述先前草店尾街教民屋主
「將瓦屋牆壁概行拆倒，欲造加高，左右鄰居童叟咸稱有礙方向，均各
不安」一事。陳星聚據此向司格達聲明：「淡地方向煞氣，最為傷害。
刻下居民啾啾投告，竭力約束，奈人眾莫何。稟請照會諭止等情」。嗣
後，經司格達轉詢馬偕，出示教堂並無加高於眾屋之上、不虞方向關礙
的保證，始平息當地民眾的疑慮。民教相安的情勢維持了兩個多月，至
12 月馬偕抵達草店尾街開堂講經，有感於屋宇結構不符教堂形貌，隨

---

[10] 中央研究院近代史研究所編，《教務教案檔》第 3 輯，第 1097 號，頁 1522-1523。

[11] 洪健榮，〈當「風水」成為「禍水」──清代臺灣社會的風水糾紛（上）〉，《臺南文化》，
　　新 61 期，2006 年 12 月，頁 27-54。

即興工修整外觀。斯時，當地紳民以馬偕在不商問左右鄰居的情形下，突然又將租屋拆建加高，違背先前「並無加高礙民方向」的承諾，不甘受害的居民紛紛投訴。同月，忽有紳民兩百餘人群起將馬偕所拆教堂舊木磚料毀壞。主導這次動手毀屋事件的首腦人物，包括生員林紹唐、頭人黃龍安、益興號王馬赤、合益號洪祥與蔡達淇等多名總理。[12]

　　對於信仰風水觀念的紳民而言，教徒執意將禮拜堂屋頂加高的結果，勢將沖煞民居的風水位向，此舉攸關百姓身家性命，牽一髮而動全身。即使司格達事後辯稱傳教士先前和陳星聚的約定僅是教堂「不欲加高於眾屋之上」，不應與教堂「不加高」的情形混為一談，[13]然而，教徒既無事先告知且不顧居民的反對，加上外國官員未能當機立斷地先行約束教民不要輕舉妄動，在仇外情緒高漲的氣氛籠罩下，地方紳商終究還是集結民眾，訴諸自力救濟的方式，強行拆除該有礙民居風水之嫌的禮拜堂了事。

　　乍看之下，艋舺教案的發生也許是一場誤會，不過這種誤會，卻是出自事前的溝通不當，特別是民教雙方對於風水禁忌的認知差異所致。值得注意的是，在維護境域風水免遭外力破壞的前提上，地方士紳、郊戶商號甚至擔任起群眾進行風水反教運動的發起者暨領導者，與平民百姓站在同一陣線上，應付他們共同的敵對勢力——傳教士及其教徒。[14]由於傳統風水習俗在信仰上的「功利性」特質，以至於成為紳商率領民眾群起抵制教堂設施的動機，並使其援之為理直氣壯的反教藉口，藉此助長排外的氣勢。由此可見，風水禁忌在地方紳商夥同民眾以拒斥西教東傳的環節中，既是手段，往往也是目的。

　　無論是作為手段也好，目的也罷，當晚清臺灣民教衝突事件中的風

---

[12] 中央研究院近代史研究所編，《教務教案檔》第 3 輯，第 1097 號，頁 1531-1533。另參見馬偕著，林晚生譯，《福爾摩沙紀事：馬偕臺灣回憶錄》，頁 154-157；*British Parliamentary Papers: Essays and Consular Commercial Reports, 1877-79*（Shannon: Irish University Press, 1971），p. 373.

[13] 中央研究院近代史研究所編，《教務教案檔》第 3 輯，第 1097 號，頁 1540。

[14] 呂實強，〈偕叡理教士在艋舺初創教堂的經過〉，《臺灣文獻》，19 卷 1 期，1968 年 3 月，頁 62-69。

水癥結昇華到攸關國際權益的層面，西方各國代表開始關注傳統風水民俗所引發的現實問題，並出面要求清廷當局追究肇事責任。在這樣的沉重壓力之下，政府各級官員勢必對此有所表態並作出適當的應對處理。

三、清朝政府的立場及其因應措施

晚清官員針對臺灣民教之間的風水衝突所抱持的立場，一方面，為能平息外國人士的憤懣不平，避免於多事之秋引起更多有損政府權益的國際糾紛，乃即刻查明肇事緣由、懲辦滋事人等，賠償傳教士的損失，保護教民的安全，並諭令地方民眾遵行禁約條款，不得再加阻撓生事。另一方面，清朝政府亦曾向西方官員表示，惟有遷就甚至尊重風水習俗以穩定民心，才能維持民教之間和諧共處。在前述艋舺教案中，官方照會外國人士的處置措施，即流露出一種妥協民教、兼顧兩方的意念。

1878 年（光緒四年），艋舺教案最終經臺灣道夏獻綸（1837-1879）、淡水同知陳星聚的協調而告一段落，其所採取的措施，不外是賠償教士及教民損失並協助教堂重建，並向其聲明新建教堂的屋頂高度必須考量風水的因素，以求民教之間相安無事。官方的意向，由此可見一斑：

> 飭傳兩造，諭以屋係屋主拆卸，仍責成鄭筆自行起建。料被街民搬棄，責成頭人黃龍安等公估賠還工料銀一百元，交付鄭筆收領，自行興建，仍照原租店房建復。其地則照原基深淺丈尺，其高則與民房鄰屋相平，並不高出眾屋之上。……屋界以內，聽教民講經設教，不准街民鄰居再有阻撓；屋界以外，不論空地民房，聽居民留為自用，教民不得越界租佔。[15]

有鑑於民俗禁忌不容輕易侵犯，一經侵犯則後果難予設想，因此，清代後期舉凡政府官員針對民教衝突的對外交涉時，有時也會要求傳教士設置教堂之前，須留意教堂的位置坐向儘量不要妨礙民間風水廬舍，否則將構成其傳教事務的阻礙。為能防患於未然，清朝政府在與列強簽

---

15 中央研究院近代史研究所編，《教務教案檔》第 3 輯，第 1100 號，頁 1558。

訂的通商章程或傳教條款中，往往聲明外國人士在華租地興造或開堂傳教之際，皆不得妨礙民居方向與墳盧風水，且須經地方官員查明租約內容是否符合此項規定，始得給與建屋執照，以防其硬體建築位置或坐向牴觸民間社會的風水禁忌，而淪為地方紳民群起反教的口實，造成彼此之間不必要的困擾。

1871 年（同治十年），清法兩國因去年天津教案一事，重新擬妥傳教章程八條，當中提到：「至教中買地建堂以及租賃公所，應同真正之原業主，報明該管地方官查覈，有無風水窒礙。如經地方官覈准，仍須本地人民不相嫌惡，均無異詞」。[16]同年，中國與日本議定包括淡水口岸在內的通商章程，其中第二款規定：「兩國官民，准在議定通商各口租賃地基，各隨其地成規照辦。總須由地方官查勘，無礙民居墳墓方向，詢明業戶情願出租，方可公平議價」。[17]至 1872 年（同治十一年），中日兩國共訂敦好和約，另立通商條款三十二則，第二款列舉包括淡水在內的中日通商各埠，兩國官員均可就地建造屋舍，但必須遵守各該國規制，而在中國境內，「地方官尚要查明無有傷礙風水、毀拆墳墓，並察業主所取價值，務得其中」。[18]1881 年（光緒七年），福州將軍穆圖善（1823-1887）、閩浙總督何璟（1818-1888）、福建巡撫岑毓英（1829-1889）根據傳教條約曉諭地方軍民人等，教士或教民租賃地方百姓屋地設立教堂，其租據應由領事官照送地方官員，查明其有無違礙情事。教士建堂傳教如有違礙風水方向情事，當地紳民宜先呈報地方官員處置，不得擅行擾亂滋事，以明地主之誼。[19]由此可見，清治當局基於維護民教相安無事的前提，對於傳統風水習俗所抱持的審慎心態。

在 1877 年艋舺教案期間，淡水同知陳星聚照會英領事司格達的公文中，即援引先前成約，重申外國人士在臺地開設教堂應遵循如下的條

---

16 寶鋆等纂，《同治朝籌辦夷務始末》（臺北：文海出版社，1971 年），卷 82，頁 7527。

17 寶鋆等纂，《同治朝籌辦夷務始末》，卷 82，頁 7557。

18 臺灣銀行經濟研究室編，《清季申報臺灣紀事輯錄》（臺北：臺灣銀行，1968 年），頁 1。

19 淡新檔案校註出版編輯委員會，《淡新檔案第一編　行政（二）》（臺北：國立臺灣大學，1995 年），頁 27-28。

件云：「如果公平定價，無礙民居，不關方向，地方官不得阻止和約，均有明言。可見外國人民與中國人民租賃房屋，尚須各出情願而又無礙民居方向者」。[20]同年 11 月，陳星聚因教民擅行加高教堂而引發衝突一事，再度照會司格達，譴責教民違約於先，因而導致當地紳民的群起抗爭云：

> 經先後傳訊嚴切開導，三次出示，該居民等許以厝不拆建、頂不加高、無礙民居方向，伊等聽其租屋設教。況約載租限兩年設教與民無干，均各安然。兩月餘來教士往來設教送藥，各無異言，一無阻止。今該店主何以忽欲拆建加高，致使眾居民共以方向為害，紛紛不平。[21]

當時不僅基督教（新教）的情形如此，天主教（舊教）在臺北地區的傳佈也曾面臨類似的遭遇。清法戰爭之後，天主教勢力自臺灣南部漸朝北部進展。1887 年（光緒十三年），西班牙籍天主教士何鐸德（Celedonio Arranz）未經該國領事先行知會臺北府淡水縣查照許可，逕自在大稻埕、和尚洲（今新北市蘆洲區）租屋創設天主教堂。由於先前法軍侵擾臺北之際民間受禍慘重，加上法國本身素以天主教的保護者自居，在臺活動的法國籍天主教士亦佔多數比例，造成地方紳民對於該教的不良印象，連帶遷怒於同屬天主教國度的西班牙籍傳教士，民教之間於是陷入劍拔弩張的對峙僵局。淡水知縣汪興禕接獲大稻埕紳商的稟報後，飭傳兩地地保到案查訊實情。汪興禕鑒於事關中外交涉，惟恐釀生爭端，遂將何鐸德的違約行為呈報臺灣巡撫劉銘傳（1836-1895）處置。[22]

劉銘傳據報後，乃通告淡水縣即行禁止民教雙方的不當行徑，諭令該教士暫停傳教且迅速出境，並於五月間轉經總理衙門照會該國呂宋當局駐廈門領事胡敦若（Ortuno），告知清朝官府處置此案的原委。函文

---

[20] 中央研究院近代史研究所編，《教務教案檔》第 3 輯，第 1097 號，頁 1523。

[21] 中央研究院近代史研究所編，《教務教案檔》第 3 輯，第 1097 號，頁 1532。

[22] 中央研究院近代史研究所編，《教務教案檔》第 5 輯（臺北：中央研究院近代史研究所，1977 年），第 2122 號，頁 2074-2077。另參見馮用編，《劉銘傳撫臺前後檔案》（臺北：臺灣銀行，1969 年），頁 111-113。

中根據中外條約的規定，聲明：「教士租賃民房開設教堂，所租何處，應先將租約送由領事官移送地方官蓋印。查所租之處與民居方向無礙，方准給租。此次何鐸德並未先行呈驗租約，竟於有礙民居大街擅設教堂，是該教士不遵約章者」。對於傳教士何鐸德未能依照規約行事，並選擇在清法戰後民怨沸騰之際北上傳教的不智，多所責備。胡敦若則去函要求劉銘傳顧全兩國之間的友好關係，保障該國傳教的權益，同時保護何鐸德免遭不測。[23]同年 8 月，清朝政府批准胡敦若申請該國傳教士在臺北從事宣教活動。斯時，淡水縣官員慎重其事，經協調當地紳商鋪戶人等意見，形諸具體的規約，要求何鐸德如「開堂設教，必須照約擇僻靜之所，不得在大街通衢有礙民居地方」。在官員的考量中，西方傳教士惟有順應輿情，才能緩和群眾的疑慮，讓民教能夠敦睦共處。[24]

　　大致說來，在晚清國際關係敏感且中外交涉緊張的時刻，清朝官員多半抱持息事寧人的心態，採取順水推舟的作法，處理民教之間的風水衝突事件，以免釀成更多的國際糾紛。官方的應對措施，總以防止外人別生枝節、維持中外和諧共處為主要依歸。值得注意的是，當清朝官員向西方官員與傳教士擺出妥協者的姿態，從中協調民教紛爭的問題，表面上，恍若執兩用中、不偏不倚，一切公事公辦、無所縱容；然而，骨子裡似乎也存在著一些別有用心的蛛絲馬跡——可以想見的是，清朝政府在鴉片戰爭（Opium War, 1839-1842）以降經歷一連串對外的軍事挫敗之後，積忿已久，為求能在喪權辱國的條約中挽回一點天朝上國的尊嚴，因而仰仗民俗禁忌來壓制西方列強得寸進尺的氣焰，抑止外國勢力在中國境內的過度擴張。在抵制異邦宣教人士的層面上，官方與紳民的立場往往是一致的；更何況，他們本身也可能是堪輿學說的信奉者。是以當風水反教事起，官方傾向以風水習俗作為擋箭牌的意圖，也就若隱若現了。當然，這類兼顧官府權益與傳統民俗禁忌的作法，免不了引來西方

---

[23] 中央研究院近代史研究所編，《教務教案檔》第 5 輯，第 2123 號，頁 2077-2085。

[24] 中央研究院近代史研究所編，《教務教案檔》第 5 輯，第 2124 號，頁 2085-2086。另參見馮用編，《劉銘傳撫臺前後檔案》，頁 117-118，127-128；唐贊袞，《臺陽見聞錄》（臺北：臺灣銀行，1958 年），卷上，〈洋務·教堂條約〉，頁 49-50。

人士的不以為然

四、西方人士對於風水民俗的態度

十九世紀後期，清帝國與外國勢力針對傳教事務的交涉過程中，由於清朝官員屢以風水位向之說對西方人士在中國境內購地建堂一事多加限制，並對於民間的風水習俗表態支持或消極默許，諸如此類的理由或舉動，往往引起外國官員與傳教士們的不滿。在當時，他們大致認為所謂的風水禁忌，本身不過是一種莫名其妙的民間迷信，然而，中國官員卻信以為真，甚至援之為推託之辭，頗令其難以信服。

在前述 1877 年的艋舺教案中，英國副領事司格達於 9 月 9 日接獲馬偕的投訴，次日起照會淡水分府進行查辦。同月 15 日，淡水同知陳星聚函文告知艋舺紳民以「開設教堂，定欲加高屋頂，大加修理，與民居方向均有關礙」而反對馬偕租屋建堂的理由，司格達旋回覆陳星聚，鄭重說明：

> 本署查偕教士前日所稟，教堂並不加高於眾屋之上，則眾民人可以不虞方向關礙矣。查和約第八款云：聖教原係為善之道，待人如己，自後凡有傳授習學者一體保護，其安分無過，中國官毫不得苛待禁阻等語。可見凡習教之人，本署亦應一體保護，況係教民設立禮拜堂，按價照租，毫無勒揹，諸與條約相符乎。[25]

司格達強調西教與人為善的本質，在無違風水坐向及和約規定的情形下，中國官紳不宜妄加干涉。同年底，司格達復以草店尾街教堂遭毀一案照會陳星聚，批斥艋舺紳商黃龍安等人因先前寶順洋行租屋案與傳教士結下嫌隙，其所宣稱的風水位向暨屋頂加高與否的問題，不過是有心人士興眾滋事、公報私仇的藉口，實不足為取，清朝官員應當管制地方紳民的肆意阻撓。司格達指陳：

> 據頭人、差保等稟報滋事原由，因居民紛紛投告以有礙鄰居方向

等情。本署查偕教士深通本地音語，乃貴分府所知，且其為人和藹可親，數月來左右鄰居並無一人告及方向之事。又查知草店尾之人亦無具稟者，可見頭人、差保等所稟盡屬虛語。……查草店厝屋獨教民所租之屋，比眾矮些，故偕教士前意只欲升高與眾屋齊平，不欲加高於眾屋之上，不料貴分府誤會來文之意，即傳諭居民謂不加高，縱使眾民紛紛不平。[26]

　　從上述例證可知，英國領事聽從傳教士的控訴或引據和約內容表達其護教的立場，在照會中國官員的行文中，對於地方紳商和民眾藉口風水生事的舉動，以及官員假借風水為名的推託作法，頗有微辭。此外，在馬偕的心目中，艋舺民眾三番兩次的拆毀教堂，阻擋傳教工作，主要還是受到當地紳商豪族的唆使，以防制外國勢力的進入，威脅到他們的既得利益。所謂的教堂逼近科舉試場等理由，不過是他們欲加之罪的藉口罷了。[27]

　　中外官員僵持在教堂位置與風水坐向有否妨礙的情事，在當時西教東傳的過程中其實層出不窮。茲以 1880 年（光緒六年）閩省福州府烏石山教案為例，在總理各國事務衙門與德國公使巴蘭德的公文往來中，雙方周旋於風水民俗的反覆對答，可以讓我們理解一些未明風水究竟的外國人士與清楚風水內涵的清朝官員在觀念上的對立，以及他們看待風水之說的價值差異。是年 4 月 4 日，總理衙門查照該府侯官縣紳耆呈稟「烏石一帶山地，係乎閤省風水，所關甚鉅，所請永禁私租私買及拆改創造，係為中外相安起見」，乃照會英、法、俄、美、德、丹、日等國公使分別轉飭其閩省領事官，曉諭各國商民應當一體遵照。[28]德國公使巴蘭德於 5 月 17 日回函總理衙門，表示其「祈收來文風水字意謹晰示覆，以便伸明本國知悉可也」。[29]總理衙門遂於 5 月 21 日行文巴蘭德，解說「中國風水諸書其說不一，大要不外陰陽向背、趨吉避凶之意，如

---

[26] 中央研究院近代史研究所編，《教務教案檔》第 3 輯，第 1097 號，頁 1539-1540。

[27] 馬偕著，林晚生譯，《福爾摩沙紀事：馬偕臺灣回憶錄》，頁 154-157。

[28] 中央研究院近代史研究所編，《教務教案檔》第 4 輯（臺北：中央研究院近代史研究所，1976 年），第 781 號，頁 1107。

[29] 中央研究院近代史研究所編，《教務教案檔》第 4 輯，第 792 號，頁 1116。

見諸明文所稱，如無礙民居、不關方向等語，即指風水而言」。[30]不料，這番剖析風水特質的精簡說詞，竟讓巴蘭德抓到了滿大人的小辮子。他藉此批評清朝官員先前以風水為由，限制西方人士拓展教務與開發產業的自相矛盾云：

> 中國風水諸書其說不一等語，足證風水道理荒邈難憑，而欲以荒邈難憑之說，牽制於條約載明之事，貴王大臣平情以思，當亦見為不可，且恐嗣後中外交涉，凡深惡外國者，皆得持風水兩字蠱惑其中，似此險危弊端，流於胡底，尚望貴國國家通諭各該地方，毋任宵小以風水飾詞，而釀為戾階矣。茲特照復貴王大臣查照可也。[31]

巴蘭德以帶有幾分威脅的語氣，建議總理大臣應深明大義，不要再將「不登大雅之堂」的風水謬說載入此攸關中外權益的條約中，以免貽笑外國人士，甚至釀成國際爭端。在他的心目中，清朝官員迷信風水民俗的結果，只是授予地方不肖之徒可乘之機罷了。總理衙門大臣對於巴蘭德咄咄逼人的論點，相當不以為然，於同年 6 月 7 日去函反駁，並進一步析論風水的內涵及其社會影響云：

> 中國講風水分陰陽二宅，信陽宅者，既實繁有徒；信陰宅者，尤牢不可破。在貴大臣以為荒邈難憑，而中國信風水者則以為確鑿可據，甚至兩造因爭論風水結訟經年。地方官雖百端開喻，亦難破其成見。此中國數千年來相沿日久，積重難返之事，若因外國租買地基，不准民間信風水之說，必致釀成釁端，殊非中外相安之道。此係中國實在情形，無所容其飾詞。如無礙民居、不關方向，自不得藉端蠱惑。貴大臣來華日久，定能深悉不疑也。[32]

清朝官員得理不饒人，諄諄告誡這些遠道而來的歐洲人士，千萬不要低估風水觀念在中國民間社會具有不容輕忽的實質影響力。外國官員

---

30 中央研究院近代史研究所編，《教務教案檔》第 4 輯，第 794 號，頁 1117。
31 中央研究院近代史研究所編，《教務教案檔》第 4 輯，第 798 號，頁 1122。
32 中央研究院近代史研究所編，《教務教案檔》第 4 輯，第 804 號，頁 1125。

若不正視民間的風水習俗,在閩省闢地開發諸事,終將窒礙難行。巴蘭德接獲總理衙門的嚴正聲明之後,於 6 月 19 日再度回函,以較為緩和的語氣,陳述他的基本立場:

> 查前次去文委以風水一說中國講論不一,奸民乘釁原在意料之中,非以外國租買地基不准民信風水。緣本大臣入華數年,任重事繁,凡所當言,目求盡責。至民言聽否,地方自有權衡,本大臣無所用其苛求也。[33]

巴蘭德將箭頭指向民間不法之徒利用風水之說遂其所願,並非禁絕一般社會大眾信奉風水觀念,希望清朝官員不要對他先前的說辭逕行斷章取義。最終,雙方代表在態度上,達成了傳教與通商應當包容民間風水習俗的共識。雖然對於德國公使而言,這或許是一種有條件的妥協。

由於中國傳統風水觀念在民間社會的根深柢固,大勢所趨,也使得在臺傳教士不得不面對「入境隨俗」的壓力,直須承受風水習俗的衝擊。對於傳教士而言,傳教受到風水的連累,或許是他們始料未及的意外;建堂必須遷就此項民俗禁忌,也許是他們難以釋懷的情事。在馬偕的著述中,曾記載他本人對於西方宗教與風水民俗之間衝突緣由的見解,即清楚地反映了晚清入臺傳教士所面臨的現實挑戰。

馬偕於北臺傳教初期,曾不斷遭到一些地方群眾的歧視、排擠與暴力攻擊,但也陸續獲得不少臺人的認同,進而受洗入教。在信教徒眾與友好人士的協助下,馬偕逐漸在北部地區建立起傳教的據點。[34]艋舺教案期間,馬偕初次體會到臺灣民間傳統風水信仰對於西教傳佈的阻力;在此之後,馬偕原擬於 1878 年秋在淡水的一處山丘上購地興建醫院,作為他醫療傳教的據點,但因附近居民認為該設置地點會傷礙當地廟宇風水而群體反彈,以至於籌建醫院的計劃也暫告中斷。[35]

1884 至 1885 年(光緒十至十一年),因法軍侵臺,馬偕在北臺設

[33] 中央研究院近代史研究所編,《教務教案檔》第 4 輯,第 808 號,頁 1133。
[34] 馬偕著,陳宏文譯,《馬偕博士日記》(臺南:人光出版社,1996 年)。
[35] *British Parliamentary Papers: Essays and Consular Commercial Reports, 1877-79*, p. 722.

置的教堂泰半受到戰火的波及，景尾（景美）、新店、艋舺（萬華）、錫口（松山）、水返腳（汐止）、大龍峒（大同區）、和尚洲（蘆洲）、三角湧（三峽）等處教堂接連被各地民眾拆毀。馬偕乃於 1885 年間向臺灣巡撫劉銘傳爭取事後賠償補助金，隨即在艋舺、錫口、新店重建三所教堂。[36]

這三所新建落成的教堂，在外觀上擁有七十至八十呎的高塔與石造的尖頂，也就是秉持風水觀念的漢人所忌諱的屋頂形式（宅形沖煞）。[37]既往在艋舺等地身遭傳統風水民俗之害的馬偕，在他的回憶錄 *From Far Formosa* 一書中，曾剖析臺灣民間風水習俗的內涵，以及外國人士觸犯這項傳統禁忌的結果云：

> 一般人認為風水和無數事情的好壞運都有關係，所以，像是認為地上和空中都有其平衡或一種難以解說的東西，不可隨意破壞。新教堂的牆只要建得高出鄰近的房子幾呎高，就必將引起鄰居們的憤怒和惶恐，因為這樣是破壞了風水。外國人因依著他們的方式做他們的工作，以致在無意中，不斷的破壞當地人的風水。[38]

馬偕基於其對民俗風水禁忌的深切體認，進而從當事者的角度，解說他刻意新建尖頂教堂的用意，希望能藉此破除漢文化傳統的風水觀念，誘導臺灣民眾拋開堪輿迷信而崇奉基督信仰云：

> 在艋舺、新店和錫口三間教堂都豎了尖頂，來讓異教徒看出他們所信的風水只是一種迷信。我們在山形的屋頂上再加上七呎高的塔，然候再加更高，又更高。大家都站著注視好幾個小時，覺得實在不可思議，不過，並沒有人來打擾我們，反而是他們自己彼次相爭論。……所有的塔頂完成後，在每個塔頂的前面在塗灰泥的上面，我放上燃燒的荊棘的圖案，並用中文在圖案上寫著「焚

---

[36] 中央研究院近代史研究所編，《中法越南交涉檔》第 6 輯（臺北：中央研究院近代史研究所，1962 年），第 1957 號，頁 3394-3422；馬偕著，陳宏文譯，《馬偕博士日記》，頁 130-137。

[37] 漢寶德，〈風水宅法中禁忌之研究〉，《國立臺灣大學建築與城鄉研究學報》，3 卷 1 期，1987 年 9 月，頁 5-55。

[38] 馬偕著，林晚生譯，《福爾摩沙紀事：馬偕臺灣回憶錄》，頁 190。

而不熄」的歷史箴言。[39]

　　馬偕對於先前在艋舺地區因為風水問題而產生的民教糾紛，顯然是有感而發。出自基督信仰的虔誠，他在建築物上作出尖頂的安排，採取「當頭棒喝」般的強硬方式，直接針砭臺灣民間的風水禁忌。當馬偕觀察到當地人士的反應之後，益堅持他「不破則不立」的初衷。為了增強傳教士宣揚基督教的信心，他引述《聖經》出埃及記第三章第二節的 Nec Tamen Consumebatur（焚而不熄）一句話，作為教堂頂部的圖像標誌，來紀念過去在北臺地區曾經親歷過的「風水」迫害，以此突顯出教眾為求福音宣教而不惜殉教的情操，並賦予其在先前遭到地方人士毀壞的教堂故址上，所重新建立的這幾處教堂的神聖性。但對於秉持風水觀念的地方人士而言，此舉無疑是一項公然的挑戰。

　　後來這幾座教堂竟得以安然無恙，根據馬偕的說法，應是由於當地民眾認為「現在教堂的塔反而比我們的廟還高，而且比我們原先拆掉的還大間。我們如果把這間拆了，他就會再造一間更大的。我們是沒有辦法阻擋這位蕃仔宣教師的」。[40]馬偕的解釋基本上是出自於個人的認知，但從現實政治的層面來看，地方紳民不再阻撓生事、群起毀堂的原因，也可能與劉銘傳——這位在馬偕心目中對於教會相當友善的臺灣巡撫以官方力量的介入有關。[41]

　　另一可能的因素是，相傳清法戰役之後，馬偕新建高塔外觀的艋舺教堂落成之際，當地有三名學子高中秀才，附近居民認定此舉係受該高塔風水的福蔭所致，後來更譽之為「艋舺風水塔」、「三哲雄塔」（三雄寶塔）。因此，當艋舺教會重建獻堂之際，原為艋舺當地反教首謀的黃、林、吳三大家族，反倒致贈教會一「耶穌聖教」碑石（立於今萬華區貴陽街二段艋舺教會前庭左側）。1893 年（光緒十九年），馬偕擬返回加拿大省親之時，黃、林、吳三大家族動員民眾組成盛大的歡送隊伍為他

[39] 馬偕著，林晚生譯，《福爾摩沙紀事：馬偕臺灣回憶錄》，頁 191。
[40] 馬偕著，林晚生譯，《福爾摩沙紀事：馬偕臺灣回憶錄》，頁 191。
[41] 馬偕著，林晚生譯，《福爾摩沙紀事：馬偕臺灣回憶錄》，頁 190-191。

送行。馬偕的這番際遇，真可謂「此一時、彼一時也」。[42]從這項例證也可以讓我們體會到，風水之學在傳統華人社會的實踐過程中，往往存有某些隨機詮釋的空間。一旦原有沖煞之虞的尖塔形制轉而被視為風水塔，「大抵尖秀者，主出文章榮達之士」，[43]先前的民俗阻力，也頓時變成了信仰的助力。

　　馬偕採用尖塔造型的建築形制，亦出現在 1882 年（光緒八年）於淡水創建的理學堂大書院（Oxford College，今新北市淡水區真理大學校園內）的屋頂瓦鎮上。有人解釋此為佛塔造型，具有東西合璧的色彩，應是馬偕為了緩和附近佛教信眾的排斥心態，或是體現其迎合傳統風水思維的用意。高燦榮則認為，該學堂的小尖塔應是仿自哥德式高聳形的建築風格，如同前述艋舺教堂的尖頂型式一般，亦為馬偕刻意用來破除風水迷信的設計。[44]

五、結論

　　十九世紀後期西方傳教士進入臺北地區之後，首要購地建造教堂，作為他們宣教的根據地。對於遠道而來的傳教士而言，擇地營建是為了尋求一棲身落腳之處，並以位置適當和方便傳教為原則，不料卻在過程中遭到地方紳商與民眾百姓共同的抵制，導致這段期間教案頻傳。教堂的建置地點如被認為其有妨礙宅居坐向或牴觸境域風水龍脈的情形，免不了遭受當地人士的群起抗拒，進而引爆出風水反教的衝突事件。

---

[42] 陳壬癸，〈馬偕博士與臺灣〉，《臺灣文獻》，33 卷 2 期，1982 年 6 月，頁 113-114。類似的說法，也成為艋舺教會一項既苦難又輝煌的歷史記憶。例如，立於該教堂一樓大廳右壁的〈艋舺教會建堂沿革〉（1986 年 3 月 14 日）中記載：「主後一八八四年中法戰爭，禮拜堂第三度被拆毀，偕牧師拜訪劉銘傳欽差，獲允賠償而從事重建，於主後一八八五年新堂完成，四周有多座尖塔，市民稱之三哲雄塔或風水塔，乃因當年艋舺地區參加科舉中秀才者有三，從此騷擾頓息，艋舺教會日漸興旺，福音迅速廣傳」。

[43] 劉謙著，謝昌註，《地理囊金集註》（臺北：武陵出版公司，1995 年據明刊本景印），頁 13b。傳統堪輿學強調風水塔可以作為地方文教設施的案山文（筆）峰，具有凝聚風水生氣以促進人文興起的功能。關於風水塔的形制及其方位宜忌，可參見高衡士，《相宅經纂》（南京：江蘇廣陵古籍刻印社，1997 年），卷 2，〈文筆高塔方位〉，頁 27b。

[44] 高燦榮，《淡水馬偕系列建築的地方風格》（臺北：臺北縣立文化中心，1994 年），頁 63-66。

　　歷史的後見之明告訴我們，外來宗教文化的傳入，勢必與當地的傳統習俗進行一番重新調適的過程。[45]通觀十九世紀後期北臺風水反教事件，個中關鍵除了地方紳民對於西方宗教伴隨歐洲帝國主義者「砲艦政策」而來的反感之外，如將焦點著眼於意識形態的層面上，則大體反映出外來宗教文化與民間傳統習俗之間在世界觀（Weltanschauung）上的背道而馳。大致說來，人們習慣以既有的歷史背景或文化環境所形成的概念架構，選擇性地吸納從外在世界所接觸到的訊息，在轉化的過程中，排斥與自身價值系統相容度不高的存在、現象和觀念。[46]在晚清異文化接觸的歷史際遇中，外來者眼中對於傳統風水習俗的不解與迷惑，以及民教之間紛爭不斷的癥結，無非也反映出兩種不同價值體系的對立，彼此的衝突也就在所難免了。

　　從艋舺教案等個案中可以看出，清朝官員對待這些因風水習俗所衍生的民教衝突事件，其態度大致是具有選擇性，其處理的方式也多半帶有「隨機應變」的色彩。對於主政者而言，安定平靜的社會係實施有效統治的前提，官府諭禁各種風水反教事件的最終目的，總以維護統治者的權益為至高標的；特別是當這些問題一旦牽扯到國際關係的時候，不得不謹慎行事以避免其演變成中外政府的爭執。在這些涉外論述中也隱約透露出，清朝官員技巧性地運用民間風水習俗，以防禦外力侵擾或進行權力競爭的意味。當權者為了特定目的來決定論述客體的正當性和適切性，最終取得權力運作的有效性與權力位置的合法性；風水之說於是在他們借題發揮的論爭過程中，被塗抹上「政治化」的色彩。清代後期臺灣本土進行洋務運動前後，類似的情節也曾再度上演，北臺雞籠煤務史上「風水」問題的滄桑起落，即是其中最為顯著的例證。[47]

---

[45] Jacques Gernet, *China and the Christian Impact: A Conflict of Culture*（Cambridge: Cambridge University Press, 1985）；Paul A. Cohen, *China and Christianity: The Missionary Movement and the Growth of Chinese Anti-foreignism, 1860-1870*（Cambridge: Harvard University Press, 1963）.

[46] 此段論點，係得力於 Thomas S. Kuhn, *The Structure of Scientific Revolutions*（Chicago: The University of Chicago Press, 1970）；Paul Feyerabend, *Against Method*（London: Verso, 1978）.

[47] 洪健榮，〈當「礦脈」遇上「龍脈」：清季北臺雞籠煤務史上的風水論述〉，《臺灣風物》，50 卷 3 期、4 期，2000 年 9 月、2001 年 1 月，頁 15-68，155-188。

　　在清代臺灣社會，「風水」不僅是一項趨吉避凶的術數法則，也是一套世人判斷吉凶禍福的價值觀念，更是一種民間習以為常的生活方式。[48]身為基督教傳教士的馬偕對於北臺風水民俗的批判，其實也透露出一種西方文化中心觀對於異教文化的看法。從文化交流的角度，馬偕的論述內涵，不僅體現出十九世紀後期臺北紳民奉行風水觀念的民俗現象，也有助於我們認知西方基督教傳教士看待傳統堪輿禁忌的基本態度及其因應方式。在近代臺灣醫療傳教先驅的歷史角色之外，我們也從歷史的回顧中見識到了，這位被譽為比臺灣人更認同臺灣的馬偕本人，[49]平生「顧流俗而薄之」的一面。

　　綜觀「風水」在十九世紀後期臺北地區民教糾紛之中的角色，對於不滿西教的地方紳民而言，他們以傳統的風水信仰作為反教的手段或目的，攻擊基督教士擾亂社會習俗、侵犯公眾權益的不當行徑；對於崇奉天主的傳教士而言，他們則以教理批評臺灣民間的風水習俗，並訴諸國家權力的支撐，來維護基督教的神聖性，不容「異端邪說」的侵犯。

本文原題〈清季淡水開港後西教傳佈與傳統風水民俗的衝突〉，刊登於《臺北文獻》，直字第 172 期，2010 年 6 月，頁 43-68。今據已刊稿修訂而成。

---

[48] 洪健榮，《龍渡滄海：清代臺灣社會的風水習俗》（新北：花木蘭文化出版社，2015 年），頁 497-501。

[49] 鄭仰恩，〈臺灣的「黑鬚蕃」：馬偕其人其事〉，收入林晚生譯，《福爾摩沙紀事：馬偕臺灣回憶錄》，頁 355-356。

艋舺教會舊貌（立於臺北市萬華區艋舺教會正門左側），其建築主體為尖塔造型，兩側屋簷滿佈小尖塔

今艋舺教會內展示艋舺教會舊貌與歷次重建紀錄

艋舺教會今貌

艋舺教會正面中央圓形徽誌標有「焚而不燬」字樣

光緒十一年艋舺黃、林、吳三姓將耶穌聖教碑贈與馬偕，作為禮拜堂落成紀念

穌聖教碑座後方史蹟沿革碑，記載當年「三哲雄塔」的緣由

艋舺教會建堂沿革碑文中提到「風水塔」（三哲雄塔）的事由

新北市淡水區真理大學內牛津學堂（理學堂大書院），其屋頂兩側立有尖塔

新店基督長老教會前耶穌聖教碑記

三峽基督長老教會

蘆洲基督長老教會（原和尚洲禮拜堂）正面徽誌

和尚洲天主堂（今新北市蘆洲區聖若瑟天主堂）

清代臺灣方志「風俗」門類的理論基礎及論述取向

風俗升降，與政推移；歲時氣候，因地而異。遠稽載籍，近徵志
乘，裒而錄之，附以昔賢勸諭整俗之文、遊覽觀風之作。雖古今
不必盡同，而美惡可以為鑒。[1]

「風俗」善者書，弊者亦書；不特使島人知所警勸，而移易有權，
或可為道德、齊禮之一助焉。[2]

一、前言

　　方志傳達某一時期特定區域的沿革損益，傳統志書所設想的讀者主
要為經綸世務的朝野官紳。[3]自秦漢帝國以降，「六合同風，九州共貫」
的理想，[4]逐漸形成了歷代大一統帝國的統治原則，影響及各朝帝王官
紳的施政目標，傾向於實踐「聖人之道，同諸天地，蕩諸四海，變易風
俗」的見解。[5]所謂「為政之要，辯風正俗，最其上也」。[6]統治者落實這
種觀念的有效作法，即可倚賴地方官吏觀風察俗加以編次成志，藉此瞭
解帝國內部各地的風俗習慣，作為移風易俗、端正民情的具體範本，以
造就普天之下、翕然同風的一統境界。「風俗關乎人心，人心關乎治化；
此輶軒之史，故殷殷採風而問俗也」；[7]「使親疏崇敬、上下歡欣同歸於
化者，是在司柄者轉移之功，而後來亦可以是觀政」。[8]在經世思想和教
化理念的驅策下，長期以來，地方志書的編纂每與中央集權的加強或開

1 陳壽祺等，《福建通志》（臺北：華文書局，1968 年據清同治 10 年重刊本景印），〈凡例〉，
　頁 21。
2 林豪等，《金門志》（臺北：臺灣銀行，1960 年），〈凡例〉，頁 14。
3 章學誠，《文史通義·方志略例》（臺北：華世出版社，1980 年），頁 394-398。
4 班固等，《漢書》（北京：中華書局，1962 年點校本），卷 72，頁 3063。
5 董仲舒，《春秋繁露》（臺北：臺灣中華書局，1975 年據抱經堂本景印），卷 12，頁 7a。
6 應劭撰，王利器校注，《風俗通義》（臺北：明文書局，1982 年），自序，頁 8。
7 沈茂蔭等，《苗栗縣志》（臺北：臺灣銀行，1963 年），卷 7，〈風俗考〉，頁 113。
8 周凱等，《廈門志》（臺北：臺灣銀行，1961 年），凡例，頁 15。

疆拓土的需要，聲息相通。舉凡國域內外風土民俗的介紹，遂成為有助於當政者掌控民情、治理國家與鞏固政權的方志傳統中，極為顯著的特色之一。[9]

有清一代，孤懸東亞大陸東南海隅的臺灣島域始被外來政權納入帝國版圖，由於地方官員認為方志攸關治道，於是透過修志以使行政事務有所憑據。[10]此種趨勢除了表露出時人對於臺地疆域有了更實質的掌握，並且在意識上延伸為大一統帝國統治權力的象徵。臺灣初隸大清版圖的背景，也使得中國官紳進入臺灣最先察覺的現象，往往是原屬「化外」的臺灣與「王化」已久的中國大陸社會之間在風俗表象上的差異。透過漢文化眼光的觀照之下，相對於傳統漢人社會習以為常的文化習尚，臺灣本土的「奇風異俗」，自然而然地成為清朝官員或地方士紳所關注的焦點，具體反映在各官修志書的編纂對於「風俗（風土）」門類的重視，[11]其整體思路游移於中央／邊陲⟷王化／化外⟷文明／野蠻之間的詮釋定位，構成了清代臺灣方志傳統的重要環節。

學者高志彬於〈臺灣方志之纂修及其體例流變述略〉中論及清代臺灣方志的撰述旨趣與內容取向，有如下一段頗為精要的分析：

> 清修臺灣方志，其創始雖是奉命採輯以應一統志、通志之採擇，然主纂季麒光具有「以論作志」的胸襟與氣魄，企圖以臺灣之志成為監門之圖，使清廷能重視臺灣，「恤此一方民」，所以其志特詳風俗，又論阨塞形勢。……清修志書所以特詳兵備、風俗、山川、物產，無非在強調方志的「資治」功能。[12]

---

9 來新夏，《中國地方志》（臺北：臺灣商務印書館，1995年），頁73-81，236-242；陳捷先，《清代臺灣方志研究》（臺北：臺灣學生書局，1996年），頁1-13。

10 尹章義，〈清修臺灣方志與近卅年所修臺灣方志之比較研究〉，收於氏著，《臺灣開發史研究》（臺北：聯經出版公司，1989年），頁489。

11 王爾敏先生於〈地方史乘保存與纂輯〉一文中指出：「地方風俗風尚正代表其人民群體趨好與喜惡心態」，反觀「前代舊志，偶而收藏風俗紀錄，然很少能獨闢風俗門類」（《臺灣文獻》，49卷3期，1998年9月，頁174）。相形之下，風俗門類的著述體例成為清代臺灣方志的顯著傳統，其實也反映出臺灣本上相對於傳統中國社會的特殊性。

12 高志彬，〈臺灣方志之纂修及其體例流變述略〉，《臺灣文獻》，49卷3期，1998年9月，頁191。

　　這段引文說明了清代臺灣方志「特詳風俗」的背景因素，事實上，緣起於臺灣歷史沿革暨地域開發的特殊性，導致清代臺灣方志風俗門類的凡例安排與內容取向，一方面在博採原住民與漢移民的生活習慣之餘，更提示一種看待清代時期臺疆風俗的可能與方式；另一方面，在修志官紳夾議夾敘的論述中，往往刻意呈現臺風殊俗趨向「內地化」或「儒漢化」的演變情況與轉化過程，[13]批斥與統治者的意識形態或士大夫的價值系統扞格不入的日常行為，凸顯出地方官員上行下效與化民成俗的意圖，致力達成大一統帝國王者無外／一體同風的資治效用。

　　為能具體而微的探討這個課題，本文嘗試以清代臺灣各官修府、縣、廳等方志風俗門類作為研究的重心，根據這些志書的序言、凡例、議論與相關的門目內容部分，深究風俗門類的理論依據和其具體實踐的方式，來理解修志官紳如何將其選擇性的定位和技巧性的運用，最終擔綱起經世張本與教化工具的結果。

　　本文主要將清代臺灣方志中的風俗門類視為一知識建構／權力意識錯綜其間的場域，[14]考察其中作為論述客體的邊區文化，與掌握詮釋權的主事人員所形塑的價值取向之間交互運作與潛移默化的情形。全文的章次進行即呼應前述的討論，兼顧外部形式與內在意涵的整體架構，首先以清代臺灣主體的特殊性作為問題意識的基本點，著眼於各志書風俗門類的凡例綱目安排，解說其成立的理論基礎以及纂修者的著述旨趣；其次從實際的內容書寫，探究其一般性與常態化的論述取向，檢視修志官紳筆下風俗門類的呈現風貌，以掌握他們從中國大陸觀看臺灣島域的概念網絡（conceptual network）。

---

[13] 「內地化」的概念見李國祁，〈清季臺灣的政治近代化——開山撫番與建省，1875-1894〉，《中華文化復興月刊》，8 卷 12 期，1975 年 12 月，頁 4-16；「儒漢化」的說法見尹章義，〈臺灣—福建—京師——「科舉社群」對於臺灣開發以及臺灣與大陸關係之影響〉，收於氏著，《臺灣開發史研究》，頁 527-583。

[14] 有關這方面的分析概念，據 Michel Foucault, *Power/Knowledge: Selected Interviews and Other Writings 1972-1977*, edited and translated by Colin Gordon（Brighton: The Harvester Press, 1980）一書的論點。

二、凡例綱目與風俗門成立的理論基礎

康熙二十二年（1683）七、八月間，福建水師提督施琅（1621-1696）
攻克臺澎，結束了鄭氏王國對於臺灣的統治權。次年四月，清廷正式將
臺灣劃歸帝國版圖，設置臺灣府暨諸羅、鳳山、臺灣三縣。就大清帝國
統御宇內、懷柔遐荒的立場而論，往昔「臺灣未入版圖，星野、山川，
雖在天覆之內；而因革、措置，終屬化外之區。今者，遵道、遵路，即
有分疆畫界；而率土之濱，莫非王臣」。[15]為能具體呼應「自古職方所未
載」的臺灣納進大清幅員的事實，康熙二十五年（1686）正月，禮部曾
議行將臺灣與金門、廈門等區域沿革增入《福建通志》，以彰顯大一統
的盛況。[16]主事者考慮到臺灣新隸版圖的背景，於通志凡例中標榜有關
詳錄臺地風俗民情的準則。而原本已隸屬於福建省轄區且與臺灣俱為海
外孤島的金門、廈門二地，則相形從略。[17]通志取捨標準的例證大致顯
示了，臺灣在清初某些中國官員心目中的特殊地位。

臺灣設府之後，理臺官員隨即施展其治理權責。康熙二十三年
（1684），蔣毓英就職首任知府，致力於臺郡相土定賦與社會教化的事
務。[18]翌年，清廷下詔各地修志俾供一統志之徵考，蔣毓英奉令纂輯臺
灣方志，[19]經由他所主修的《臺灣府志》發軔，蔚為清代官修臺灣方志
的源頭。書中秉持「風俗之奢儉貞淫，始於人心，而終於國運。故觀化
於國，不如觀化於鄉」的見解，[20]於卷五專列〈風俗〉，概述臺地風俗民
情。該門類復基於「土番之俗，與吾人異」的考量，[21]特別列出「土番
風俗」之目。康熙三十五年（1696）刊高拱乾等《臺灣府志》在蔣志的
凡例基礎上，博採眾說，踵事增華，於「漢人風俗」、「土番風俗」的項

---

[15] 高拱乾等，《臺灣府志》（臺北：臺灣銀行，1960 年），卷 1，頁 26。

[16] 《大清聖祖仁皇帝實錄》，卷 124，康熙 25 年正月 29 日，頁 7。

[17] 金鋐主修、鄭開極等纂，《康熙福建通志臺灣府》（臺北：成文出版社，1983 年據昭和 5
年影鈔康熙年間刊本景印），頁 10-13，63。

[18] 周元文等，《重修臺灣府志》（臺北：臺灣銀行，1960 年），卷 10，〈蔣郡守傳〉，頁 343-344。

[19] 陳捷先，《清代臺灣方志研究》，頁 18-20。

[20] 蔣毓英等，《臺灣府志》，收於《臺灣府志三種》（北京：中華書局，1985 年），頁 95。

[21] 蔣毓英等，《臺灣府志》，卷 5，頁 101。

目之外，更列舉氣候、歲時、風信、潮汐、土產等類目。[22]自此而後，風俗（風土）志幾乎是清代臺灣方志的必要門類之一，漢、番風俗的分目亦成為一般所沿用的類例（陳文達等《臺灣縣志》、謝金鑾等《續修臺灣縣志》、林豪等《澎湖廳志》以及屠繼善等《恒春縣志》例外）。各官修志書編纂體例列舉風俗門類的緣由及其選擇綱目的原則，我們可以從撰述者的凡例所云、自序所言、議論所述聯貫實際的體例門目，窺知其中所蘊涵的理論基礎。

（一）風俗門類的發凡起例

分門別類係知識成立的關鍵，規範了我們對於大千世界、芸芸眾生的基本認識；發凡起例則為修志的前提，也是一部史志裁定取捨、得失成效的先決條件，聯繫著纂修者匠心獨到的才識卓見與自成經緯的理論依據。[23]當代學者或以清代臺灣方志體例謹嚴、纂輯精審而能包羅萬象，故推崇其「為臺灣學術之最出色者」，甚至是「臺灣文化之具體表徵」。[24]凡例所具有的舉足輕重的地位，由此可見一斑。針對清代臺灣方志風俗（風土）門類的發凡起例而言，據康熙三十五年刊高拱乾等《臺灣府志》、康熙五十七年（1718）刊周元文等《重修臺灣府志》二書凡例中的說法，風土志成立門目的原因在於：

> 仲雍居吳，斷髮文身，裸以為飾。則自江以南，古皆是俗也，況臺灣乎？及今觀之，風俗人文，惟南為盛，固不得以其陋而限之也。子曰：「君子居之，何陋之有」？作風土志，以畀夫轉移風化之人。[25]

---

22 高拱乾等，《臺灣府志》，〈凡例〉，頁 15。

23 劉知幾撰，浦起龍釋，《史通通釋》（臺北：里仁書局，1980 年），卷 4，〈序例〉，頁 87-89；章學誠，《文史通義・方志略例》，頁 135-136，379-383，487-493，520-526。

24 高志彬，〈清康熙朝臺灣方志體例考述〉，收於國立中央大學共同學科主編，《明清之際中國文化的轉變與延續》（臺北：文史哲出版社，1991 年），頁 262。文中參考陳捷先、尹章義兩位學者的分析。

25 高拱乾等，《臺灣府志》，〈凡例〉，頁 16；周元文等，《重修臺灣府志》，〈凡例〉，頁 10。

　　文中顯示府志纂修者秉持普天之下、一視同仁的初衷，不以臺灣風俗的相對鄙陋而置之不理、棄之不顧，反而強調詳載其俗、徵考其實的必要性，以作為將來移風易俗的基本藍圖。康熙五十九年（1720）刊陳文達等《鳳山縣志》的凡例中，也宣稱了類似的用意云：「邑治居民叢處，雞犬之聲相聞；然皆四方雜萃，非如內地之聚族而居者也。風聲氣習，難以一轍。至於番俗，不特與漢人異，即各社亦多有不同者。悉詳載之，以備參考」。[26]康熙五十六年（1717）完成、雍正二年（1724）刊行陳夢林等《諸羅縣志》揭示風俗門類的重要地位，進而將有關原住民與漢移民風俗的描述，更加的深刻化與細緻化。該書凡例中陳述其鑒於諸羅縣內「邑人五方萃處，風俗龐雜；即諸番之俗，亦或各社不同」，經其綜核聞見所輯、參討漢番殊異之後，分〈漢俗〉為衣食、婚姻喪祭、雜俗、歲時等四類，分〈番俗〉為狀貌、服飾、飲食、廬舍、器物、雜俗、方言等七類，「各綴本事其下，與各志土風體例稍異」。陳夢林等用心於類例上的調整、資料上的完備與內容上的求全，最終目的「欲使閱者如身履其地，而親見之」，致力於發揮風俗門類的知識傳遞與資治作用。[27]

　　前舉四部志書中獨立為門的風俗（風土）志，皆不出漢俗、番俗、氣候、歲時、風信、潮汐、土（物）產的類目範疇。至於陳文達等人在康熙五十九年（1720）刊《臺灣縣志》中則將「風俗」歸入卷一〈輿地志〉，據該書凡例指稱輿地本身即統括風俗與土產的內涵，所以有如此的安排：「封域在輿地之中也，有輿地即有土產，有輿地即有風俗。郡志分而為三，茲志合而為一」。[28]此種強調三位一體的說法縱然持之有故、言之成理，在當時仍是比較特殊的作法。嗣後道光三十年（1850）刊謝金鑾等修、薛錫熊增補《續修臺灣縣志》仿照如此的類例架構（參見本文表1），不外是出於一致的考慮。

　　除此之外，康熙時期各府志與諸羅志所確定風俗門的類例條目，多

26　陳文達等，《鳳山縣志》（臺北：臺灣銀行，1961年），〈凡例〉，頁16。

27　陳夢林等，《諸羅縣志》（臺北：臺灣銀行，1962年），〈凡例〉，頁8。

28　陳文達等，《臺灣縣志》（台中：臺灣省文獻委員會，1958年），〈凡例〉，頁59-60。

半被後繼者所延續，間有在原本的類目基礎上稍作調整或略加去取，因
襲之餘或具別識心裁的創新之舉。例如，乾隆七年（1742）刊劉良璧等
《重修福建臺灣府志》凡例中基於「風俗關乎治化，故語焉務詳」的體
認，在風俗志中「附物產而並及氣候者，以數十年來陰陽調燮、百物咸
亨，漸與中土無異；於此悟聖化轉移之權，有天人協應之理」。[29]乾隆十
七年（1752）刊王必昌等《重修臺灣縣志》凡例中宣稱：「風俗轉移視
乎人。孔子云：『何陋之有』？故以次於人物。書曰：『惟土物愛厥心臧』。
因附之以物產」。[30]該書卷十二〈風土志〉詳載土產的原因，係纂修者考
慮到相土識宜以利國計民生的重要性云：「臺地氣候沖和，物產滋豐，
而取之有時，用之有制，留物力之有餘以還太虛，是所望於主持風教
者」。[31]王瑛曾等人於乾隆二十九年（1764）《重修鳳山縣志》的凡例中，
以「舊志分綱別目，繁簡不稱。如風信、潮汐統列風土，阨塞、郵傳並
存規制，失輕重矣」，於是調整先前《臺灣府志》的門目，提出自己理
想中的體例標準云：

> 首「輿地」，定疆界也；次「規制」，詳建置也；次「風土」，紀
> 土俗也。三者備，而大綱舉矣。[32]

咸豐二年（1852）刊陳淑均等《噶瑪蘭廳志》基於噶瑪蘭地區開發
過程的特殊性，其初稿例言中提到：「不特風俗詳及工商雜識，兼及事
物之不同也」，[33]體現在該書卷五上〈風俗上〉專闢女紅、工役、商賈、
海船、漁具等項，係先前清代官修臺灣方志風俗門類中所罕見，部分條
目為後來採取正史紀傳體之同治十年（1871）刊陳培桂等《淡水廳志》
卷十一〈風俗考〉、光緒二十年（1894）沈茂蔭等《苗栗縣志》卷七〈風
俗考〉加以仿行。另外，同治十二年（1873）刊周璽等《彰化縣志》援
依《諸羅縣志》風俗卷內分別漢俗、番俗、雜俗、方言的類例，各述漢

---

29 劉良璧等，《重修福建臺灣府志》（臺北：臺灣銀行，1961 年），〈凡例〉，頁 25。

30 王必昌等，《重修臺灣縣志》（臺北：臺灣銀行，1962 年），〈凡例〉，頁 18。

31 王必昌等，《重修臺灣縣志》，卷 12，頁 441。

32 王瑛曾等，《重修鳳山縣志》（臺北：臺灣銀行，1962 年），〈凡例〉，頁 7。

33 陳淑均等，《噶瑪蘭廳志》（臺北：臺灣銀行，1963 年），〈初稿例言〉，頁 13。

人婚姻、祭喪、歲時、居處、衣服、飲食、士習、農事、商賈、女紅、雜俗等風尚，以及原住民狀貌、服飾、飲食、廬舍、器物、雜俗等習俗，至於「方言」一項則從略。[34]而該志書凡例中也針對《諸羅縣志》的門類順序與條目安排，提出商榷。首先，他們認為諸羅志先志風俗而後人物，如果「以習俗成於人，風尚因乎物而論，似應人物在先，風俗在後」，於是仿效過去府志的編次，將風俗志置於人物志之後；其次，《彰化縣志》的纂修者也衡量「諸羅志於歲時記內，收入迎春一條，似屬未當」；也因此，「二者本屬政典，不可混入風俗」。[35]

　　方志體例分門別類、以類相從，在綱舉目張、巨細靡遺的原則之下，各纂修者可以根據自己對於風俗內涵的認知，來決定風俗門中所應包括的類目。值得注意的是，縱使官修志書門目互有別異，但是資治教化的著述旨趣，則始終一以貫之。換句話說，修志官紳隨機調整風俗門的類目，追根究底，也是為了能更有效地達到觀風陳俗與補益王化的實質目的。知識的建構其實深具歷史的背景，風俗門類中基於移墾社會的族群差異所專列的「番俗」項目，同樣是出自因時地而制宜的現實考量。

（二）番俗類目的現實考量

　　風俗門類在清代初期臺灣志書中的成立，反映治臺官員或地方士紳對於臺風異俗的深刻體驗，同時也具備開拓漢族文化視野的歷史意義。我們知道，當時臺灣方為大清帝國收歸版圖不久，除了臺灣縣（今臺南地區）因鄭氏王國拓墾於前、漢化較深之外，鳳山、諸羅兩縣轄境多為原住民活動的區域，或有閩粵移民雜處其間，猶屬少數族群。「番俗」類目所反映的社會現實意涵，正在於此。修志官紳面對他們所認為的風俗人文普遍落後於傳統漢文化社會的地域景象，仍舊本著採風陳俗、以俟來者的理念，奠下了志書凡例中風俗門類的初步規模。從蔣修《臺灣府志》到《諸羅縣志》獨立「番俗」為目的作法，也為清代中、後期的

---

34 周璽等，《彰化縣志》（臺北：臺灣銀行，1962 年），〈凡例〉，頁 7。
35 周璽等，《彰化縣志》，〈凡例〉，頁 5-7。

官修志書樹立了典型。隨著雍乾時期閩粵移民如火如荼地開展北臺拓墾活動，[36]聚落的擴張，導致一些侵墾原住民活動區域的不當行為層出不窮；漢人的進佔，連帶促使各地原住民的生活習慣暴露於世。再加上理臺官員對於原住民施展傳統「用夏變夷」的措施，迫使各非我族類的「化外番社」輸誠歸化，接受中國傳統禮教倫理的價值系統，原住民的習俗不斷在華夏風尚的衝擊之下產生變化。[37]基於漢文化中心的觀點，前述的歷史背景與社會變遷，共同為修志官紳帶來更多樣化的原住民風俗資料。尤其乾隆元年（1736）刊黃叔璥《臺海使槎錄》卷五至七〈番俗六考〉與卷八〈番俗雜記〉中載錄南、北各地原住民社群的習俗情況，其取材的廣博、考證的翔實和敘事的細膩，不啻提供後繼者豐富的資料庫以及綱目採擇的範例。[38]在黃叔璥著述的基礎上，乾隆十二年（1747）刊范咸等《重修臺灣府志》、乾隆二十九年（1764）刊余文儀等《續修臺灣府志》二書特詳風俗門類，個中緣由據其凡例所云：

> 番社不下數百種，生熟番馴頑不一，南北番亦強弱各殊。然熟番與士庶雜處，輸賦、供役則亦民也；即生番歸化，亦各輸鹿皮餉。今考其服食、居處、性習、風尚，各番略有不同；因本黃玉圃先生《番俗六考》加以咨詢所及，於風俗中分類詳記。而其方言俚曲，亦載其大略焉。[39]

有關體例的安排或類目的調整方面，二書計用洋洋灑灑的四卷篇幅，詳載漢移民與原住民的風俗，其中一卷列舉漢人習尚、歲時、氣

---

[36] 尹章義，〈臺灣開發史的階段論和類型論〉，收於氏著，《臺灣開發史研究》，頁1-28；John Robert Shepherd, *Statecraft and Political Economy on the Taiwan Frontier, 1600-1800*（Stanford: Stanford University Press, 1993），pp. 137-177.

[37] 李亦園，〈從文獻資料看臺灣平埔族〉，收於氏著，《臺灣土著民族的社會與文化》（臺北：聯經出版公司，1982年），頁49-76；劉翠溶，〈漢人拓墾與聚落之形成：臺灣環境變遷之起始〉，收於劉翠溶、伊懋可主編，《積漸所至》（臺北：中央研究院經濟研究所，1995年），頁295-347；John Robert Shepherd, *Statecraft and Political Economy on the Taiwan Frontier, 1600-1800*, pp. 362-394.

[38] 黃叔璥，《臺海使槎錄》（臺北：臺灣銀行，1958年），頁94-177。

[39] 范咸等，《重修臺灣府志》（臺北：臺灣銀行，1961年），〈凡例〉，頁15；余文儀等，《續修臺灣府志》（臺北：臺灣銀行，1962年），〈凡例〉，頁11。

候、潮信、風信、占驗等一般性的風俗門目，由於纂修者認為先前劉良璧等《重修福建臺灣府志》卷六將「物產」附於風俗門之下，「似為不倫」，[40]所以讓「物產」獨立為門（見卷十七、十八），使得「風俗」、「物產」離之雙美、各詳內容；另外專列二卷分述臺灣縣、鳳山縣、諸羅縣、彰化縣、淡水廳各原住民社群的居處、飲食、衣飾、婚嫁、喪葬、器用等風俗習慣；最終一卷記錄番語、番曲並徵採番俗通考。分門別類的詳核嚴密、類目架構的條理明備與篇幅份量的豐富可觀，為清代官修臺灣方志所僅見。不論從外在的體例形式或內部的論述內涵來衡量，多可以看出主事者辨識原住民社群差別之能力的增長，以及掌握原住民習俗面向之程度的提昇。值得一提的是，與范咸同列《重修臺灣府志》纂輯者之一的巡視臺灣戶科給事中六十七，也就是《番社采風圖考》一書的作者，他曾於乾隆八年（1743）親臨臺灣，留心原住民的風俗沿革，[41]「遐搜舊典，周訪新知」，[42]體現在該府志中涉及「番俗」的類例和其內容能推陳出新、後出轉精，增訂前志之所略。全書風俗門目具有詳今知古、稽古證今的特點，可說是其用力至深所得情理固然的結果。

這時期修志官紳對於原住民風俗認知的明朗化，反映在志書風俗門類的選擇標準上，擺脫一概而論的類例窠臼，界分出「漢、番」之間與各「生、熟番社」俗尚的同異。如王瑛曾等在《重修鳳山縣志》凡例中抱持審慎的態度與徵實的原則，以避免籠統畫一或泛泛而談的弊端云：

> 縣治五方萃處，鄉土相沿，氣習風氣既難畫一；而各番社強弱不等，意趣亦殊。今番、漢分編，漢俗別閩粵、番俗別各社，必擇語有可徵、事實足據者登之，非敢輕信怪誕、雷同眾說也。[43]

該書卷三〈風土志〉分就縣境內「平埔熟番」上淡水等八社以及「歸化生番」山豬毛等四社、傀儡山等二十七社、卑南覓等七十二社、瑯嶠

[40] 范咸等前引書，〈凡例〉，頁 13；余文儀等，前引書，〈凡例〉，頁 9。

[41] 六十七，《番社采風圖考》（臺北：臺灣銀行，1960 年），范咸序，頁 5。

[42] 范咸等，《重修臺灣府志》，莊年序，頁 7。

[43] 王瑛曾等，《重修鳳山縣志》，〈凡例〉，頁 7-8。

等十八社，詳細說明各別的居處、飲食、衣飾、婚嫁、喪葬、器用等俗尚，並附上番語和番曲等項目。[44]咸豐二年（1852）刊陳淑均等《噶瑪蘭廳志》卷五下〈風俗下〉，一則援舊例，以居處、飲食、衣飾、婚嫁、喪葬、器用等項涵括境內原住民習俗，敘說噶瑪蘭（蛤仔難）原住民社會文化的歷史風貌；一則創新例，採番界、彈壓、撫綏、番割等目分述「生、熟番情」，呈現該地區於嘉慶十六年（1811）設廳前後原住民與地方官員、漢移民之間的利害關係。[45]

清代中葉以後，臺灣中、北部原住民的漢化現象趨於普遍。原住民社群「漸染華風」的結果，[46]固有的風俗習慣也逐漸消失於臺灣的歷史發展之中。到了清代後期，陳培桂等《淡水廳志》卷十一〈風俗考〉記載「今自大甲至雞籠，諸番生齒漸衰，村墟零落。其居處、飲食、衣飾、婚嫁、喪葬、器用之類，半從漢俗。即諳通番語者十不過二、三耳」。[47]沈茂蔭等《苗栗縣志》卷七〈風俗考〉描述當時縣境內的原住民社群「近漢人街莊者，其營屋高廣雅致，無異漢人」，而且耕種諸器與喪服儀節方面，「均如漢人」。[48]既然漢人與原住民（特別是平埔社群）的界限已經模糊，風俗門類中涉及「番俗」的條目安排，也多率由舊章，簡略從事。陳培桂等《淡水廳志》凡例中「至若內外番俗，亦控御撫綏所係，是皆斯志不可得而略者」的看法，[49]或者如沈茂蔭等《苗栗縣志》卷七敘論中「至於番俗，察其嗜欲、習尚有可施之教化者，亦不得漫然忽之也」的說辭，[50]大都隱涵有「姑且錄之」的著述用意與「未詳其俗」的現實背景。相對於清代前、中期修志官紳積極徵採「番社」奇風異俗的理論與實踐，清代後期志書纂修者對待逐漸消失的原住民風俗，則傾向於消極性的轉載，僅止於篩選舊籍紀錄，缺乏類例項目上的開創之功。通觀此種趨勢

44 王瑛曾等，《重修鳳山縣志》，卷3，頁59-90。

45 陳淑均等，《噶瑪蘭廳志》，卷5下，頁225-241。

46 朱景英，《海東札記》（臺北：臺灣銀行，1958年），卷4，〈記社屬〉，頁58。

47 陳培桂等，《淡水廳志》（臺北：臺灣銀行，1963年），頁306。

48 沈茂蔭等，《苗栗縣志》，卷7，頁120，122。

49 陳培桂等，《淡水廳志》，〈凡例〉，頁9。

50 沈茂蔭等，《苗栗縣志》，卷7，頁113。

的產生，也可視為其呼應因地應時理念的另一種表現。

（三）因地應時的資治理念

清代臺灣各級方志風俗（風土）門的類例安排，從外部格局的綱目建構呈顯其經世資治的理論基礎；反之，資治教化的理論依據也若隱若現於發凡起例的分類範疇。由於纂修者本身對於「風俗」內涵的體會或是出自因地制宜／與時推移的領悟，有如林豪所謂「臺地各屬風土不同，時地亦異，自應因時制宜」的原則，[51]導致各官修志書風俗門除了一般性的衣食住行、歲時禮儀等風俗習慣的類目之外，也展現出如下幾點特色：

一、風俗（風土）門中所列氣候、風信、潮汐（信）、占驗等項，從現今學術的分類標準，這些門目應屬於自然現象的範疇。然而，當我們覽閱其中蘊涵傳統天地人合一、陰陽消長或五行生剋等系統思維的內容，就可以理解清代臺灣修志官紳的考慮，主要是基於氣候、風信、潮汐的變化，攸關於農業社會的人倫生息、生產作業以及政事運作，茲事體大，不容偏廢，而將此納入以人文景觀為主體的風俗（風土）門內，來因應日常世用的參考，仍不外乎經世理念在風俗門類中的發揮。如高拱乾等《臺灣府志》卷七〈風土志〉開宗明義揭曉「世代之遞遷者，人事也；氣化之變更者，天時也。天時有消長，而人事之盛衰因之」、「凡所以蔚為物華者，莫不隨地而生」的觀點，[52]將氣候、風信、潮汐、土產統歸風土志中。又如劉良璧等《重修福建臺灣府志》卷六〈風俗・氣候〉推闡風俗習尚與氣候變遷的互動聯繫云：「凡土有剛柔、燥濕，氣有陰陽、順逆，而候隨之；即風之所被、俗之所成，亦各肖其地以出而不可易。故五方之習尚不同、四時之消長頓殊，有由來也」。[53]王必昌等《重修臺灣縣志》卷十二〈風土志〉的敘論中也指出「陰陽寒暑之異候、剛柔燥濕之異宜、山谷水陸之異產，而習尚因以不同，在修其教者整齊

---

51 語出林豪〈淡水廳志訂謬〉，轉引自陳培桂等，《淡水廳志》，頁469。

52 高拱乾等，《臺灣府志》，卷7，頁185。

53 劉良璧等，《重修福建臺灣府志》，卷6，頁100。

而調燮之耳」。[54]王必昌等人本諸天地生氣、民俗化成的考量，於該卷首述縣境的氣候概況。其餘官修志書的相關敘述，茲不一一備舉。

　　二、若以「番俗」的類目部分作為觀察的指標，則其在各志書風俗（風土）門內篇幅的多寡詳略，往往與該地域在特定時期開發或漢化的程度成反比。首先就地域的差異而言，陳夢林等《諸羅縣志》特重風俗的緣由，與當時諸羅縣「群番雜處」且「番多於民」的背景息息相關；范咸等《重修臺灣府志》、余文儀等《續修臺灣府志》中風俗四卷也明顯偏重於鳳山、諸羅、彰化、淡水等縣廳內原住民風俗的介紹。陳淑均等《噶瑪蘭廳志》對於「番俗」、「番情」的條分縷析，從側面呼應了當地漢人新闢未久的社會現實。反之，王必昌等《重修臺灣縣志》中涉及漢人開發最早的臺灣縣境原住民風俗的記載，便相形簡略，而其字裡行間猶夾帶較多原住民漢化漸深的部分。特別是陳文達等《臺灣縣志》與謝金鑾等《續修臺灣縣志》卷一〈風俗〉中僅以相當短的篇幅登錄該縣境「與內地無異」的漢移民風俗，抑且未及於原住民風俗的描述。[55]至於元代以降早已設官治理的澎湖地區，[56]開發既久且漢化已深，林豪等《澎湖廳志》卷九〈風俗〉並無原住民習尚的存在，[57]自然而然，也就理所當然了。再次就時間的演變而論，清代中、後期隨著臺灣西半部原住民（平埔族）逐漸濡染漢化禮俗，且融入漢人社會的生活方式，風俗志中「番俗」類目及其篇幅趨於簡略。揆其原因，或許在修志官紳的心目中，臺地原住民漢化既深並趨向與傳統中國社會「道一風同」，即毋須細加呈現其相對於漢人俗尚的「殊風異俗」。

　　三、體例架構的安排主導資料選擇的標準，也制約內容呈現的風貌。各志書凡例說明其針對特定時空臺灣的社會情況而設計門目，顯示風俗（風土）門中分列漢人、原住民暨各個不同社群習尚的類目安排，

---

[54] 王必昌等，《重修臺灣縣志》，卷 12，頁 395。

[55] 陳文達等，《臺灣縣志》，卷 1，頁 210-234；謝金鑾等，《續修臺灣縣志》（臺北：臺灣銀行，1963 年），卷 1，頁 51。

[56] 林豪等，《澎湖廳志》（臺北：臺灣銀行，1963 年），卷 2，〈規制〉，頁 51-54。

[57] 林豪等，《澎湖廳志》，卷 9，頁 303-329。

一方面反映臺灣向為五方雜處區域的現實情景；另一方面，對於漢移民活動與原住民風俗的明確掌握，直接牽連大一統帝國進行有效統治的迫切須要。為能理解官修臺灣方志風俗門類的知識建構如何實踐傳統上採風陳俗以為施政方針的作法，我們有必要進一步深入各志書風俗門類的內在意涵，探究其論述取向的一般性與常態化。

表 1：清代臺灣方志風俗（風土）門類的架構簡表

名　稱	修纂者	年　代	風俗（風土）門目部分
臺灣府志	蔣毓英等	約 1688 年完稿	卷五〈風俗〉（附土番）
臺灣府志	高拱乾等	1696 年刊	卷七〈風土志〉列漢人風俗、土番風俗、氣候、歲時、風信、潮汐、土產
諸羅縣志	陳夢林等	1717 年刊	卷八〈風俗志〉列漢俗、番俗、氣候
重修臺灣府志	周元文等	1718 年刊	卷七〈風土志〉列漢人風俗、土番風俗、氣候、歲時、風信、潮汐、土產
鳳山縣志	陳文達等	1720 年刊	卷七〈風土志〉列漢俗、番俗、氣候、歲時、風信、潮汐、物產
臺灣縣志	陳文達等	1720 年刊	風俗歸入卷一〈輿地志〉（該志中另列封域、星野、形勝、里至、沿革、山川、土產、氣候、歲時、風信、潮汐、海道）
重修福建臺灣府志	劉良璧等	1742 年刊	卷六〈風俗〉附歲時、氣候、土番風俗、物產
重修臺灣府志	范咸等	1747 年刊	卷十三〈風俗一〉列習尚、歲時、氣候、潮信、風信、占驗，卷十四〈風俗二〉及卷十五〈風俗三〉皆列番社風俗，卷十六〈風俗四〉列番語、番曲、番俗通考
重修臺灣縣志	王必昌等	1752 年刊	卷十二〈風土志〉列氣候、風俗（附番俗）、土產
重修鳳山縣志	王瑛曾等	1764 年刊	卷三〈風土志〉列氣候（附歲時）、坊里、風俗、番社、番社風俗（附番語、番曲）
續修臺灣府志	余文儀等	1774 年刊	卷十三〈風俗一〉列習尚、歲時、氣候、潮信、風信、占驗，卷十四〈風俗二〉及卷十五〈風俗三〉皆列番社風俗，卷十六〈風俗四〉列番語、番曲、番俗通考
續修臺灣縣志	謝金鑾等	1821 年鄭兼才補刻本、1850 年薛錫熊增補本	風俗歸入卷一〈地志〉（該志中另列建置、疆域、星野、城池、街里、橋渡、山水、海道、風信、潮汐、氣候、物產）
彰化縣志	周璽等	1836 年刊	卷九〈風俗志〉列漢俗、番俗
噶瑪蘭廳志	陳淑均等	1852 年刊	卷五上〈風俗上〉列士習、民風、農事、

			女紅、工役、商賈、飲食、衣服、氣候、潮信、風信、占驗、海船、漁具、寺觀、祥異，卷五下〈風俗下〉列番俗、番情
淡水廳志	陳培桂等	1871 年刊	卷十一〈風俗考〉（附番俗）
澎湖廳志	林豪等	1894 年刊	卷九〈風俗〉列服習、儀文、歲時、風尚
苗栗縣志	沈茂蔭等	1894 年修	卷七〈風俗考〉（附番俗）
恒春縣志	屠繼善等	1894 年修	卷八〈風俗〉

＊資料來源：據清代臺灣各志書門目。

三、風俗門論述取向的一般性與常態化

　　官修志書的功能，主要作為施政的參考與教化的工具，所謂「志乘之書，所以備省風、而資問俗。故修志官紳，必當考其詳、紀其實」。[58]清代臺灣方志的旨趣代表官方的意識形態，纂修者在徵採其俗和詳紀其實之際，經世資治的理論基礎也直接滲透到風俗門類的內容鋪陳，不時呈現出「別有用心」的論述取向。基於清朝統治者的立場，臺灣係從原先的「化外之地」納歸大清版圖，也是從前朝曾經外國政權荷蘭、西班牙的佔領以及鄭氏王國的統治，重新進入大清一統帝國的體系運作中。[59]改朝換代、政權轉移的特殊背景，再加上清代臺灣移墾社會的文化特質，[60]皆促使理臺官員經由方志的纂修積極於端正風俗／安定地方的作為，以遂行大清帝國王者無外／同風共俗的理想。風俗知識的建構與國家權力的運作，於是達成一體兩面的互助效果。此情此景，誠如康熙三十五年（1696）高拱乾自序《臺灣府志》時提到：

> 夫有疆土，必有風俗；有制度，必有沿革。海外兵燹之餘，人心甫定、耳目未開，不為搜羅廢墜、纂輯典故，使天下觀者如身履其地而習其俗，無以彰聖天子一德同風之盛，廣久道化成之治；

58　陳文達等，《臺灣縣志》，施世驃序，頁 1。

59　王必昌等，《重修臺灣縣志》，金溶序，頁 5-7。

60　關於清代臺灣移墾社會的文化特質，可參見李國祁，〈清代臺灣社會的轉型〉，《中華學報》，5 卷 2 期，1978 年 7 月，頁 131-159；蔡淵洯，〈清代臺灣的移墾社會〉，收於瞿海源、章英華主編，《臺灣社會與文化變遷》（臺北：中央研究院民族學研究所，1986 年），頁 45-67。

則亦守土者之過也。[61]

　　此種意念輾轉於臺灣各級方志風俗門類的論述內涵上，自清初迄清末一以貫之，共同展現出一般化與常態化的傾向。整體而言，風俗門類的論述焦點反映主事官員對於臺灣移墾社會的認知，攸關於國家政策施行的需要，隱約之間也流露出文化優越感的色彩。以下分別就風俗升降／與政推移的詮釋架構、原漢分野／習俗美惡的價值判斷、移風易俗／化番為民的整治意圖等三個層面，詳細予以說明。

（一）風俗升降／與政推移的詮釋架構

　　在清代臺灣各級方志纂修者的意識裡，由於統治臺灣政權的數度易手，造成臺地風俗遞變，並且與傳統中國社會的風俗習尚互有別異，以至於受到修志官紳的注目。表露在他們文字描述中的訝異、欣喜或者歧視、排斥，其實是外來者面對新天地的通常反應，也是作為詮釋主體的內地文化看待異域文化的刻板印象。[62]蔣毓英等《臺灣府志》卷五〈風俗〉中提到臺灣初隸大清管轄之際的俗尚背景，實與中土之民有所不同：「臺灣自紅夷僭竊以來，因仍草昧；鄭氏父子相繼，民非土著逋逃之淵藪，五方所集處，未盡同風而易俗」。[63]縱然如此，治臺官員或修志人員本著風俗升降、與政推移的思維，認為一旦臺灣歸入清帝國版圖，新政權營造新氣象，德化所被和風教所及，當地俗尚理應從此脫胎換骨且煥然一新，邁入歷史沿革的嶄新境界，開創太平和樂的盛世規模。高拱乾等《臺灣府志》卷七〈風土志‧總論〉中陳述如此一廂情願的看法云：

　　　臺以千百年未闢之海宇，聖天子一旦擴清而平定之，因天之時、

---

61 高拱乾等，《臺灣府志》，自序，頁7。又如康熙59年施世驃序《鳳山縣志》時提到：「一方如此，他邑類然。可知盛朝車書一統，聲教無遠弗逮；實能使異方殊俗，漸化而與中華等」。陳文達等，《鳳山縣志》，頁3。

62 莊雅仲，〈裨海紀遊：徘徊於自我與異己之間〉，《新史學》，4卷3期，1993年9月，頁59-79。

63 蔣毓英等，《臺灣府志》，卷5，頁95。

順地之利、淑人之心，改正朔、易服色，禮樂衣冠煥然一新。雖昔為職方氏之所不載，而漸沐聲教，以登大一統之隆，良足永垂不朽云。[64]

　　在高拱乾等人的心目中，臺灣風俗從荷西、明鄭時期的爭利偷安轉變成清代前期的崇尚禮義，關鍵在於清朝地方官員的勵精圖治、撫綏有功與教化得宜。[65]「風俗之端，成于教化；從隆從污，惟風行草」，[66]清帝國主政者的決策與措施，直接影響到臺地風俗的變遷和成效，此種趨勢素為修志官紳所稱羨。如陳夢林等《諸羅縣志》卷八〈風俗〉敘論中說明諸羅縣原為「海外屬邑，風氣固殊；番漢錯居，情欲迥異。自癸亥歸順，仰沐皇風，觀風氣之轉移、邦人之丕變、生番之率服，知聖天子之漸摩淪浹非一日矣」；[67]同卷〈氣候〉中也提到：

臺灣自二十二年蕩平之後，聖化日新，氣化日變，禮樂政刑所及有旋轉陰陽之功，是所謂參天地而贊化育者矣。……蓋入版圖既久，陰陽之氣與中土漸近也。[68]

　　劉良璧等《重修福建臺灣府志》卷六〈風俗〉開宗明義敘說：「臺陽，海中夷島也。自鄭克塽歸誠，始隸閩中；漳、泉之民多居焉，故風尚與內郡無大異」，進而將臺風漸趨富庶安樂與仁義禮讓的結果，歸功「在操轉移之權者」，也就是清朝官員的實際作為。[69]劉良璧等人更宣稱，由於臺灣「歸我朝版圖，深荷列聖悉心經畫，漸摩涵濡，已非一日；化狉獉為文物，躋黔昧於光明，士農工賈各安其業」，再加上聖朝天子仁德配天、旋乾轉坤，甚至連「臺之氣候，近亦與中土漸同矣」。[70]論述中嘗試以傳統天道、地理、人事一氣呵成的系統思維，將臺灣各地風俗

64　高拱乾等，《臺灣府志》，卷7，頁206。
65　高拱乾等，《臺灣府志》，卷7，頁185-186。
66　陳文達等，《臺灣縣志》，卷1，〈風俗〉，頁233。
67　陳夢林等，《諸羅縣志》，卷8，頁135。
68　陳夢林等，《諸羅縣志》，卷8，頁180。
69　劉良璧等，《重修福建臺灣府志》，卷6，頁91。
70　劉良璧等，《重修福建臺灣府志》，卷6，頁100。另參見劉良璧自序，頁17-18。

轉化的原動力，統攝於一統帝國政治文化上的君臣分際。范咸等《重修
臺灣府志》卷十三〈風俗一〉亦抱持相似的見解云：

> 自鄭氏挈內地數萬人以來，迄今閩之漳泉、粵之潮惠相攜負耒，
> 率參錯寄居，故風俗略同內郡。我國家生聚教養，六十年於茲。
> 雕題黑齒，且習衣冠；水土天時，漸移風氣。其何以進庶富之風，
> 咸登仁讓哉？是在操轉移之權者。[71]

由此可見，清代前期臺灣方志纂修者採取風俗升降／與政推移的詮釋
架構，有效地配合風俗門類的凡例運用，積極為方值鼎革之際的臺灣，形
塑出聖王德化／昇平和樂的景象，俾與傳統中國社會共享一統帝國一視同
仁的待遇。類此一貫的意向，在王必昌等《重修臺灣縣志》卷十二〈風土〉
的敘論中也表露無遺，其指出臺灣「雖五方萃處，侈靡相尚，而士敦詩禮、
民勤耕鑿，沐聖朝之教養垂七十年，莫不蒸蒸然向化，共協於蕩平」。[72]同
樣的，王瑛曾等《重修鳳山縣志》卷三〈風土〉中強調臺灣在鄭氏統治時
期所形成的不良風氣，一經「聖人御宇，轉移風化，壹之乎中和，範圍不
過、曲成不遺，將使蹋地歌呼之眾，並習衣冠」。[73]直到光緒二十年沈茂蔭
等《苗栗縣志》卷七〈風俗考〉開宗明義述說「苗地係由新竹畫分，人文
蔚起數十年、農商安業百餘載，則風俗既蒸蒸日上矣。但大醇不無小疵，
是在父母斯民者或沿而襲之、或移而易之也」。[74]沈茂蔭等人認為地方官員
應該善盡教化的職責，以改良當時苗栗地區的風俗，貫徹大清帝國政通人
和、長治久安的價值理念。他們的主張，不外是基於風俗升降、與政推移
的體會。

「風俗者，治之跡也」，[75]通觀清代臺灣方志風俗門類的論述中涉及
風俗升降／與政推移的詮釋架構，除了具備其彰顯聖朝聲教無遠弗屆的
用意，也是替大清帝國的有效統治進行意識形態的鋪路工作，反映菁英

---

71 范咸等，《重修臺灣府志》，卷 13，頁 397。
72 王必昌等，《重修臺灣縣志》，卷 12，頁 395。
73 王瑛曾等，《重修鳳山縣志》，卷 3，頁 45。
74 沈茂蔭等，《苗栗縣志》，卷 7，頁 113。
75 陳淑均等，《噶瑪蘭廳志》，卷 5 上，〈風俗上〉，頁 187。

社群對於民俗文化的一種期望或想像。然而，實現理想終須面對現實，清代時期臺灣的社會背景，難免使得修志官紳遭遇理想與現實互有落差的窘境。於是他們訴諸原漢分野／習俗美惡的價值判斷，來加以正本清源的規範。

（二）原漢分野／習俗美惡的價值判斷

官修志書代表統治者的立場，因應主政者的需要，富涵大一統的政治意識與儒家傳統的禮教倫理。「上有所好，下必甚焉」，這套神聖化的價值觀念，也內化為修志官紳的選擇標準，轉化成他們形塑風俗表象的預設判斷。從認識論或文化學的角度，人們習慣以既有的文化環境所形成的概念架構，有條件地過濾外在世界的各種訊息，在認知的過程中提出合乎自我要求或一般認同的詮釋，排拒或批判與自身價值系統相容度不高的存在和觀念。[76]清代臺灣方志風俗門類善惡並書、瑕瑜互見的論述筆法，配合上「間以己意論列」的書寫方式，[77]使得原漢分野、習俗美惡的價值判斷，浮現在字裡行間或隱藏於文字背後。此種現象的產生，主要緣起於漢文化中心思想的自尊，[78]加上統治階層權力意識的制約，以至於在論述臺地風俗的過程中，有意或無意之間流露出王化／化外或文明／野蠻的差別歧視，主要表現在以下的兩個層面：

一、主政者以儒學禮教、國家統治作為權威性的衡量尺度，辨別臺地漢移民風俗與原住民習尚的優劣美惡。

二、掌控知識詮釋權的漢族群透過文化本位的有色眼鏡，審視「非我族類」之原住民的習俗風尚。

在此種思維架構之下，只要是合乎修志官紳的倫理價值觀或天下國家觀的內涵，便推崇為「善風美俗」；凡被認為其有悖儒學價值、違背

---

[76] Thomas S. Kuhn, *The Structure of Scientific Revolutions*, 2nd and enlarged ed.（Chicago: The University of Chicago Press, 1970）, pp. 23-34, 111-135.

[77] 陳夢林等，《諸羅縣志》，卷 8，頁 137。

[78] 有關漢文化中心思想影響族群關係史的建構，可參見詹素娟，〈族群研究的「常」與「變」——以平埔研究為中心〉，《新史學》，6 卷 4 期，1995 年 12 月，頁 127-163。

礼教規範甚至威脅社會治安、困擾民生經濟的部分，即判定為「陋俗惡習」。茲將清代臺灣方志風俗門類的相關論述，擇要整理如表 2 所列，俾求一目了然。

表 2：清代臺灣方志風俗門類中有關原漢習俗美惡的描述

項目　書名	善　風　美　俗		陋　俗　惡　習	
	漢人部分	土番部分	漢人部分	土番部分
臺灣府志（蔣志）	親柩無久停，婢女無永錮	重少長賓主之義	賭博盜竊，結交營棍，扛幫詞訟，嵌制官長。佞佛諂鬼，倫常漸乖	男女雜處，赤身裸體，相對飲食，略不羞避。殺人取頭
臺灣府志（高志）	士知孝弟，民皆力田。俗尚勉學，各安其業。柩無久停。舟車所至，聲教所敷	漸沐詩書禮義之教	侈靡成風，厭常喜新。信鬼神、惑浮屠、好戲劇、競賭博	無伯叔甥舅，無祖先祭祀。男女裸體對坐，淫慾之事。嗜殺好酒
諸羅縣志	兄弟同居，或至數世。柩無久停，婢無永錮。鄉里詬誶，片言解紛。互通有無，緩急相濟。巾幗之流，白首完貞。疾病相扶，死喪相助	憫窮敬長。漸習詩書，漸知禮法。雖富無婢妾、僮僕。不為盜竊穿窬	不務正業，作奸犯科。傷倫理、助拳勇、尚結盟、長告訐。衣飾侈僭，婚姻論財。豪飲賭蕩，輕生圖賴。信巫觀劇。風水之惑	淫慾嗜酒，愚悍少慮。恣殺亡匿。文身跣足，男女裸體。隨地錯雜，未盡倫次。無祭祀儀，不識祖先。妖幻咒術
重修臺灣府志（周志）	士知孝弟，民皆力田。俗尚勉學，各安其業。柩無久停。舟車所至，聲教所敷	漸沐詩書禮義之教	侈靡成風，厭常喜新。信鬼神、惑浮屠、好戲劇、競賭博	無伯叔甥舅，無祖先祭祀。男女裸體對坐，淫慾之事。嗜殺好酒
鳳山縣志	農無遺力，相通有無。巾幗之流從容就義，白首完貞		服飾僭侈，婚姻論財。嗜酒樂賭。子不擇師，婦入僧寺。好觀劇、親異姓。輕生健訟	無伯叔甥舅之親，無祖先祭祀之禮。性好殺，取人頭，多聚骷髏以示勇
臺灣縣志	風醇俗雅。柩無久停。多習詩書。商賈百工各事其業，游手無賴之徒寡。男女不為奴婢		華奢相尚。葬俗非禮。賭風盛行。買女為妻，購男為子。演戲鄉間。婦飾華麗，豔粧市行。訟師為害。婦人入寺燒香，老尼養女為徒	

重修福建臺灣府志（劉志）	柩無久停，婢無永錮。家絃戶誦，涵濡化成。商賈百工，各事其業。不為奴婢。風俗樸實	雖富無婢妾僮僕。不為竊盜穿窬。習詩書，重禮讓，知廉恥，識尊卑	崇奢尚侈，華靡相耀。好事輕生，健訟樂鬥。賭博盜竊，淫酗累作。尚巫信鬼	好勇喜鬥，恣殺尚力。坐無倫次，隨地雜錯。男女同川而浴
重修臺灣府志（范志）	視疏若親，疾苦相恤。風俗樸實，互濟緩急。柩無久停。不為奴婢	漸習衣冠詩書	俗尚華侈，婚姻論財。好事輕生，健訟樂鬥。喪事悖禮。尚巫信鬼	喜酒好殺，各矜豪勇。無冠履衣服之儀，無婚嫁喪葬之禮
重修臺灣縣志	士敦詩禮，民勤耕作。視疏若親，疾苦相恤，民雖貧不為奴婢。居喪哭奠，柩無久停。商賈百工各事其業，游手無賴之徒寡	誦詩讀書，習經課藝。卑幼尊長，同輩相遜，有禮讓風。知勤稼穡。同井相助，以防奸宄	習尚華侈，宴必豐珍。喪事悖禮。婦人飾豔，結伴燒香。演劇靡費。尚巫信鬼。賭博盛行，長幼多習，負窮者或流於竊匪	男女嗜酒，雜坐歡呼
重修鳳山縣志	冠、婚、喪、祭禮節貴儉。疾病相扶，死喪相助。男女不為奴婢	敬長扶老	信巫、奢侈、賭博、盜竊	爭雄好殺
續修臺灣府志（余志）	視疏若親，疾苦相恤。風俗樸實，互濟緩急。柩無久停。不為奴婢	漸習衣冠詩書	俗尚華侈，婚姻論財。好事輕生，健訟樂鬥。喪事悖禮。尚巫信鬼	喜酒好殺，各矜豪勇。無冠履衣服之儀，無婚嫁喪葬之禮
續修臺灣縣志	視疏若親，周恤窮苦。民雖貧不為奴婢		俗信巫鬼。輕生喜鬥。聚黨。習尚華侈，恒以為奢。宴必豐珍，相互角勝。鴉片、賭局充斥	
彰化縣志	柩無久停。敬業樂群，敦詩好禮，安貧樂道。民無惰農，耕作勤勞	憫窮恤疾，尊長敬老。漸習詩書，漸知禮法。雖富無婢妾、僮僕。不為盜竊穿窬	喪事繁瑣。蜾蛉承祀，背理傷倫。衣飾僭侈，宴客競豐。尚巫信鬼，建醮演戲。賭博	嗜酒恣殺，殺人取首。文身跣足，裸露軀體。妖幻咒術
噶瑪蘭廳志	愛習名器，敬惜字紙。男不為奴，女不為婢。婦女出門，荊釵裙布。物無滯積，人無棄才。士商樂業，相懷信義	不為盜竊穿窬，雖富無婢妾、僮僕	俗尚巫。游手無賴，閒散街衢	尚武勇，不知書，好酒嗜殺
淡水廳志	人文蔚起，敬惜字紙。貧不為婢。俗尚儉樸，愛惜物力		游手無賴，閒散街衢。崇奢重華，信鬼尚巫。符咒傷人，幻術恣淫	嗜酒恣殺

澎湖廳志	文風興盛，禮敬士紳。民勤尚儉，夜不閉戶，人鮮作奸犯科，節婦相望不絕		積貨居奇，奸商哄價。婚姻論聘，奸媒攬買。風水之俗，停棺不葬。信巫尚鬼，建醮演戲。持齋奉佛，男女雜處	
苗栗縣志	人文輩起。敬惜字紙。愛惜物力		游手無賴，閒散街衢。搬演雜劇，信鬼尚巫。男女雜居菜堂	恣殺殊悍
恒春縣志	勤勞克儉，性情敦篤		不事詩書，徒知畚挶	袒裸成群，不知恥辱

＊資料來源：據清代臺灣各志書門目內容。

　　表2的概略條目所顯示的善風美俗，舉凡閩粵移民尊師孝悌、慎終追遠的德性，安居樂業與婦女守貞的操守，以及守望相助、貧困相扶的善行，皆符合儒學傳統所講究的忠孝節義、三綱倫常與仁心慈善等道德規範，因此受到修志官紳的首肯。而其所讚揚的原住民漸習詩書、長幼有序與撫恤窮疾的善風美俗，多半夾帶著濡染漢化的解說前提或是循蹈華風的附帶條例，也就是依附於漢文化的論述脈絡才得以彰顯出來。

　　另一方面，不論臺地漢人崇奢重華的風氣、婦女拋頭露面的不雅、信鬼尚巫的習俗與輕生好鬥的作為，或者原住民裸袒成群、倫常乖違、淫慾嗜酒和恣殺兇殘的行徑，大皆與中國傳統男女有別的倫理觀、崇尚節儉的價值觀以及崇儒重道的禮教觀互相牴觸，「究非四民所宜尚」，[79]所以難見容於志書纂修者。值得注意的是，他們所鑑定的各種陋習惡俗，卻與清代臺灣移墾社會之「重商趨利」、「族群衝突」與「文教不興」的特色相一致。[80]當然，移墾社會的民俗特性與生活常態在某些中國官員的觀察中，或不免少見多怪。他們的論述內涵也反映了這樣的事實：認知主體（修志官紳）的驚異不解，與認知客體（臺地住民）的習以為常，顯示兩種不同社會背景或生活經驗的人們，在世界觀（Weltanschauung）上的分歧。[81]

79　林豪等，《澎湖廳志》，卷9，頁325。
80　蔡淵洯，〈清代臺灣的移墾社會〉，頁45-67。
81　這個環節牽涉到傳統中國菁英階層對於民俗文化的態度，其中的細部問題如賭風、葬俗、奴

　　風俗知識主要是為了解決現實的問題而成立，修志官紳呈現漢移民暨原住民之生活差異與習俗美惡的現象，審視其與中國傳統風俗並行不悖或背道而馳的同時，也具備有「移風易俗」及「化番為民」的實質用意。換句話說，他們不僅作消極性的批判，更要積極性的整治，試圖將臺灣這個遠隔重洋的海天孤島，營造成一遵循傳統華夏文化秩序的「美麗新世界」。

（三）移風易俗／化番為民的整治意圖

　　瞭解風俗係控制民情的起點，觀念的落實往往涉及權力的運作。[82]面對臺灣這個曾經失落於中華帝國統治之外的海天新世界，治臺官員深切體會到風俗教化、攸關國運的重要性，因此，移風易俗、化「番」為民的措施自然成為他們的施政目標。修志官紳陳述臺灣的風俗民情之餘，也大多強調端風正俗的必須性，嘗試透過體例的安排與內容的論述，提供治臺官員貫徹一體同風、國富民安的有效途徑，從意識形態的層面作為統治者教化移墾社會群眾的工具。如首任臺灣知府蔣毓英有感於清初臺灣「地瘠而民貧，民貧而俗陋，誠可悲也，亦可念也」，[83]在其主修的《臺灣府志》卷五〈風俗〉中試著提出因勢利導的改善辦法云：「若夫端風化正人心，導之以節儉，示之以防閑，重廉恥而敦禮讓，煥然成文物之邦者」。[84]分巡臺廈道高拱乾等纂輯《臺灣府志》卷七〈風土〉中批評臺地奢侈浮華、信巫尚鬼與競賭好戲等風氣積弊已深，「為世道人心之玷，所宜亟變者亦有之」。[85]漢移民與原住民的奇風異俗甚至所謂陋俗惡習的存在，也是替官方移風易俗的意圖提供一項合理化的立足點。如陳文達等《鳳山縣志》卷七〈風土志〉開宗明義論及：

　　婢、無賴、民間信仰、婦女形象、性別意識等等，皆值得深入探索。筆者限於章節主題，在此點到為止。相關的研究可參見李孝悌，〈十七世紀以來的士大夫與民眾——研究回顧〉，《新史學》，4 卷 4 期，1993 年 12 月，頁 97-139。

[82] 參考前引 Michel Foucault 之 *Power/Knowledge* 的論點。

[83] 蔣毓英等，《臺灣府志》，卷 5，頁 99。

[84] 蔣毓英等，《臺灣府志》，卷 5，頁 98。

[85] 高拱乾等，《臺灣府志》，卷 7，頁 187。

> 風之行也自上，俗之成也自下。然而五方之嗜好不同，四時之消長
> 亦異。惟劑於中和，使無惣伏之患；示以樽櫛，用追康阜之隆。……
> 於以徵一道同風之盛也，顧不休與！[86]

該志書更具體指出鳳山縣境漢人冠、婚、喪、祭縟節太繁且浮費過甚，此種奢侈成風的現象，亟待改進。[87]陳文達等人另於《臺灣縣志》卷一〈風俗〉中批判臺灣縣境內積重難返的奢靡習尚云：「邑固屬外海之區乎，而俗沿華奢，行未盡合禮。風之所宜亟變也，去華而存樸，去奢而遵儉，舍陋習而敦禮義，勿使流而愈下，趨而日蹙」。[88]他們認為正本清源的作法，在於「習之所宜亟變也，移風易俗之權，是在良有司加之意焉」，以維繫施政者與被統治者主從統屬的權力關係，共同創造出風俗澆淳的社會文化。[89]陳夢林等《諸羅縣志》卷八〈漢俗〉有感於縣境內「功利誇詐近於齊」、「強悍險急近於秦」的陋俗惡習，嘗試徵考歷史的教訓，提出其心目中興利除弊以謀長治久安的可行方針云：

> 班史所謂文翁倡其教、相如為之師者，雖未篤信道德，亦救時之急
> 務焉。若夫琴瑟不調，必起而更張之；遊食唆訟，頑凶之尤者，所
> 謂怙終不悛。子產相鄭、王猛治秦，其效可睹已。[90]

歷史包涵人類過去行為理性及非理性的成分，透過對於以往問題的理解，可以掌握當前某些社會流弊的癥結，進而在施政上發揮察古識今、鑑往知來的參考作用。陳夢林等人的用意，大抵若是。也因此，他們延續了傳統倉廩實而知禮義、衣食足而知榮辱的觀念，主張「今不講求衣食之源流、民間之積儲，使之知節而藏富；欲求風俗之醇，不可得也」。[91]由此可見，清代前期修志官紳在風俗門類的論述中，一貫強調移風易俗的刻不容緩，同時以此自任，滿懷教化群眾的熱忱。

---

[86] 陳文達等，《鳳山縣志》，卷7，頁79。
[87] 陳文達等，《鳳山縣志》，卷7，頁80。
[88] 陳文達等，《臺灣縣志》，卷1，頁233-234。
[89] 陳文達等，《臺灣縣志》，卷1，頁213-214。
[90] 陳夢林等，《諸羅縣志》，卷8，頁137。
[91] 陳夢林等，《諸羅縣志》，卷8，頁139。

直到清代後期，謝金鑾等修、薛錫熊增補《續修臺灣縣志》卷一〈風俗〉裡猶懲於臺灣縣境內習尚奢華、糾紛不斷且民亂迭起，於是揭櫫「一道德而同風俗」、「移風易俗，天下太平」的大纛，「謂其偏且弊者，必一道德以同之，有所轉移更易，而後太平可致也」。[92]《彰化縣志》纂修者周璽等人為求杜絕縣境奢華無度、衣冠僭侈的積習，於該書卷九〈風俗志〉序論中提出端正社會風氣的措施，其與陳夢林等人的見解可謂前呼後應：

> 論治必先觀風，故觀於鄉，而知王道之易易也。然必有教化，而後有人心；有人心，而後有風俗。人心風俗，相為表裏，而原於教化，則所以移風易俗者亟矣。……開草昧而啟文明者，惟賴君子之經綸耳。蓋敦俗在勸農桑，……使知習於勤，則民勞而善心生，……尚乎儉則費省而食用足，不致貧窮而為盜也。禮義廉恥興於富足，……由是風俗淳俗厚，而上理可幾也。[93]

引文中表達了，移風易俗有賴主政者對於傳統禮教的加意宣揚，鼓勵良風善俗的普及，為德治秩序的建立產生示範效用。林豪等《澎湖廳志》卷九〈風俗記總論〉中亦曾針對澎湖尚鬼信巫、恃眾暴寡、持齋惑世、搆筆陷民、搶掠失水商船、停葬惑於堪輿以及學者昧師弟之儀、農者憚耘鋤之力等積習陋俗，構思隨地施設、因利乘便的整治辦法。[94]如其以該地區自泉、廈傳入的七子班演劇曲本，「最長淫風，男婦聚觀，殊非雅道。是宜示禁，而准其演唱忠孝節義等事，使觀者觸目警心，可歌可泣，於風化不為無裨也」。[95]林豪等人的主張令我們聯想起，傳統中國官紳嘗試將其意識形態滲透到民間流行戲曲的內涵，利用通俗文化的傳播方式灌輸統治階層價值理念的慣常手法。[96]

前舉各志書風俗門類中種種指陳時弊、亟待針砭的論述，適足以反映

---

[92] 謝金鑾等，《續修臺灣縣志》，卷1，頁51。

[93] 周璽等，《彰化縣志》，卷9，頁279。

[94] 林豪等，《澎湖廳志》，卷9，頁328-329。

[95] 林豪等，《澎湖廳志》，卷9，頁326。

[96] 李孝悌，〈從中國傳統士庶文化的關係看二十世紀的新動向〉，《中央研究院近代史研究所集刊》，第19期，1990年6月，頁299-339。

長久以來臺灣社會各地「移風易俗」的成效未彰，不盡符合當時修志官紳所預期的理想境界。縱然如此，主事者既在其位，仍舊義無反顧、當仁不讓，呼籲地方官員相互配合，致力於從事以禮化俗的整治工作。

緣起於臺灣歷史文化的特殊性，移風易俗與「化番為民」的措施實為一體兩面，且往往同步進行。陳夢林等《諸羅縣志》卷八〈番俗〉中宣稱以儒學禮教轉易原住民習性的可能性：「有能宣上德意，因其所明、祛其所蔽，除化其獷悍難馴之氣，……而歸之於信義，亦無懷、葛天之世矣」，[97]表露其對於教化原住民要務的體認。其後，王瑛曾等《重修鳳山縣志》卷三〈番社風俗〉與周璽等《彰化縣志》卷九〈番俗〉序論裡一致附和《諸羅縣志》的主張。[98]此外，陳淑均等《噶瑪蘭廳志》卷五上〈風俗上〉敘論中明顯基於用夏變夷的理念，宣稱「今將馴獷鷙為善良，易狂獉以秩序」，期能道之以德、齊之以禮，上行下效、化及流風，造就「天時、水土、風氣漸移，鑿齒、雕題、衣冠並治」的社會風俗。[99]到了同治後期陳培桂等《淡水廳志》卷十一〈風俗考〉中鑒於「番俗雖編氓之外，而考其嗜欲習尚，俾我有所施化，尤不可得而略也」；是以其撰述風俗考的終極目標在於「化番為民」，「誘而馴之，罔不遵禮義之化也」，也就是改變北臺原住民社群固有的風俗習慣，將他們的思考模式與日常行為納入漢文化的價值規範之中。[100]

隨著一連串移風易俗、化番為民的倡導和實施，人為地助長臺灣各地風俗趨同於中國傳統禮教社會的文化形態。沈茂蔭等《苗栗縣志》卷七〈風俗考〉統覽光緒中期「民、番風俗，衣食器用與同治年間不甚相遠。惟頑梗之習日除、禮樂之風日振，則有加焉」。[101]這段論述，言簡意賅地說明了修志官紳所觀察到的，清代後期北臺原住民社會風俗變遷的結果。

綜上所述，風俗門類的論述取向反映了清代治臺官員或修志人員的認知中，臺灣移墾社會應然或實然的風俗現象。以福建士紳為主體的修志群

---

[97] 陳夢林等，《諸羅縣志》，卷8，頁154。

[98] 王瑛曾等，《重修鳳山縣志》，卷3，頁67；周璽等，《彰化縣志》，卷9，頁295。

[99] 陳淑均等，《噶瑪蘭廳志》，卷5上，頁187。

[100] 陳培桂等，《淡水廳志》，卷11，頁297，306-307。

[101] 沈茂蔭等，《苗栗縣志》，卷7，頁122。

基於官方有效統治的需要，[102]嘗試以傳統中國社會的風俗作為理想型的樣版，為僻處大清東南版圖的臺灣島域提供漢化的藍圖，進而塑造出其與中國大陸一體相連的社會形象，由此彰顯大一統帝國同風共俗的政治文化觀。論述的焦點所呈現的一般性，可簡示如表3。

表3：清代臺灣方志風俗門類的論述取向

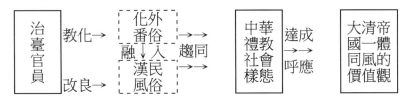

四、結論

修志官紳對於風俗門類的注重，形成清代臺灣各級方志一項顯著的傳統。自蔣毓英等《臺灣府志》以降，各志書大多專闢風俗門類，范咸等《重修臺灣府志》、余文儀等《續修臺灣府志》且專列煌煌四卷的篇章介紹漢移民與原住民的風俗，更有如陳夢林等《諸羅縣志》卷八風俗志佔全書最多篇幅的情形。[103]風俗門類的發凡起例以及漢、番或土、客習俗分述的綱目運用，猶為清末至日治初期某些官修志書與採訪冊所仿效。[104]光緒十四年（1888）正月臺灣正式建省後，[105]薛紹元等人於光緒十八年（1892）九月

---

102 鄭喜夫，〈清代福建人士與臺灣方志〉，《臺灣風物》，20卷2期，1970年5月，頁3-8。

103 陳正祥，《中國文化地理》（臺北：木鐸出版社，1984年），頁245-246。

104 倪贊元，《雲林縣采訪冊》（臺北：臺灣銀行，1959年），頁21-33；陳朝龍，《新竹縣採訪冊》（臺北：臺灣銀行，1962年），卷7，頁255；鄭鵬雲、曾逢辰，《新竹縣志初稿》（臺北：臺灣銀行，1959年），卷5，頁175-192；林百川、林學源，《樹杞林志》（臺北：臺灣銀行，1960年），頁96-105；蔡振豐，《苑裡志》（臺北：臺灣銀行，1959年），頁81-90。日治時期在近代西方學術的影響之下，導致傳統志書風俗門類演變成新式體例的情形，乃至其成立的理論基礎與論述取向的轉化，皆值得我們一探究竟。相關的研究，可參見王世慶，〈日據時期臺灣官撰地方史志的探討〉，《漢學研究》，3卷2期，1985年12月，頁317-348。

105 許雪姬，《滿大人最後的二十年——洋務運動與建省》（臺北：自立晚報社文化出版部，

擬纂《臺灣通志》所頒〈修志事宜〉第七條提到：

> 土客風俗，宜究其異同也。臺灣本無土著，生番即其土著。然自閩
> 之漳泉、粵之惠潮嘉自內地徙居，歷年已久，悉成土著。而臺地所
> 稱客莊者，乃指粵人所居而言，是閩又以粵為客矣。其土風不同，
> 俗尚互異；所有冠婚、喪祭、歲時、伏臘、剛柔、馴悍，均宜分別
> 采風，著之於冊。[106]

　　風俗門凡例類目的成立，實與清代官修臺灣各級方志的一脈傳承相始
終。即使光緒二十年（1894）屠繼善等修《恒春縣志》卷八〈風俗〉因「剋
期告成，勢不逮已」的緣故，援依宋代王十朋、明朝李寒支「分賦為志」
的前例，僅以〈游瑯嶠賦〉權充篇幅。主事者在自責之餘，猶不忘期待「後
之君子續志其備，將此作芟而去之，無穢全書，是為遠禱」。[107]《恒春縣志》
的例證，也反襯出纂修者審慎處理風俗門類的心態。

　　清代臺灣方志風俗門類的發凡起例與綱目架構，凸顯出傳統一貫的採
風陳俗／經世資治的理論基礎。「風俗之殊，與政教通」，[108]修志官紳為了
適應臺灣移墾社會「五方雜處」、「番漢混居」乃至於各地沿革不同、時異
勢殊的現實情況，因地制宜、與時推移的凡例原則，於是成了他們調整門
目、擇取俗尚的主要標準。此種難能可貴的優良傳統與撰述精神，素為後
世方志學者所稱譽，甚至加以發揚光大。[109]

　　十七世紀後期方被納歸清帝國版圖的臺灣除了臺南地區之外，漢移民
的聲勢仍遜於原住民的勢力。是以漢人視野所見，普遍拓墾未至、開化未
深或聲教未及，這時期臺灣方志風俗門類多半著重於「化外番俗」的掌握
和瞭解，間亦呈現漢人「篳路藍縷、以啟山林」的拓墾活動所形成的社會
現象。隨著清代後期修志官紳的認知中臺灣社會「內地化」、「儒漢化」傾

1993 年），頁 35-36，44-47。

[106] 引自盧德嘉，《鳳山縣采訪冊》（臺北：臺灣銀行，1960 年），〈采訪案由〉，頁 13。

[107] 屠繼善等，《恒春縣志》（臺北：臺灣銀行，1960 年），卷 8，頁 137。

[108] 林豪等，《澎湖廳志》，卷 9，〈風俗記總論〉，頁 328。

[109] 尹章義，〈地方志修纂的理論與實務——以新莊志、新店志、泰山志、五股志為例所作的
說明〉，收於《中國現代史專題研究報告》第 18 輯（臺北：中華民國史料研究中心，1996
年），頁 140-205。

向的明朗化，志書風俗門類裡「漸與中土同」或「與內地無異」的漢俗比
重日趨提昇。另一方面，清代臺灣「內地化」與「土著化」之交互滋長與
雙向發展的趨勢，[110]衍生從移墾社會轉化為定居社會的風俗特質，其中與
修志官紳的儒學價值觀相互牴觸的部分，即浮現出種種「陋習惡俗」的刻
板印象，成為風俗門類的論述中強烈抨擊的對象。

　　整體而言，修志官紳的資治宗旨與才學識見，直接影響各志書凡例門
目的安排與內容論述的重點。風俗門類的外部格式與內在意涵，實際呼應
了經世致用的理論基礎，並且傳達了移風易俗的教化意念，由此貫徹官方
整治臺風、化民成俗的初衷，落實大清帝國有效統治的措施，最終達成如
陳夢林等《諸羅縣志》所謂「天下車書一統，國不異政、家不殊俗」的理
想。[111]西哲有云「知識就是權力（Knowldge is Power）」、「權力製造真理
（Might makes Right）」，所謂的真理的形塑又往往操控著行為的實踐。風俗
門類的觀念系統在實踐的過程中，大體延續了傳統中國上層菁英文化整治
下層通俗文化的遺緒，涵括了主政當權者將「異己」轉化成「我群」的意
圖。[112]

　　如果我們從內地化／在地化之一體兩面的論點作為反思的起點，那麼
清代臺灣方志風俗門類的理論基礎與論述取向，或有助於我們掌握在官方
意向的主導與國家權力的推行之下，清代臺灣社會從所謂的「化外邊陲」
到區域內地化或在地化的演變軌跡與呈現風貌。有鑑於此，當我們運用方
志的風俗資料建構清代臺灣社會現實與文化發展的時候，有必要自覺地反
省官方視鏡的色度和預設立場的角度，以過濾出受到漢文化主體有色眼鏡
所透視過的訊息，試著把視角轉移成論述客體的本位觀點，將跨文化的知
識追逐回歸到設身處地的基礎之上，來重組過去的社會概況並重構消逝的

---

[110] 陳其南，〈土著化與內地化：論清代臺灣漢人社會的發展模式〉，收於中國海洋發展史論
　　文集編輯委員會主編，《中國海洋發展史論文集》（臺北：中央研究院中山人文社會科學
　　研究所，1984 年），頁 335-366；陳孔立，《清代臺灣移民社會研究》（廈門：廈門大學出
　　版社，1990 年），頁 31-59。

[111] 陳夢林，《諸羅縣志》，卷8，〈漢俗〉，頁 135。

[112] 李孝悌，〈十七世紀以來的士大夫與民眾——研究回顧〉，頁 97-139。

族群關係。[113]

　　近來臺灣地區的方志編纂與學界的方志研究蔚為風潮，粲然可觀；有關方志體例比較與方志資料運用的討論方面，亦是成果斐然。[114]然而，針對地方志書風俗門類甚至於其他門類的專題研究，則略呈不足。本文秉持拋磚引玉的寫作目的，從方志學理的角度切入，將「風俗（風土）志」單獨視為清代臺灣方志中跨越時空而系統分明的知識範疇，在探究其理論基礎及論述取向的過程中，提供一種認知這項知識體系的權力運作和社會現實交互影響的可能，亦嘗試建構出一套以特定時區的方志門類作為考察單元的研究模式。

本文原刊登於《中國歷史學會史學集刊》，第 32 期，2000 年 7 月，頁 119-154。今據已刊稿修訂而成。

---

[113] 關於這項方法論的反省或人類學的借鏡，參見王明珂，〈民族史的邊緣研究：一個史學與人類學的中介點〉，《新史學》，4 卷 2 期，1993 年 6 月，頁 95-120；詹素娟，〈族群研究的「常」與「變」——以平埔研究為中心〉，頁 127-163；程俊南，〈清代臺灣方志在社會人類學的材料——以《臺灣府志》與《諸羅縣志》有關 1717 年以前的平埔族風俗紀錄為例〉，《臺灣風物》，49 卷 2 期，1999 年 6 月，頁 65-88。

[114] 相關的學術研究成果，可參見許雪姬、林玉茹主編，《五十年來臺灣方志成果評估與未來發展學術研討會論文集》（臺北：中央研究院臺灣史研究所籌備處，1999 年）；國立中興大學歷史學系主編，《海峽兩岸地方史志地方博物館學術研討會論文集》（南投：臺灣省文獻委員會，1999 年）；國史館臺灣文獻館編輯組編輯，《方志學理論與戰後方志纂修實務國際學術研討會論文集》（南投：國史館臺灣文獻館，2008 年）。

大臺北地方學研究的回顧與展望（1990-2013）——以地方志書與學位論文為中心

一、前言

　　19 世紀後期，由於茶葉與樟腦貿易的興起，使得北臺貿易總額超越臺灣南部，在經濟地位提升的同時，也帶動了全臺政治中心的北移。臺北於是取代臺南，從原先的邊陲走向中央，成為臺灣的首善之區。[1]自 20 世紀迄今，大臺北地區（包括今臺北市與新北市）依然維持著全臺政治、經貿及文化上的優勢地位，擁有相當豐富的中央及地方資源。

　　大臺北地區在近代臺灣史上的發展過程極為耀眼，自然為統治者透過文獻資料以掌握經緯暨宣揚治績的首要對象；與此同時，也吸引不少學術研究者或文史工作者的目光。經過長時期的累積之下，逐漸造就出豐碩的地方學研究成績。從 20 世紀前期的《臺北廳志》（1903、1919）、《臺北市十年誌》（1930）、《臺北市史：昭和六年》（1931）、《臺北市政二十年史》（1940）、《中和庄誌》（1932）、《板橋街誌》（1933）、《鶯歌鄉土誌》（1934）、《三峽庄誌》（1934）、《金山萬里誌》（1936）、《樹林鄉土誌》（1938）等專書發軔，[2]加上歷年度《臺北州要覽》、《新莊郡郡勢要覽》（1924）、《七星郡勢一覽》（1927、1928、1929）、《文山郡管內要覽》（1927、1931）、《海山郡（管內）要覽》（1929、1933、1938）、《我等の海山》（1934）、《文山郡勢一覽》（1930）、《淡水郡管內要覽》（1930）、《淡水郡勢要覽》（1934）、《基隆郡勢要覽》（1933、1934）以及各街庄

---

[1] 林滿紅，《茶、糖、樟腦業與臺灣之社會經濟變遷（1860-1895）》（臺北：聯經出版公司，1997 年），頁 180-188。

[2] 關於日本殖民統治時期臺灣方志的編纂成果，參見王世慶，〈日據時期臺灣官撰地方史志的探討〉，《漢學研究》，3 卷 2 期，1985 年 12 月，頁 317-348；尹章義，〈臺灣地方志的數量、品質與方志學的發展——《臺灣地方志總目錄》試析〉，收於國史館臺灣文獻館編輯組編，《方志學理論與戰後方志纂修實務國際學術研討會論文集》（南投：國史館臺灣文獻館，2008 年），頁 29-33，45-51。

要覽的刊行，[3]初步開啟了大臺北地區地方學研究的視窗。

　　戰後時期，經由臺北市文獻委員會、臺北縣文獻委員會首開風氣，以及後來縣市政府文化單位的共同努力之下，透過《臺北文物》、《臺北文獻》、《臺北縣文獻叢輯》、《臺北縣立文化中心季刊》、《北縣文化》、《新北市文化》等期刊的陸續發行，《臺北市志》、《臺北縣志》、《續修臺北市志》、《續修臺北縣志》等地方志書的編纂與續修，加上各類鄉土叢書的出版，促使臺北研究的學術風氣歷久不衰。[4]

　　到了 1980 年代後期以來，伴隨著民主化的浪潮激起本土化意識的高漲，臺灣史研究亦從原先的「險學」轉變成當前的「顯學」，鄉土探索的意義、區域研究的價值與「地方學」的概念，獲得臺灣史學界與相關學門研究者的關注。再者，鄉土教學的推展與近年來「大眾史學」的倡導，強調以自己成長的土地或居住的環境作為認識的基點，擺脫過往大中國思維或大歷史觀念的鄉土史、社區史及村庄史寫作，也逐漸獲得人們的重視。[5]緊接於「宜蘭學」、「南瀛學」、「高雄學」、「彰化學」、「澎湖學」在地方學的研究範疇中漸成氣候之後，[6]「臺北學」的概念也嶄

3 如《中和庄勢一覽》（1929）、《鷺洲庄要覽》（1931、1932、1936）、《鷺洲庄庄勢一覽》（1932）、《新莊街要覽》（1933）、《臺北州海山郡土城庄庄勢一覽》（1933）、《（新店庄）管內概況》（1933）、《三芝庄要覽》（1933）、《內湖庄庄勢一覽》（1933）、《雙溪庄要覽》（1933、1936）、《北投庄勢要覽》（1934）、《士林街要覽》（1934）、《海山郡板橋街勢一覽》（1935）、《三峽庄勢一覽》（1935）、《鶯歌庄概觀》（1935）、《八里庄勢一覽》（1936）、《臺北州基隆郡貢寮庄勢要覽》（1936）、《基隆郡平溪庄要覽》（1937）、《五股庄勢一覽》（1937）、《臺北州淡水郡三芝庄勢一覽》（1937）、《基隆郡金山庄勢一覽》（1937、1939）等。

4 關於臺北市文獻委員會成立迄今 60 餘年的發展歷程與業務成果，參見黃淑清，〈臺北市文獻委員會沿革暨臺灣文獻庋藏簡介〉，《臺北史料研究》，第 2 期，1993 年 8 月，頁 165-173；邱榮裕、江長青，《臺北市文獻委員會五十週年紀念專輯》（臺北：臺北市文獻委員會，2003 年）；江長青，〈存文徵獻‧活力耕耘──近 10 年來的臺北市文獻委員會〉，《臺北文獻》，直字第 180 期，2012 年 6 月，頁 35-99；尹章義，〈積久功深自有得──六十年來的《臺北文獻》沿革、解析與評價〉，《臺北文獻》，直字第 182 期，2012 年 12 月，頁 45-82。

5 周樑楷，〈大眾史學：人人都是史家〉，《當代》，第 206 期，2004 年 10 月，頁 72-85；周樑楷，〈認識你自己──大家來寫村史與歷史意識的自覺〉，《當代》，第 211 期，2005 年 3 月，頁 52-61；楊翠，〈說地方的故事──彰化村史的書寫意義〉，收於國史館臺灣文獻館編輯組編，《方志學理論與戰後方志纂修實務國際學術研討會論文集》，頁 385-408。

6 相關的研究回顧，可參見中央研究院臺灣史研究所、林本源中華文化教育基金會主辦，《20

露出端倪。政府學術文化機關、公私立大專院校與地方文史工作團體相
關的出版品不斷問世，以「臺北學」為名的國際學術研討會與各類藝文
活動亦是接連舉辦，古蹟調查與方志纂修亦是蔚成風氣。此外，以淡江
大學歷史學系為主要推手的「淡水學」，由北投文教基金會等單位與地
方文史工作者所推動的「北投學」，也為大臺北地區地方學的學術文化
園地，共同譜出了一曲難能可貴的「臺北交響樂」，立下了承先啟後的
基礎與典型。[7]

　　有鑑於近二十年來關於大臺北地區的相關出版品（學位論文、期刊論
文、書籍、影像紀錄等）琳瑯滿目，涉及地方學領域的具體成果亦是汗牛
充棟，本文試圖先以 1990 至 2013 年間的地方志書與學位論文為中心，分
析這段時期大臺北地區（基隆不計）地方學研究的具體成果及其演進趨
勢。至於從地方學研究的主體與主軸（包括臺北學、淡水學、北投學等）
出發，考察政府公部門、學校單位、研究機構以及民間文史工作者的參與、
付出與耕耘，進而勾勒其基本輪廓與發展脈絡，可請參考林呈蓉教授與筆
者合著的〈大臺北地區地方學研究再探（1990-2013）〉。[8]本文在各類論著

年來臺灣區域史的研究回顧學術研討會暨 2013 年林本源基金會年會會議資料》（臺北，2013
年 9 月）。另參見許雪姬，〈澎湖歷史相關研究的回顧與展望（2001-2010）〉，澎湖生活
博物館、澎湖縣政府文化局主辦，「澎湖研究第十屆學術研討會」論文（馬公，2010 年 11
月），頁 1-23。

[7] 廣義而言，大臺北地區地方學的範疇包括雙北市與基隆市在內，如果暫且撇開「基隆學」不
論，在目前針對大臺北地區的研究領域中，已然發展出「臺北學」以及「淡水學」、「北
投學」等三大主軸。實際上，在大臺北地區地方學的發展脈絡中，「淡水學」、「北投學」
名號的具體化，並不晚於「臺北學」的出現，此與當地學者專家、政府單位及文史工作者
的積極投入，有相當密切的關係。關於「淡水學」的耕耘，可參見張建隆，〈淡水史研究
初探〉，《漢學研究通訊》，19 卷 2 期，2000 年 5 月，頁 178-187；林呈蓉，〈從「淡水
學」到「臺灣學」——兼談地方學研究之意義〉，《臺灣史學雜誌》，第 13 期，2012 年
12 月，頁 3-12。關於「北投學」的耕耘，可參見戴寶村，〈研究北投與北投研究：北投研
究的回顧與展望〉，收於洪德仁總編輯，《北投社區、文化、生態論文專輯》（臺北：財
團法人臺北市北投文化基金會，2002 年），頁 249-255。近幾年來，伴隨著社區文化意識的
抬頭與大眾史學觀念的傳播，「艋舺學」、「新莊學」、「板橋學」、「海山學」、「三
鶯學」、「新店學」也逐漸打出名號且凝聚成型，大有不讓「臺北三學」（臺北、淡水、
北投）專美於前之勢，其未來發展亦是指日可期。這一曲「臺北交響樂」，益發顯得氣勢
磅礴。

[8] 《臺灣史學雜誌》，第 21 期，2016 年 12 月，頁 87-131。

的搜集取樣方面，儘量以具有學術格式且偏重於地域性與人文社會性的著述為分析對象，至於自然科學或工藝技術之類的論著，暫不列入討論。

二、大臺北地方學成果分析：地方志書

方志通常被譽為地方的「百科全書」，由學者專家或文史工作者接受地方政府單位的委託，搜集鄉土資料、建構地方史實所完成的結晶，傳載著特定區域政治、經濟、社會、文化發展的軌跡與風貌，不啻鄉土研究的資料寶庫，在區域研究上深具代表性，[9]足可作為我們觀察大臺北地區地方學成果的重要憑藉。

近二十年來，大臺北地區地方志書的編纂成就，包括縣市志、鄉鎮市區志、村庄志等部分。茲以縣市志、鄉鎮市區志為中心，各立一節說明如下。

一、縣市志

（一）《續修臺北縣志》的纂修

臺北縣文獻委員會成立於 1952 年 7 月，專責《臺北縣志》的纂修，由盛清沂擔任總編纂，全志於 1960 年刊行，共 29 冊，除卷首凡例綱目外，分列大事、疆域、地理、史前、開闢、氏族、民俗、人口、行政、自治、社會、土地、財政、警察、軍事、衛生、水利、農業、林業、水產、礦業、工業、商業、交通、教育、文藝、人物等 27 志，與臺南縣文獻委員會吳新榮等人編纂的《臺南縣志》（1957-1960）同被譽為當代臺灣的「模範志書」。[10]

《臺北縣志》問世三十餘年後，縣政府於 1996 年 10 月展開《續修臺北縣志》的編纂事宜，以記錄 1945 年至 2010 年代臺北縣政治、經濟、社會與文化的發展與變遷。全志委由國立中央大學歷史研究所、臺北大

---

[9] 尹章義，〈清修臺灣方志與近卅年所修臺灣方志之比較研究〉，收於氏著，《臺灣開發史研究》（臺北：聯經出版公司，1989 年），頁 477-481。

[10] 尹章義，〈清修臺灣方志與近卅年所修臺灣方志之比較研究〉，頁 521-522。

學歷史學系張勝彥教授擔任總編纂，計分大事記、土地志、住民志、政事志、社會志、經濟志、選舉志、文教志、藝文志、人物志共 10 卷，另有卷首與卷尾各 1 卷，各志下分篇，邀集專業領域的學者專家合力撰述（《續修臺北縣志·卷首》）。自 2002 年 10 月《文教志》附梓之後，截至 2013 年底，各卷陸續定稿刊行（參見表 1）。全志包羅萬象，提供鄉土認識的媒介與縣務行政的指南，蔚為近二十年來臺北縣地方志書編纂的一大盛事。

表 1：《續修臺北縣志》修纂概況

卷　名	分　篇　名　稱	編　纂	撰　稿	年度
卷首		張勝彥	張勝彥	2010
卷一大事記		戴寶村	高志彬	2013
卷二土地志	（一）地理 （二）氣候	洪敏麟	陳國川	2005
	（三）動物	洪敏麟	李培芬	2006
	（四）植物	洪敏麟	王震哲	2006
	（五）礦物 （六）災害	洪敏麟	陳慈玉 張勝彥	2006
	（七）勝蹟	洪敏麟	周宗賢、李乾朗	2005
卷三住民志	（一）人口	莊英章	溫振華	2005
	（二）語言	莊英章	洪惟仁、黃美金	2009
	（三）宗教	莊英章	蔡錦堂、陳茂泰	2005
	（四）禮俗	莊英章	謝宗榮、李秀娥 陳茂泰	2006
卷四政事志	（一）行政	張勝彥	黃秀政	2005
	（二）自治 （三）地政	張炎憲 張勝彥	張勝彥 朱柏松	2008
	（四）財稅	張勝彥	白裕莊	2005
	（五）役政 （六）戶政 （七）警政	張炎憲	張勝彥 陳純瑩	2005
	（八）司法 （九）衛生暨環保	張勝彥	王泰升 陳秋蓉 周良輝	2007
	（十）建設（上）	戴寶村	黃蘭翔	2009
	（十）建設（下）	戴寶村	黃蘭翔	2009
卷五社會志	（一）社會行政 （二）社會福祉	賴澤涵	謝秀芬 莊尚武	2006
	（三）合作事業	吳文星	熊紹任	2010
	（四）社會團體 （五）休閒娛樂	吳文星	鄭梅淑 呂紹理	2007

	（六）社會變遷 （七）政治社會運動	賴澤涵 吳文星	蔡明哲 李明政 戴寶村	2007
卷六經濟志	（一）農業 （二）林業 （三）水產	戴寶村 陳慈玉	陳慈玉 張靜宜 劉嘉煉	2007
	（四）礦業 （五）工業 （六）商業	戴寶村 陳慈玉	陳慈玉 洪德俊 張美孋	2007
	（七）金融 （八）交通	陳慈玉 戴寶村	白裕莊 張明宗	2007
卷七選舉志	（一）鄉鎮縣轄市民代表之選舉 （二）縣議員之選舉	黃秀政	戴寶村 張勝彥	2006
	（三）省議員之選舉 （四）中央民意代表之選舉	王啟宗	鄭梓 吳文星、吳明勇	2006
	（五）村里長之選舉	黃秀政	戴寶村	2006
	（六）鄉鎮縣轄市長之選舉 （七）縣長暨省長之選舉	黃秀政	張勝彥 鄭梓	2006
卷八文教志		王世慶	王啟宗、趙祐志	2002
卷九藝文志	（一）戲劇	洪惟助	邱坤良	2009
	（二）美術工藝（上）	顏娟英	林育淳	2009
	（二）美術工藝（下）	顏娟英	李乾朗	2008
	（三）文學（上）	洪惟助	許俊雅	2008
	（三）文學（下）	洪惟助	許俊雅、洪惟仁	2008
	（四）音樂 （五）舞蹈	曾瀚霈 洪惟助	吳榮順、溫秋菊 江玉玲、蔡麗華	2010

（二）《續修臺北市志》的纂修

在 1990 年代之前，臺北市文獻委員會已陸續編刊《臺北市志稿》（黃得時等纂，1957-1970）、《臺北市志（省轄市）》（王國璠總編纂，1962-1984）、《臺北市志（直轄市）》（曾迺碩總編纂，1987-1991）等志書。[11]另有《臺北市發展史》（陳三井總纂，1981-1983）一書，共 4 冊，分列疆域與沿革、自然環境、一般行政、史前文化、開闢、氏族、戶口、軍事、保安、外交、財務行政、教育、司法、地方自治、都市發展與計畫、合作事業、衛生、交通、社會行政、地政、觀光事業、水利、農林

---

[11] 邱榮裕、江長青，《臺北市文獻委員會五十週年紀念專輯》，頁 203-237。

漁業、工業發展、風俗禮儀、宗教、學術、人物等 28 章。全書集結了當時歷史、考古、地理、政治、社會、人類學各領域專家學者的研究成果，內容包羅萬象，成為 1980 年代迄今極具代表性的臺北學通史類專著。[12]

　　文獻會自 2001 年 5 月起，開始著手規劃市志續修事宜，以記錄 1980 年代以後臺北市政治、經濟、社會與文化的發展與變遷，於 2003 年將續修凡例、綱目與續修作業計畫轉呈臺北市政府核備，據以展開修志作業。原定自 2005 年起編列預算，於 5 年內纂修完成。其間幾經波折，致修志事業一度中輟。至 2010 年起，委由前國立中興大學歷史學系教授黃秀政先生擔任《續修臺北市志》總纂。[13]

　　此次續修市志記載史事的時間斷限，自 1982 年元月起，迄 2011 年 12 月底止。在體例上，參酌古書體裁與當今科學分類法則，兼顧地方特殊情形加以規劃。全志除卷首、卷尾與卷一大事紀之外，計分土地、政事、經濟、交通、社會、教育、文化、人物共 8 志，志各 1 卷，共 11 卷 31 篇（參見表 2）。在撰述取向上，採取「區域研究」的學術論文型態，兼顧時代變遷與發展現況的內容呈現，如增列「政黨與社團」、「科技園區」、「捷運」、「觀光旅遊」、「族群與婦女」等篇，為前志所罕有，以反映近三十年來臺北市在政治、經濟、社會方面的急遽變化。[14]

表 2：《續修臺北市志》纂修概況

分志名稱	主持人	分篇名稱	撰稿人
土地志	周國屏	自然環境	劉明揚、楊貴三

---

[12] 此外，臺北市政府於 1988 年 3 月編刊的《臺北市改制二十年》，計列概述、人口結構（含行政區域）、自治建設、行政建設、經濟建設、工務建設、社會建設、文教建設、展望等 8 篇，共 30 章。由於全書屬臺北市升格改制紀念專輯之性質，整體內容較偏重於施政績效與相關規劃的陳述。

[13] 卞鳳奎，〈續修臺北市志纂修作業之探討〉，收於國史館臺灣文獻館編輯組，《方志學理論與戰後方志纂修實務國際學術研討會論文集》，頁 167-184；江長青，〈存文徵獻‧活力耕耘——近 10 年來的臺北市文獻委員會〉，頁 37。

[14] 黃秀政，〈《續修臺北市志》纂修計畫〉，《臺北文獻《續修臺北市志》纂修專輯》，2012 年 3 月，頁 5-11。

		城市發展	羅啟宏、林志重
		名勝與古蹟	周國屏
政事志	薛化元	自治與選舉	陳鴻圖
		戶政警消與役政	何思眯
		地政與都市計畫	陳進金
		衛生與環保	李明仁
		政黨與社團	江志宏
經濟志	吳學明	農業與工業	李力庸
		商業與金融	鄭政誠
		財稅與主計	趙黃任
		科技園區	吳學明
交通志	徐榮崇	鐵公路與航運	王文誠
		捷運	徐榮崇
		郵務與電信	郭大玄
		觀光旅遊	張峻嘉
社會志	林修澈	人口	陳信木
		族群與婦女	林修澈
		社會發展	戴寶村
		宗教與禮俗	黃季平
教育志	梁福鎮	教育行政	王俊斌
		學校教育與社會教育	許健將
		體育運動	張妙瑛
文化志	陳登武	文化行政	林淑慧
		文化傳播	陳登武
		文學	許俊雅
		視覺藝術	林磐聳
		表演藝術	林淑真
人物志	陳翠蓮	政治與經濟	陳翠蓮
		社會與文化	范燕秋

二、鄉鎮市區志

（一）臺北縣部分

臺北縣方面，自盛清沂總纂的《臺北縣志》於 1960 年出版之後，建立起臺北縣修志的優良傳統，各鄉鎮市志的編纂事業漸趨興盛。1960 至 80 年代，由盛清沂與吳基瑞等人陸續完成海山地區（雙和、樹林、板橋）的系列志書首開風氣，至 1980 年代初期，輔仁大學歷史學系尹章義教授編纂的《新莊志》系列志書開啟學院歷史專業學者修志的範例，而後《泰山志》（1994）、《新店市誌》（1994）、《五股志》（1997）、《林口鄉志》（2001）、

《續修五股鄉志》（2010）落實其一貫的「方志個性化」的理論，成為尹章義師生團隊所秉持的「因地制宜」的修志風格。[15]除此之外，以政治大學歷史學系為主體所編修的《深坑鄉志》（1997）、《萬里鄉志》（1997），長期耕耘基隆河區域研究的唐羽所編纂的《雙溪鄉志》（2001）、《貢寮鄉志》（2004），漢皇廣告公司編纂的《蘆洲鄉志》（1993）、《土城市志》（1994）、《三重市志》（1996）、《板橋市志（續編）》（1997）、《平溪鎮志》（1997）、《新莊市志》（1998）、《汐止鎮志》（1998），中華綜合發展研究院應用史學研究所編纂的《中和市志》（1998）、《永和市志》（2005）、《新店市志》（2006）、《蘆洲市志》（2009），概為大臺北地區方志編纂的主力（參見表3）。

近二十年為臺北縣地方志書纂修的興盛期，至2006年《八里鄉志（完整版）》出版之後，全縣29個鄉鎮市皆已完成地方志書的編纂。各鄉鎮

---

[15] 尹章義，〈地方志修纂的理論與實務──以新莊志、新店志、泰山志、五股志為例所作的說明〉，收於《中國現代史專題研究報告》第18輯（臺北：中華民國史料研究中心，1996年），頁139-206。另參見林玉茹，〈知識與社會：戰後臺灣方志的發展〉，收於許雪姬、林玉茹主編，《五十年來臺灣方志成果評估與未來發展學術研討會論文集》（臺北：中央研究院臺灣史研究所籌備處，1999年），頁49-51。尹章義教授於1981年3月《臺北文獻》直字第53、54合期發表〈臺北平原拓墾史研究（1697-1772）〉一文，為目前清代北臺漢人拓墾史研究的代表作。在此之後，更陸續於《臺北文獻》直字發表〈新莊縣丞未曾移駐艋舺考〉（第57、58期，1982）、〈臺灣北部拓墾初期「通事」所扮演之角色及其功能〉（第59、60期，1982）、〈臺北築城考〉（第66期，1983）、〈臺北市二十方古蹟碑文之商榷：兼論臺灣古蹟史實研究之危機〉（第67期，1984）、〈臺灣地名個案研究之一：臺北〉（第72期，1985）、〈閩粵移民的協和與對立：以客屬潮州人開發臺北以及新莊三山國王廟的興衰史為中心所作的研究〉（第74期，1985）、〈臺北的歷史飛躍與臺北人的精神特質〉（第154期，2005）、〈從原住民的獵場到臺北、新北兩大直轄市──臺北開發三百年史綱〉（第170期，2009）、〈天地會在林爽文事件中所扮演的角色──以臺北土城大墓公的起源為中心所作的探索〉（第174期，2010）、〈臺北成淵中學百年史與張福祿〉（第177期，2011）、〈從天地會「賊首」到「義首」到開蘭「墾首」──吳沙的出身以及「聚眾奪地、違例開邊」的藉口〉（第181期，2012）、〈吳沙出身研究之補遺與訂正──以史學方法論和歷史訊息傳播理論為基礎所做的反省〉（第186期，2013），另有〈新莊巡檢之設置及其職權與功能──清代分守巡檢之一個案研究〉（《食貨月刊》11卷8-9期，1981）、〈臺北盆地的開發〉（《漢聲雜誌》第20期，1989）、〈臺灣族群關係與地方開發比較研究法──以臺北及高屏地區為例〉（《客家文化研究通訊》第2期，1999）、〈臺北設府築城一百二十年祭〉（《歷史月刊》第195期，2004）等專論，以及《張士箱家族移民發展史》（1983）、《臺灣鑑湖張氏族譜》（1985），在近二十年來大臺北地區地方學的研究領域居功厥偉。

市「無一不有志」的成果已是粲然可觀，更何況續修、三修乃至於四修的情形亦是所在多有。截至 2013 年，《新莊志》、《鶯歌志》、《烏來志》、《蘆洲志》、《土城志》、《三重志》、《五股志》、《淡水志》已完成續修，《樹林志》、《板橋志》、《新店志》已完成三修。中和、永和於 1958 年分治前後至 2005 年間，兩地區從鄉鎮志到市志，各自完成四修的壯舉。相較於臺灣其他縣市地方志編纂的情形，堪稱是無出其右者，亦寫下一世界性的修志紀錄，成果極為耀眼。

　　另一方面，如以大臺北三大地理區域來觀察縣境修志的數量及頻率次數，則位居盆底平原及盆緣淺山地區的海山地區（永和、中和、板橋、土城、樹林、鶯歌、三峽）平均最高，新莊地區（新莊、泰山、五股、林口、蘆洲、三重）、文山地區（新店、深坑、石碇、坪林、烏來）次之，北部及東北部濱海地區（八里、淡水、三芝、石門、金山、萬里、瑞芳、貢寮）平均最低。各地區的修志頻率大致與其都市化程度相關。

表 3：臺北縣各鄉鎮市志修纂概況表

鄉鎮市名	題名	編著者	出版者	年度
中和	中和鄉志	盛清沂、吳基瑞	中和鄉公所	1960
	重修中和鄉志	盛清沂、吳基瑞、林德喜	中和鄉公所	1977
	中和市志	中華綜合發展研究院應用史學研究所	中和市公所	1998
	中和市志	游維真等	中和市公所	2005
永和	永和鎮志	盛清沂	永和鎮公所	1965
	重修永和鎮志	盛清沂	永和鎮公所	1973
	永和市志	吳學明	永和市公所	1986
	永和市志	中華綜合發展研究院應用史學研究所	永和市公所	2005
樹林	樹林鎮志	樹林鎮志委員會；盛清沂、吳基瑞	樹林鎮志委員會	1976
	樹林市志	樹林市志編審及諮詢委員會編	樹林市公所	2001
	樹林市志	樹林市志編審及諮詢委員會	樹林市公所	2010
鶯歌	鶯歌鎮誌	黃景發	鶯歌鎮公所	1979
	鶯歌鎮志	張勝彥總編纂	鶯歌鎮公所	2010
新莊	新莊發展史	尹章義	新莊市公所	1980

	新莊志‧卷首 新莊（臺北）平原拓墾史	尹章義	新莊市公所	1981
	新莊志‧卷三 新莊政治發展史	尹章義、陳宗仁	新莊市公所	1989
	新莊市志	新莊市志編輯委員會、漢皇廣告事業公司	新莊市公所	1998
板橋	板橋市志	盛清沂、吳基瑞	板橋市公所	1988
	板橋市志（續編）	板橋市志編輯委員會、漢皇廣告事業公司	板橋市公所	1997
	板橋市志（三編）	尋俠堂國際創藝有限公司	板橋市公所	2009
淡水	淡水鎮志	白惇仁、申慶璧	淡水鎮公所	1989
	淡水鎮志	黃繁光等	淡水區公所	2013
烏來	烏來鄉志	文崇一、蕭新煌	烏來鄉公所	1990 1997 再版
	烏來鄉志	許家華、劉芝芳	烏來鄉公所	2010
三峽	三峽鎮志	王明義	三峽鎮公所	1993
蘆洲	蘆洲鄉志	蘆洲鄉志編纂委員會、漢皇廣告事業公司	蘆洲鄉公所	1993
	蘆洲市志	中華綜合發展研究院應用史學研究所	蘆洲市公所	2009
泰山	泰山志	尹章義、閻萬清等	泰山鄉公所	1994
新店	新店市誌	尹章義	新店市公所	1994
	新店市志	中華綜合發展研究院應用史學研究所	新店市公所	2006
	增修新店市志	雞籠文史協進會	新店市公所	2010
土城	土城市志	市志編纂委員會、漢皇廣告事業公司	土城市公所	1994
	土城市志修編	尋俠堂國際創藝有限公司	土城區公所	2011
三芝	三芝鄉志	戴寶村等	三芝鄉公所	1994
三重	三重市志	漢皇廣告事業公司	三重市公所	1996
	三重市志續編	鄭懿瀛	三重市公所	2005
深坑	深坑鄉志	林能士、毛知礪等	深坑鄉公所	1997
	深坑鄉志（簡明版）	黃明和監修，林能士、毛知礪等	深坑鄉公所	1997
五股	五股志	尹章義、洪健榮、李逸峰等	五股鄉公所	1997
	續修五股鄉志	尹章義、洪健榮等	五股鄉公所	2010
平溪	平溪鄉志	平溪鄉志編輯委員	平溪鄉公所	1997

		會、漢皇廣告事業公司		
石門	石門鄉志	徐福全、吳文星、張勝彥	石門鄉公所	1997
萬里	萬里鄉志	薛化元、翁佳音	萬里鄉公所	1997
汐止	汐止鎮志	沈發惠、漢皇廣告事業公司	汐止鎮公所	1998
石碇	石碇鄉志	施長安、蕭百興	石碇鄉公所	2001
林口	林口鄉志	尹章義、葉志杰等	林口鄉公所	2001
雙溪	雙溪鄉志	唐羽、簡華祥	雙溪鄉公所	2001
坪林	坪林鄉志	坪林鄉公所	坪林鄉公所	2002
瑞芳	瑞芳鎮誌	鍾溫清	瑞芳鎮公所	2002
金山	金山鄉志	王良行、葉瓊英、陳修平	金山鄉公所	2004
貢寮	貢寮鄉志	唐羽	貢寮鄉公所	2004
八里	八里鄉志	李平編	八里鄉公所	2005
	八里鄉志（完整版）	李平編	八里鄉公所	2006

（二）臺北市部分

　　相對於臺北縣各鄉鎮市志的纂修盛況而言，臺北市各區志的纂修情形較不熱絡。雖然如此，截至 2013 年底，全市 12 區除了大同區之外，其餘皆於 2000 年代完成區志的創修或續修事宜，以紙本或網路電子書的形式出版。各志書的編纂團隊成員，以學者專家參與修志的比例較高，地方文史工作者亦擔負起重要的角色（參見表 4）。

表 4：臺北市各區志修纂概況表

區名	志書名稱	編纂者	出版者	年度
士林	士林鎮誌	士林鎮誌編纂委員會	士林鎮誌編纂委員會	1968
	士林區志	張中訓、何萍等	士林區公所	2010
南港	南港誌	陶士君、南港誌編輯委員會	南港誌編輯委員會	1985
	南港區志	臺北市南港區公所編	南港區公所	2008
內湖	內湖區志（電子版）	陳金讚	內湖區公所	2006
中山	中山區志（電子版）	連一周、楊真懿、李少櫻	中山區公所	2008
中正	臺北市中正區區志（電子版）	李道勇等	中正區公所	2008
文山	文山區志（電子版）	詹瑋等	文山區公所	2009
松山	松山區志（精華版）	宋光宇等	松山區公所	2010
萬華	萬華區志（電子版）	高傳棋等	萬華區公所	2011

大安	臺北市大安區志	卜鳳奎等	大安區公所	2011
北投	北投區志（電子版）	溫振華、戴寶村等	北投區公所	2011
信義	信義區志（電子版）	郭大玄等	信義區公所	2011

通觀近二十年來臺北縣市鄉鎮市區的方志編纂，有如下幾點值得注意的特點：

（一）從體例安排、編纂形式到撰述方式，除了少數例外，大多遵循「言必有據」——凡有徵引皆註明出處的學術規範，並附有參考（徵引）書目。

（二）在論證與研究方法上，概以「詳今略古」為原則，注重田野調查與文獻資料的互補互證，尤其用心於新史料的發掘、整理與解讀。再者，網路多媒體資訊的運用，亦漸趨普遍。

（三）在纂修旨趣方面，除了延續過往將方志視為輔治之書的傳統觀念之外，隨著民主意識的深化、人民史觀的昂揚與族群關懷的落實，晚近志書更強調其作為鄉土教材或是地方百科全書的功能，涉及住民生活禮俗、多元族群文化、地方產經特色與觀光旅遊資產的篇章，益加受到重視。

另外值得一提的是，地方政府單位除了規劃完成地方志書的纂修事宜，也不時委託地方文史工作者或學界人士撰文出版各種鄉政簡介、鄉土採風、旅遊導覽、史蹟考察、田野筆記與鄉土教材之類的專書。這類出版品於近年來如雨後春筍般地湧現，令人目不暇給，使得大臺北地區地方學的場域恍若成了一處眾聲喧嘩的園地，熱鬧非凡。

三、大臺北地方學成果分析：學位論文

在大臺北地方學的研究領域中，學位論文為學術性極高的傳載體，其部分篇章發表於期刊論文，或是修訂出版成書，能見度及流通性隨之提昇，往往成為臺北學研究中特定專業範疇的代表性作品。

過往臺灣學界在大中國思維的籠罩下，臺灣研究於 1980 年代以前

的人文社會學學位論文中，本居相對「邊陲性」的位置；而小區域之類的地方學研究課題，更屬「邊陲中的邊陲」，受到學界有意識的冷落與輕忽。直到姜人偉於 1977 年中國文化大學實業計劃研究所的碩士論文〈臺北縣三峽鎮聚落形態研究——三峽市街的發生及其變遷〉一出，始開啟臺北聚落史研究的先例。緊接者，溫振華於 1978 年國立臺灣師範大學歷史研究所的碩士論文〈清代臺北盆地經濟社會的演變〉，成為臺北區域史研究的先驅之作，其分析架構亦在區域研究的學術領域中立下了重要的典範。[16]溫振華隨後於 1986 年以〈二十世紀初之臺北都市化〉取得臺灣師大歷史所博士學位。在碩、博士論文的基礎上，更陸續於學術期刊上發表一系列清代至日治時期臺北研究的專題論文，[17]另參與《續修臺北市志》、《臺北市發展史》、《續修臺北縣志》的編纂，並完成多部臺北研究的專著，包括《大臺北都會圈客家史》（與戴寶村合著，1998）、《淡水河流域變遷史》（與戴寶村合著，1998）、《清代新店地區社會經濟之變遷》（2000）、《臺北縣文獻與考古：吳基瑞先生口述歷史》（2010）等，對於大臺北地區地方學研究建樹良多。

　　1980 年代以後，臺灣史研究的風氣漸興，各大學院校產出的臺北區域研究論文亦漸成氣候。研究者從多元的視角來觀察臺北，亦從不同的面向來解析臺北，其中以都市化、人口遷移與社會變遷的主題最受囑目。如廖春生研究清代臺北三市街艋舺、大稻埕、城內的都市轉化（臺大土木所，1988），葉肅科研究近代臺北都市發展與臺人日常生活（東吳社研所，1987），[18]王志鴻研究戰前三峽街莊的形成與發展（中原建築

---

[16] 溫振華教授指導的研究所學生多依循其分析架構，完成多篇臺灣區域史研究的學位論文。

[17] 包括〈淡水開港與大稻埕中心的形成〉（《國立臺灣師範大學歷史學報》第 6 期，1978）、〈臺北高姓——一個臺灣宗族組織形成之研究〉（《臺灣風物》30 卷 4 期，1980）、〈日據時期臺北市臺人移入地分析〉（《臺灣風物》36 卷 4 期，1986）、〈日本殖民統治下臺北社會文化的變遷〉（《臺灣風物》37 卷 4 期，1987）、〈清代臺北盆地漢人社會祭祀圈之演變〉（《臺北文獻》直字第 88 期，1989）、〈清代後期臺北盆地士人階層的成長〉（《臺北文獻》直字第 90 期，1989），直到 2005 年 9 月發表於《臺灣風物》55 卷 3 期的〈清代臺灣淡北地區的拓墾〉一文，根據自然及人文條件的差異，將清代臺北地區的漢人拓墾分成沿海與毗鄰山丘地區、盆地以及東南近山等三大區域，為溫振華教授分析清代臺北區域開發史的基本背景架構。

[18] 該文修訂出版，題名《日落臺北城——日治時代臺北都市發展與臺人日常生活》（臺北：自

所，1989），謝英俊研究新店地區都市化的現象（文化地理所，1981），
林榮重研究臺北松山地區的都市化（臺師大地理所，1985），吳家彧研
究臺北都會區外圍市鎮樹林區的發展（臺師大地理所，1983），江雅美
研究三重市人口遷移及其決策行為（臺師大地理所，1983），陳源在研
究新莊市人口遷移及其決策與適應情形（臺師大地理所，1988），馬建
蓓研究臺北市的社會變遷與犯罪問題的關聯性（東吳社研所，1985）。
在產業史的部分，如戴寶村研究清季淡水開港的經過、貿易情況以及西
方文化的輸入（臺師大歷史所，1983），[19]李玉芬研究臺灣北部山區的煤
礦聚落及其居民的生活調適（臺師大地理所，1989）。

　　1990 年以後，關於臺北研究的人文及社會科系學位論文，展現出
百家爭鳴、多元並呈的盛況。茲依政治、經濟、社會、文化、教育等類
別，分析近二十年來學位論文的撰述取向與研究趨勢。

一、政治類

　　相對於其他類別而言，近二十年來關於政治類的學位論文所見不
多，主題多集中於日治至戰後時期統治技術與社會控制方面的探討。

　　日治時期的部分，如陳廣文研究臺北府城興築與拆除的因果（淡大
歷史系，2009），周茂春研究日治初期臺灣土地調查事業（臺師大臺史
所，2011），李亮霆以新莊郡為例探討日治時期臺灣總督府對於地方社
會的控制與回應（中央歷史所，2010），賴文清研究日治時期臺北市政
體系如何邁向現代化的變遷（臺師大臺史所，2010），張逸婷研究日治
時期臺灣總督府附屬樂隊「臺北音樂會」的政治意涵（臺師大臺史所，
2010）。

　　戰後時期的部分，如曾文銘研究 1949 至 1967 年間臺北市改制的政
策（中央歷史所，2011），陳胤宏研究 1945 至 1960 年間臺灣省政府「疏

　　立晚報文化出版部，1993 年）。

[19] 該文修訂出版，題名《清季淡水開港之研究》（臺北：國立臺灣師範大學歷史研究所，1984
　　年）。

遷」的過程及其遠離臺北的因果（暨南歷史系，2007）。在地方財政部分，有李佳振〈臺灣地方財政之研究——以臺北縣為例〉（中正歷史系，1997）。在社會政策方面，有洪婉琦〈臺北市娼妓管理辦法之研究（1967-1999）〉（臺師大歷史系，2001）。在地方治安部分，有鄭麗君〈戰後臺灣女警的發展——以臺北市為例〉（中央歷史所在職專班，2008）。在空間管理部分，有李宛儒〈空間的政治權力爭奪——臺北松山機場的空間政治〉（臺大地理環境資源所，2012）、王資閔〈城市綠色空間治理：臺北城的綠化策略與景觀活化〉（臺大地理環境資源所，2012）。此外，在政治性組織方面，有蔡西濱研究戰後初期臺北市區中共地下黨臺灣省工作委員會的組織活動（淡江歷史系，2009）。

二、經濟類

對於臺北而言，百年前的開港通商，開啟了北臺貿易的蓬勃發展，帶動了臺北迅速近代化的契機，也改變了臺北的命運。關於這方面的研究，如王俊昌〈清末淡水對外貿易研究〉（中興歷史系，1997）、黃頌文〈清季臺灣貿易與寶順洋行的崛起（1867-1870）〉（東吳歷史系，2012）。

關於地方產業經濟的研究，如蕭景文針對平溪地方經濟進行歷史考察（中央歷史所，2002），陳良圳研究清代至日治時期內湖、南港地區的拓墾與產業發展（中央歷史所在職專班，2006），曾品滄探究清代至日治時期汐止的產業變遷與紳商家族的發展（臺大歷史所，1998），葉瓊英研究臺北縣金山鄉於日治後期至戰後時期的產業發展（中興歷史所，2001），羅婉萍研究戰後時期板橋市人口、產業的發展與變遷（北市教大社教所，2006），徐幸君研究戰後北臺客家茶產業的經營性格（中央客社所，2011）。針對近現代臺北都市經濟的課題，如陳宜君研究臺北都會區經濟空間結構的變遷（臺大地理系，1993），王建今研究臺北市產業發展與都市再發展的政策與實質（臺大地理環境資源所，2012）。

關於地方特有產業的研究，如蔡承豪探討清代北臺地區藍靛業的發展（暨南歷史所，2002），林炯任研究三峽藍染業的發展與蛻變（國北

大民藝所，2008），[20]周耀裕研究日治至戰後時期煤礦產業與臺北土城地方社會的互動（中央歷史所在職專班，2007），馬有成研究戰後鶯歌鎮的陶瓷產業與社會變遷（中正歷史所，1998）。

　　針對特定產業轉型與變遷的研究，如劉坤元以臺北大稻埕有記茶行為例探討傳統茶行的轉型（國北大民藝所，2011），李佳艾研究新莊模具產業生產網絡的轉型（臺師大地理系，2009），羅珮瑜研究臺北地區殯葬業現代化的情形（政大社會系，2002），呂旻修研究南港軟體工業園區產業發展的變遷（中興歷史所，2012）。

　　大臺北地區為當前全臺金融體系的核心，關於當地金融業的研究，如魏少君〈金融、城市與空間——從制度轉型看臺北金融地理重構〉（東海社會系，2002）、魏占峯〈從基層金融到商業銀行——「板信」之研究（1957-1997年）〉（中央歷史所，2011）。

　　市場為消費社會的重要機制，關於傳統市場的研究，如松田純三研究日治時期臺北地區市場的發展（暨南歷史系，2006），朱韋燐研究日治時期松山地區市場的發展（臺師大臺史所，2011）。此外，黎勉旻針對戰後時期臺北市漫畫的消費空間進行考察（臺師大地理系，1998），題材頗為新穎。

　　文化如何成為一種可以被行銷推廣的經濟資源，創造出別開生面的產業價值，類似的發展策略成為近年來地方學研究的重點之一。如陳敏雀研究淡蘭古道文山東線的開發、沒落與文化再興（臺師大地理系在職進修班，2005），巫宗仁研究淡水鎮地方文化產業發展的相關規劃（東吳社會系，2007），陳木梓透過法令規範資料研究臺北市寺廟經濟資源的運用過程（臺大社研所，2000）。針對三鶯地區的部分，如游惠文研究三峽藍染文化產業的行銷策略（臺師大社教系在職進修班，2006），黃凱意研究三鶯地區地方特色產業的國際行銷策略（國北大公行系，2010），許元國研究鶯歌陶瓷嘉年華會的觀光行銷方式（國北大民藝所，

---

[20] 該文修訂出版，題名《藍金傳奇：三角湧染的黃金歲月》（臺北：臺灣書房出版公司，2008年）。

2005）。針對大稻埕迪化街的部分，如張又文〈行銷年貨大街——新節慶的創造與迪化街的轉變〉（世新社心所，2010）、黃琬茜〈迪化街消費空間的建構與再現〉（臺師大地理系，2011）。

隨著臺北都市化與商業化的進展，人們講究生活品味，注重休閒娛樂，促成休閒文化產業的興起，也成為近年來學界聚焦的主題之一。如曹東月以臺北市二格山系休閒空間為例探討地方文化觀光產業的發展（東吳社會系，2006），白中發研究平溪鄉遊憩產業的發展（臺師大地理系在職進修班，2006），白聰富研究金瓜石地區的觀光遊憩活動（臺師大地理系在職進修班，2007），吳佳兒研究烏來風景區觀光發展的時空動態（臺師大地理系，2009）。針對北投溫泉的部分，如黃玉惠研究日治時期休閒景點北投溫泉的開發與利用（中央歷史所，2005），陳瑋鈴研究臺北市新北投溫泉休閒產業發展的時空特性（臺師大地理系，2004）。在休閒農業方面，如謝夷菱研究雙溪鄉休閒農業的發展（北市教大社教系，2009），陳志偉以臺北市南港區椿萱農場為例，探討茶園轉型為體驗活動式休閒農場的歷程及其經營策略（國北教大社會與區域發展系，2010）。

另外，關於城市規劃與土地利用，屬於經濟地理的課題，如吳美珍研究臺北市中心商業區西門商業區與頂好商業區的土地利用（臺大地理所，1991），鄭秀蘭以臺北四獸山市民森林為例探討都市郊丘綠地資源利用的時空變遷（臺師大地理系，2001），林嘉銘研究臺北市社子地區土地的永續利用問題（文化地學所，2006），鄭涵娟研究日本時代臺灣城市規畫的氣候條件（臺師大地理系，2010）。

三、社會類

近二十年來社會類的學位論文為數頗為可觀，茲歸納為地域開發與聚落發展、社會變遷與都市化、社群現象、社會組織等四個層面，分述如下：

（一）地域開發與聚落發展

在漢人拓墾史的研究方面，如陳宗仁研究 18 世紀漢人移墾以及新莊街的形成與發展（政大歷史系，1994），[21]陳正明研究清季福建安溪大坪高、張、林三姓族人移墾臺北的過程（文化史學系，1995），林江臺研究清代漳州人在臺北盆地的拓殖與發展（北市教大社教所，2004）。另外，地名反映特定區域的拓墾背景與人文特色，相關的研究，如蕭相如〈臺北地區地名源流探微〉（臺師大臺灣歷史文化及語言所，2012）。

關於聚落發展史的課題，通常採取小區域長時間的研究取向。如高傳棋研究臺北市加蚋仔庄的形成與轉化（臺大地理系，1997），黃逕嵐研究清代士林地區的拓墾與市街發展（北市教大社教所，2006），詹瑋研究 1761 至 1945 年間臺北文山地區的發展與變遷（政大歷史系博論，2002），藍志玟研究 1802 至 1945 年臺北大龍峒聚落的發展（成大建築所，2002），劉若雯研究 1860 至 1920 年代大稻埕發展史（中央歷史所，1999），林恆昌研究清代和尚洲的開發（北市教大社教所，2006），莊琇琦研究清代至日治時期八里坌聚落與族群的變遷（北市教大社教所，2008），洪偉豪研究 1820 至 1969 年間平溪地區的聚落發展與資源開發（臺師大地理系，2011），潘楚婷研究清代至日治時期板橋的開發與發展（臺師大歷史系在職進修班，2008），蔡采秀研究 1895 至 1985 年間板橋的都市發展及其社會影響（臺大社研所博論，1995），閻萬清研究臺北盆地邊緣泰山地區的發展（文化史研所，1993），陳適偉研究臺北都會內五股地區的市鎮發展（北市教大社教系，2009），黃克萍研究深坑鄉的聚落發展（臺師大地理系在職進修班，2006），曾怡雯應用臺灣歷史圖資研析三鶯地區的交通與聚落變遷（北市教大社會學習領域教學碩士班，2012），詹家佳研究淡海新市鎮的發展（臺師大地理系在職進修班，2007）。

軍眷村的形成為戰後時期特有的聚落現象，如莊勝傑研究臺北市軍眷村的形成與變遷（政大臺史所，2011），裴笛則從遷徙過程探討臺北

21　該文修訂出版，題名《從草地到街市──十八世紀新庄街的研究》（臺北：稻鄉出版社，1996年初版、2008 年再版）。

市北投區中心新村眷村文化的形成與變遷（國北大民藝所，2009）。

　　針對都市聚落發展的地理環境、空間型態或是區域特性的考察，如
吳正偉研究清代至日治中期東北角的交通路線變遷與區域特性（臺師大
臺史所，2010），王翠華分析基隆河中上游流域聚落變遷的型態（臺大
地理環境資源所，2007），楊湛萍從景觀分析與社會結構變遷探討板橋
的空間性轉變（臺師大地理所，2000），胡竣詠研究林口特定區的地方
發展（臺師大地理系，2007），管志明研究臺北市郊區發展的地理因素
（文化地理所博論，1990），陳宜歆以四維地理資訊系統虛擬臺北城的
時空變遷（國北教大社會與區域發展系，2013）。

　　針對聚落空間文化意識的研究，如林育平研究三重市都市發展及其
居民環境識覺的演變（臺大地理所，1990），留方萍研究三重市後埔仔
的聚落發展與地方感的形塑（高師大地理系，2006），沈孝宇研究戰後
時期大龍峒的發展與地方感的形成（北市教大歷史與地理系，2013），
伍雪苹研究三峽、鶯歌及北大特區的地方認同（國北大社會系，2011），
劉明怡研究臺北市與中港溪中上游地區在全球化過程中城鄉關係的轉
變與鄉村的回應（臺大地理系，2006）。

　　（二）社會變遷與都市化

　　針對特定區域長時期社會經濟變遷的研究，如陳宗仁研究 15 至 18
世紀東亞海域多元勢力競爭下雞籠、淡水地位的轉變（臺大歷史所博
論，2002），[22]張智雅研究清代大龍峒與大稻埕的社會經濟發展與變遷（文
化史學系，2011），鄭政誠考察清代至戰後時期三重埔從農業聚落到衛
星市鎮的社會變遷（臺師大歷史系，1994），[23]劉厚君研究新莊地區長時
期的社會變遷（中央歷史所，2002），李進億從長時期的角度考察蘆洲
的環境史（中央歷史所，2004），[24]詹詩圜研究清代至日治時期蘆洲地區
的社會經濟變遷（臺師大歷史系在職進修班，2006），王意惠研究二重

---

[22] 該文修訂出版，題名《雞籠山與淡水洋：東亞海域與臺灣早期史研究，1400-1700》（臺北：
　　聯經出版公司，2005 年）。
[23] 該文修訂出版，題名《三重埔的社會變遷》（臺北：臺灣學生書局，1996 年）。
[24] 該文修訂初版，題名《臺灣環境發展歷史與蘆洲》（臺北：博揚文化事業公司，2005 年）。

疏洪道與更寮區域社會文化的變遷（淡江歷史系碩士在職專班，2010），
江聰明研究士林後港墘水利設施與近代社會變遷的互動（淡江歷史系在
職專班，2010）。

　　關於臺北都市空間如何受到國家力量的控制與影響，蘇碩斌〈臺北
近代都市空間之出現：清代至日治時期權力運作模式的變遷〉（臺大社
研所博論，2002）極具代表性。[25]針對大臺北都會區城市機能的建置及
其變遷的研究，如趙建雄〈時空再結構的臺北都會〉（臺大地理所博論，
1994）、尹詩惠〈艋舺、大稻埕、城內機能的轉換〉（臺師大地理系，2000）、
嚴敏蕙〈臺北都會郊區化與郊區性之研究〉（臺大社研所，1996）、李剛
傑〈臺北市西門商業區社會空間變遷之研究〉（東吳社會系，1996）、胡
湘珍〈臺北市新興市區發展的社會空間研究——以東湖路沿線商家為
例〉（東吳社會系，1996）、苗文耀〈臺北都會區衛星市鎮之都市化：板
橋市的個案研究〉（臺大地理所，1996）、藍逸之〈臺北市全球都市發展
定位之研究——企業型都市經營取向下的願景構思〉（彰師大地理系，
2002）。

　　關於社區營造方面，如林尤麗研究臺北市芝山岩生態社區的形構歷
程（臺大地理環境資源所，2005），蔡宗翰研究北投旗艦社區計畫的執
行歷程與成果（東吳社工系，2012），張其嫻研究臺北市示範社區婦女
參與社區發展的情形（東海社工系，1993），蔡靜瑜研究臺北縣柑園地
方營造的形構過程（臺大地理環境資源所，2002），李少玫研究平溪菁
桐社區的營造歷程（世新社會發展所，2004）。

　　關於都市公共空間的研究，如黃嘉琪研究臺北市公共空間中正紀念
堂的歷史轉化（世新社發所，2004），林詩瑜以臺北市芝山岩文化史蹟
公園為例探討都市郊山空間的轉變與意涵（臺師大地理系，2007），陳
梅雪研究大臺北都會公園遊客的環境識覺與設施使用滿意度（北市教大
歷史與地理系，2011）。關於都市公共設施的研究，如沈方茹研究日治

---

[25] 該文修訂出版，題名《看不見與看得見的臺北》（臺北：左岸文化，2005 年；臺北：群學出
　　版公司，2010 年修訂 1 版）。

時期臺北市公共巴士的發展（中央歷史所，2003），黃令名研究臺北捷運誕生史與捷運科技生活形式（清大社研所，2011），詹竣傑以臺北大巨蛋興建爭議為例探索空間正義的問題（臺大地理環境資源所，2012），徐筱筑分析淡水沙崙海水浴場發展變遷的結構歷程（臺師大地理系在職進修班，2012），黃妤婕以新北市中港大排河廊改造工程為例探討綠色都市主義、水岸再生與都市治理的問題（臺大地理環境資源所，2011）。

　　另外，關於地域空間意識的構築、象徵、記憶或想像，涉及社會集體心態的層面，逐漸成為近年來社會學或區域研究的重點課題。如陳連武〈風水——空間意識形態實踐：臺北個案〉（淡江建築所，1993）、李晏甄〈臺灣南北對立想像的興起〉（政大社研所，2011）、黃秀萍〈天母空間符號的爭戰：都市變遷、尋租者與地方社群的想像競構〉（臺大地理環境資源所，2008）、林宏儒〈閱讀臺北都會空間文本——以 101 大樓和龍山寺為例〉（臺師大地理系，2008）、鄭如珺〈從奢華時尚到多元混搭：臺北東區的消費空間與空間象徵〉（臺大社研所，2011）、徐培堯〈「大稻埕就是我的家」：外公、外婆的城市記憶與歷史空間探究〉（東吳社工系，2012）、張升駿〈新北市永和樂華地區都市脈絡與都市意象之研究〉（北市教大歷史與地理系，2012）、黃正嘉〈全球化城市的跨界想像：從當代臺北城市書寫談起〉（臺大地理環境資源所，2011）。

　　（三）社群現象
　　針對人口變遷的研究，如蔡金惠研究臺北都會區都市人口變遷的現象（臺師大地理系，2009），白鎧璋研究臺北都會區人口分布變遷的情形（政大社研所，2011），吳姿嫿研究 1906 至 1942 年間臺北地區死亡率長期變遷的趨勢（政大社研所，1996），盧芸薇研究 1905 至 2005 年間土城地區的人口變遷（臺師大歷史系在職專班，2010），徐婉真研究蘆洲市人口遷入決策與影響因素（彰師大地理系，2009）。

　　針對社會群體的研究，除了陳怡宏研究日治初期臺北、宜蘭地區的「土匪」集團（臺大歷史所，2001）之外，大多關注在戰後時期都會區的非主流群體，如廖晨佐研究臺北市通化街都市客家的族群性（中央客社所，2008），侯丞芝考察臺北都會區在臺韓國華僑夫妻的勞動經驗（政

大社研所，2007），彭美琪研究臺北市與彰化縣大陸籍婚姻移民女性的文化適應問題（實踐社工系，2009），全彥翰研究臺北市原住民大學生的空間展演與認同流變（彰師大地理系，2011），蔡敏真研究臺北市華光社區民眾的居住權利問題（臺大地理環境資源所，2012），許素梅研究臺北市立圖書館義工組織環境、工作滿意與離職傾向（文化史研所，1992）。

關於原住民社群關係的研究，如吳佳芸〈從 Basay 到金雞貂——臺灣原住民社群關係之性質與變遷〉（臺師大臺史所，2010）、張素莉〈族群意識與族群關係的網絡分析：以臺北縣市都市原住民為例〉（國北大社會系，2007）。

關於社會運動的研究，如張立本〈一九九〇年代以降臺北市空間生產與都市社會運動：寶藏巖聚落反拆遷運動的文化策略〉（世新社發所，2005）。

民間信仰亦為社會動員的主要力量之一，針對信仰社群與社會互動的研究，如彭增龍研究民間信仰在清法滬尾戰役中的角色（北市教大社教所，2003），李鳳華藉由祭祀圈研析松山十三街庄的區域整合與發展（臺師大地理所，2002），黃慧禎研究日治時期艋舺龍山寺信眾的變遷（臺師大歷史系在職進修班，2012），朱展緯研究清代至戰後時期蘆洲地區湧蓮寺與地方社會的互動（中央歷史所在職專班，2011），王怡茹研究清代至日治時期淡水地方社會清水祖師信仰的重構與發展（臺師大地理系博論，2011），林政逸研究三峽清水祖師廟廟宇文化空間與社群互動的關係（中興都市計劃所，1999），呂建鋒研究李梅樹與三峽清水祖師廟發展的關係（中正歷史所，2012），蘇健仁研究林口竹林山觀音寺與現代社會的互動（真理大學宗教系，2006），林全進研究臺北天母三玉宮與地方權力的關係（東吳社會系，2009）。此外，如林芬郁研究北投宗教的發展（國北大民藝所，2009），卓佩宏研究新莊慈祐宮的發展（國北教大臺文所，2013）。

關於社會生活方面，如王慧瑜研究日治時期臺北地區日本人的物質

生活（臺師大臺史所，2009），賴守誠研究臺北廣告人與當代臺灣的消費文化（臺大社研所，1993），黃淑枝研究新店安坑新社區的形成與居民的生活滿意度（臺師大地理系，2004），黃耀群研究臺北縣汐止市集合住宅社區型態與社區活動的關係（臺大地理環境資源所，2007），蔡怡玟研究淡水老街的慢活方式（臺師大地理系博論，2010），劉宗華研究淡水河口的海岸環境與人文活動（文化地學所，2010）。

關於都會區社會問題的研究，如王志弘〈流動、論述與權力——臺北「交通黑暗期」與 KTM 的分析〉（清大社人所，1991）、曾秀雲〈色情活動與國家的權力關係——以臺北市為例〉（東吳社會系，2002）。

（四）社會組織

江俊銓研究日治時期日本赤十字社臺灣支部（中央歷史所，2006），林麗卿研究日治時期臺北州「同風會」組織的社會變革活動（中興歷史系，1997），鍾豔攸研究戰後時期政治性移民的互助組織臺北市外省同鄉會（臺師大歷史系，1996），林其民研究戰後時期三重市都市發展下的非正式部門（臺師大地理系，2009），李雅玲研究解嚴後臺北市八頭里仁協會等民間社團的發展與社區文化的重建（臺師大歷史系在職進修班，2005），陳尉滿研究臺北市東華社區發展協會的發展經驗（政大社研所，2007）。

關於施乾與愛愛寮之社會救濟事業的研究，如邱癸菁〈施乾與愛愛寮〉（文化史研所，2010）、陳泳惠〈日治時期施乾的社會救助事業〉（東華臺文系，2011）、劉尚青〈從愛愛寮看臺灣乞丐及施乾的社會救助事業〉（臺南大學臺文所，2012）。

關於西方教會組織及其活動的研究，如林熙皓研究姑娘在北臺灣長老教會宣教運動的定位與意義（淡江歷史系，2006），鄭睦群以「二二八事件」與「美援時代」為中心探討淡水基督長老教會對於時代的因應（淡江歷史系，2008）。

四、文化類

文化類的學位論文，與社會類的情形相類似，題材顯得較為多樣化，尤其是針對生活禮俗、社區文化、空間意識與景觀再造等相關課題，近來備受各方注目。

在傳統民俗信仰文化方面，如林渭洲研究臺北、臺南地區的清水祖師信仰內涵（成大歷史所，1993），陳繡綿研究臺北市廟宇的虎爺信仰（國北教大臺文所，2009），[26]簡有慶研究關渡媽祖的信仰及其年例的變遷（國北大民藝所，2009），陳雅芳探討艋舺青山宮的民俗慶典活動與集體記憶的建構（北市教大歷史與地理系，2011），呂建鋒研究大稻埕霞海城隍廟的遶境活動（國北大民藝所，2008），徐慧娟研究新莊廣福宮的信仰與儀式（國北大民藝所，2011），張慧玉研究三峽迎尪公的祭典（國北大古典與民藝所，2012）。李健次探討蘆洲地區的信仰在現代性衝擊下的轉變（臺師大地理系，2008），陳慧敏以臺北行天宮為例檢視涂爾幹與韋伯宗教學說在臺灣民間宗教研究上的應用（政大社研所，1991）。

針對不同時期藝文活動的研究，如門田晶研究日治時期大稻埕與城內的美術活動（政大臺史所，2012），蔡淑滿研究戰後初期臺北的文學活動（中央中文所，2002），吳美枝研究戰後時期臺北咖啡館的文人活動（中央歷史所，2004），陳奕伶研究臺北藝術節的成效評估（國北大民藝所，2010）。針對空間藝術的研究，如邱函妮〈街道上的寫生者——日治時期的臺北圖像與城市空間〉（臺大藝術史所，2000）、蕭怡姍〈南島·繁花·勝景——鄉原古統《麗島名華鑑》與《臺北名所圖繪十二景》研究〉（臺師大藝術史所，2011）。

在建築文化方面，如蘇怡玫探討淡水河流域古建築的磚雕藝術（國北大民藝所，2009），康格溫研究日治時期淡水河流域的建築彩繪瓷版（國北大民藝所，2005），何心怡研究日治中期大溪、三峽、大稻埕的

---

[26] 該文修訂出版，題名《臺北市虎爺信仰之研究》（臺北：稻鄉出版社，2010年）。

街屋立面（臺大藝術史所，1993）。針對寺廟藝術的研究，如譚毅成考察中和地區廣濟宮、圓通寺的建築藝術（文化史研所，2002），李信億考察劍潭寺的供具與裝飾藝術（文化史研所，2003）。此外，陳家偉〈寂寞城市——建築場景與其情感場域之研究〉（臺師大美術系，2008）、何旻杰〈圓現象空間：建築與文化空間記憶——以臺北圓環為例〉（東吳社工系，2012）二文，則深入建築空間景觀文化意象的探討。

　　受到當代西方社會學之空間理論思潮的影響，關於人文街區或聚落景觀文化的研究，在近幾年來成為臺北學的熱門課題之一。如吳幸玲針對艋舺舊市街景觀進行文化詮釋（臺師大地理系，1999），陳美雲研究大稻埕地區都市景觀的自明性（臺師大地理系，2002），辛燕華研究唭哩岸居民對於民俗藝術社區化的認同（國北大民藝所，2005），吳孟樺研究臺北師大街區創意群聚空間的發展（東吳社會系，2010），郭家伶考察臺北市林蔭大道仁愛路在空間上的阻隔、溝通、流動與停頓（臺師大地理所，2002），吳欽憲研究臺北市騎樓的景觀與社會空間識覺（臺師大地理系，2009）。另有陳允芳研究北投傳統的人文景點（臺師大歷史所，2003）。

　　除了針對社會空間的詮釋之外，關於都市文化環境的營造與發展策略的研究，如盧本善〈論臺北市文化環境之建構與發展〉（銘傳國家發展與兩岸關係在職專班，2004）、葉又華〈宜居城市的文化政治——以新北市永和為例〉（臺大地理環境資源所，2012）。在文化資產保存方面，有許瓊丹〈老街文化之再發展課題研究——以三峽老街為例〉（國北大民藝所，2009）、郭麗雪〈臺北市溫州街、青田街社區文化資產保存工作之探討〉（臺師大社教系在職進修班，2007）。

　　在文化機構的研究方面，如許明珠研究臺北縣立文化中心設置臺北縣歷史博物館的過程（文化史研所，1991），王韻涵探究淡水古蹟博物館的營運（淡江歷史系在職專班，2011），另有周永怡〈想像一個臺北城市博物館〉（臺南藝術學院博物館所，2000）。

五、教育類

相較於社會、文化類別的學位論文，近二十年來針對教育史的課題並不多見，以日治至戰後時期的探討為主。

在傳統教育部分，有林姵君〈板橋大觀書社之探究〉（文化史研所，2004）。在近代新式教育方面，早期以西方教會為主要的媒介，可參見葉晨聲〈從牛津學堂到淡江中學——一個臺灣基督長老教會學校的個案研究（1872-1956）〉（文化史研所，2004）。此外，從臺北帝國大學到臺灣大學，為近代臺灣高等教育的代表，如鄭麗玲研究臺北帝國大學在殖民地的建立與發展（臺師大歷史所博論，2002），葉碧苓研究臺北帝國大學與日本南進政策的關係（文化史研所博論，2007），[27]張幸真以臺北帝國大學物理講座到臺灣大學物理系為例探討臺灣知識社群的轉變（臺大歷史所博論，2003），歐素瑛研究戰後初期臺灣大學的轉型與發展（臺師大歷史所博論，2004）。[28]

在其他各級學校教育方面，如徐聖凱研究日治時期臺北高等學校（臺師大臺史所，2009），黑崎淳一探討臺北高等商業學校與南支南洋研究（臺師大歷史所，2002），方婉萍研究戰後初期任培道對於臺北女子師範學校的創建與經營（北市教大社教所，2007），陳思琪研究日治時期臺北地區的初等教育（北市教大社教所，2006），吳玉瑩研究臺北縣深坑國民小學百年校史（北市教大歷史與地理學系，2009），許雅芬研究戰後時期臺北市老松國民小學的發展（北市教大歷史與地理學系，2010），葉振疆研究 1985 至 2009 年間臺北市信義國中的發展（臺師大歷史系在職進修班，2010）。

回顧過往學位論文的研究主題及其學術取向之後，據本文初步彙整的結果，總計自 1990 年以來關於臺北研究（基隆除外）的博碩士論文

---

[27] 該文修訂出版，題名《學術先鋒：臺北帝國大學與日本南進政策之研究》（臺北：稻鄉出版社，2010 年）。

[28] 該文修訂出版，題名《傳承與創新：戰後初期臺灣大學的再出發（1945-1950）》（臺北：臺灣古籍出版公司，2006 年）。

共 223 篇，如下表所示，若以主題類別劃分，大多集中於社會類的研究，佔論文總數 50%以上；其次為經濟類與文化類，前三類合計佔總數近乎 9 成，此與近二十年來鄉土文化意識的興起，或是來自於後現代主義思潮、新社會史、新文化史風氣的影響，應有相當密切的關係。至於政治類、教育類的論文不多，軍事史的課題似乎乏人問津，成為相對「冷門」的研究領域。

　　在論述的時間段落方面，以戰後時期居多，概由社會科學和地理學系所產出；其次為跨時期以及日治時期，清代時期的部分則相對罕見，大多為歷史學系所產出。

類別 時期	政治	經濟	社會	文化	教育	合計	（%）
清代		3	9			12	5.4
日治	4	4	10	5	5	28	12.6
戰後	8	24	56	18	5	111	49.7
跨時期	2	13	43	10	4	72	32.3
合計	14	44	118	33	14	223	100.0
（%）	6.3	19.7	52.9	14.8	6.3	100.0	

　　如就論文研究的區域來看，多數聚焦於臺北市及其周邊地區（都會區），亦即大臺北地區淡水河主支流大漢溪、新店溪與基隆河流域的平原地帶；至於針對盆地周緣沿山（淺山）地區，尤其是北海岸地區的研究，則相對缺乏。

　　最後，以論文產出的學校系所來看，博士論文總計 12 篇表列如下。其產出數量依序為臺灣大學、臺灣師範大學、中國文化大學、政治大學，而各校歷史學系所在總產出量上佔優。

校名＼系所	地理系所	社會學研究所	歷史系所	合　計
臺灣大學	1	2	2	5
臺灣師範大學	2		2	4
中國文化大學	1		1	2
政治大學			1	1
合　計	4	2	6	12

　　至於碩士論文部分，總計 211 篇表列如下。就學校的總產出量來看，以臺灣師範大學最多，約佔總數 25％；其次依序為臺灣大學、中央大學、臺北市立教育大學（今臺北市立大學）、臺北大學、中國文化大學，而政治大學、東吳大學同列第七名。就特定系所的總產出量來看，以歷史系所最多，地理系所、社會學系所次之。單一系所的產出量，臺灣師範大學地理系所名列前茅，其次依序為臺灣大學地理學系所、中央大學歷史研究所、臺北大學民俗藝術研究所。

　　另一方面，大臺北地區大專院校總產出量合計 166 篇，約佔總數近 80％，此應擁有「就近取材」的地利之便所致。臺北之外，有中央、清華、中興、東海、彰化師範、暨南、中正、成功、南大、南藝大、高雄師範、東華等大學特定系所，參與臺北學的研究園地，其中以位處桃園的中央大學產出量最為耀眼。

名稱	地理	社會	社工	社心	歷史	臺灣史	臺灣文化	臺灣語文	史地	藝術史	中文	人類學	民藝	美術	宗教	客家	建築	都市計畫	公共行政	博物館	社教	國家發展	合計
臺師大	28				12	8		1		1				1							3		54
臺大	19	4			2						2												27
中央					16						1					2							19
市北教		2							6												10		18
國北大		2											14						1				17
文化	2				10																		12
政治		8			1	2																	11
東吳		7	3		1																		11
淡江					7														1				8

學校																						合計
中興				4															1				5
世新	3	1																					4
中正			4																				4
國北教	1				2																		3
彰師	3																						3
暨南			3																				3
成功			2													1							3
清華	1							1															2
東海	1	1																					2
銘傳																					1		1
真理													1										1
實踐		1																					1
南大					1																		1
南藝																			1				1
高師	1																						1
東華					1																		1
合計	53	29	2	4	61	10	3	1	6	3	1	1	14	1	1	2	2	1	1	1	13	1	211

附註：1.各校排列順序概以論文總數作降冪排列。
　　　2.大臺北地區學校一律加粗體標示。

四、結論與展望

由於大臺北地區在近代臺灣史上的獨特性及優越性，從原住民獵場、臺北三市街蛻變為當前雙北市的格局，其發展過程充滿著許多的驚

奇，幾可被視為一種「奇蹟」；再加上臺北市目前擁有全臺首要的政經
與文化地位，故吸引不少研究者的目光，進而開創出豐碩的地方學研究
及其文創推廣的成績，包括地方知識的建構與理解、文化資產的保存與
推廣以及歷史記憶的傳承與分享。

回顧近二十年來大臺北地區地方學的發展脈絡及其學術特點，尤其
就學位論文的整體表現而論，可以看出其中具有「開放性」與「多元性」
的雙重性格。研究者來自不同的學科背景，既有不同的研究取向，也有
各自的研究重點與聚焦對象。

歷史學界的研究，以漢人開發、原漢關係、土地拓墾、聚落發展、
經濟產業與社會變遷的研究成果較為顯目，尤其較著重於早期的歷史
段落。

地理學界的研究，重視地理環境變遷、自然條件與人文空間的分
析，針對各類生態景觀的區位因素進行探討，在時間段落上多著重於當
代或現狀的考察。

社會學界的研究，大多聚焦於都市化的歷程與現代化的脈絡，重視
都會區位中各類社會現象及其發展趨勢的探討，在時間段落上較偏重於
日治及戰後時期。理論的運用及量化的取向極為明顯。

人類學界的研究，大多集中於都市或村落中宗教現象的探討，以及
各類社會民俗的研究。由於人類學者原本擅長於田野調查與理論的交互
參證，近來亦有重視早期歷史文獻運用的研究傾向。

當然，研究者分別從政治、經濟、社會、文化、教育等各層面探索
臺北地區的發展歷程及其特色的同時，其間跨學科之間的交流與對話，
多元學科觀點的借鏡與整合，能兼顧理論／實務、宏觀／微觀、動態（時
間縱深）／靜態（空間區位）、中心／邊緣的研究取向，亦是所在多有，
共同展現出大臺北地方學研究的活力及願景。特別是當代法國學者傳科
（Michel Foucault, 1926-1984）的知識／權力論、布迪厄（Pierre Bourdieu,
1930-2002）的社會空間與象徵權力論等西方社會學觀點，不時被各方
研究者運用於解析臺北都市空間文化的形塑及其轉型過程，即為顯例。

以社會學與歷史學之間的謀合為例，理想的情況在於，社會學理論的援引，有助於增添論述的強度；歷史資料的引述，有利於強化論證的深度。其中，蘇碩斌的《看不見與看得見的臺北》一書，結合西方社會學理論的運用與歷史資料的考察，為臺北學的領域中如何進行跨學科的研究，立下一極佳的示範。

除了參與者學科背景的複雜性之外，如就研究主體的身份背景而言，大臺北都會區長期以來容納了臺灣多數的外移人口，臺北研究也是個相當開放的研究場域。其中，有不少土生土長的臺北人，透過感性的鄉土認同情懷，重新以理性的態度來認識或建構自己故鄉的歷史文化。此外，也有不少的臺北學參與者並非土生土長的臺北人，而是因升學、就業的關係與臺北結緣，最終以臺北作為「新故鄉」的外地人，這應該也是臺灣其他區域的地方學研究較為罕見的情形。

大臺北地區作為研究的客體，相較於臺灣其他地域，在學術本身及社會文化資源上擁有不少相對的優勢，大有樹立學術典範（paradigm）以及研究傳統（research tradition）的條件。[29]未來大臺北地區地方學的研究，也許可以採取大規模科際整合型的方式來進行，效法 1970 年代的「濁大計畫」（中央研究院與臺灣大學考古人類學系）與 1980 年代的竹塹研究計畫（張炎憲、施添福、莊英章）的作法，[30]結合歷史學、地理學、人類學、社會學、經濟學、政治學、景觀學、建築學甚至是自然科學的研究者共襄盛舉，藉由計畫的推動，投入師生研究團隊以從事多元學科的觀念交流和方法整合，而能有效率地產出各類系統性的學術專著與學位論文。在研究取徑上，由於大臺北地區的發展與淡水河系有密切的關係，若將其主支流所貫穿的土地分成數個區域（region），透過跨學科的視角，進行既微觀且通觀的專題分析與整合研究，並關注當地與他方的連結與

---

[29] 關於「典範」與「研究傳統」的概念，前者出自 Thomas S. Kuhn, *The Structure of Scientific Revolutions*（Chicago: The University of Chicago Press, 1970）；後者出自 Larry Laudan, *Progress and its Problems: Towards a Theory of Scientific Growth*（Berkeley/Los Angeles: University of California Press, 1977）.

[30] 林玉茹，〈歷史學與區域研究：以東臺灣地區的研究為例〉，《東臺灣研究》，第 7 期，2002 年 12 月，頁 115-118。

互動，落實在實證研究的基礎上，從臺北學的經驗出發，進而建構出地方學研究的理論模式，或許是未來可以積極去嘗試的目標。

另一方面，臺北學作為一多元開放的知識空間，在眾聲喧嘩的文化場域中，學界人士也亦有所領悟，解讀臺北、書寫臺北或是構築臺北意象，早已不是擁有知識／權力的主政者或學術界的專利。再者，隨著網際網路資訊流通的便捷，過往「人人都是自己的歷史學家」（Everyman his own historian）的理想，[31]已不再是那麼樣遙不可及的「高貴的夢想」（That Noble Dream）。[32]因此，科際整合、跨界合作也不應只侷限於圈內不同專業領域的對話，亦在於學界人士與地方文史工作者的交流。過往地方文史工作者與學院學者的互動，如學術研討會的集思廣益，尤其是地方志書編纂與史蹟調查研究的相互配合，或是如社區大學的運作方式，將臺北學的在地研究成果與課程教學結合起來，相當值得借鏡。

對於臺北學園地的耕耘，我們期望大專院校師生除了投入學術論文的產出，並能結合雙北市政府文化單位、學術機構以及地方文史專家的力量，除了深化過往的研究方向，進而開發更多元化的研究課題，持續從事地方志書以及文化叢書、鄉土與社會、機關志、族群志等系列專書的編刊工作，或是讓象牙塔內的學位論文能配合政府機關的出版計畫如「臺北學研究叢書」、「臺北學文獻叢刊」等等，以蔚成未來大臺北地方學的宏闊氣象。

大臺北地區的都會角落或是「庄腳所在」，有著數說不盡的「臺北代誌」，等待我們不斷去發掘。回顧過去，展望未來，舉凡地方學的研究，區域史的探討，或是「臺北學」、「宜蘭學」、「南瀛學」、「高雄學」、「彰化學」、「澎湖學」這類概念的出現，絕非是將臺灣史給「做小」，反倒是強化臺灣史研究課題的多元性與細膩度，讓「臺灣學」的規模更加地擴充，得以在學術文化的空間中相對地「放大」。返觀自 19 世紀後期迄今，臺北已然是臺灣最具國際化的都會區。在鄉土探索、方志書寫與區域研

---

[31] 語出 Carl Becker, "Everyman His Own Historian," *American Historical Review*, 37(1932), pp. 221-236.

[32] 語出 Charles A. Beard, "That Noble Dream," *American Historical Review*, 41(1935), pp. 74-87.

究的知識建構之餘，回歸社區，迎向世界，我們也展望臺北學的研究能
更具國際視野，甚至於運用英、日、法、德等多國語文來書寫、描繪臺
北的多元面貌，成就出如同法國年鑑學派（Annales School）的區域研究
典範， 進而躍升世界級的學術之林，成為臺灣與世界接軌的知識橋樑。

本文原刊登於《輔仁歷史學報》，第 36 期，2016 年 3 月，頁 285-333。今據已刊稿修訂

洪患對戰後臺北區域發展的影響（1945-1990s）——以五股鄉為例

一、前言

　　臺灣島位處西太平洋颱風帶，全島山勢陡峻、地質鬆脆且河流短促，加上豪雨集中的氣候特性與人為不當的坡林開墾，以至於有清一代颱洪水災頻傳，史不絕書。[1]臺北盆地由於環山、低窪的自然地理條件，更是颱風過境、暴雨來襲易於積水為患的區域。[2]日治時期迄戰後初期臺北地區「水災之損失，記載所及，幾無歲無之」。[3]學者楊萬全估量該地區自「一八九七年至一九八二年間共計水患八十二次，平均一年為〇‧九四次」，[4]構成居民生命財產的長期威脅。歷來的研究顯示，臺北盆地內大漢溪（大嵙崁溪）、新店溪、基隆河匯集的淡水河流域下游受臺北橋段狹窄河槽的制約，又侷限於觀音山與大屯山熔岩流拱扼而成的關渡隘口，水流難以暢洩，海水漲潮時亦經常倒流；[5]配合上戰後都市化、工業化的進展，人口大量湧入，原已地勢低窪的盆底西部平原因地下水的超抽，導致地層下陷愈趨嚴重，「每遇颱風豪雨，動輒氾濫成災」。[6]

　　自然環境與地理位置的不同，造成臺北盆地洪患程度的區域差異。學者鄧天德於〈臺北盆地洪患之地理研究〉一文中，將臺北盆地的洪患歸納為海潮洪水共氾、洪水氾濫、積水氾濫等三種類型；依此分類，則屬於海潮洪水共氾區域內的五股等地洪患相當的嚴重：

1 林玉茹，〈清代臺灣的洪水災害〉，《臺灣文獻》，49 卷 3 期，1998 年 9 月，頁 83-104。

2 王鴻賓，〈臺灣之颱風與淡水河流域之暴雨〉，收於臺灣銀行經濟研究室編，《臺灣之河川》（臺北：臺灣銀行，1966 年），頁 213-252。

3 盛清沂等，《臺北縣志‧水利志》（臺北：臺北縣文獻委員會，1960 年），頁 14。

4 楊萬全，〈臺北的二重疏洪道與兩湖荊江分洪區〉，《中等教育》，42 卷 1 期，1991 年 2 月，頁 63。

5 周明德，〈論臺北盆地之大水災〉，《氣象學報》，10 卷 4 期，1964 年 12 月，頁 9-17。

6 石再添等，〈臺北盆地西部沼澤地集水域水文與地形的相關研究〉，《中國地理學會會刊》，第 8 期，1980 年 7 月，頁 49；石再添等，〈塭子川沼澤區的水文地形學研究〉，《地理研究報告》，第 8 期，1983 年 1 月，頁 2。

臺北盆地西北之關渡隘口，距離海口僅九公里，河床高度既低，
坡度亦小，……盆地西北淡水河兩岸地區，地面高度不及二公尺，
潮水上溯時常向兩岸溢流，塭子川兩岸之蘆洲、五股及泰山一帶
受害最烈。颱洪侵襲期間，洪水受海潮阻滯，四處迴流。[7]

　　一旦暴雨來襲、海潮倒灌，位居觀音山下淡水河畔的五股地區首當
其衝，連帶的溪河暴漲及山洪傾瀉，往往引發全臺矚目的鉅大災變。[8]學
者石再添等人的研究指出：自戰後初期持續到 1980 年代中期，淡水河
左岸五股塭子川流域下游的水患頻率極高，受災情形甚為慘烈。1980
年代二重疏洪道開闢之後，五股平原帶淪為臺北盆地的洩洪區，深化了
水患對於五股的肆虐。[9]其間所衍生的問題，小及個人身家財產，大至
區域政經發展，莫不承受其影響。五股地區的社會經濟變遷，實與颱洪
水患問題息息相關。

　　本文主要以社會史的角度，分析戰後以來至 1990 年代前期的颱洪
水患與臺北縣五股鄉的互動關係。全文的架構安排，首先概敘五股地區
的歷史沿革與自然環境，呈現其釀生洪患的時空背景和地理特性。其
次，根據戰後時期政府機關涉及五股地區歷次洪患災情的調查報告、各
學術單位的研究成果，並配合五股鄉公所歷年的施政報告、都市計畫和
其他報刊報導、口述史料，陳述本地區的重大洪患以及鄉公所相應的善
後復員工作與防洪治水措施。最後以洪水平原區的管制與二重疏洪道的
興闢為中心，說明洪患對於五股鄉整體發展的深遠影響。

二、五股的歷史沿革與自然環境

　　五股鄉（今新北市五股區）位於臺灣島北部，臺北盆地西周，臺北
縣（今新北市）西北端，其疆域東臨蘆洲鄉（今新北市蘆洲區），西依

---

[7] 鄧天德，〈臺北盆地洪患之地理研究〉，《中國地理學會會刊》，第 6 期，1978 年 4 月，頁
　16。

[8] 《自立晚報》，1969 年 10 月 16 日，第 1 版；《中國時報》，1982 年 8 月 12 日，第 1 版。

[9] 石再添等，〈臺北盆地動態環境的綜合研究〉，《地理研究報告》，第 15 期，1989 年 3 月，
　頁 33。

林口鄉（今新北市林口區），南毗泰山鄉（今新北市泰山區），北倚八里鄉（今新北市八里區），東南連接三重市與新莊市（今新北市三重區、新莊區），東北以淡水河相隔臺北市北投、關渡兩區。[10]在經緯度位置上，約界於東經 121 度 23 至 28 分之間，以及北緯 25 度 2 至 9 分之間。全鄉東西寬約 3.15 公里，南北長約 4.15 公里，土地總面積為 34.8632 平方公里，占臺北縣土地總面積 2,052.57 平方公里之 1.70%，如按該縣各鄉鎮市土地面積大小順序排列，則居於第十八順位。[11]

「五股」一名的緣由，長期以來流傳有五人合股所拓墾谷地之說，[12]或者推測由芒果坑、[13]網罟坑、望姑坑、忘古坑、望罟坑、墓曠坑等諧音而來，[14]乃至有依地理環境由水碓窯坑、蓬萊坑、五股坑、御史坑、觀音坑等五個坑谷統合而成的看法。[15]前舉眾說紛紜之中，多少流於望文生義、牽強附會之嫌。學者尹章義於 1995 年 9 月 15 日五股鄉公所召開的記者會上，根據其收藏的乾隆 38 年正月「劉伴郎退還田契字」等幾份清代字據的記載，公布「五股坑」的名稱係由清代時期「五穀坑」、「五谷坑」至日治前期同音假借簡寫而成，[16]澄清了五股地名由來的歷史之謎。

在西班牙、荷蘭人進佔以及閩粵移民湧入北臺之前，五股地區散佈著先住民凱達格蘭族（Ketagalan）的足跡。17 世紀中葉荷蘭人記載中的 Pinorouwan（武勝灣）社與 Parrigon（八里坌）社，[17]學者盛清沂曾

---

[10] 內政部營建署、臺北縣政府等，《臺北縣綜合發展計畫》（1993 年 12 月），第 7 冊，〈五股鄉建設發展計畫〉，頁 2。

[11] 臺北縣政府編印，《中華民國八十二年臺北縣統計要覽》，第 43 期，1994 年 9 月，頁 2-3。土地總面積數與五股鄉公所民政課資料之 34.5827 平方公里略有出入。

[12] 安倍明義編，《臺灣地名研究》（臺北：蕃語研究會，1938 年），頁 138；洪敏麟，《臺灣舊地名之沿革》第 1 冊（臺中：臺灣省文獻委員會，1980 年），頁 313。

[13] 盛清沂等，《臺北縣志·開闢志》，頁 46。

[14] 林阿仁口述，1995 年 3 月 8 日，蔡志明採訪；陳清波、林明燈口述，民 1995 年 9 月 9 日，洪健榮採訪；蔡兩成口述，1995 年 9 月 10 日，洪健榮採訪。

[15] 呂順欽提供，1995 年 2 月 8 日，洪健榮採訪；林世澤，〈五股鄉加里珍文化藝術社緣起〉，收於《加里珍文化藝術社·創刊號》，1996 年 11 月，頁 3。

[16] 尹章義等，《五股志》，頁 85。

[17] 中村孝志，〈蘭人時代の蕃社戶口表（二）〉，《南方土俗》，4 卷 3 期，頁 184。中村孝志著，吳密察、許賢瑤譯，〈荷蘭時代的臺灣番社戶口表〉，《臺灣風物》，44 卷 1 期，頁 234-197。

推斷其相對位置與分佈範圍，指出平埔族武朥灣社「南鄰擺接社，西南以龜崙嶺接龜崙社，西北以興直山（即今觀音山）林口臺地東南麓接八里坌社，東及淡水河。約廣袤今板橋市北部，及新莊、三重兩市，與五股、蘆洲、泰山各鄉地區」。[18]依此說法，則八里坌社大致位於今五股北部觀音山、西部林口臺地一帶，五股東南部平原主要為武朥灣社的活動區域。隨著 18 世紀以後劉和林父子與胡焯猷、林作哲（1706-1769）集團以及張其陽（1715-1776）等各家族陸續展開的拓墾活動，促使五股地區的漢人聚落迅速增加，平埔族原住民的勢力最終消失在五股的歷史舞臺上。[19]五股地區原住民與漢移民的勢力消長，我們可以從官修方志的記載以及歷次的行政區劃窺知端倪。

清帝國領臺初期，官方對於平埔族的掌握相當有限，因此，在康熙二十四年（1685）蔣毓英等《臺灣府志》卷一〈封隅〉、康熙三十五年（1696）高拱乾等《臺灣府志》卷二〈坊里〉、康熙五十七年（1718）刊周元文等《重修臺灣府志》卷二〈坊里〉中，諸羅縣區域僅記載「上淡水社」；[20]康熙五十六年（1717）陳夢林等《諸羅縣志》卷二〈坊里〉和卷八〈番俗〉中則提到八里坌社及武朥灣社，[21]北臺漢人聚落尚未見於前舉康熙時期方志的記載。從高志、周志前的諸羅縣圖，我們也可以看出當時修志官紳對北臺的了解，仍存在著許多的空白處。乾隆七年（1740）刊劉良璧等《重修福建臺灣府志》卷五、乾隆十二年（1747）刊范咸等《重修臺灣府志》卷二除記載淡水海防廳下八里坌社、武朥灣社等熟番社之外，並載錄淡水保下二十五莊，其中加里珍莊約為今五股

---

[18] 盛清沂，〈臺北縣板橋市開闢史事考〉，《臺灣文獻》，36 卷 2 期，頁 4；盛清沂、吳基瑞，《板橋市志》（臺北：板橋市公所，1988 年），頁 43。

[19] 尹章義，〈臺北平原拓墾史研究（1697-1772）〉，收於氏著，《臺灣開發史研究》（臺北：聯經出版公司，1989 年），頁 58-150；尹章義等，《五股志》，頁 42-79，756-777。

[20] 蔣毓英等，《臺灣府志》，收於《臺灣府志三種》（北京：中華書局，1985 年），頁 27；高拱乾等，《臺灣府志》（臺北：臺灣銀行，1960 年），頁 38；周元文等，《重修臺灣府志》（臺北：臺灣銀行，1960 年），頁 44。

[21] 陳夢林等，《諸羅縣志》（臺北：臺灣銀行，1962 年），頁 31，173。並參見該書〈地圖〉，頁 17-18。

興珍村一帶，興直莊或許也涵括五股部份地區。[22]到了乾隆二十九年
（1764）刊余文儀等《續修臺灣府志》卷二記載淡水廳下八里坌、武勝
灣等番社以及位處今五股區域的加里珍、塭仔、武勝灣等莊。[23]而劉、
范、余志前的淡水廳圖相對於前舉高、周志的紀錄，呈現出較為詳細的
情形，反映出修志官紳對於當地掌握度的提昇。以上官方文獻顯示五股
的漢人聚落約形成於雍、乾之際，斯時已頗具規模，以致為乾隆中期刊
行的府志所採錄，作為官府施行有效統治的指標。[24]

　　清代後期同治十年（1871）陳培桂等《淡水廳志》卷三〈街里〉中，
記載興直堡轄下位處今五股地區的洲仔尾莊、中塭莊；廳志前所附山川
圖上，在五股一帶標示有塭仔莊、更寮莊、草尾莊。[25]此一時期文獻亦
記載五股地區屬於八里坌堡轄內，如學者尹章義所收藏嘉慶二十二年
（1817）「劉潛貴杜賣盡根田契字」以及咸豐六年（1856）「劉福、劉獅、
劉瑞鐘等典田契字」，字據中指涉所址皆在「興直山下外庄八里坌保五
穀坑口」。[26]1995 年二月間「五股志編纂小組」田野調查訪得水碓窠楊、
劉兩家所收藏的字據中，一份道光二十六年（一八六四）「張連福、張
連長、張樹生仝立鬮分定假字」，契字中的土地座落在「八里坌保水碓
窠內」；另一份咸豐二年（1852）「陳阿登立杜賣盡根山業契字」，其址
在「八里坌保水碓窠內」。[27]由此可見，當時五股觀音山及林口臺地村莊
隸屬於八里坌堡，平原區域村莊隸屬於興直堡轄。光緒元年（1875），
清廷設置臺北府並添設淡水縣；五年（1879），淡水縣、新竹縣分治，
淡水縣治設於臺北，五股地區於是劃歸臺北府淡水縣。光緒十三年
（1887），臺灣正式建省，重新調整行政區域，臺北府淡水縣轄八里坌
堡下北勢坑莊、水碓窠莊、石土地公莊、洲子莊、塭底莊、牲仔寮莊、

22 劉良璧等，《重修福建臺灣府志》（臺北：臺灣銀行，1961 年），頁 80-82；范咸等，《重
　修臺灣府志》（臺北：臺灣銀行，1961 年），頁 69-73。
23 余文儀等，《續修臺灣府志》（臺北：臺灣銀行，1962 年），頁 77-83。
24 尹章義等，《五股志》，頁 90-96。
25 陳培桂等，《淡水廳志》（臺北：臺灣銀行，1963 年），〈山川圖〉，頁 5 及卷 3，頁 60。
26 《中國時報》、《自立早報》、《聯合報》、《自由時報》，1995 年 9 月 16 日北縣版報導。
27 尹章義等，《五股志》，頁 1026。

觀音坑莊、獅仔頭莊以及興直堡下舊塭莊、新塭莊、樹林頭莊、羅古莊、更寮莊，共計十三莊，屬於今五股地區。[28]

光緒二十一年（1895）乙未割臺，五股的歷史隨之進入日本統治時期。同年八月六日日方改革行政制度，臺北縣管轄基隆、宜蘭、新竹三支廳並新設淡水支廳，五股原興直堡地區歸臺北縣直轄，八里坌堡地區轄屬臺北縣淡水支廳。明治三十年（1897）四、五月間，地方行政區域調整，臺北縣下分設十三辨務署，五股原八里坌堡地區歸樹林口辨務署管轄，興直堡地區改隸新莊辨務署。明治三十一年六月，重新制定地方官制，五股八里坌堡轄下各庄改隸滬尾辨務署山腳莊支署，興直堡下諸庄屬三角湧辨務署新莊支署。翌年（1899）十月，修正臺北縣各辨務署管內街庄社長管轄區域，其中臺北辨務署新莊支署興直堡轄下包括五股之樹林頭、羅古、褒仔寮、更寮、鴨母港、下竹圍、洲仔尾、新塭、舊塭等九庄。明治三十四年十一月，實施地方官制革新，五股之八里坌堡水碓、石土地公、五股坑、觀音坑、成仔寮、洲仔以及興直堡樹林頭、羅古、匏仔寮、更寮、鴨母港、下竹圍、洲仔尾、新塭、舊塭共十五庄，皆隸屬於臺北廳下新莊支廳。明治四十三年（1910）十月，廳制改革，新臺北廳下新莊支廳轄新庄、二重埔、五股坑、貴仔坑、樹林口、坑仔等六區，五股地區八里坌堡觀音坑、洲仔、成仔寮、五股坑、石土地公、水碓六庄以及興直堡更寮、新塭二庄分別歸五股坑區長役場、二重埔區長役場所轄。大正九年（1920）十月，地方行政制度改革，臺北州新莊郡管轄新莊街暨鷺洲庄、五股庄、林口庄，五股庄由原五股坑區觀音坑、洲子、成子寮、五股坑、石土地公庄、水碓六庄以及二重埔區更寮、新塭二庄併合。五股庄的疆域區劃迄日治結束前相沿未變，已略具戰後時期五股鄉的行政規模。[29]

1945年十月二十五日，國民政府代表在臺北公會堂接受日本投降；十一月十五日，臺北州接管委員會接收新莊郡。次年元月十六日，臺北

---

[28] 盛清沂，〈臺北縣疆域沿革誌略〉，收於《臺北縣文獻叢輯》第2輯（臺北：臺北縣文獻委員會，1956年），頁47-49。

[29] 尹章義等，《五股志》，頁126-139，1041-1043。

縣政府成立，廢郡設區，改街庄為鄉鎮；二十七日，五股鄉公所正式成立，隸屬於新莊區。1950 年，臺灣省實施縣市地方自治，重劃行政區域；八月十六日，新莊廢區，五股鄉改由臺北縣直轄，[30]包括興珍、更寮、竹華、洲後、集福、觀音、成州、五龍、五股、德音十村，其疆域沿革及行政歸屬如表 1 所示。

表 1：戰後初期五股鄉十村

時期 村名	日治郡庄名	日治大字名	日治小字名	臺北廳區	廳	清光緒堡名
興珍村	新莊郡五股庄	新塭、更寮	褒子寮、羅古、新塭、樹林頭	二重埔區	臺北廳	興直堡
更寮村		新塭、更寮	新塭、更寮、鴨母港			
竹華村		更寮	更寮、下竹圍			
洲後村		更寮	洲子尾			
集福村		成子寮、觀音坑	獅子頭、北勢坑、坑口	五股坑區	新莊支廳	八里坌堡
觀音村		觀音坑	中坑、直坑、崩山、內岩、坑口、田子埔、福隆山			
成州村		成子寮、洲子	成子寮、洲子、御史坑			
五龍村		五股坑	五股坑、壟鉤坑			
五股村		五股坑	五股坑、冷水坑			
德音村		石土地公、水碓	蓬萊坑、外寮、石土地公、水碓、塭底、水碓窠			

＊資料來源：盛清沂，〈臺北縣疆域沿革誌略〉，《臺北縣文獻叢輯》第 2 輯，頁 268。

　　1960 年十月十日，行政區域調整，五股村調出陸一村，同時德音村調出貿商村。1982 年四月二十日，竹華村併入更寮村。1985 年七月一日，洲後村廢村，併入成州村；同年八月十日，成州村調出成功村、五股村調出五福村。1990 年三月一日，成德村、德泰村分別自成州村、德音村劃出，是時全鄉計轄興珍、更寮、集福、觀音、成德、成州、成功、五龍、五福、五股、德音、德泰、陸一、貿商等十四村，共 304 鄰，戶數 11,551 戶，人口數 45,344 人。[31]

　　人們適應自然環境，也改造自然環境。從加里珍庄、五股庄到五股

---

[30] 盛清沂等，《臺北縣志・疆域志》，頁 27-31，50；尹章義、陳宗仁，《新莊政治發展史》
　　（臺北：新莊市公所，1989 年），頁 295-303。
[31] 《五農會刊》，第 14 期，1990 年 4 月 20 日，第 3 版。

鄉的聚落形成與社會變遷,自然環境扮演著重要的角色。五股地形主要由山地、臺地、平原所構成,如以成泰路為界,則西面近三分之二為山地、臺地或丘陵,包括北部觀音山區及西部林口臺地區,地勢高且坡度大,東南部為沖積平原包括洲子洋、更寮平原與後來的「零公尺地帶」塭子川沼澤區,係臺北盆地西北部低窪帶。全鄉整體呈現出複雜萬狀的地形特色,山區平均坡降約 2.75%,平地部份東西向坡降約 1/500、南北向約 1/2,000。[32]觀音山區座落於五股、八里、林口三鄉界上,屬大屯火山群亞群之一的獨立火山體,[33]為北臺遠近馳名的風景勝地,也是全省名聞遐邇的風水寶地,其主峰硬漢嶺標高 612(一說 608.9)公尺,由更新世安山岩質構成並往四方延展,南向側有二尖山、崩山、虎頭山、占山、福隆山等山峰羅列,[34]綿延本鄉觀音、集福兩村以及五福、五龍、成功、成州、成德等村一部份。林口臺地又名平(坪)頂臺地,屬於典型的紅壤礫石臺地,標高約在海拔 200 至 255 公尺之間,平均高度 166公尺,東北方以冷水坑溪、紅水仙溪界隔觀音山,東南邊以 200 公尺高的斷層陡崖連接臺北盆地,[35]五股鄉境為臺地東區,涵蓋本鄉五龍、德泰、五福、五股、德音、陸一、貿商、成功等村之全部或部份區域。臺北盆地係臺北區域與林口臺地之間的斷層作用所演成的構造盆地,[36]林口臺地和大屯火山群、加里山脈西北邊緣丘陵環繞周圍。盆地平均高度107.18 公尺,平均坡度 20.83%。盆底西南部沖積平原平均高度 9.68 公尺,平均坡度 1.70%,[37]涵蓋本鄉成德、成州、更寮、興珍等村以及成功、五股、德音各村一部份,昔為康熙三十三年(1697)因地震下陷而

---

[32] 臺灣省政府住宅及都市發展局,《臺北縣五股、泰山鄉雨水下水道系統規劃報告》,1985年 10 月,頁 2。

[33] 莊文星、陳汝勤,〈臺灣北部火山岩之定年與地球化學研究〉,《經濟部中央地質調查所彙刊》,第 5 號,1989 年 10 月,頁 31-66。

[34] 臺灣省交通處旅遊事業管理局,《觀音山風景區建設計劃規劃》,1989 年 7 月,第 2 章,頁 1。

[35] 鄧國雄,〈臺灣西北部紅壤礫石臺地地形之計量研究〉,《中國文化大學地學研究所研究報告》,第 3 集,頁 115-121;李鹿苹,〈林口臺地土地利用之自然地理因素〉,《國立臺灣大學理學院地理學系研究報告》,第 6 期,1969 年 12 月,頁 118-119。

[36] 黃德乾,〈臺北盆地之松山層〉,《臺北文獻》,第 1 期,1962 年 6 月,頁 94。

[37] 石再添等,〈臺北盆地動態環境的綜合研究〉,頁 2-4。

成的臺北湖緣。乾隆前期，胡焯猷與林作哲、胡習隆合組「胡林隆墾號」所開墾包括成子寮、水碓等區域，正是位於這個斷層地帶，具有水泉充足的優勢條件。[38]

　　五股的氣候主要受控於季風（尤其是東北季風）的因素。若依學者蔣丙然引用的柯本（Köppen）氣候分類法將臺灣分成的六種氣候類型、陳正祥援用桑士偉（Thornthwaite）氣候分類所調整出的臺灣氣候區域與中央氣象局運用相關係數、溼溫圖和多變值區分法所劃分的臺灣九個農業區，則五股地區的氣候分別屬於「東北部溫暖溼潤氣候（Cfa）」（主要是平地區）、「北部區」以及「西北區」等類型，大致為暖濕副熱帶季風型氣候，夏季高溫，天氣悶熱，多颱風與豪雨；冬季受大陸冷氣團南下的影響，氣溫陰冷潮濕，降水量相對減少。[39]由於北面觀音山、東北面大屯山群以及西面林口臺地的屏障，故受東北季風與海洋的影響不及依山面海的八里、淡水與林口等地。地形因素並造成本鄉平地與山區氣候的些許差異。五股全鄉的氣候狀況，根據中央氣象局鄰近五股之淡水氣象站（1903-1994）與臺北氣象舊站（1897-1992）、新站（1992-1994）的歷年記錄顯示，[40]該地區歷年的平均氣溫隨著季節而變化，最冷月為一或二月，平均在攝氏 15 度左右；最熱月為七、八月盛暑，平均氣溫高達 28 至 29 度。自四月至十一月月均溫超出 20 度，十二月至翌年三月平均氣溫在 15 至 18 度之間。年平均氣溫約為攝氏 22 度。降水方面，臺灣北部淡水河流域的降水成因主要有東北季風雨、鋒面雨、熱雷雨、颱風雨，[41]五股鄉亦不例外。本鄉每年總平均降水量可達 2,000 公釐以上，降水主要集中在夏季六至九月，值颱風盛行季節，平均大約在 150

---

[38] 尹章義，〈臺北平原拓墾史研究（1697-1772）〉，頁 74。

[39] 蔣丙然，《氣候學》（臺北：國立編譯館，1961 年臺初版），頁 85-95，117；陳正祥，《氣候之分類與分區》（臺北：國立臺灣大學農學院實驗林，1959 年），頁 18-20，91；薛繼壎，〈氣候分類方法評介〉，《中等教育》，26 卷 3、4 期，1975 年 6 月，頁 14-17；石再添主編，《臺灣地理概論》（臺北：臺灣中華書局，1991 年），頁 40-42。

[40] 資料由中央氣象局提供。臺北氣象站舊址臺北市公園路，新站位於臺北市立師範學院內。

[41] 李蔭庭，〈淡水河流域之氣候〉，《中國文化學院地學研究所研究報告》，第 2 期，民 1979 年 8 月，頁 14。

至 300 公釐之間。冬季十一月至翌年二月間，降水量較少，平均大約在
70 至 150 公釐。春季自三月後降水量逐漸回升。年平均風速介於 2.6 至
3.1 公尺/秒間，自九月起平均風速逐漸增強，進入十一月至翌年二月冬
季東北季風的盛行期，持續至三、四月份春季之後，風勢漸轉緩和，夏
季西南季風約於六、七月間達到最弱。

　　五股鄉位於淡水河下游左岸，境內河川多發源於觀音山區與林口臺
地，由西向東分別注入淡水河、塭子川內，屬於淡水河支流塭子川流域
（參見表 2）。淡水河水系由主流大漢溪與支流新店溪、基隆河所構成，
流域面積約 2,725.82 平方公里，主流長 158.7 公里（1980 年代紀錄），[42]自
蘆洲鄉流入本鄉後，於成德村、集福村界獅子頭旁南納塭子川、左匯觀
音坑溪，在關渡、社子附近右匯基隆河，形成本鄉與臺北市士林、北投
兩區的界河。經八里鄉、關渡隘口於淡水鎮注入臺灣海峽。[43]

表 2：五股鄉境內塭子川流域主支流概況表（1970-80 年代紀錄）

河　　川	河源高度（m）	河流長度（km）	河床坡降	流域面積（km）
塭　子　川	28	11.70	1/428	85.07
大窠坑溪	248	8.94	1/36	19.70
橫　窠　溪	208	3.60	1/17	—
上水碓窠溪	225	4.02	1/18	—
五股坑溪	249	7.97	1/32	12.05
觀音坑溪	477	6.40	1/13	8.94

＊資料來源：石再添等，〈臺北盆地西部沼澤地集水域水文與地形的相關研究〉，
　　　　　　頁 51-52。

　　塭子川位於林口臺地與沖積平原的交接處，主流匯觀音山與林口臺
地東側各坑溪以及五股、泰山、新莊、三重、蘆洲一帶地表諸水。[44]由
西南流向東北進入五股鄉後，過塭子川沼澤區，流向約與成泰路平行，

---

42 楊萬全，〈地下水開發對環境的衝擊——臺北盆地的個案研究〉，《地理研究報告》，第 9
　　期，1983 年 4 月，頁 75。

43 有關八十年代初期淡水河流域水文的介紹，可參見楊萬全，〈認識淡水河流域的水文〉，《中
　　等教育》，45 卷 4 期，1994 年 8 月，頁 29-46。

44 楊萬全，〈臺北盆地地層下陷的地理學研究〉，《地理學研究》，第 2 期，1978 年 6 月，頁
　　22。

自南向北經興珍村、德音村、更寮村、五股村、成功村、成州村、成德村，在獅子頭旁流入淡水河。觀音坑溪源自觀音山南坡，經觀音村、集福村、成州村、成德村，於獅子頭附近流入塭子川與淡水河，北勢坑溪為其北側支流。五股坑溪源自林口臺地，經五龍村、五福村、五股村、陸光一村、成功村流入塭子川，御史坑溪為其北側支流，南側支流有壟鉤坑溪、冷水坑溪及羊子坑溪等。[45]大窯坑溪與其支流水碓窯溪、橫窯溪源自林口臺地，經德泰村、貿商村、德音村流入塭子川，為五股鄉與泰山鄉的天然界河。

　　清代時期閩粵移民拓墾五股地區，塭子川流域提供了日常給水和農作水源，五穀坑、冷水坑、壟鉤坑、觀音坑、坑口、中坑、直坑、水碓窯坑等坑谷溪流也是先民「篳路籃縷、以啟山林」的天然交通路線。而水利設施的興設，更為其拓墾有成的關鍵。根據學者尹章義的研究，乾隆中後期加里珍與洲仔尾、樹林頭、古屋、新舊塭、更寮等庄拜劉承纘、劉承傳昆仲率眾開鑿的「萬安陂大圳」（劉厝圳）之賜，成為五股東南平原區域極早發展的漢人聚落（今興珍村、更寮村一帶）。[46]日治初期官方合併劉厝圳與張厝圳（永安陂圳）、草埤三灌溉系統，於明治四十二年（1909）四月成立後村圳組合，經過整修後的圳路供應今新莊、五股、蘆洲、三重等農地灌溉水源，奠定了五股地區農業發展的基礎。[47]然而水能載舟，亦能覆舟，臺灣省政府住宅及都市發展局於 1985 年十月的《臺北縣五股、泰山鄉雨水下水道系統規劃報告》中指出：「塭子川兼

---

[45] 據陳國章、楊萬全〈西仕颱風過境時五股的山洪災害〉（《地理學研究》，1983 年 10 月，頁 3-4）指出，1980 年代五股坑溪南側四支流記錄概況如下表：

名　稱	河源高度(m)	主流長度(km)	流域面積(km)
壟鉤坑溪	215	3.20	2.6181
冷水坑溪	170	1.78	0.7419
無　名　溪	150	0.73	0.1687
羊子坑溪	165	1.19	0.4349

[46] 尹章義，〈臺北平原拓墾史研究（1697-1772）〉，頁 97-108。

[47] 尹章義，《新莊發展史》（臺北：新莊市公所，1980 年），頁 64-65；尹章義等，《五股志》，頁 58-61。

具灌溉、排水作用,但因其斷面寬窄不一,排水容量不足,且出口處溝底甚低,一遇暴雨,五股低窪地區,即成水鄉澤國」。[48]另一方面,由於本鄉境內陡峭山陵臺地區與低窪平原沼澤區的鮮明對比,塭子川各支流河床坡降大且河道狹窄(據表 2 數據),地形、氣候的影響,加上觀音山的更新世安山岩質碎屑岩、砂岩、礫岩與林口臺地的更新世礫岩、紅壤皆屬質地疏鬆、排水不佳且易於崩塌的地層特性,其邊緣坡地每逢驟雨沖蝕,往往地層滑動、土壤流失,[49]山洪暴發時常夾雜土石、泥沙狂洩而下,造成全鄉公共設施與居民生命財產的嚴重損失。

表 3:五股地區的地形、地質、土壤及水系

區域	佔本鄉比例	地形	地　質	土　壤	水系
北部觀音山區	2/7	火山	更新世安山岩質碎屑岩;上新世及更新世砂岩、頁岩、礫岩	草螺系砂土、八里系砂質壤土	觀音坑溪
西部林口臺地區	2/7	臺地	更新世砂岩、礫岩、紅壤	三坑子系砂質壤土、五塊厝系壤土	五股坑溪、大窠坑溪
東南部臺北盆地沖積平原區	3/7	平原沼澤地	更新世砂岩、礫岩、砂質粘土	石屯系坋質壤土、坑子外系砂質壤土	塭子川

＊資料來源:1.沈曼華,〈臺北盆地西周緣的坡面特徵與土地利用〉,臺北:國立臺灣師範大學地理研究所碩士論文, 1988 年 6 月,頁 8。
2.楊萬全,〈地下水開發對環境的衝擊——臺北盆地的個案研究〉,頁 78-80。
3.國立中興大學都市計劃研究所,《五股鄉綜合發展計劃》(臺北:五股鄉公所,1988 年 5 月),頁前 6,21-22。

三、戰後時期五股地區重大洪患

　　洪災問題乃五股地區的歷史性劫難,也是過往五股鄉民聞之色變卻又司空見慣的禍患,尤以塭子川流域沖積平原與坡地溪谷各村莊為最。

---

[48] 臺灣省政府住宅及都市發展局,《臺北縣五股、泰山鄉雨水下水道系統規劃報告》,頁 5。

[49] 段錦浩、葉昭憲,〈紅土臺地崩塌地及野溪治理之研究(二)〉,行政院國家科學委員會防災科技研究報告 83-03 號,1994 年 9 月,頁 2-6;陳國章等,〈臺北盆地南周緣坡地的坡面特徵與土地利用的分析〉,《地理學研究》,第 5 期,1981 年 6 月,頁 36-60;楊昭男,〈從五股災變談工程地質的重要性〉,《科學月刊》,13 卷 11 期,1982 年 11 月,頁 10-11。

據學者曹永和的研究，清代北臺地區每逢颱風過境時，動輒「山頹水溢」、「洪水橫流」，造成「田園沖陷」、「民居倒壞」的慘禍。[50]日治時代臺北地區水災慘重、屋毀死傷的情形，猶屢見不鮮。[51]這時期五股境內的重大洪患，舉要如明治三十一年（1898）八月六、七日的一次強烈颱風，在日方民文第一二一號文〈第一次暴風雨災情報告書〉中指出滬尾辨務署管內，「災害最嚴重者為八里坌堡第四區，該地因位於淡水河下流，後背觀音山，地勢偪促，尤其獅仔頭、成仔寮、洲仔庄、坑口四庄，因地勢低窪，河水漲溢氾濫，浸沒全村，浸水最深者達二丈餘」；其具體的損失情形，包括：「民家悉數四壁破損脫落，僅留露壁骨，衣服器具及其他日用品悉遭流失，致陷入饑餓困境」，並且「自淡水河潮水浸沒耕地，稻秧枯死，田園為土砂所埋沒，或河岸崩潰等不勝枚舉」。[52]大正十三年（1924）八月初暴風雨過境，《臺灣日日新報》於九日刊載新莊郡成子寮派出所部內住家流失四戶、浸水 400 戶，水田浸水 230 甲。[53]類似的報導，如《臺灣日日新報》昭和五年（1930）7 月 30 日刊載「新莊郡下一帶，自二十七晚起，遭暴風雨害，因大嵙坎溪流，增水丈餘，致新莊、鷺洲、五股三街庄，被水所浸道路，田園一望無際」。[54]臺北盆地凡有風水之災，五股成子寮、更寮地區多不能免。

　　1950、60 年代以後，淡水河左岸包括五股、蘆洲、新莊、三重等塭子川流域下游一帶，「水患頻率最高」，受災亦最烈。[55]以 1963 年葛樂禮（Gloria）颱災為例，該颱風中心於九月十一日至十二日經過彭佳嶼附近，風力雖不強，然而北臺由於山區暴雨滂沱，以致「溪流氾濫，洪

[50] 曹永和，〈清代臺灣之水災與風災〉，收於氏著，《臺灣早期歷史研究》（臺北：聯經出版公司，1979 年），頁 408-476。

[51] 劉卓峰，〈六十六年來的颱風〉，《氣象學報》，9 卷 1 期，1963 年 3 月，頁 21-35；戚啟勳，《颱風》（臺北：季風出版社，1980 年），頁 189-215。

[52] 程大學、吳家憲編譯，《日據初期警察監獄檔案（第二冊）》（臺中：臺灣省文獻委員會，1980 年），頁一六八。

[53] 《臺灣日日新報》，大正 13 年 8 月 9 日。

[54] 《臺灣日日新報》，昭和 5 年 7 月 30 日。

[55] 石再添等，〈臺北盆地動態環境的綜合研究〉，頁 33。

水成災」,[56]臺北總雨量計 746.3 公釐,加上颱風滯留所形成的西北氣流,激起海潮暴漲倒灌入淡水河,頓時淹沒五股低窪平原區的田舍,放眼所見,盡成汪洋澤國。鄉內淹沒區地面高 4.30 公尺,洪水位標高 6.10 公尺,淹水深度 1.8 公尺,淹水時間達 21 小時以上,鄉民生命財產損失慘重。[57]此次颱洪氾濫對於新莊、五股地區的空前損傷,據報導「乃六十年來所僅見」。[58]

　　整體而言,五股位居觀音山、林口臺地與臺北平原的交接處,林口臺地上五股坑溪和觀音山上觀音坑溪主支流兩旁,在山坡地開發、濫墾未能妥善規劃防洪整治措施與水土保持工作的情形下,常因豪雨沖刷而致山崩水瀉;[59]再加上鄉境東南地當淡水河下游左岸的低窪地帶,復為臺北盆地超抽地下水以致地盤下陷嚴重的區域,結果全鄉每逢颱風過境或暴雨傾注,不斷地承受山洪暴發、河水高漲與海水倒灌所交集而成的水患威脅。「前受海潮進氾,背遭山洪侵襲」,[60]可說是五股洪患的最佳寫照。1968 年九月底艾琳颱風的三天豪雨,五股鄉成州、洲後、竹華、興珍四村積水成災,稻田幾全遭暴洪淹沒,成子寮至更寮間道路交通中阻。[61]1969 年九月下旬艾爾西颱風過境,五股地區通訊中斷、稻田被浸,五股、五龍及德音三村房屋全倒七間、半倒七間,陸光一村防坡堤遭洪水沖毀。[62]禍不單行的,次月初芙勞西颱風過境,塭子川防潮堤與鄉境公路受損,農田再度浸水。[63]1970 年八月中的一次颱災,五股鄰近區域災情慘烈,據報導「臺北縣五股鄉由於目前豪雨山洪暴發,再加上海水

[56] 〈民國五十二年颱風調查報告(第二號颱風葛樂禮)〉,《氣象學報》,9 卷 3、4 期,1963 年 12 月,頁 32。

[57] 王京良,〈臺灣之颱風及其災害〉,收於臺灣銀行經濟研究室編,《臺灣之自然災害》(臺北:臺灣銀行,1967 年),頁 19-21。

[58] 《自立晚報》,1963 年 9 月 12 日、13 日第 2 版報導。

[59] 梁美惠,〈航照應用於臺北縣五股、泰山、林口土地利用變遷之分析:1973-1982〉,《航空測量及遙感探測》,第 9 期,1985 年 9 月,頁 1-15。

[60] 鄧天德,〈臺北盆地洪患之地理研究〉,頁 16。

[61] 《自立晚報》,1968 年 10 月 1 日,第 2 版。

[62] 《自立晚報》,1969 年 9 月 27 日,第 5 版。

[63] 《自立晚報》,1969 年 10 月 12 日,第 5 版;五股鄉公所,《五股鄉五十九年度推行地方自治工作報告》(1970 年 12 月)。

倒灌，迄今觀音等五個村電燈不亮，電話不通，八里、蘆洲、觀音三線交通中斷。居民損失頗重。據鄉長陳光明表示：這次山洪暴發，是卅多年以來最大的一次」。嗣後，五股鄉公所統計受災情形，據報導：計橋樑受損 6 座、道路 5 條，堤岸損壞 53 處長約 5,004 公尺，農田遭洪水埋沒 43 公頃，房屋全倒 4 幢、半倒 2 幢、豬舍 5 幢，估計損失在兩千萬元以上。[64]

值得一提的是，1968 年以後的五股洪患與境內的地形變遷緊密聯繫，這時期五股、蘆洲等地塭子川沿岸逐漸形成一廣大的沼澤地，部份區域地面標高出現「低於海平面的現象」，此即所謂的「零公尺地帶」（Sub-zero-meter Area 或臺北西湖、小地中海）。[65]其成因據國立臺灣師範大學地理學系於 1980 年代前後的調查指出：臺北盆地都市人口集中和工業發展迅速，地面水源供不應求轉而抽取地下水量過度，導致西部低窪帶「地下水位急劇下降，成為臺北盆地地盤下陷最嚴重的地區」，[66]復因淡水河屬於海水易於倒灌的感潮河川，加上關渡、獅子頭的水流瓶頸排水不易，使得該主要地層下陷區域經常積水為患，演變而成塭子川沼澤區。1980 年前後，沼澤區面積廣達 5 平方公里，分佈於本鄉興珍、更寮、德音與五股村的面積共計 4.49 平方公里，平均深度達 0.88 公尺，最大深度 2.05 公尺位在沼澤區南部的新塭、舊塭。[67]五股的平原沼澤帶既為臺北盆地最低窪的地區，多次的颱洪水患屢成盆地內積水最嚴重的災區。據臺灣省水利局第十二工程處的颱洪專題報告，1969 年 9 月艾爾西（Elsie）颱風造成五股、蘆洲與泰山低窪地帶的淹水時間達 40 至 70 小時；此外，1969 年十月芙勞西（Flossie）颱災期間淹水 88 至 105 小時、1970 年九月芙安（Fran）颱災淹水 36 至 72 小時、1971 年九月艾妮絲颱災淹水 44 小時、1971 年九月貝絲（Bess）

64 《自立晚報》，1970 年 8 月 14 日，第 2 版。

65 楊萬全，〈臺北盆地地層下陷的地理學研究〉，頁 20-46；楊萬全，〈臺北盆地零公尺地區的問題〉，《地理研究報告》，第 6 期，1980 年元月，頁 46-69。

66 石再添等，〈臺北盆地西部沼澤區之水文地形學研究〉，《地理學研究》，第 8 期，1984 年 10 月，頁 63。

67 石再添等，〈塭子川沼澤區的水文地形學研究〉，頁 2-9。

颱災淹水 60 小時、1972 年八月貝蒂（Betty）颱災淹水 24 至 72 小時。
從這項報告中顯示，1960、70 年代初期臺北盆地各地的颱洪記錄，本
區相較於三重、新莊以及板橋江子翠、社子關渡、木柵溝子口、松山
大直等區，淹水時間每持續最久，[68]災情相形慘重。

　　零公尺地帶增強了五股地區的洪患威力，直到 1970、80 年代中期，
五股塭子川下游兩岸依舊是臺北盆地內水患頻繁、災情嚴重的區域。[69]1976
年八月上旬來勢洶洶的畢莉颱風夾帶驟雨和海水倒灌，導致塭子川防潮堤
決口，洪濤淹沒五股一帶土地數百公頃，平原區積水盈尺。[70]1977 年七月
下旬薇拉颱災，五股地區積水、停電。[71]1982 年八月十一日西仕（Cecil）
颱風過境引進西南氣流所帶來的豪雨，更使得五股「全鄉十一村均受災
害」，據鄉公所災情報告中的記錄：斯時沖積平原區興珍、更寮、洲後三
村由於石門水庫的洩洪，遭到洪水的圍困；林口臺地邊區五龍、五股、德
音、陸一、貿商五村因山洪挾帶大量泥砂土石滾滾而下，災情空前慘重。
截至當夜十二時止，初步統計全鄉死亡人數 15 人、重傷 6 人，房屋全倒
24 戶、半倒 24 戶，遭淹水工廠 860 家、商店 1,024 家，路基流失約 11.5
公里，護坡塌方 37 處長 870 公尺、面積 2,610 平方公尺，路面積泥 3.7 公
里，鄉境排水溝全部積泥，沖毀橋樑 3 座、堤防 4,200 公尺、護岸 5,400
公尺，工廠及商店生產設備、產品、商品、裝潢遭淹水損失約 8 億 5 千萬
元，農田沖毀流失與遭受埋沒約 250 公頃，水稻、蔬菜約 150 公頃，畜牧
損失豬 2,000 頭、雞 5,000 餘隻、牛 1 頭，豬舍倒塌 210 棟，其他損失約
3,000 萬元。[72]

　　這次「八一一」水災的慘禍，號稱自葛樂禮颱災之後五股「七十年
來最大的災變」，造成全鄉山崩堤潰，低窪地區汪洋一片、交通癱瘓，

---

[68] 轉引自尹章義、陳宗仁，《新莊政治發展史》，頁 364。

[69] 石再添等，〈臺北盆地動態環境的綜合研究〉，頁 33；《自立晚報》，1977 年 7 月 28 日，
　　第 2 版。

[70] 《聯合報》，1976 年 8 月 11 日，第 3 版。

[71] 《自立晚報》，1977 年 8 月 1 日，第 2 版。

[72] 五股鄉公所，〈臺北縣五股鄉受豪雨災害情形報告〉，1982 年 8 月 11 日。又據《中華日報》
　　8 月 13 日的報導，全鄉死亡人數增至 17 人，總損失財物超過 10 億元以上。其後損失陸續
　　增計，茲不贅述。

民眾受困災區甚至慘遭活埋；水勢消退後到處滿目瘡痍，各村積泥最淺有 1 台尺，最深達到 3 公尺。受災期間總統蔣經國、行政院長孫運璿、省府主席李登輝先後督促縣長林豐正儘速進行五股救災善後事宜。[73]鄉長林大坤在災情報告中沉重地指出：

> 本鄉西南位於林口台地之下方，近年來因林口工二、工三工業區之開發，動鬆表土，剷除林園綠地，失卻天然涵水功能，每逢豪雨即釀成沿本鄉排水之溪流，山洪瀑發，沖毀溪岸及農田、沖倒溪畔民房，洪水挾帶泥砂，再衝向本鄉低窪平地，又本鄉低窪地區受海水倒灌及石門水庫洩洪，上下齊攻，釀成平地工廠、商店、住家、道路淹水，可謂「被困水城」，鄉民生命財產，旦夕難保。[74]

對於「八一一」洪患災變原因的檢討，鄉長、受災鄉民與報刊輿論大致認為在該日豪雨集中、降雨量大的情況下，林口工業區域的開發不當以及石門水庫洩洪的推波助瀾為其罪魁禍首。[75]除此之外，學者專家經過實地勘察之後，或研判這次災害無關於林口「工二」、「工三」區的開發。[76]任教於國立臺灣大學地質學系的楊昭男根據五股的地質岩性，推論其因臺地透水性不佳的紅土層及尚未固結、質地鬆散的礫石層「缺少森林植生的保護，礫石層受到雨水的侵蝕而崩解，其泥沙與礫石分別被由臺地下來的表面逕流挾帶而沉積於源頭小溪中，當一場大雨降臨所帶來滾滾而下的洪流將這些泥砂礫石往下游沉積，造成五股災區人亡屋毀的災害」。[77]國立臺灣師範大學地理學系陳國章、楊萬全教授的研究指出：五股坑溪流域「災害的發生來自崩坍、土石流、淹水和淤泥等」，區內民眾與河爭地使得河道變窄、違建橋樑導致水流受阻，人為因素的

---

[73] 《中華日報》、《中國時報》、《聯合報》，1982 年 8 月 12 日頭、次、三版報導。

[74] 五股鄉公所，〈臺北縣五股鄉受豪雨災害情形報告〉。

[75] 《中華日報》，1982 年 8 月 12 日；《臺灣新生報》，1982 年 8 月 14 日。

[76] 黃文雄，〈五股水患雖無關工業區開發，水土保持、整治河川不容忽視〉，《中華日報》，1982 年 8 月 13 日。

[77] 楊昭男，〈從五股災變談工程地質的重要性〉，頁 10。

阻擋加上當地排水的不良，導致這場慘重的禍患。[78]中國文化大學教授
梁美惠從航照圖判讀 1973 年以後五股山林坡地改變為墓地利用及住
宅、工業用地比率的擴展，五股坑溪、觀音坑溪兩側土壤因此缺乏天然
植被的固著，水源涵養能力減低，造成該次豪雨引發礫石崩塌、砂土流
失的災害。[79]姑不論這些分析歸咎客體的適切與否，氾濫成災既已成為
事實，亡羊補牢的善後措施與防洪治水的保護工程，卻是刻不容緩。

　　一般說來，防洪治水的有效措施不外乎築隄、護岸、挖浚和興修
排水系統。[80]例如，政府鑑於 1962 年歐珀、愛美與 1963 年葛樂禮颱災
之害，為了解決臺北盆地週期性的洪患，籌議以大漢溪改道塭子川作
為「淡水河防洪治本計劃」，在塭子川疏洪道興建定案之前，率先於
1964 年間疏暢淡水河流域的排水，主要工程為「整治河口，拓寬關渡，
先謀尾閭之暢通」。同年四月，臺灣省水利局遵照行政院指示「予以拓
寬，以改善水流，減低災害」，乃炸開關渡、獅子頭隘口，將「高水位
以上由原有之 460 公尺，拓寬為 550 公尺」，[81]這是以大臺北地區為考
量的排水、洩洪作業。就五股鄉境因應洪患之道而言，第五、六屆鄉
長陳光明任內（任期 1964.3-1973.3）曾致力於加強鄉境山區與平原區
防洪、排水與河川整治工作，積極向上級單位陳情洩洪技術的改進，
以保障全鄉居民的生命財產。[82]為了防止海水水位高過塭子川時造成大
量的海水倒灌，乃配合臺灣省水利局於 1965 年十月修築塭子川防潮
閘，翌年三月底完工塭子川防潮堤。[83]1969 年九月艾爾西、芙勞西颱
風損壞塭子川防潮堤與鄉境公路，鄉公所採取緊急搶修工作，同時向
上級政府申請補助款辦理修復工作。[84]第七、八屆鄉長陳林讓任內（任

---

[78] 陳國章、楊萬全，〈西仕颱風過境時五股的山洪災害〉，頁 13-16。
[79] 梁美惠，〈航照應用於臺北縣五股、泰山、林口土地利用變遷之分析：1973-1982〉，頁 14-15。
[80] 盛清沂等，《臺北縣志・水利志》，頁 18。
[81] 臺灣省水利局，《臺北地區防洪計畫簡介》（1982 年 2 月），頁 1-2，23。另參見內政部營建署、臺北縣政府等，《臺北縣綜合發展計畫（第一次期中簡報）》（1992 年 7 月），第1 章，頁 6。
[82] 《自立晚報》，1969 年 11 月 2 日。
[83] 陳光明，《臺北縣五股鄉五十五年度施政報告》（1966 年 6 月）。
[84] 五股鄉公所，《五股鄉五十九年度推行地方自治工作報告》。

期 1973.4-1982.2），於 1984 年九月完成長 3,400 餘公尺、堤頂路面寬
2.5 公尺的塭子川防潮堤與防潮閘門，[85]1976 年度，進行陸光村後山防
汛排水溝工程、貿商二村排水溝工程以暢通水流，減少颱風季節洪水
氾濫的損害；[86]同年六月間，向有關當局爭取獅子頭等淡水河邊防洪堤
岸的興修作業，以防止嚴重的海水倒灌問題。[87]1977 年度，修復塭子
川防潮堤 520 公尺、塭子川楓樹段堤防 237 公尺，[88]並雇用專人加強塭
子川防潮閘門的管理維修工作。[89]

　　「八一一」水災期間，第九、十屆鄉長林大坤率領鄉公所人員陸續
展開救災修復，嗣後成立災害搶救中心，從事災情調查及慰問災民、收
容安置等工作；發放救濟金，設立災民收容所、救災專戶與救濟物品處
理委員會，[90]同時建議上級單位協助受災農田及家園復建、無息貸款給受
損工商行號、撥發救助金和醫療費予受災戶、補助災區公共設施的復建、
重新檢討林口工業區排水規劃暨水土保持工作、協同本鄉整體規劃林口
新社區與工業區開發工程的排水系統等事項。[91]因颱洪侵襲，全鄉大部份
堤防均遭破壞，鄉公所儘速推動修復作業，[92]陸續施工羊子坑溪護岸搶修
工程、鄉境各巷道下水道排水溝改善工程。[93]1984 年間，因二重疏洪道
工程的進行，依照政府上級指示「陳導洩洪道內遷移戶」、「協助辦理補

[85] 《自立晚報》，1974 年 10 月 1 日，第 6 版。

[86] 陳林讓，〈臺北縣新莊區聯戰會報五股執行中心工作報告〉，收於《臺北縣聯戰會報新莊基
　　層會報會議資料》（1976 年 2 月 26 日）；《臺北縣五股鄉公所工作報告》（1976 年度），
　　頁 10。

[87] 陳林讓，〈臺北縣五股鄉聯戰工作報告〉，收於《臺北縣聯戰會報新莊基層會報會議資料》，
　　（1976 年 6 月 30 日）。

[88] 《臺北縣五股鄉公所工作報告》（1977 年度），頁 8。

[89] 《臺北縣五股鄉公所工作報告》（1980 年度），頁 10；《臺北縣五股鄉公所工作報告》（1981
　　年度），頁 11。

[90] 五股鄉公所，《五股鄉工作簡報》（1982 年 8 月 27 日）；《臺北縣聯合作戰會報五股基層
　　會報行政工作報告》（1982 年 9 月 24 日）。

[91] 五股鄉公所，〈臺北縣五股鄉受豪雨災害情形報告〉。

[92] 《臺北縣五股鄉公所工作報告》（1983 年度），頁 17。

[93] 五股鄉公所，《施政績效工作報告》（1983 年 1 月 31 日）；《臺北縣五股鄉公所工作報告》
　　（1984 年度），頁 15。

償費的領發」、「安置拆遷戶搬遷工作及臨時住所」等事宜。[94]除此之外，
持續執行防洪管理、維護河川安全與防汛搶修工作，雇用專人管理塭子
川防潮閘門，[95]接連完工觀音坑堤防、水碓窯堤防一至三段暨御史坑溪、
中直坑溪、北勢坑溪、羊子坑溪、柑子坑溪、蕃坑溪、冷水坑溪、田寮
坑溪、土礱坑溪等護岸工程，[96]以及觀音坑溪忠義橋至獅子頭橋段堤防整
治工程、[97]羊子坑溪整治工程、五股坑溪洲子橋段護岸修復工程、[98]1986
年天然災害修復工程、1987 年度區域排水中興路二段邊排水溝改善工
程、柑仔坑溪修復工程、北勢坑溪修復工程、更洲路等（二重疏洪道內）
道路兩側美化工程、[99]1989 年度區域排水改善工程、五股坑溪（陸光段）
堤防加高工程、水碓窯溪排水幹線改善工程第一期等。[100]至於塭子川因
歷經數次的颱洪水災，砂石淤積影響整體的排水功能，乃向上級政府爭
取經費予以疏濬。[101]

第十一、十二屆鄉長蔡郁男任內（任期 1990.3-1998.2），防洪及坡地
水土保持工作除了維護已完工的設施之外，[102]並於 1990 年度完工水碓窯
排水幹線改善工程、塭子川疏濬排水改善工程與區域排水工程等，[103]1991
年度施工觀音坑溪堤防修復工程、北勢坑溪支線排水改善工程、五股坑溪
堤防修復工程、洲後排水門改善工程、大窯坑溪整建及連繫堤防工程以及
完工楊希、亞伯颱災復建工程，[104]1992 年度施工雨水下水道工程、五股
坑排水改善工程、塭子川第二期排水改善工程，[105]1994 年度竣工五股坑

---

[94] 《臺北縣五股鄉公所工作報告》（1984 年度），頁 11。

[95] 《臺北縣五股鄉公所工作報告》（1986 年度），頁 15；《臺北縣五股鄉公所工作報告》（1989
年度），頁 10。

[96] 《臺北縣聯合作戰會報五股基層會報行政工作報告》（1984 年 2 月），頁 3。

[97] 五股鄉公所，《施政績效工作報告》（1987 年 9 月）。

[98] 《臺北縣五股鄉公所施政工作報告》（1986 年 11 月），頁 3-4。

[99] 《臺北縣五股鄉公所施政工作報告》（1987 年 11 月），頁 6。

[100] 《臺北縣五股鄉公所施政工作報告》（1989 年 11 月），頁 7。

[101] 五股鄉公所，《施政績效工作報告》（1987 年 9 月）；《自由時報》，1987 年 8 月 28 日。

[102] 《五股鄉根》，第 4 期，頁 13。

[103] 《五股鄉根》，第 1 期，頁 21。

[104] 《五股鄉根》，第 2 期，頁 23 及第 3 期，頁 19；《臺北縣五股鄉公所施政工作報告》（1992
年 5 月），頁 6。

[105] 《五股鄉根》，第 5 期，頁 14。

溪第一、二期排水改善工程、御史坑溪堤防整修工程、觀音坑溪堤防整修工程，[106]迄 1996 年度完工五股坑溪排水改善工程第三期、成州地區排水改善工程、五股地區排水改善工程、觀音坑溪第一、二期堤防整修工程、北勢坑溪第一、二期護岸工程、御史坑溪整建工程、崩山坑溪第一、二期護岸工程、壟鉤坑溪改善工程、中直坑溪護岸工程第一期。[107]各年度亦配合上級政府辦理集水區治山防洪工程，加強各路段排水系統工程，治理野溪防砂工程及治水防洪計劃等。[108]據五股鄉公所資料室的統計紀錄，從1988 至 1993 年度，全鄉完工的水利工程總長 3,548 公尺，總支出金額 8,792 萬元；排水工程共計 2,030 公尺，總支出金額 836 萬元。

五股鄉位於淡水河下游左岸「海潮、洪水共氾區」，[109]河岸堤防的興修益顯迫切。1979 年七月實施的臺北地區防洪計畫，陸續於 1980 年代初期完工二重疏洪道右岸三重、蘆洲堤防後，[110]在中山高速公路以北緊臨五股鄉境的堤防未闢建之前，獅子頭往一○三線道路與成州、五股社區一帶，即成為臺北盆地的自然洩洪、滯洪或洪水迴流區。[111]防洪計畫中的疏洪道左岸堤防工程延宕多年，引起五股鄉民普遍性的反彈。據報導政府主管單位不欲施工的原因，「係顧及若依照現有規劃完成疏洪道之範圍出口處，其寬度不足以宣洩分流之洪水，故須犧牲左岸地區作為自然洩洪區，予以保全堤防工程的整體效益」。鄉公所曾針對上級單位的說詞提出辯駁，指出「二重疏洪道係專家學者研議多年後規劃的方案，其目的應是保障全民的生命安全，如今卻將五股鄉視為洩洪區」；鄉長林大坤嚴厲譴責「堤防不築等於拿鄉民的生命開玩笑」。[112]左岸缺乏堤防保護的情形下，鄉內包括成泰路、中興路、新五路等重要路段與

106 《五股鄉根》，第 10 期，頁 8-9。

107 蔡郁男，〈施政工作報告〉，《五股鄉根》，第 19 期，頁 4。

108 《臺北縣五股鄉公所工作計劃》（1997 年度），頁 41。

109 鄧天德，〈臺北盆地洪患之地理研究〉，頁 16。

110 臺北縣政府編，《臺北縣暨關聯地區都會發展研討會專刊》（臺北：臺北縣政府，1983 年），頁 102；《聯合報》，1986 年 9 月 4 日，第 6 版。

111 《立法院公報》，73 卷 104 期院會紀錄，頁 65-67，立法委員鄭余鎮質詢；《中國時報》，1990 年 9 月 2 日。

112 《自由時報》，1987 年 9 月 11 日。

平原區各產業道路隨時有淹水的虞慮，居民飽受洪氾暴漲、險象環生的威脅。[113]如 1985 年八月中旬「尼爾森」颱風侵襲北臺，五股成子寮、洲子尾與塭底一帶由於海水倒灌、溪流漫溢，以致形成一片汪洋。[114]1990年八月底，一〇三線道路、忠義路往成子寮地區因「亞伯颱風」的暴雨傾盆，加以海潮倒灌，淹水高達 30 至 60 多公分，中興路三段亦水滿為患、交通中斷。[115]同年九月上旬「黛特」颱風過境後一週，聯繫成州村與更寮村的更洲路面尚積水盈地，阻礙車輛交通。[116]另一方面，左岸堤防未闢也使得洲子洋百公頃土地難以開發，並且「頻遭廢土傾倒之害」，直接妨礙道路交通與疏洪道內的排水作用。[117]

　　高速公路以北左岸保護堤防的存在與否，攸關五股地區的生民大計暨全鄉的社區開發，[118]換句話說，「洪害地區的整治特別是疏洪道左岸堤防的興建和排水路的整修，實關係著五股地區的基本發展條件以及生活環境的改善」。[119]有鑑於此，1980 年代中期以後，鄉長林大坤、蔡郁男任內長期與各級民意代表協調鄉民各界，歷經周折的爭取過程，[120]終於 1992 年初通過行政院核定，將本區堤防保護工程列入臺北防洪計畫第三期實施計畫。[121]保護工程區分為防洪與排水兩大部份，防洪工程包括興建疏洪道左岸高速公路以北 4,000 公尺長、6 公尺高的堤防與排水門；排水工程涵括堤後保護區設抽水站兩處和排水幹道 2,100 公尺，規劃五股洪水平原區受保護面積約 290 公頃。1992 年 4 月 17 日正式動工，

---

[113] 《中國時報》，1990 年 10 月 11 日、1991 年 7 月 25 日。

[114] 《中央日報》，1985 年 8 月 24 日，第 7 版；《聯合報》，1986 年 9 月 4 日。

[115] 《中國時報》，1990 年 9 月 1 日。

[116] 《聯合報》，1990 年 9 月 17 日。

[117] 《聯合報》，1990 年 11 月 21 日、1991 年 5 月 2 日；《中國時報》，1990 年 12 月 15 日。

[118] 《立法院公報》，74 卷 36 期院會紀錄，頁 59-60，立法委員謝美惠質詢。

[119] 內政部營建署、臺北縣政府等，《臺北縣綜合發展計畫‧期末簡報》（1993 年 7 月），第 4 章，頁 54。

[120] 《聯合報》於 1987 年 3 月 20 日報導「保障二重疏洪道附近地區不受水災，五股鄉長要求應盡速興建左岸堤防」，又 1990 年 11 月 4 日、1990 年 11 月 17 日、1991 年 6 月 10 日報導；《中國時報》，1990 年 10 月 28 日、1990 年 10 月 29 日、1990 年 11 月 1 日、1990 年 11 月 4 口；《自立早報》於 1990 年 10 月 23 日報導「推動興建二重疏洪道左岸堤防，五股鄉民組成促進會」，前鄉長林大坤擔任召集人。

[121] 《五農會刊》，第 39 期，1992 年 5 月 20 日，第 1 版。

完工後不僅五股鄉民的生命財產可獲得適度的保障，同時具有提高都市土地利用的效益。[122]

綜上所述，戰後以來五股鄉無分山區或平原，皆曾遭受颱洪水災的鞭笞。鄉公所窮於應付歷年不絕的洪患，為災情善後以及防洪堤防、排水疏濬工程疲於奔命，然而成效始終有限，氾濫成災的陰影仍不時籠罩著五股鄉境。從葛樂禮、西仕颱風到其後的颱洪水患，不僅嚴重創傷五股地區，也引發一連串地方建設和政策推行的問題。五股的鄉政推展，幾乎是在與洪患的交互掙扎中，慘澹經營，力圖振作。

四、洪患對於五股鄉發展的影響

洪濤氾濫導致五股地區村舍流失、路橋沖毀、河道淤塞、農作物減產、工商設備破損與難以彌補的人員傷亡，不過是颱洪水患的短期危害。如就城鄉長期發展的角度，鄉長林大坤於 1984 年二月間的行政報告中，曾言簡意賅地點出因臺北區域的洪患威脅所衍生出的鄉政困境云：

> 本鄉地理環境特殊，尤其在葛樂禮颱災以後，地形突變，政府……
> 自五十七年起將本鄉大部份平原地區列為洪水平原一級管制
> 區，山坡地又列為林口特定區，長期禁建，使本鄉局限於舊有街
> 市數十年來，迄無發展，……對本鄉發展前途，不無隱憂，其一，
> 受林口特定區之影響：林口地區之開發如不將排水系統、下水道
> 設施、水土保持等整體規劃，即任意開發，若遇大雨，雨水勢必
> 沿著地形傾瀉注入本鄉，八一一颱災可為印證。其二，面對疏洪
> 道之威脅：疏洪道貫穿本鄉平原，其效益如何姑不置評，但影響
> 本鄉者是在疏洪道左岸堤防，僅築到高速公路為止，並沒有包括
> 本鄉，如此以來，若遇大的水災，本鄉門戶洞開，再加上後山山
> 洪暴發，本鄉即將盡成澤國，後果不堪設想，因之亦影響了本鄉
> 今後之發展。[123]

---

[122] 《臺灣新生報》、《聯合報》，1992 年 2 月 18 日；《五農會刊》，第 37 期，1992 年 3 月 20 日，第 4 版。

[123] 五股鄉公所，《臺北縣聯合作戰會報五股基層會報行政工作報告》（1984 年 2 月），頁 3-4。

從這段說明並配合相關於其中細節或背景的掌握，我們可以得知，洪患對於五股鄉的整體影響，舉其犖犖大者，莫過於自然地貌變遷與產業結構轉型、土地開發限制與公害污染問題，乃至於疏洪道的興闢與洲後村的廢村，一度釀成地方社會的危機。前述各項，彼此之間通體相關且互為因果。

（一）自然地貌變遷與產業結構轉型

如前所述，政府為了疏通淡水河流域的排水於 1964 年拓寬關渡、獅子頭隘口，不料卻因河面擴大、流速減緩，潮位影響河床產生泥沙回淤的現象，更加容易引發海潮湧入臺北盆地的情形。[124]政策計劃評估的缺失，不僅未能妥善地解決水患問題，反而導致位居淡水河口的五股低窪平原區，頻遭洪水淹沒且積水難退。如 1969 年十月十二日報載艾爾西、芙勞西颱洪過後，鄉公所「待修塭子圳，海水又倒灌，鹹水再度淹沒農田，影響五股鄉民耕作」。[125]前五股鄉長陳光明表示獅子頭炸開之後，「原來一次颱風淹一天水，現在要淹兩天，造成反效果」。[126]另據本鄉耆老的口述回憶云：「獅仔頭山麓臨淡水河口，為一天然地理屏障，每當漲退潮，自然形成數尺高之潮差，海水灌入五股不多且不易，而退潮回海迅速，五股地區當時就是有這個優良地理屏障，才有面積達四、五佰公頃以上之穀倉（今中興路兩側）歷百年而不衰」。[127]獅子頭山一炸，百年成果也毀於一時，海水頻頻倒灌，精華平原區多數水田逐漸淪為廢耕，昔日良田居家轉化成沼澤地。

地層下陷、海水倒灌促成塭子川沼澤區的擴大，浸漫五股東南區域村落。颱洪水患亦因沼澤區的積水難渲、地層下陷而加劇。[128]由於 1983 至 84 年間二重疏洪道的陸續興建，1980 年代中期依照臺北地區防洪初

---

[124] 臺灣省水利局，《臺北地區防洪計畫簡介》，頁 2-4，25；劉鴻喜，《自然地理學》（臺北：三民書局，1986 年 4 版），頁 4-5。

[125] 《自立晚報》，1969 年 10 月 12 日，第 5 版。

[126] 《自立晚報》，1983 年 1 月 18 日，第 4 版。

[127] 引見陳儀章，〈被剝皮的五股〉，《五股鄉根》，第 4 期，頁 4。

[128] 據前引石再添、楊萬全等人的研究成果。

期實施計畫的附帶計畫，[129]在中山高速公路南側沼澤區填土進行五股工業區的開發工程，加上當時日益嚴重的廢土傾倒，使得沼澤區面積日益縮減。據學者石再添等人的調查，到了 1988 至 89 年間，高速公路以南五股沼澤區的積水面積減縮成 2.26 平方公里，[130]昔日地貌大為改觀，沼澤區的生態景象及其與鄉民的互動關係，也隨之轉變。

　　塭子川沼澤區的一頁滄桑，從側面反映五股產業發展所遭受的衝擊和其變遷。1950 至 60 年代，五股鄉農業耕地面積與農業人口大體呈現逐年增長的情形，東南平原區稻穀、蔬果的產量頗為豐榮。1970 年代以後，塭子川兩岸與新塭等低窪地積水不退、鹽分滲透而耕作困難，近約 4 平方公里的肥沃農田演變成荒地與塭子川水系的集水域，受到工業廢水的污染。[131]經歷 1982 年的「八一一水災」，更多的農田淪於廢耕，全鄉可耕農作面積大幅銳減。[132]1980 年代中期以後，原分布於二重疏洪道內、洲子洋地區、成泰路以東滯洪平原的五股農業區，由於地勢低窪，成為大臺北都會區重大工程廢土傾倒的場所，幾乎喪失農業的功能。[133]平原區的農業生產力迅速退化，農地逐漸往山丘谷地集中，從事坡地旱作。下列表 4 的統計數據顯示，五股的農業耕地面積中，旱田數自 1965 年度後凌駕於水田數之上，差額逐年拉大；1974 年度後維持在 300 至 600 公頃左右的面積差，1980 年代以後更明顯地擴大。特別是 1970 年代中期至 1980 年代以後，農業人口與耕地面積所佔全鄉人口、土地面積的比率，呈現逐年減少的趨勢。五股農業生產的衰退，由此可見一斑。大致上，這時期農業耕地面積與農業人口轉為負成長，農民營生的方式，或直接轉業工商，或於農事之餘兼差製造業。農業在經濟結

---

[129] 臺灣省水利局，《臺北地區防洪計畫簡介》，頁 21。

[130] 石再添等，〈臺北盆地動態環境的綜合研究〉，頁 12。

[131] 楊萬全，〈地下水開發對環境的衝擊——臺北盆地的個案研究〉，頁 105-113；五股鄉公所，《臺北縣鄉鎮地方自治工作推行情形報告表》（1974 年度）；經濟部水資源統一規劃委員會，《淡水河左岸積水地區測量報告》（1976 年 6 月），頁 1。

[132] 《五股鄉工作簡報》（1982 年 8 月 27 日）。

[133] 內政部營建署、臺北縣政府等，《臺北縣綜合發展計畫》，第 7 冊，〈五股鄉建設發展計畫〉，頁 10。

構中的地位，顯著下降。[134]

表4：戰後五股鄉歷年農業人口與耕地面積

類別 年度	農業人口	佔全鄉人口（%）	耕地面積（公頃）			佔全鄉面積（%）
			總計	水田	旱田	
1961	10,485	79.90	1,734.75	940.64	794.11	49.73
1962	10,588	77.36	1,730.08	937.06	793.02	49.60
1963	10,682	76.20	1,791.93	936.07	855.86	51.37
1964	10,873	72.79	1,809.85	930.03	879.82	51.88
1965	10,755	63.58	1,845.90	921.68	924.22	52.92
1966	11,017	53.95	1,834.45	876.93	957.52	52.59
1967	11,121	52.28	1,922.79	843.13	1,079.66	55.12
1968	11,192	49.31	1,904.28	818.68	1,085.60	54.59
1969	12,155	49.63	1,896.60	811.38	1,085.22	54.37
1970	12,372	47.72	1,870.84	804.73	1,066.11	53.63
1971	12,121	45.42	1,830.50	791.86	1,038.64	52.47
1972	11,555	42.72	1,773.05	775.13	1,017.92	52.83
1973	11,849	43.16	1,758.62	753.50	1,005.12	50.41
1974	11,784	42.23	1,979.48	752.93	1,226.55	56.75
1975	10,812	38.09	2,100.36	752.13	1,348.23	60.12
1976	10,787	36.75	2,098.59	750.06	1,348.53	60.16
1977	9,683	32.15	2,002.14	734.82	1,267.32	57.40
1978	9,536	30.69	1,983.98	739.28	1,244.70	56.87
1979	9,052	26.46	1,951.69	733.62	1,218.07	55.95
1980	—	—	1,910.68	724.03	1,186.65	55.03
1981	9,422	26.43	1,867.39	722.01	1,145.38	53.66
1982	9,412	25.73	1,835.67	702.71	1,132.96	52.75
1983	8,092	21.74	1,824.23	704.51	1,119.72	52.42
1984	7,566	19.79	1,737.62	638.06	1,099.56	49.93
1985	7,767	19.82	1,748.56	627.66	1,120.90	50.25
1986	10,096	24.97	1,753.36	626.86	1,126.50	50.38
1987	7,536	18.04	1,744.48	618.92	1,125.56	50.13
1988	7,140	16.51	1,738.46	614.12	1,124.34	49.46
1989	6,354	14.21	1,250.48	363.28	887.20	35.93
1990	6,319	13.41	1,248.03	361.28	886.75	35.86
1991	6,191	12.69	1,248.03	361.10	886.93	35.86
1992	5,518	10.94	1,292.03	361.10	930.93	37.06
1993	6,991	13.32	1,371.08	361.10	1,009.98	39.33
1994	5,919	10.88	1,332.03	361.10	970.93	38.21

＊資料來源：據1961至1995年《臺北縣統計要覽》。

---

[134] 國立中興大學都市計劃研究所，《五股鄉綜合發展計劃・期中報告（摘要）》（臺北：五
股鄉公所，1987年），頁10。

　　隨著五股都市化的進展，人口密度逐年提高，[135]原農業耕地多更改為住宅、公共設施與工商廠房用地，加上五股工業區進駐興珍村，造就大量的就業機會。工商業快速成長，農業發展於相形之下，趨於滯緩。[136]1988年五月《五股鄉綜合發展計劃》中曾考量「五股鄉發展用地極為有限，是以除優良農田外，不鼓勵增加農地。僅致力推廣特有農產品及高經濟作物，以提高效益」。[137]在洪患問題持續不斷、農業耕地日趨縮減的情形知下，此乃因應現實景況的有效提示。另一方面，工商業發展的附帶產物，造成農地與水源的污染程度愈見嚴重，灌溉渠道多遭洪患或人為的破壞，食糧與蔬果作物的生產量萎縮，[138]鐵皮違章工廠矗立在原來的農地上，具體標幟出五股鄉產業型態的過渡與轉變。

　　五股鄉農會有鑑於農業勞力缺乏，試圖力挽狂瀾，曾於 1978 年起配合春耕、秋耕兩期節令，結合農戶辦理代耕、代插和代割業務。[139]初次辦理時全鄉稻作面積 100 多公頃，至 1989 年間卻已減縮為 40 餘公頃。[140]1990 年代初期，五股鄉公所嘗試農業生產的重振工作，積極地推展農業機械、鋪設產業道路、病蟲害防治、稻米生產與休耕轉作、農業動力用電等等措施，期使農業紮根、農戶收益提高。[141]然而大勢之所趨，往昔的農業盛況終不復見，「農業五股」終趨沒落，「工業五股」代之而興。而其間，洪患問題實為推動五股產業結構轉型的主要觸媒之一。

（二）土地開發限制與公害污染問題

　　1968 年六月三日臺灣省政府公布「洪水平原管制辦法」，同年九月正式執行洪水平原管制，五股塭子川沼澤帶包括洲後、更寮、興珍等村

---

[135] 尹章義等，《五股志》，頁 1127-1128。

[136] 《五農會刊》，創刊號，1989 年 3 月 29 日，第 1 版。

[137] 國立中興大學都市計劃研究所，《五股鄉綜合發展計劃》，頁 220。

[138] 戰後五股鄉歷年的農產數量，可參見《五股志》第 12 篇〈附錄（五）農業統計表〉，頁 1072-1084。

[139] 《五農會刊》，創刊號，1989 年 3 月 29 日，第 3 版。

[140] 《五農會刊》，第 6 期，1989 年 8 月 10 日，第 4 版。

[141] 《五股鄉根》，第 1 期，頁 25-26。

落被劃為一級管制區，[142]再加上 1970 年十一月三十日《林口特定區計劃》的公布實施，五股鄉近三分之二面積的丘陵地大部份被劃為保護區，遭到禁建的限制。[143]五股都市計畫於 1971 年十月五日公告實施，計畫範圍以成泰路南北兩側狹長的區域為中心，東自塭子圳、南至大窠坑溪、北迄獅子頭、西止林口臺地，包括陸一、貿商二村全部以及成州、洲後、五股、德音村各一部份。[144]據 1984 年《五股都市計畫（第一次通盤檢討）書》的紀錄，在全鄉總土地面積 3,500 公頃中，土地使用基本上可區分為三要項：

一、都市計畫用地面積 433.36 公頃，包括已發展面積 299.45 公頃、未發展面積 134.01 公頃，僅佔全鄉面積 12.38%。

二、非都市計畫用地面積 2,950.00 公頃，其中洪水平原區 450 公頃，約佔全鄉面積 12.86%；林口管制保護區 2,500 公頃，約佔全鄉面積 71.43%，二者總計佔全鄉面積 84.29%。

三、三重擴大都市計畫區（1975 年十二月發布實施）、八里龍形都市計畫區（1982 年六月發布實施）用地面積合計 116.54 公頃，佔本鄉面積 3.33%。[145]

這些直接或間接為因應洪患與坡地開發問題所訂出的規劃，管制區域超過五股總土地面積的五分之四，無異限制了本鄉都市開發腹地，構成全鄉土地利用的障礙與行政管理的困難，影響地方經濟建設與鄉民生計權益，為五股鄉的發展貽下一重大的難題。

五股境內既長期面臨水患災害的威脅，又受制於洪水平原區與林口管制區雪上加霜的桎梏，可供發展的土地面積狹小且不敷都市擴展的需求，都市計劃住宅與工業用地的取得迫在眉睫。[146]基於整體發展的考

---

[142] 《自立晚報》，1968 年 7 月 2 日、1969 年 11 月 2 日。

[143] 臺灣省政府建設廳公共工程局，《林口特定區計劃》（1975 年 3 月）。

[144] 臺北縣政府編，《變更五股都市計畫（第一期公共設施保留地專案通盤檢討）書》（1989 年 11 月），頁 2。

[145] 國立中興大學都市計劃研究所，《五股鄉綜合發展計劃》，頁 51-56。

[146] 國立中興大學都市計劃研究所，《五股鄉綜合發展計劃》，頁 150-151；《臺灣時報》，1987 年 3 月 25 日。

量，歷屆鄉長皆致力於謀求管制範圍的開放，鄉長陳林讓曾於 1975 年
十一月〈臺北縣聯戰會報五股執行中心工作報告〉中，陳述本鄉因轄內
林口特定保護區廣大的禁建土地，「一切地方建設遂告停頓，不但影響
本鄉稅收，保護區內農戶因為嚴密管制，放棄農村建設，走向市區求發
展謀生，農業生產減少，不計其數，請政府迅速解除管制謀求恢復農村
經濟，挽救本鄉財政」。[147]在翌年六月的〈臺北縣五股鄉聯戰工作報告〉
中，鄉長陳林讓復以本鄉洪水平原禁建管制已屆 10 年，特向上級單位
提出解禁洪水平原管制的建議，「從新規劃整個洪水平原區之排水系
統，希望有關當局能早日將排水系統規劃完成，開放禁建，因本鄉自禁
建以來，影響外來投資，工商業不能發展，減少本鄉民就業機會，開放
以後能夠疏散臺北市過剩人口，吸引外來投資，興建工廠住宅，以改善
本鄉目前環境」。[148]然而，長期以來禁令依舊，林口特定保護區的管制
導致土地不能各盡其用，多年來引起地方人士的反彈；洪水平原管制區
受到違章濫建與垃圾、廢土的污染，造成環境衛生管理上的困難。[149]至
於高速公路以北迄獅子頭疏洪道左岸堤防的興建，尤其攸關全鄉土地利
用效益的提昇。這幾乎是當時五股執政者與鄉民們的共識之一。

　　五股鄉公所於 1984 年八月的〈興建高速公路以北疏洪道左岸堤防
暨開發洲子洋洪水平原管制區直接影響本鄉數萬生命安全與將來經濟
發展理由書〉中提到，若不興建左岸堤防而讓洲子洋作為二重疏洪道的
天然洩洪區，五股鄉 3 萬餘人「隨時有遭受洪水摧殘之虞」；再加上本
鄉可供發展的都市用地面積甚少，呈現出地狹人稠且發展不易的窘境。
因此，理由書中建請上級政府儘先施工疏洪道左岸堤防與開發洲子洋地
區，提供洲後村以外興珍、更寮、成州村約 500 戶疏洪道拆遷戶的安身
處所，造福鄉民身家安全與繁榮地方經濟建設。[150]鄉長林大坤於 1987

[147] 《臺北縣聯戰會報新莊基層會報資料》（1975 年 11 月 26 日）。

[148] 《臺北縣聯戰會報新莊基層會報會議資料》（1976 年 6 月 30 日）。

[149] 《自立晚報》，1968 年 12 月 23 日、1969 年 1 月 9 日；《中國時報》，1990 年 10 月 5 日；
五股鄉衛生所，《五股鄉衛生行政概況》（1982 年 1 月）。

[150] 五股鄉公所，〈興建高速公路以北疏洪道左岸堤防暨開發洲子洋洪水平原管制區直接影響
本鄉數萬生命安全與將來經濟發展理由書〉（1984 年 8 月）。

年三月公開表示，全鄉土地中有 70%為林口特定區，已禁建 18 年，無法開發，另有 550 公頃列為洪水平原管制區，僅剩不到 3%的 100 公頃為住宅及商業區。左岸堤防如果建設之後，扣除疏洪道用地，可多出 260 公頃的土地可供利用。[151]鄉長蔡郁男任內，猶努力爭取林口保護區的適度開放，放寬土地使用的限制，儘速解決坡地濫墾、濫葬及濫建問題，[152]積極呈請疏洪道左岸堤防的興建，開發洲子洋平原管制區土地完成都市計畫，改善洪患威脅，增進土地利用，藉此豐裕財政，以推動鄉內各項政經建設與社會福利措施。[153]

　　從長遠的角度，洪水平原的管制造成五股平原地區數十年的低度發展，多少顯示了縣市之間發展不對稱的關係。[154]直到 1992 年四月十七日二重疏洪道左岸堤防工程動工興建，計劃完成後更改洲子洋、塭子川達 270 餘公頃的洪水平原為二級管制區，擴大五股都市計畫辦理區段徵收，以供新開發利用。[155]1994 年六月，高速公路以南五股、泰山沿新五路兩側的一級洪水平原管制區解禁，據報載「列管二十六年的一級洪水平原管制區，目前已由兩鄉公所公告省府發下的公函，正式改為二級洪水平原管制區」，[156]數十年的陰霾，稍透光明前景。

　　另一方面，由於洲子洋洪水平原區土地開發的長期限制，1970 至 80 年代初期，中興路兩旁洪水平原區的垃圾焚燒，導致沼澤區內空氣、水源等環境污染，塭子川主、支流亦受到工業污染的波及。[157]而滯洪區頻遭濫填廢土以及任意傾倒廢棄物等公害問題，[158]一度被外界譽為「大臺

---

[151] 《聯合報》，1987 年 3 月 20 日。

[152] 《聯合報》，1990 年 5 月 24 日。

[153] 《五股鄉根》，第 1 期，頁 19。

[154] 內政部營建署、臺北縣政府等，《臺北縣綜合發展計畫（第一次期中簡報）》，第 1 章，頁 6。

[155] 《五農會刊》，第 83 期，1996 年 1 月 10 日，第 1 版；《自由時報》，1996 年 2 月 27 日。

[156] 《中國時報》，1994 年 6 月 25 日。

[157] 如《聯合報》於 1995 年 1 月 27 日報導：「工廠濫倒廢棄物，觀音坑溪受汙染」。《聯合報》於 1996 年 5 月 3 日報導：「汙水加違建，五股坑溪蒙羞」。

[158] 《自由時報》，1986 年 3 月 26 日；《中國時報》，1987 年 10 月 15 日、1988 年 10 月 30 日、1990 年 10 月 5 日。

北都會區的垃圾天堂」。[159]再加上林口臺地、觀音山區愈演愈烈的濫葬和濫墾行為，破壞水土保持，土壤易於流失，觀音坑溪、五股坑溪與水碓窠溪中下游的住戶，不時生存在土石洪流的夢魘下。[160]五股都市化的發展在缺乏環境保育的規劃下，鄉內原有的自然生態受到破壞，民眾的生活品質逐漸惡化。1980 年代後期至 1990 年代，一〇八線中興路三段、新五路兩側數十公頃的一級洪水平原管制區土地，遭到臺北市公共工程及民間的營建廢土侵入，成為「廢土、垃圾的溫床」，[161]「非法業者的天堂」。[162]1991 年初，洲子洋管制區內非法濫倒的廢土堆積超過中興路面兩公尺以上，並且逾越了疏洪道左岸堤防土地徵收線的範圍。[163]1993 年間，廢土堆起的山丘最高接近 18 公尺，遠超過左岸堤防的 6 公尺高度，幾乎與高速公路五股高架路段的橋面同高。[164]堆積如山、塵沙飛揚的廢土，影響了二重疏洪道的迴流順暢與洩洪功能，威脅到大臺北地區的防洪安全，同時造成五股地區積重難返的公害污染問題，嚴重破壞鄉土景觀、道路安全與環境衛生品質。[165]年久日深，構成五股鄉政整體發展的一大障礙。鄉長蔡郁男曾嚴厲地譴責「以鄉為壑」的廢土傾倒云：

> 五股鄉……受到洪水平原管制區及林口特定保護區的禁建鉗制，繁榮發展受阻；……不料近年來因為臺北市近郊各項重大工程陸續推展，致使挖出的廢土瘀泥、建築廢棄物，均肆無忌憚的傾倒在疏洪道及鄉境各處，造成本鄉前所未有的環境浩劫；晴天塵土飛揚、雨天泥濘難行，不但妨害交通安全，更造成鄉民的傷亡損害，真可謂怨聲載道、投訴無門，對於不幸的家庭更是雪上

---

159 《聯合報》，1990 年 11 月 5 日。
160 《聯合報》，1982 年 8 月 12 日第 3 版、1990 年 7 月 22 日、1990 年 8 月 31 日；《中國時報》，1990 年 8 月 31 日。
161 《中國時報》，1990 年 8 月 11 日。
162 《中國時報》，1996 年 2 月 6 日。
163 《聯合報》，1991 年 1 月 16 日、1991 年 5 月 2 日。
164 《聯合報》，1993 年 7 月 24 日。
165 臺北縣政府編印，《臺北縣縣政建設座談會中心議題及一般提案》，1990 年 6 月，頁 56；《自立早報》、《聯合報》，1990 年 8 月 14 日。

加霜，每個人的怨懟不平，更是無言可喻。[166]

　　鄉公所曾結合地方人士與村長代表發起保家衛鄉的自力救濟，由村民、義警、民防輪班巡查，配合縣政府環保局、鄉公所環保稽查員暨縣警局警力的支援，成立聯合取締小組，日以繼夜在中興路、成泰路、高速公路新五路交流道口與更寮防洪堤道駐守崗哨，力阻廢土車的進入與濫倒，援依廢棄物清理法進行告發處分。[167]然而冰凍三尺，非一日之寒，雖屢經取締，但抽刀斷水，成效不彰。截至 1996 年前後，五股洩洪區內仍遍佈廢土、爛泥與各式廢棄物，依舊是非法業者的天堂。[168]

（三）疏洪道的興闢與洲後村的廢村

　　二重疏洪道的開闢係臺北地區防洪計畫的一環，洲後村的廢村則為二重疏洪道興建工程的犧牲者。臺灣省水利局自 1960 年起研擬淡水河防洪計劃，1979 年元月四日行政院決議辦理臺北地區防洪計畫初期實施計畫。該計畫整體以疏分淡水河在臺北橋河段的流量負荷為原則，在西岸塭子川附近開闢二重疏洪道來增加洩洪量，沿淡水河三重、蘆洲地區興建安全高度的防洪堤防以及排水工程，使淡水河左岸受災嚴重地區先得到適當的保護，預計於 1984 年完成。[169]計畫中的疏洪道工程，全長 7.7 公里，右岸築堤 7,247 公尺，左岸築堤 4,200 公尺，並設入口工程一處，長 450 公尺；另外基於疏洪道暢洩洪流的考量，「疏洪道內地上建築物需予拆除，兩旁築堤約束洪水」。[170]用地徵購工作，於 1981 年五月後發放地價與地上物的補償費，繼則辦理防洪工程和各項附屬工程。計畫執行過程並揭示三項主要措施：一、用地和補償費儘量考慮合理的優惠原則，二、除堤防工程用地外以維持「先建後拆」為原則，三、

---

166 《五股鄉根》，第 8 期，頁 3。
167 《五股鄉根》，第 9 期，頁 3；《中國時報》，1990 年 8 月 10 日；《聯合報》，1993 年 6 月 1 日、1993 年 7 月 13 日；《自由時報》，1993 年 6 月 25 日。
168 《中國時報》，1993 年 9 月 21 日、1993 年 10 月 8 日、1996 年 2 月 6 日。
169 臺灣省水利局，《臺北地區防洪計畫簡介》，頁 2-15。
170 臺灣省水利局，《臺北地區防洪計劃初期實施計劃簡介》（1979 年 7 月），頁 4-5。

研擬長期低利購屋貸款供應拆遷戶。[171]

　　二重疏洪道工程於 1983 年元月動工期間，政府為緩和三重地區業主的激烈反對，緊急針對其要求提昇優惠補償的標準，並擬將位於疏洪道出口處的五股鄉洲後村集體遷移。[172]1984 年 7、8 月間，當拆遷工作逼近當時擁有 300 餘戶、1,300 多位居民的洲後村，安土重遷的村民們連續的陳情、抗爭活動，經大眾傳播媒體的爭相報導而掀起軒然大波，一時成為上至行政首長下及社會大眾「各方矚目的焦點」。[173]洲後村民與行政官員也多次「形成相當尖銳的對立局面」。[174]其間，村民曾兩度到行政院公開請願，向政府表達「先建後拆」、規劃洲子洋地區的立場。省政府雖曾下達三次延緩拆村的命令，洲後村最終還是難逃遷建的命運。同年八月十六日之後，在政府動員大批憲警的鎮壓下，接連完成其強制拆除的工作。[175]洲後村從此消失在臺灣的地理版圖上，成為供後世憑弔的歷史名詞。

　　臺北地區初期防洪計劃二重疏洪道的興闢，對於五股的影響至深且鉅，直接遭受切身衝擊的便是洲後村等拆遷戶。劉應毓分析洲後村民的拆遷反應，研究中提到他們失去了世代相承的宅地而遷居，斷絕往昔的農業收入而轉行，就業和住所的變動深刻影響了村民原本習以為常的生活基礎，造成村內中老年人的適應困難及其未來的生計問題。[176]拆遷前洲後村忠義廟門樑柱上的上聯「請讓我們安居樂業」、下聯「勿使我們流離失望」、以及橫聯「吾愛吾家」的幾行大字，表達了洲後村民生命中最深沉的無奈和悲愴。拆遷後村民最初多半遷至蘆洲鄉與本鄉成州、五股、更寮村一帶，暫時寄人籬下或租賃寓所，甚至流落街頭，隨地搭建帳篷

[171] 臺灣省水利局，《臺北地區防洪計畫簡介》，頁 20-21。

[172] 《自立晚報》，1983 年 1 月 7 日第 7 版、1983 年 1 月 8 日第 1 版。《中國時報》，1983 年 2 月 10 日，第 7 版。

[173] 劉還月，〈揭開洲後村之謎〉，《自立晚報》，1984 年 7 月 8 日，第 3 版。

[174] 《中國時報》，1984 年 7 月 23 日，第 2 版。

[175] 《自立晚報》，1984 年 8 月 20 日第 2 版、1984 年 8 月 29 日第 4 版。

[176] 劉英毓，〈臺北地區防洪計劃二重疏洪道案拆遷戶拆遷反應之研究——臺北縣五股鄉洲後村個案研究〉，臺北：國立臺灣大學地理學研究所碩士論文，1986 年 7 月，頁 57-72。

棲身。[177]「何去何從？」無疑是當時許多家毀人散的拆遷居民，最大的
迷惘與悲憤。[178]1984 年八月十九日《自立晚報》之「週日專題」曾為洲
後村民請命：「洲後村強制拆除工作，雖然遭遇到一些阻撓，但這已不是
重要的問題，重要的是，這些無助而純樸的村民，還有很多問題，極待
有關單位協助解決」。[179]從這段報導回顧洲後村的拆遷過程，不僅先建後
拆原則的承諾，政府三番兩次的出爾反爾、失信於民；永久遷村地點的
決策，亦反覆無常、變卦無度，使得滿懷希望的洲後村民一再失望，以
至於「民情沸騰，怨聲載道」。[180]至於補償費的問題，拆遷戶們更是得不
償失。誠如 1984 年八月二十一日《自立晚報》第二版吳正朔〈洲後村拆
除後留下多少問題〉中有關補償費偏低而無濟於事的指陳：

> 洲後村民及其他二重疏洪道內居民不能諒解的是，政府以七十元
> 到一千元左右的地價來徵收他們的土地，卻要以一萬四千元一坪
> 的價格把另一筆土地〔灰窯重劃地〕賣給他們，居民們一生的努
> 力只換得二、三十萬至四、五十萬元的補償，房屋、土地全數消
> 弭於無形。[181]

我們知道，在政府擬定的臺北地區防洪整體計畫中所揭櫫的計畫
目標及原則，第四項明言：「對於徵收必須用地儘量給予合理的補償與
妥切安置」。[182]然而，拆遷戶們實際上並未適時地獲得合理的補償與妥
切的安置。前五股鄉長陳光明陳述洲後村消失後，村民們流離失所者
所在多有，某些耆老遭逢家園破碎之痛、水土不服之苦，兩年間相繼
死亡者不乏其人。[183]據《人間》雜誌記者李文吉、李明的追蹤報導，
洲後村拆除兩年後，村中「三百多戶人家有五十戶住到堤防邊的臨時

---

[177] 《自立晚報》，1984 年 8 月 17 日第 2 版、1984 年 8 月 23 日第 2 版。

[178] 天涯客，〈「劫」後洲後村民處境〉，《臺灣潮流》，第 2 期，1984 年 8 月，頁 36-41。

[179] 《自立晚報》，1984 年 8 月 19 日，第 3 版。

[180] 五股鄉公所，〈臺北縣五股鄉二重疏洪道用地洲後村遷村計劃暨洲子洋地區市地重劃變更
都市計劃案說明及建議事項〉（1984 年 7 月）。

[181] 《自立晚報》，1984 年 8 月 21 日，第 2 版。

[182] 臺灣省水利局，《臺北地區防洪計畫簡介》，頁 4。

[183] 陳光明口述，1995 年 1 月 7 日，尹章義採訪，李逸峰、洪健榮記錄。

村，有兩戶住進更寮國小」，其他約五分之四散遷至成州、蘆洲與三重租居公寓，生活清苦，前途迷惘。堤內原洲後村農地「任由營造商挖土、倒垃圾，野草叢生、垃圾成堆，種在畦上的菜蔬荒枯殆盡」。[184]立法委員鄭余鎮於 1986 年七月立法院七十七會期第四十二次會議的質詢中，抨擊政府辦理洲後村等配售遷村用地的作業流於無章，拆遷戶應得的權益受損。[185]立法委員尤清在次年十月立法院八十會期四次會議中，以政府未妥善處理二重疏洪道五股拆遷戶的問題，特向行政院提出緊急質詢。文中強調政府對拆遷戶的補償有欠公允，罔顧住戶權益，「目前在更寮國小的教室中尚有十多戶人家，生活艱困，應積極解決」。[186]1988 年立法院八十一會期三十二次會議，立法委員尤清再就疏洪道五股拆遷戶配售土地作業迄未完成而質詢行政院，議請政府實踐諾言，從速依約辦理每戶應得配售土地，俾供其早日重建家園云：

> 政府辦理土地配售作業中，經發現諸多不當不法，……造成民怨沸騰，抗議陳情不斷，而並將少部份村民（約七～八人）移送法辦，但迄今應解決之土地配售問題仍舊存在，有失政府照顧被拆遷戶之初衷，政府失信，又何期人民守法？二重疏洪道五股鄉拆遷戶配售土地為政府專案核準之政策，拆遷戶未充份配售土地之前，政府不應以無理之規定造成諸多不法、不平之事而致無助、無奈之村民流離失所；況且目前尚有將近百筆之土地未配售，政府宜速辦理配售給該拆遷戶。[187]

從立法委員尤清的質詢內容，我們不難理解，洲後村廢村的數年後，拆遷戶們的權益仍多停留在政府書面上的承諾。1990 年十一月二十九日，臺北縣政府鑒於洲後等村部分拆遷業主要求縣政府配售蘆洲鄉灰窯市地重劃區內抵費地，乃邀集各單位代表召開拆遷戶陳請配地未決個案研商會議，議題中針對陳情配售案，決議由需地機關臺北縣政府、五股鄉公所、

---

[184] 李文吉、李明，〈當一個村落從地圖上消失〉，《人間》，第 4 期，1986 年 2 月，頁 26-28。
[185] 《立法院公報》，75 卷 56 期院會紀錄，頁 109-110。
[186] 《立法院公報》，76 卷 80 期院會紀錄，頁 70-71。
[187] 《立法院公報》，77 卷 43 期院會紀錄，頁 91-92。

五股鄉民代表會、原業主代表 3 人以及地方公正人士 3 至 5 人，組成專案小組負責處理。[188]該專案小組於翌年十一月一日成立。[189]此舉顯示當時部分拆遷戶的補償，尚未獲得妥善的解決。直到 1990 年代中期，拆遷戶的配地補償問題，仍是一個有待解決且接連引起爭議的難題。[190]

不容諱言的，從洪水平原區的管制、二重疏洪道的興闢到拆遷戶們的辛酸苦痛，實肇因於臺北市長期「以鄰為壑」的政策取向，為了保障淡水河右岸臺北市首善都會區居民的安全，「高速公路至塭子川河口的疏洪道西岸不建堤防，用以容納林口臺地東半部匯流下來的塭子川水系的洪水，以及關渡、獅子頭間水流瓶頸上游，一時間流不出去的淡水河洪水。所以有洲子洋不適於開發」等問題。[191]徵諸臺北地區防洪整體計畫的目標和原則，第一項開宗明義強調：「防洪計畫以整個臺北地區為實施範圍，加以全面考慮，不可因一部分地區的防洪而增加鄰近地區之洪災」，[192]誠不失為良法美意。然而，高速公路以北塭子川流域作為洩洪平原的設計，不僅犧牲五股鄉大片的土地，抑且在左岸堤防興建之前，甚至製造五股鄉低窪地區更為嚴重的洪患問題。1984 年七月，五股鄉公所發表一份〈臺北縣五股鄉二重疏洪道用地洲後村遷村計劃暨洲子洋地區市地重劃變更都市計劃案說明及建議事項〉，當中針對政府變更遷村預定地緣由一事提出商榷，同時也質疑初期防洪計畫二重疏洪道的設計缺失云：

> 政府邀集國內外水利專家，花費幾達一百億之經費與龐大人力興建疏洪道，目的即為興建人工洩洪道，其效益自是無庸置疑，可達洩洪之目的，何需洲子洋地區為自然洩洪區？……豈不表明疏洪道設計施工有缺陷，無法達洩洪之目的，需靠洲子洋地區作為

---

188 《青年日報》，1990 年 11 月 30 日。

189 臺北縣政府，《臺北縣單行規章彙編》（1994 年 6 月），頁 703-704。

190 《聯合報》，1996 年 8 月 23 日。

191 楊萬全，〈臺北的二重疏洪道與兩湖荊江分洪區〉，頁 64-67。另可參見《立法院公報》，74 卷 54 期院會紀錄，頁 91-92，行政院答覆立法委員謝美惠質詢函。

192 臺灣省水利局，《臺北地區防洪計畫簡介》，頁 4。

自然洩洪區。[193]

1984 年十一月立法院一屆七十三會期間，立法委員謝美惠特就開闢二重疏洪道的計劃執行情形，向行政院提出質詢。要點中一針見血地道出了二重疏洪道工程顧此失彼、以鄰為壑的缺失，「不獨使五股鄉大部份地區遭受嚴重水患」，尤其「在高速公路以北左岸堤防未建完成以前，居民流散，生產萎縮，道路因重車運輸而破壞，觀音山與林口臺地保護區因盜採土方而破壞水土，在三、兩年內，五股鄉可說有百害而無一利」。[194]謝委員有關左岸堤防興建及洲子洋平原管制的質詢，不啻一語成讖，深切地描繪出爾後五股鄉的艱困處境。

二重疏洪道工程徵收五股鄉土地 383.3 公頃，佔全鄉可發展用地的 29.88%，並緊縮該鄉的建設經費以配給政府的防洪經費，[195]開闢之初增長了成德村、成州村與五股村等低窪地帶鄉民的洪患憂懼。疏洪道工程「在五股鄉民忍痛配合下，所得到的代價居然是左岸堤防工程出缺，未蒙其利不說，還面臨生命財產暴露在洪水隨時來犯的威脅下」。[196]1980 年代後期，在二重疏洪道右岸堤防完工之後、高速公路以北左岸堤防興建之前，每逢颱風季節，成子寮一帶動輒因海水倒灌而形成水鄉澤國，在「疏洪道堤防少一截，五股鄉淪為洩洪區」的情況下，[197]部份鄉民的生命財產飽受潮滿為患、積水成災的痛楚。如此這般的規劃及後果，實與政府「不可因一部分地區的防洪而增加鄰近地區之洪災」的整體防洪旨意，背道而馳。[198]

另一方面，洲子洋平原區的開發限制，使得五股喪失大片可資利用的土地，連帶衍生公害污染，展露出一片荒蕪不堪的景象，嚴重阻礙五

---

[193] 五股鄉公所，〈臺北縣五股鄉二重疏洪道用地洲後村遷村計劃暨洲子洋地區市地重劃變更都市計劃案說明及建議事項〉。

[194] 《立法院公報》，73 卷 94 期院會紀錄，頁 71-72。

[195] 《立法院公報》，73 卷 104 期院會紀錄，頁 66，立法委員鄭余鎮質詢。

[196] 《中國時報》，1990 年 10 月 29 日。

[197] 《自由時報》，1987 年 9 月 11 日。

[198] 《聯合報》，1987 年 3 月 20 日；《中國時報》，1990 年 9 月 2 日、1990 年 10 月 11 日、1990 年 11 月 4、5 日。

股的都市化發展。洲後全村以及更寮、興珍部份的廢村，人口離散至蘆洲、三重等地區，全鄉的總體經濟生產力遭受打擊；復因政府善後補償未臻妥善，不免激起村民的反彈，產生嚴重的社會問題。而原本因先天自然地理的區隔，而略顯得缺乏區域中心的五股，在清代和日治前期存在的興直堡、八里坌堡之分，是疆域地理的反映，也是人文活動的累積，逐漸形成五股平原區與山地、丘陵區的地域意識。二重疏洪道堤防硬生生的人為分離，導致自然環境的隔閡更形明顯化和具體化，疆域的整體性因防洪工程的破壞而呈現「分裂」、「疏離」的情狀，造成更寮、興珍村民的活動為蘆洲、三重、新莊所牽引，對五股鄉整體的向心凝鑄有著潛在性的不利影響。

可以說，臺北地區防洪計畫興闢二重疏洪道工程，五股鄉是「唯一受害者」、[199]最大的「犧牲者」，[200]「五股鄉所受的衝擊，最直接且嚴重了」。[201]許多曾經遭受離鄉背井、流離失所痛楚的拆遷戶以及整個五股鄉，共同承擔上級決策單位配合水利專家訴諸公權力實踐下的苦果。

五、結論

五股背山臨河的地理環境特質，配合上戰後都市化、工業化社會型態的發展，人口逐次增加，各項公共設施陸續推行，土地利用的變遷牽動既有山坡林地與水文生態的平衡，洪患於是構成五股鄉發展過程中的重大問題。長年的颱洪水患對於五股鄉的影響既深且廣，自葛樂禮颱災、獅子頭炸開以降，1960 年代後期至 1990 年代初期的鄉政發展，幾乎是環繞在洪患的威脅下而展開。種種的負面影響，舉凡居民傷亡、財產損失、產業蕭條、社會失序，造成自然地貌的變遷、公共設施的毀壞、鄉務財政的困難、土地開發的限制、環境品質的惡化、都市景觀的破壞以及觀光遊憩事業的阻礙等等。而洲後村的廢村事件，更是大臺北地區

199　《中國時報》，1990 年 10 月 11 日。

200　《中國時報》，1990 年 11 月 1 日。

201　《中國時報》，1990 年 10 月 29 日。

洪患衝擊之下所誕生的悲劇。

　　戰後五股地區洪患災情加遽的關鍵，除了塭子川沼澤區的形成以及二重疏洪道的興闢、缺乏左岸堤防的保護等原因之外，蘊生洪患的潛在禍源，猶包括林口臺地和觀音山區積重難返的墓園濫葬、坡林濫墾，破壞水土保持；洪水平原區取締困難的廢土堆積、違章林立，危及洩洪功能；乃至於塭子川主支流段河道旁居民、建商與河爭地及盜採砂石的行徑，損毀防潮堤防與整治設施。[202]一旦豪雨來襲往往導致河道淤塞、排水不良，結果山洪暴發、氾濫成災，殃及居家農田，禍延無辜鄉民。

　　自然災害不全然是自然而然，有時也夾雜著人為的因素在裡頭，其間不乏貪圖近利、咎由自取的成份，彼此造就連鎖反應，共同構成惡性循環，「八一一水災」即為一顯著的例證。更何況防洪排水設施的建立，亦非永久的安全保證。如學者楊萬全指出，「防洪工程在自然環境依舊，人為條件不斷改變的情況下，並非一勞永逸，絕對有效」。[203]1985 年十月臺灣省政府住宅及都市發展局《臺北縣五股、泰山鄉雨水下水道系統規劃報告》中說明本鄉境內蓬萊排水系、五股坑排水系、觀音坑排水系地區每逢豪雨即釀成水患，地勢低窪雖其主因，卻尚有如下的附帶因素：

> 一、現有排水溝渠斷面不足，且亂石雜陳，復因淡水河洪水位極高，區內排水非但無法排出，反有洪水倒灌之虞。
> 二、現有側溝因陋就簡，缺乏完善之排水系統且西側林口臺地山坡水土保持不佳，每逢豪雨，雨水挾帶泥石沖瀉而下，常堵塞現有排水設施，而釀成嚴重災害。
> 三、排水溝渠藏污納垢，瘀積阻塞，嚴重妨害水流。
> 四、區內原有之空地及農地逐漸發展為建築用地，致透水地表面積減少，雨水逕流量因而增加，使現有溝渠容量更感不足。[204]

　　事出有因，理所當然，惟有未雨綢繆、正本清源，方可減免先天之患、後顧之憂。1988 年五月國立中興大學都市計劃研究所《五股鄉綜合

202 《中國時報》，1990 年 9 月 1、2 日。
203 楊萬全，〈臺北的二重疏洪道與兩湖莿江分洪區〉，頁 65-72。
204 臺灣省政府住宅及都市發展局，《臺北縣五股、泰山鄉雨水下水道系統規劃報告》，頁 7。

發展計劃》針對洪水所導致五股地區的各項重大災患，提出下列三點的應對策略云：

> 一、對於開發的區位及使用型態應有所管制。視不同開發的土地使用需求，合理配置區位，在洪害地區，禁止人民長期居住等都市化行為。若為農業使用，亦僅允許某些不影響洪水流動的作物耕作。
> 二、評估左岸堤防興建的可行性，以避免在暴風雨時受上游大量洪水通過洪水平原，產生對人民生命及財產的威脅。
> 三、在鄉內山坡地建立完善的排水設施或植被，以減少觀音坑溪及五股坑溪沿岸發生洪害之機率。[205]

通觀戰後時期五股地區的洪患史，可以發現：災情的發生與加重往往伴隨著人為的不當措施和疏於防範。先前作好因應準備並提高警覺，加強境內防洪工程的整修和效用，在各項開發工程之前採取多面性的評估和考量，杜絕山坡林地無盡的濫伐與河道砂石非法的盜採，籌措於事先，防患於未然，以降低生命財產的損失，實為五股鄉施政者與民眾所當群策群力的共識與目標。至於二重疏洪道的興闢與洲後村民的善後安頓問題，或足以為政府當局未來從事防洪規劃、公共建設時的借鏡；前車之鑑，後事之師，才不致引發官民雙方水火不容的對立局面，無意間為臺灣地區的洪患問題節外生枝，別增社會衝突的可能。

世紀末的臺灣，經歷「九二一地震」不久的中部山區，又因豪雨肆虐、土石崩坍，導致萬餘人受困的慘禍。[206]撫今追昔，如何從歷史人文、自然地理與應用科技的多元學科角度規劃臺灣洪患災劫的應對之道，無疑是值得我們深切省思的課題。

本文原刊登於《臺灣文獻》，51 卷 1 期，2000 年 3 月，頁 93-129。今據已刊稿修訂而成。

---

[205] 國立中興大學都市計劃研究所，《五股鄉綜合發展計劃》，頁 112。
[206] 《自由時報》，2000 年 12 月 25 日，第 1、6 版。

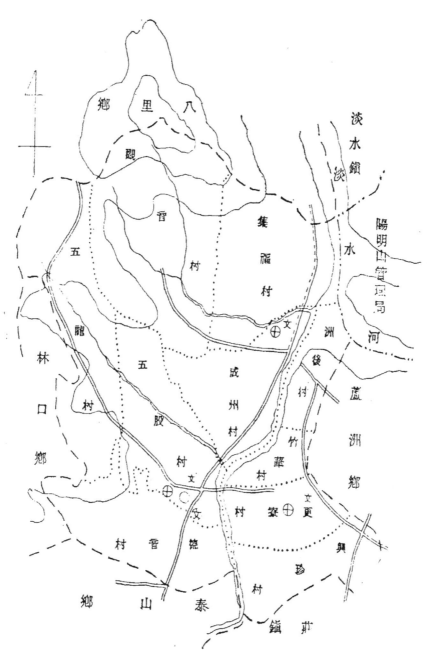

戰後初期五股鄉行政區域圖
（取自《臺北縣志・疆域志》）

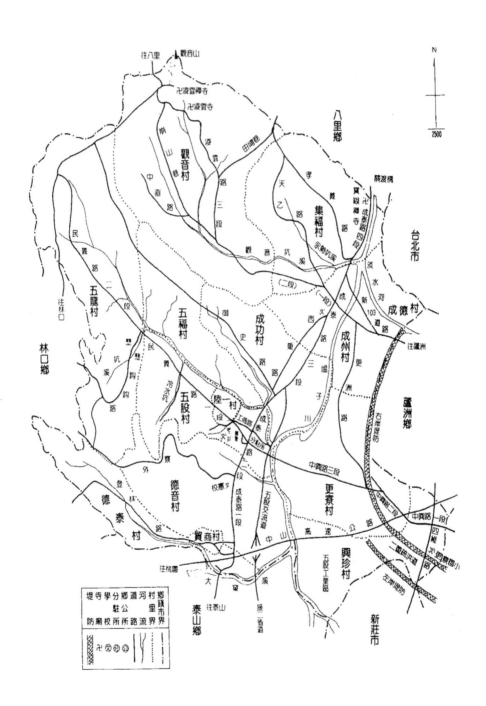

1990 年代初期臺北縣五股鄉區域路圖
（五股鄉公所提供）

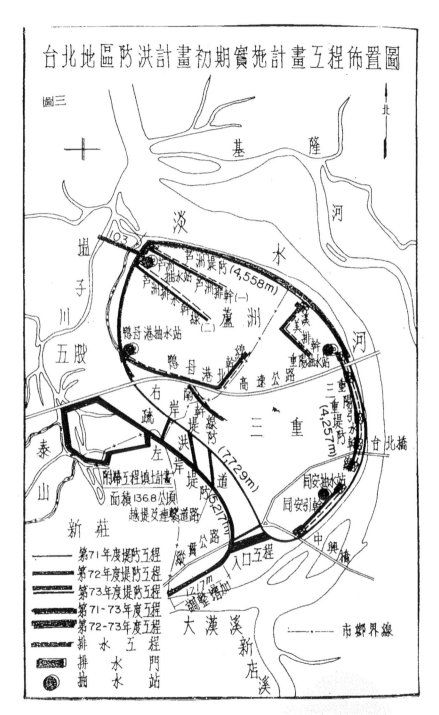

臺北地區防洪計畫初期實施計畫工程佈置圖
（取自《臺北地區防洪計畫簡介》）

學者鄧天德對於臺北盆地水患的分類（取自鄧天德
〈臺北盆地洪患之地理研究〉）

拆遷前的洲後村（謝華礎先生提供）

拆遷前洲後村忠義廟淹水情形（五股鄉公所提供）

原洲後村忠義廟（陳榮賢先生提供）

忠義廟祭典（陳榮賢先生提供）

拆遷前的興珍村興珍宮（戴忠信先生提供翻攝）

忠義廟拆遷（陳榮賢先生提供）

拆遷後的原洲後村忠義路 51 巷 12 弄內景象（陳榮賢先生提供）

國家圖書館出版品預行編目資料

洪健榮臺灣史研究名家論集 / 洪健榮　著者. -- 初版. –
臺北市：蘭臺, 2021.06
面 ；　公分. -- (臺灣史研究名家論集 ; 3)
ISBN 978-986-06430-4-6(全套：精裝)

1.臺灣研究　2.臺灣史　3.文集

733.09　　　　　　　　　　　　　　　　110007832

臺灣史研究名家論集 3

洪健榮臺灣史研究名家論集

著　　　者：洪健榮

主　　　編：卓克華

編　　　輯：沈彥伶、陳嬿竹

封面設計：塗宇樵

出 版 者：蘭臺出版社

發　　　行：蘭臺出版社

地　　　址：台北市中正區重慶南路 1 段 121 號 8 樓之 14

電　　　話：(02)2331-1675 或(02)2331-1691

傳　　　真：(02)2382-6225

E—MAIL：books5w@gmail.com 或 books5w@yahoo.com.tw

網路書店：http://5w.com.tw/、https://www.pcstore.com.tw/yesbooks/
　　　　　　https://shopee.tw/books5w
　　　　　　博客來網路書店、博客思網路書店
　　　　　　三民書局、金石堂書店

經　　　銷：聯合發行股份有限公司

電　　　話：(02) 2917-8022　　　　傳 真：(02) 2915-7212

劃撥戶名：蘭臺出版社　　　　帳號：18995335

香港代理：香港聯合零售有限公司

電　　　話：(852)2150-2100　　　　傳真：(852)2356-0735

出版日期：2021 年 6 月 初版

定　　　價：新臺幣 30000 元整（套書，不零售）

ISBN：978-986-06430-4-6

《臺灣史研究名家論集》

這套叢書是研究台灣史的必備文獻！

　　這套叢書是兩岸台灣史的權威歷史名家的著述精華，精采可期，將是臺灣史研究的一座豐功碑及里程碑，可以藏諸名山，垂範後世，開啟門徑，臺灣史的未來新方向即孕育在這套叢書中。展視書稿，披卷流連，略綴數語以說明叢刊的成書經過，及對臺灣史的一些想法，期待與焦慮。

三編
尹章義、林滿紅、林翠鳳、武之璋、孟祥瀚、洪健榮、
張崑振、張勝彥、戚嘉林、許世融、連心豪、葉乃齊、
趙祐志、賴志彰、闕正宗

二編　ISBN：978-986-5633-70-7

9789865633707　30000

臺灣史名家研究論集二編　（精裝）NT$：30000

尹章義、李乾朗、吳學明、
周翔鶴、林文龍、邱榮裕、
徐曉望、康　豹、陳小沖、
陳孔立、黃卓權、黃美英、
楊彥杰、蔡相輝、王見川

一編　ISBN：978-986-5633-47-9

9789865633479　28000

臺灣史研究名家論集（套書）定價：28000

王志宇、汪毅夫、卓克華、
周宗賢、林仁川、林國平、
韋煙灶、徐亞湘、陳支平、
陳哲三、陳進傳、鄭喜夫、
鄧孔昭、戴文鋒

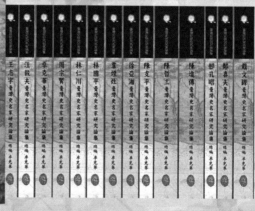

100台北市重慶南路一段121號8樓之14
TEL：(8862)2331 1675　FAX：(8862)2382 6225　網址：http://5w.com.tw/

E-mail：books5w@gmail.com